本书获暨南大学“华侨华人研究”优势学科创新平台资助，是2010年度教育部人文社会科学研究规划基金项目《当代美国华人政治参与研究（1965—2008）》（项目批准号：10YJA850038）的最终成果。

教育部人文社会科学重点研究基地
Key Research Institute of Humanities and Social Sciences at Universities
暨南大学华侨华人研究院
Academy of Overseas Chinese Studies in Jinan University

·世界华侨华人研究文库·

当代美国华人政治参与研究
(1965—2012)

万晓宏 著

暨南大学出版社
JINAN UNIVERSITY PRESS
中国·广州

图书在版编目（CIP）数据

当代美国华人政治参与研究：1965—2012/万晓宏著．—广州：暨南大学出版社，2013.11
（世界华侨华人研究文库）
ISBN 978－7－5668－0858－5

Ⅰ.①当…　Ⅱ.①万…　Ⅲ.①华人—参政议政—研究—美国—1965—2012
Ⅳ.①D634.371.2②D712.2

中国版本图书馆CIP数据核字（2013）第275608号

出版发行：暨南大学出版社

出 版 人：徐义雄
责任编辑：黄圣英　周晓婷　吴筱颖
责任校对：何　力

地　址：中国广州暨南大学
电　话：总编室（8620）85221601
　　　　营销部（8620）85225284　85228291　85228292（邮购）
传　真：（8620）85221583（办公室）　85223774（营销部）
邮　编：510630
网　址：http：//www.jnupress.com　http：//press.jnu.edu.cn

排　版：广州市天河星辰文化发展部照排中心
印　刷：佛山市浩文彩色印刷有限公司

开　本：787mm×1092mm　1/16
印　张：19.75
字　数：387千
版　次：2013年11月第1版
印　次：2013年11月第1次

定　价：45.00元

总　序

在20世纪，华侨华人问题曾经四次引起学术界关注。第一次是20世纪初关于南非华工的问题；第二次是“一战”后欧洲华工问题；第三次是五六十年代东南亚国家出现的“排华”问题；第四次则是80年代中国经济崛起与海外华侨华人关系的问题。每次华侨华人研究成为研究热点时，都有大量高水平研究著作问世，不胜枚举。

进入21世纪以来，随着全球化进程的加速和中国国际化水平的提升，海外华侨华人与中国的发展日益密切，华侨华人研究掀起了新一轮高潮。华侨华人研究机构由过去只有暨南大学、厦门大学、北京大学、华侨大学等少数几家壮大至目前遍布全国的近百所科研院校，研究领域从往昔以华侨史研究为主，拓展至华人政治、华人经济、华商管理、华文教育、华人文学、华文传媒、华人安全、华人宗教、侨乡研究等涉侨各个方面，研究方法也逐渐呈现出多学科交叉的趋势，融入政治学、历史学、社会学、民族学、教育学、新闻与传播学、经济学、管理学、法学等学科方法与视角。与此同时，政府、社会也愈益关注华侨华人研究。国务院侨办近年来不断加大研究经费投入，并先后在上海、武汉、杭州、广州等地设立侨务理论研究基地，凝聚了一大批海内外专家学者，形成了华侨华人研究与政府决策咨询相结合的科学发展机制。而以社会力量与学者智慧相结合的华商研究机构也先后在复旦大学、清华大学等地成立，闯出了一条理论研究与社会实践相结合的华侨华人研究新路径。

作为一所百年侨校，暨南大学在中国华侨华人研究中具有特殊的地位。暨南大学创立于1906年，是中国第一所华侨高等学府。华侨华人研究是学校重要的学术传统和特色。早在1927年，暨南大学便成立了南洋文化事业部，网罗人才，开展东南亚及华侨华人的研究，出版《南洋研究》等刊物。1981年，经教育部批准，暨南大学在全国率先成立华侨华人研究的专门学术机构——华侨研究所，由著名学者朱杰勤教授担任所长。1984年在国内招收首批华侨史方向博士研究生。1996年后华侨华人研究被纳入国家“211工程”1—3期重点学科建设行列，2000年获批教育部人文社会科学重点研究基地（华侨华人研究）。暨南大学于2006年成立了华侨华人研究院，并聘请全国政协常委、国务院侨务办公室原副主任刘泽彭出任院长和基地主任。2011 年，学校再次整合提升华侨华人研究力量，将华侨华人研究院与国际关系学系（东南亚研究所）合并成立国际关系学院/华侨华人研究院，继续聘请刘泽彭同志出任华侨华人研究院院长和基地主任，由华侨华人与国际问题研究知名专家曹云华教授出任国际关系学院院长兼华侨华人研究院执行院长。同时，学校还加大科研经费投入，努力打造"华侨华人研究优势学科创新平台"。研究院在加强自身科研能力的基础上，采取以研究项目、开放性课题为中心，学者带项目、课题进院的工作体制，致力于多学科和国际视野下的前沿研究，立足于为国家的改革开放和现代化建设服务，为社会服务，为政府决策咨询服务，努力将之建设成为世界一流的学术研究机构和人才培养基地。

值华侨华人研究在中华大地百花齐放、百家争鸣之际，为进一步彰显暨南大学科研特色，整合校内外相关研究力量，发掘华侨华人研究新资源，推动华侨华人研究学科的发展，学校推出"世界华侨华人研究文库"。本套丛书的著作多为本校优势学科的前沿研究成果，作者中既有资深教授、学科带头人，也有学界新秀。他们的研究成果从多学科视野探索了国内外华侨华人研究的一些新问题、新趋势，具有较高的学术价值和现实意义。

本套丛书的出版得到学校领导的大力关心与支持。学校从"211 工程"经费中拨专款予以资助。国际关系学院/华侨华人研究院领导与部分教师也付出了艰辛的劳动，他们在策划、选题、组稿、编辑、校对等环节投入大量精力。同时，暨南大学出版社对丛书出版也给予高度重视，组织了最优秀的编辑团队全程跟进，并推荐丛书申报国家级优秀图书。在此，我们对所有为本丛书出版付出宝贵心血与汗水的同仁致以最衷心的感谢！

最后，我们期盼本丛书的出版能在华侨华人研究领域激起一点小浪花，引来国内外同行更加深入、广泛的研究，为学界贡献更多高水平的成果！

《世界华侨华人研究文库》编委会
2013 年 8 月

目　录

绪　论

一、研究的目的与意义

“当代美国华人政治参与研究（1965—2012）”这一课题在笔者的脑海里酝酿已久。除了浓厚的个人兴趣之外，笔者选择它的主要目的是纠正国内华侨华人研究界对美国华人参政长期存在的诸多误解。第一，以前的大多数学者研究美国华人参政时，都是从历史学的视角，把美国华人参政的进程按时期分为参政初始、发展和高潮三个阶段。然后，把三个阶段中在美国立法、行政和司法部门做官的华人精英列举出来，以说明华人在美国取得的参政成就和政治地位的提升。最后，指出美国华人参政中的不足并进行乐观的预测和展望。其实，这是对美国华人参政的狭隘理解，也是对西方政治参与概念内涵和外延的错误认知。第二，美国华人参政的作用到底有多大，众说纷纭。有学者认为，一些华人精英虽然在美国积极参政，做了某某大官，但他们并不代表美国全体华人的利益，不能就此认为美国华人的政治地位有显著提高，只有代表华人利益的民选官员才能说明美国华人的参政水平和政治地位。有学者认为，不管美国华人采取何种方式，只要能走上美国政坛，扩大华人在当地社会的影响，改善华人在美国社会中的形象，就应该说他们的参政活动发挥了作用。也有学者认为，参政不能只限于到政府机构中去做官，只要是为了维护和增进美国华人权益，影响各级政府决策和社区公共事务的行为，不论成败，都是参政行为。而持这种观点的学者极少。

笔者选择该课题的最重要原因是，1960 年代中期以来，美国华人人口结构和社会政治地位发生巨大变化。1965 年美国《移民与国籍法》和《投票权法》这两个具有里程碑意义的法案获得通过，前者使中国大陆、台湾和香港华人新移民大量涌入美国，增加了在美华人的政治资源；后者使华人在美国取得实质性的政治参与权利，提高了华人参与政治的积极性。此后，美国华人社会发生了重大变化。第一，美国华人人口快速增长。每十年一次的美国人口统计显示，1970 年美国华人人口仅为 43 万，1980 年增加到 80 万，1990 年为 164 万，2000 年增至 243 万，2010 年超过 400 万，几乎每十年翻一番。第二，美国华人经过多年的努力，在就业上实现了从“三刀”（菜刀——开餐馆；剪刀——开裁缝店；剃刀——开理发店）向“三师”（律师、医师和专业技师）的转变，后来更是努力提升为“三家”（资本家、科学家和企业家），赢得了美国社会的尊重。与此同时，美国华人的媒体形象大幅改善，从早期被歧视、被排斥的“苦力、烟鬼、赌徒与妓女”、“不可同化”的少数民族，变成了“模范少数族裔”。第三，近50年来，美国华人不仅在经济、文化、教育和科技领域取得重大成就，在参政领域也取得显著进展，一些华裔精英通过竞选、委任等方式担任各级政府官员。例如在奥巴马第一任内阁中就有5位华裔部长级高官，他们是能源部部长朱棣文、商务部部长骆家辉、白宫内阁秘书卢沛宁、白宫公共联络办公室主任陈远美和国土安全部总顾问方富宇。其中，骆家辉于2011年转任美国华人史上第一位驻华大使。2012年11月的美国大选中，有3位华裔女性当选国会众议员，突破历史纪录。普通华人选民不仅熟知如何用选票维护自身权益，而且懂得如何增进自身权益。作为美国华裔公民，他们不仅认同并积极参与当地政治，而且关心中国发展，促进美中关系，在美中之间发挥“桥梁”作用。华人社团也实现了从传统向现代的转型，在坚持联络乡谊、举办公益的传统活动的同时，开始从事选民教育，鼓励华人参政。作为一名政治学者，笔者一直关注他们在政治参与方面的活动和成就，希望做些理性分析，帮助他们总结经验教训，发现他们在参政过程中存在的障碍与问题，指出他们未来的参政路径，以争取更大成功；同时，期望通过该课题的研究增进国内学界对美国华人政治参与的正确认识，并为中国政府新时期的外交侨务工作提供参考。因此，研究该课题具有十分重要的理论和现实意义。

二、国内外研究现状

在收集有关当代美国华人政治参与资料的过程中，笔者发现国内有关美国华人政治参与的资料不仅少，而且大多分散在一些中文报纸和杂志上。其中较具有参考价值的是中国华侨历史学会资料室选编的《华侨华人资料（报刊剪辑）》，它汇集了港台及海外数十种中文报刊关于海外华人政治、经济、文艺、教育、宗教、社团和移民情况的报道，以及相关研究动态。这些是国内研究海外华人的原始资料，但其中关于美国华人参政的文章和报道大多是介绍性的，缺乏学理分析与思考。1980年代以来，随着华侨华人研究的“升温”，国内有关美国华人问题的学术论文在逐渐增多，但与关于东南亚华人问题的论文相比，仍然非常少，关于美国华人参政的论文更少，有关美国华人政治参与的专著至今尚未出现。

据笔者不完全统计，1980年代以降，国内学界关于美国华人政治参与的专题学术论文有30余篇。[①] 根据这些论文发表的时间和采用的研究方法可以分为两个时期。第一个时期从1989年到2000年，共有7篇。这些论文有两个共同特点：第一，运用历史学的方法来叙述和分析美国华人政治参与的历史、现状、存在的问题和未来展望；第二，对美国华人政治参与的理解过于片面，认为美国华人参政就是指华人在美国政府机构中担任某某官职，而无视他们在美国的政治参与方式是多元的。其实，只要是为了维护和增进美国华人权益、影响美国政府决策的活动都是政治参与，其方式不仅有选举登记、投票、竞选、委任、加入民权组织、参加政党或参政团体、个人接触、抗议和示威，还包括助选和政治捐款等。追根究底，这是对政治学中政治参与的概念、特点和方式理解模糊不清所致。第二个时期从2001年至今，有20多篇，但对本书有重要参考价值的仅有十余篇。这些论文开始尝试从政治学的视角来研究美国华人政治参与。第一篇是暨南大学庄礼伟教授撰写的《美国华裔社群的生存环境与参政路向》，该文率先从政治学的视角，以李文和事件为例对当时美国华人的生存环境进行定性分析，并提出自己的见解，具有一定深度。第二篇是华中师范大学李其荣教授所写的《向主流社会迈进——近三十年美国华人参政分析》，该文从历史学的视角，对华人精英在当代美国政界担任的职位进行研究，其洞察力让人钦佩。第三篇是厦门大学庄国土教授所写的《从移民到选民：1965年以来美国华人社会的发展变化》，

---

① 陆宇生：《美国华人参政的回顾与前瞻》，《华侨与华人》1989年第1期；梅伟强：《美国华人参政史探讨》，郭梁主编：《战后海外华人变化国际学术研讨会论文集》，北京：中国华侨出版公司1990年版；沈立新：《美国华人参政的历史与现状》，《社会科学》1994年第11期；孟令明：《90年代美国华人参政剖析》，《八桂侨刊》1997年第3期；梅伟强：《世纪之交的美国华人：从漠视政治到积极参政》，《华侨华人历史研究》1997年第4期；郭玉聪：《美国华人的参政热潮及存在问题》，《南洋问题研究》1998年第3期；李其荣、傅义朝：《从旁观者到参与者：战后美国华人政治角色的变化》，《中南民族学院学报》（哲学社会科学版）1998年第2期；李学仁：《1997年美国华人参政回眸》，《侨务工作研究》1998年第3期；庄礼伟：《美国华侨华人如何在中美政经关系中发挥作用》，邱苏达主编：《侨务课题研究论文集（2000—2001年度）》（下），国务院侨务办公室政研司，2001年；朱华钧：《从华裔移民赵小兰入阁谈华人参政》，《海内与海外》2001年第6期；庄礼伟：《美国华裔社群的生存环境与参政路向》，《社会》2001年第9期；庄礼伟：《美国政治环境与美国华裔：冲击反应》，暨南大学华侨华人研究所编：《华侨华人研究》（第五辑），香港：香港荣誉出版有限公司2001年版；李其荣：《向主流社会迈进——近三十年美国华人参政分析》，张存武、汤熙勇主编：《海外华族研究论集·妇女、参政与地区研究》，台北：华侨协会总会2002年版；庄礼伟：《百人会在美中关系及华裔权益问题上所起的作用》，《东南亚研究》2003年第5期；阮征宇、白庆哲：《论美国华人的参政意识及其实践》，暨南大学华侨华人研究所编：《华侨华人研究》（第五辑），香港：香港荣誉出版有限公司2001年版；万晓宏：《80/20促进会与美国华人参政新策略》，《华侨华人历史研究》2003年第3期；庄国土：《从移民到选民：1965年以来美国华人社会的发展变化》，《世界历史》2004年第2期；万晓宏：《试析当代美国华人参与选举政治的方式》，《华侨华人历史研究》2006年第1期；万晓宏：《当代美国华人精英参政模型分析》，《暨南学报》2006年第6期；万晓宏：《美国亚裔参政分析：以2007年马州地方选举为例》，《世界民族》2010年第2期；万晓宏：《当代美国华人草根型参政团体研究：以波士顿华人前进会为例》，《八桂侨刊》2011年第1期，等等。

该文从移民史的视角论述1965年以来美国华人社会的变化，并预测随着华人选民的激增，未来华人选民的政治影响力将有望接近美国犹太裔选民。其他几篇都是由笔者撰写，从政治学的视角对当代美国华人参政进行理论和实证的分析，如《试析当代美国华人参与选举政治的方式》、《当代美国华人精英参政模型分析》、《影响当代美国华人政治参与的主观因素分析》、《80/20促进会与美国华人参政新策略》、《当代美国华人草根型参政团体研究：以波士顿华人前进会为例》等，均为本书的撰写做了一些前期的准备工作。

在美国学界，传统的政治参与研究主要集中于白人主流社会的政治参与活动，对少数族裔政治参与活动的研究兴起于1960年代的民权运动。但在当时美国大学和研究机构中，关于少数族裔政治参与研究的项目主要关注黑人和拉美裔的政治参与活动，对包括华裔在内的亚裔政治参与活动的研究规模非常小，几乎不受主流学界的重视。这种状况直到近年才开始改变。随着美国在世界上的一超独霸地位日益巩固，美国华人经济实力与社会地位的提升，以及大批华人新移民涌入使美国华人人口激增，引起了美国主流社会的重视。目前，美国已成为海外华人第二重心，其重要性已经超过东南亚华人。这些新变化使美国的华人研究在世界华人研究中的地位愈加凸显。在美国从事华人问题研究的新一代华人学者明显增多，学术成果如雨后春笋般不断涌现。但据笔者所知，有关美国华人政治参与研究的学术成果仍然很少。其中加州大学伯克利分校民族学系的王灵智副教授和加州大学圣塔芭芭拉分校政治学系的连培德教授为美国华人政治参与研究方面的佼佼者。

王灵智副教授是老一辈华人政治参与研究的著名学者，他对美国民主政治制度的理解极为深刻。其最可贵之处是把对美国华人政治参与的研究与他长期从事社会政治活动的实践紧密结合，因而他对美国华人政治参与有自己独特的观点。由于他长期参加社会实践活动，因此他更重视从争取平等权利的角度来分析美国华人的政治参与，而不太赞同或看重运用政治学的方法对其进行定量分析，如选民登记率、投票率、竞选和委任等方面的研究。王灵智副教授多次向笔者强调，研究当代美国华人政治参与一定要从美国的民主制度着手，必须指出金钱政治正在危害美国的民主制度。他主张改革美国的选举制度，尤其是政治捐款制度。王灵智副教授的学术成果虽然不多，但学术地位高，社会影响大。

连培德教授的主要研究兴趣是美国亚裔政治参与和其他非白人政治参与。她是新一辈美国华人学者中从事美国亚裔政治参与研究的典型代表。她主要从政治学的视角对美国亚裔政治参与进行研究，其中美国华人政治参与是她研究的一个重要方面。她尤其擅长运用调查和统计数据对美国华人的政治态度和行为进行定量分析。在近20年的研究中，她出版了三部有关美国华人政治参与的学术专著。

第一本专著是她的博士论文《美国亚裔投票行为研究：以南加州为例》(1997)[①]。该书是美国学界第一次对亚裔的政治行为进行专题分析，主要是对1990年代初居住在南加州的亚裔政治参与，尤其对他们的投票行为进行专门研究。该书虽然选题范围小，时段短，但能以小见大，在当时美国学界对亚裔政治参与研究根本不重视的情况下，其问世开了亚裔政治参与研究的先河。1990年美国人口普查显示，由于2/3的亚裔是在外国出生的，他们对政治参与的表达与关切常常被从事亚裔研究的学者忽视。而在政治学领域，对非白人少数族裔的研究根本不予重视，即使有，也主要集中于对黑人和拉美裔的研究。“亚裔”一词在当时关于美国选举或大众政治行为的学术期刊上很少提到。因此，该研究成果填补了美国亚裔研究和政治学研究这两个领域中的空白。

连培德教授的第二本专著是《美国亚裔政治参与研究》(2001)[②]。该书首先对1965年前美国亚裔政治参与的活动进行分类分析，然后分别从1965年后亚裔争取民权的运动、亚裔在美国本土和夏威夷参与选举政治的比较、亚裔建立跨族裔联盟的可能性与障碍、亚裔内部各族群政治态度与行为的比较以及亚裔妇女政治参与这五个方面对1965年后美国亚裔政治参与的历史和现状进行深入分析。最后，作者把1999年发生的美国政府诉李文和案与1893年冯月亭诉美国案进行比较，揭示其异同，并得出结论：无论是过去还是现在，亚裔都不是种族歧视的被动受害者，而是坚定的行动者和反抗者。作者认为少数族裔在美国现存的政治体制内要维护自身权益，不仅要有决心和策略，还要有实际的抗争，其中政治参与最重要。本书的第一章就是在该书的启发下加以提炼扩展的结果。该书曾获得美国政治学会种族、族裔与政治分会颁发的2002年度政治参与、投票、选举和政治行为类别最佳著作奖。

连培德教授的第三本专著是《美国亚裔政治：多元化与社区》(2004)[③]。该书以她主持的课题“2000—2001年全美亚裔政治调查”为基础，对当代美国亚裔的政治态度与行为进行全面分析和研究。该书是她与同事马格丽特·康威(Margaret Conway)和简拉莉·黄(Janelle Wong)合作调查与研究的结晶，被学界评为“可能是至今为止对美国亚裔政治研究领域最重要的贡献，注定要成为该主题中被最广泛引用的著作”。笔者在本书中引用了她主持调查的一些统计数据。

---

① Pei-te Lien, *The Political Participation of Asian Americans: Voting Behavior in Southern California*, New York & London: Garland Publishing, Inc., 1997.

② Pei-te Lien, *The Making of Asian America through Political Participation*, Philadelphia: Temple University Press, 2001.

③ Pei-te Lien, M. Margaret Conway and Janelle Wong, *The Politics of Asian Americans: Diversity & Community*, New York: Routledge, 2004.

另外，连培德教授还在美国政治学专业期刊和论文集中发表了大量的相关学术论文，在美国政治学界产生了重大影响。近年来，她开始积极参加中国大陆和港台学界举办的有关华侨华人问题研究的学术研讨会，其学术观点和研究方法开始受到大陆学界的重视。王灵智副教授认为，连培德教授是当今美国华人和亚裔政治参与研究领域最杰出的学者。笔者无论在研究方法上还是资料收集上都从她的相关著述中汲取了大量的营养。

由美国华人学者兼政治家翟文伯、吴仙标、王碚著，邱宏达、杜芝友编的《力争上游：华人在美参与政治的问题》[①] 一书是一本论文集。1985 年 11 月 9 日至 10 日，美东华人学术联谊会在纽约市举行 10 周年年会，会议期间举行了一场关于华人在美参政问题的专题研讨。该论文集由参与研讨的几位主讲人的讲稿和听众的提问与回答摘要构成，虽然篇幅短小，却是他们在美长期从事政治参与理论与实践的结晶，因此成为研究美国华人参政问题的必读之书，也曾被大量引用。该书第一部分简要回顾了华人在美国地位的演进；第二部分对当时华人在美参政失败的原因进行探讨；第三部分，王碚根据他在纽约华埠策划协会工作多年的经验指出“政治就是政治”，要以实力（选票、钞票和才智）为主，要以参与基层的政治组织为起步，要以联合其他族裔作为华人从政的先决条件；第四部分，吴仙标谈了华人参政的障碍、展望和策略；第五部分是他们共同回答参会听众的提问摘要。该书是对 1980 年代美国华人参政过程中存在的问题与障碍的总结，其中有些观点至今仍有一定参考价值。

艾米·弗利曼（Amy L. Freedman）在其专著《少数族裔政治参与研究：以马来西亚、印尼和美国华人为例》[②] 中对这三国华人的政治参与进行了比较研究。实际上，该书只是分别对三国华人移民的历史背景、政治制度和社区政治精英的本质特征进行简要介绍和粗浅比较，但作者尝试使用的跨国比较方法倒是值得借鉴。笔者认为，该书的最大特色不在于对马、印、美三国华人政治参与的比较，而在于对美国东西两岸华人政治参与异同的比较。作者选取美国华人参政最典型的两个地区——加州洛杉矶蒙特利公园市和纽约唐人街进行比较分析，指出两地华人政治参与的条件、方式、水平和作用的差异。笔者原计划在本书中设定一章就这三国的华人政治参与进行比较研究，或就美国东西两岸华人政治参与的异同进行比较分析，但考虑到篇幅、时间和精力，暂时搁置，期待未来有机会再做深入研究。

---

① ［美］翟文伯、吴仙标、王碚著，邱宏达、杜芝友编：《力争上游：华人在美参与政治的问题》，台北：时报文化出版企业股份有限公司 1986 年版。

② Amy L. Freedman, *Political Participation and Ethnic Minorities: Chinese Overseas in Malaysia, Indonesia and the United States*, New York & London: Routledge, 2000.

其他美国学者，尤其是华裔学者在他们有关华人问题研究的专著中对美国华人政治参与也有所论述，但只是其中的一个组成部分。如麦子在《美国华人社会大观》一书的第一章就1980年代美国华人参政崛起的原因进行分析，指出当时华人参政的一条重要途径是委任，另一条重要途径是在司法界大显身手，并介绍了一些著名华人政治家。虽然现在读来觉得浅显，但确实是作者在美国的亲眼所见和亲身体会，是研究美国华人政治参与的入门书。麦礼谦先生的《从华侨到华人——二十世纪美国华人社会发展史》一书对1965年以前美国华人的政治参与活动也有相当篇幅的叙述，具有重要的史料价值，笔者在本书中对其进行了分类整理和分析。令狐萍教授在其专著《金山谣：美国华裔妇女史》和《萍飘美国：新移民实录》中都有关于美国华人参政的相关论述。她认为，虽然近年来美国华人入主美国政坛的级别越来越高，但由于美国国内反华的右翼势力抬头使华裔及亚裔形象再度受损，华人入主政坛步履蹒跚。张哲瑞联合律师事务所编著的《百年沧桑——移民美国史画》中有关华人运用诉讼方式在美国争取民权的参政史料极为珍贵。李小兵等在其专著《美国华人：从历史到现实》中亦有关于美国华人参政团体最近活动的论述。孔秉德、尹晓煌主编的《美籍华人与中美关系》中的第四章以北卡罗来纳州华人为例对美籍华人的政治取向和期望进行定量分析。这些都为本书的全面深入研究奠定了坚实基础。

探讨美国华人政治参与的英文论文非常多。除了王灵智和连培德的众多相关论文外，笔者以为较有参考价值的还有两篇。一篇是许军（Jun Xu）所写的《美国亚裔的政治行为：理论视角》[①]，文中关于美国华人及亚裔政治参与理论和方法的探讨使笔者深受启发；另一篇是梁侃（Kan Liang）撰写的《创造历史：80/20促进会和美国华人在其中的作用》[②]，是对美国华人参政团体的实证研究，其研究方法和相关资料使本书第四章“当代美国华人参政团体的政治参与”的研究方法更加妥当，内容更加充实。由于篇幅所限，笔者在此不再逐篇评述。总之，美国华裔学者的相关专著和论文是笔者从事该课题研究的基础。

笔者收集资料时发现，在台湾学界，从1985年到1995年，先后有四位研究生以美国华人参政问题作为博硕士学位论文选题，笔者在此简要评述他们的研究成果以及本书与他们的不同之处。第一篇是台湾政治学者葛永光先生在美国威斯康星大学留学期间的博士学位论文《族群认同与族裔政治发展研究：以美国华人

① Jun Xu, The Political Behavior of Asian Americans: A Theoretical Approach, *Journal of Political and Military Sociology*, 2002, Vol. 30, No. 1 (Summer), pp. 71 – 89.

② Kan Liang, Making of History: The 80 – 20 Initiative and the Role of the Chinese Americans, 张存武、汤熙勇主编：《海外华族研究论集·妇女、参政与地区研究》，台北：华侨协会总会2002年版。

为例》(1985)[①]。该文是台湾地区第一本从族裔政治学视角探讨华人参与美国政治的著作，它运用族群认同和族裔政治发展理论来阐释美国华人政治发展的经历。论文中有两个基本假设：第一，内外环境是族裔认同变迁的重要决定因素；第二，在族裔政治发展的每个阶段都有一种与其相联系的族群认同。该文综合运用访谈法、文献分析法和调查法收集了大量关于美国华人参政的原始资料和数据，并把美国华人族裔政治发展划分为经济适应（1850—1950 年）、社区形成（1970 年代）和政治团结（1980 年代）三个阶段进行具体分析。研究结果显示，多元文化环境和美国华人中产阶级的出现促进了美国华人族群认同的变化；美国华人的族群认同已变得工具化和政治化；美国华人族群认同的工具化和政治化反过来又促进了美国华人的政治团结。并得出结论：美国华人走向政治团结是美国华人政治力量开始发展壮大的标志，而不是他们现实政治力量的指标。该文在理论和方法上对笔者都有很大启发，也加深了笔者对 1980 年代以前美国华人族裔政治发展的理解，为本书的撰写提供了重要参考。

第二篇是台湾淡江大学美国研究所研究生郭岱宗女士的博士学位论文《美国华人政治参与之研究》(1992)。该论文含绪论和结论在内共七章。第一章绪论简要介绍选题动机、研究方法与立论以及论文结构；第二章检视早期华人在美国社会及政治上的待遇，从排华法案制定、排华暴力发生，到排华法案废除，兼谈种族歧视给华人参政造成的困难及影响；第三章就当时华人参政的现状进行分析，包括美国整个政治环境的变化、华人的质与量的改变，以及 1943 年至 1992 年华人参政的状况；第四章从外在环境、华人本身习性及心态方面进行分析，梳理华人参政的障碍，并把华人的参政表现与日裔和犹太裔进行比较，找出华人的差距；第五章从已在美国政坛立足的华裔的经验，归纳出参政的必要条件，并提出未来努力的目标；第六章针对美国 1990 年代初的参政环境和华人的参政意识与效果对未来进行评估与展望；在结论中，作者就未来华人如何在美国政坛展现参政实力提出一些建议。[②] 为研究美国华人政治参与，郭岱宗曾五度赴美收集资料并做实地调查与访谈，获得大量第一手资料，包括对陈香梅、邝友良、余江月桂、刘美连、赵小兰、吴仙标等美国华裔政治家和美华协会、华促会、百人会等华人参政团体的访问。这些访谈资料无论是在当时还是现在都非常珍贵。但该文亦有相当多的缺点：第一，尚未脱离从历史学的视角研究美国华人政治参与的窠臼；第二，仍然以华人当选为美国政府某某官职作为衡量参政水平的唯一标准，

① Ger Yeong-Kuang, Ethnic Identity and Ethnic Political Development: The Experience of Chinese Americans, Ph. D. dissertation in the Department of Political Science, University of Wisconsin-Madison, 1985.

② 郭岱宗：《美国华人政治参与之研究》，（台湾）淡江大学美国研究所博士学位论文，1992 年，第 11～12 页。

无视评估华人政治参与水平的复杂性和参与方式的多元化；第三，对美国华人政治参与的概念、含义和方式等存在误解。但就当时美国华人政治参与研究的整体水平而言，此文已属不易，具有一定的开拓意义。

第三篇是台湾国立政治大学民族研究所林启文的硕士论文《华裔美人参与政治活动之研究（1965—1993）》①。该文主要叙述1965年至1993年美国华人参加政党活动、参政团体的活动和选举活动的有关史实，展现华人参与美国政治的过程与变化。作者在文中对此期间华人参与美国政治的具体活动的叙述与相关数据的统计，对笔者的研究具有重要参考价值。笔者在本书中引用了他收集的一些史料，节约了为收集有关1993年以前美国华人参政活动的原始资料的时间。但该文只停留在对华人参政活动的具体叙述上，没有理论支撑，因而深度不够。但作为一篇硕士论文，能做到这一步已非常不容易。笔者在本书中力求于时间跨度、内容广度和理论深度上都有所超越。

第四篇是台湾中国文化大学民族与华侨研究所汪树华的硕士学位论文《美国华人政治参与之研究》（1995），已由台湾海华文教基金会于2001年赞助出版。该文从社会学的视角对美国华人的政治参与进行研究，但他研究的对象并不是华人对美国政治的参与，而是从效忠的立场出发，运用文献分析法研究美国华人通过与政府接触、政治消息传播、政党参与、选举参与和游说等方式对台湾政治的参与及其参与频率的高低，尤其重视美国华人对台湾的政治认同研究，为台湾当局的对美侨务政策提供建议和咨询。这与笔者侧重华人参与美国当地政治的研究完全不同。但作者在文中运用社会学的抽样调查、访问与统计分析的研究方法，以及运用族裔认同理论分析美国华人认同的形成与变迁，给笔者很大启发，值得在以后的研究中参考与借鉴。该文首先运用“族群认同”理论论述美国华人认同的形成与变迁，然后运用文献分析法探讨华人参与美国政治及“中华民国”政治的现况，再运用行为科学方法重点探讨美国华人参与“中华民国”政治行为的种类和参与频率及其政党偏好、国家前途认知、族群认同等因素间的相互关系。该文有助于学界对美国华人参与台湾地区政治的深入认识，为台湾当局的侨务政策提供了重要参考。②

以上四篇博硕士学位论文为台湾地区的美国华人参政问题研究奠定了基础，但让人非常遗憾的是，这些论文的作者后来都放弃了在该领域的研究。如葛永光先生虽然在台湾大学任教授，但同时担任当局的监察委员，没有再继续跟踪研究

① 林启文：《华裔美人参与政治活动之研究（1965—1993）》，（台湾）国立政治大学民族研究所硕士学位论文，1993年。

② 汪树华：《美国华人政治参与之研究》，（台湾）中国文化大学民族与华侨研究所硕士学位论文，1995年，第3页。

美国华人参政问题；郭岱宗女士后来在台湾大学外语系长期从事外语教学与研究工作；另外两位也都在别的领域发展，从而使台湾学界的美国华人政治参与研究没有得到可持续发展。加上陈水扁上台后对海外华人政策的转向，台湾地区的华侨华人研究现已呈衰落态势。但台湾学界在美国华人参政领域所做的前期工作还是具有一定的学术价值和实践意义，对本书的撰写亦有相当重要的借鉴作用。

总之，上述国内外学者关于美国华人政治参与的研究成果都为本书的研究奠定了坚实基础。笔者期望能在他们研究的基础上更上一层楼，为中国大陆的美国华人政治参与研究做一点开拓性工作，以抛砖引玉。

三、研究范围和主要内容

（一）研究范围

当代美国华人政治参与研究的范围很广，仅一项课题难以覆盖其全部研究内容，因此在研究之前有必要对本书的研究范围进行界定。从时间上看，本书选择对 1965 年至 2012 年 11 月美国大选期间的美国华人政治参与进行研究。从空间上看，美国华人政治参与具体可以分为两大类，即参与美国当地政治和参与祖籍地政治。参与祖籍地政治在历史上可以分为三个时期，即参与清政府政治（1912 年以前）、参与中华民国政治（1949 年以前）、参与台湾地区政治（1949 年至今）和参与中华人民共和国政治（1949 年至今）。本书只研究 1965 年至 2012 年美国华人公民对美国当地政治的参与，包括美国大陆各州和夏威夷州的美籍华人对当地政治的参与，而不研究美国华人对祖籍地（包括对中国大陆、香港和台湾）政治的参与。应特别指出，本书第一章在对 1965 年以前美国华人政治参与的方式进行分析时，既包括华侨华人对美国当地政治的参与，也包括他们对祖籍地政治的参与。

（二）主要内容

除绪论和结论外，本书主体部分包括五章内容：

绪论部分简要概述本书的研究目的与意义、国内外研究现状、研究范围与主要内容、研究方法与理论视角以及研究创新与不足之处等。

第一章首先从早期赴美的中国移民、排华法案和排华暴动、对华人社会的影响等方面叙述美国华人政治地位的演进，然后把 1965 年以前美国华人政治参与的方式分为非选举政治参与和选举政治参与两种方式进行分类分析，最后指出非选举政治参与方式是这一时期华人参与美国政治的主要方式。

第二章主要分析影响当代美国华人政治参与的社会因素和个人因素，其中社会因素有族裔人口结构、族裔社会经济地位、族裔政党认同、选区重划的影响和重大历史事件的刺激，个人因素有族裔传统政治文化、族裔现状满足感、族裔政治效能感、族裔政治信任感和对参与成本与收益的考虑。

第三章首先分析当代美国华人参与选举政治的四种主要方式，并将美国华人精英参政概括为选举型和委任型、全国型和地方型、华人选票型和非华人选票型、实在型和象征型四种模型进行分类分析，再以骆家辉与赵小兰这两种不同的参政方式和参与模型为例进行比较分析，揭示当代美国华人精英政治参与的本质与意义。

第四章首先分析美国华人参政团体的历史沿革、基本类型和参政方式，然后分别以美国华人精英型参政团体“80/20 促进会”和美国华人草根型参政团体“波士顿华人前进会”为例分析当代美国华人参政团体的政治参与方式、策略和成就，最后指出华人参政团体当前面临的主要问题和挑战。

第五章首先分析当代美国华人参与非选举政治的方式，然后以美国华人民权活动家王灵智的政治参与活动为例，说明这些非选举政治参与方式的有效性，指出当代美国华人政治参与应该走多元化的道路，包括选举政治和非选举政治。同时简要介绍王灵智在美国从事海外华人问题研究的经历、成就和对美中关系的贡献。

结论部分首先指出了当代美国华人政治参与过程中存在的问题和障碍，再针对这些问题与障碍，从少数族裔政治参与理论和实践总结美国华人未来参与当地政治、维护和增进自身权益的正确路径。

四、研究方法与理论视角

（一）研究方法

美国是一个以欧裔白人占主导地位的典型移民国家，华人在美国是众多少数族裔中的一员。研究华人参与美国政治的实质是研究少数族裔政治参与，因此与以往学界主要用历史学的方法研究美国华人参政不同。本书采用综合研究法，以历史学的研究方法为基础，以政治学中族裔政治参与理论和方法为主导，以社会学和民族学的研究方法为辅助，对当代美国华人政治参与的影响因素、参与方式、取得的成就、存在的问题和未来参与路径进行全面深入分析。本书具体采用了以下几种研究方法：

1. 历史分析法

本书中对1965年以前美国华人社会政治地位的演进、1965年以前美国华人政治参与的活动方式、当代美国华人参政团体的沿革与现状、80/20促进会和波士顿华人前进会的历史发展、王灵智的海外求学和海外华人研究经历等都采取历史分析法，以为主体部分当代美国华人政治参与的政治学分析奠定基础。

2. 案例分析法

本书在第三章“当代美国华人精英的政治参与”中以骆家辉和赵小兰的各自参政经历作为案例进行比较分析；在第四章“当代美国华人参政团体的政治参与”中选取80/20促进会和波士顿华人前进会作为典型代表进行案例分析，揭示当代美国华人参政团体的宗旨、发展、功能与重要现实意义；在第五章“当代美国华人政治参与方式的多元化”中以王灵智的特殊政治参与方式为例说明当代美国华人参政应该走多元化道路。

3. 访谈法

本书通过对一大批美国华人政坛精英进行直接或间接访谈获取大量一手资料，如笔者对美国华人民权活动家王灵智、加州大学圣塔芭芭拉分校政治学系教授连培德、波士顿大学化学系教授潘毓刚、哈佛大学应用数学系教授兼80/20促进会秘书长何毓琦进行的多次访谈，以及与华人政治活动家吴仙标之间长期的电子邮件交流；美国第一位华人女市长陈李琬若在暨南大学的演讲；央视记者对骆家辉和赵小兰的专访等。

4. 比较分析法

本书在第一章中通过对1965年以前美国华人参与非选举政治和选举政治的活动方式进行比较分析，得出该时期华人参政的主要特点。在第三章“当代美国华人精英的政治参与”中对骆家辉和赵小兰这两种不同的参政模型进行比较分析，说明华人精英的不同参政方式都是殊途同归。在第四章“当代美国华人参政团体的政治参与”中对精英型参政团体和草根型参政团体进行比较分析。书中还随处可见华人与其他亚裔、黑人、犹太裔和拉美裔参政的比较分析。

本书之所以采用历史分析法、案例分析法、访谈法和比较分析法等方法，从多个视角对当代美国华人政治参与进行综合研究，是为了避免由于过于单一地依赖某一种研究方法而显露其弊。笔者在此运用综合研究法对复杂的美国华人政治参与进行全面系统的分析，期望能够扬长避短，分析透彻，全面客观地反映当代美国华人政治参与的历史、现状和未来。

（二）理论视角

本书主要运用少数族裔政治参与理论对当代美国华人政治参与进行实证分

析，因此有必要对这一理论的创建过程做简单介绍。政治参与（Political Participation）作为政治学的一个重要研究领域最早形成于西方。早在古希腊政治学说中就已孕育政治参与的思想。最先对政治参与这种现象进行思考的是法国思想家让—雅克·卢梭，而首创公民政治参与历史和经验研究的是法国政治学家亚历克西斯·德·托克维尔。卢梭从“主权在民”的政治理念出发，深入阐述了人民作为主权者参与社会政治过程的重要性和途径；托克维尔则在《论美国的民主》一书中“严肃地思考公民政治参与的理论和实践意义”。① 现代政治学中政治参与的概念是“二战”后西方学者首先使用并进行研究的。早期的政治参与研究主要集中于对选举学或选举行为的各种解释。但政治参与真正成为政治学的一个研究领域是在1960年代后。此后，政治参与研究日益兴盛，逐渐成为现代政治学研究的热门领域之一。

一般认为，现代民主政治发展的过程就是政治参与不断扩大的过程，一个国家公民政治参与的程度和水平越高，这个国家的政治发展程度就越高。政治参与的扩大是政治现代化的标志②，即在某种程度上，政治参与已经成为衡量一个国家政治发展程度的重要标准。因此，在政治学中，对政治参与的研究一直备受关注。“二战”后，专门研究政治参与的论著众多，涉及各种类型的国家。对政治参与的研究已成为当今政治学研究的一个热点，但有关政治参与的概念在政治学界一直存在争议和分歧。由于研究方法和研究兴趣的差异，西方学者对政治参与所下的定义各不相同，较具代表性的定义有以下几种：

维巴和尼在《美国的参与：政治民主及社会平等》一书中认为，政治参与是一般公民或多或少地直接以影响政府人事甄选和政策为目标，从而采取的各种行动。政治参与除了投票和竞选之外，在非选举期间，仍有影响政府决策的各种政治活动。政治参与是一种实际的行为，各种有关的态度与心理倾向，也许是促成参与行为的重要因素，但并非政治参与本身。政治参与的主体是一般公民，而非民意代表、政党干部、职业说客及政府官员。政治参与不包括仪式性参与、支持性参与或符号性支持，而为自愿和自发的参与。政治参与仅限于合法参与，不包括非暴力反抗和政治暴力、政变或巩固政府的行为以及政府动员的政治行为等。只有依法定程序参与政治的行为才是政治参与。③

---

① ［美］安东尼·M. 奥勒姆著，董云虎、李云龙译：《政治社会学导论——对政治实体的社会剖析》，杭州：浙江人民出版社1989年版，第324～325页。

② ［美］塞缪尔·亨廷顿、琼·纳尔逊著，汪晓寿、吴志华、项继权译：《难以抉择：发展中国家的政治参与》，北京：华夏出版社1988年版，第1页。

③ 郭秋永：《政治参与》，台北：幼狮文化事业股份有限公司1993年版，第28～33页。转引自汪树华：《美国华人政治参与之研究》，（台湾）中国文化大学民族与华侨研究所硕士学位论文，1995年，第45～46页。

巴恩斯和凯思在《政治行为：五个西方民主国家的群众参与》中指出，政治参与是在政治的各个层次中意图影响政治抉择的公民的一切自愿活动，包括抗议和暴力行为。纳尔逊在《通向权力：发展中国家的政治和城市贫民》一书中提出，政治参与是指旨在影响国家和地方政府的平民行动，包括抗议和暴力参与，也包括动员参与或操纵参与，特别强调政治参与的目标是指向政府。布斯和塞莱格森在《拉丁美洲的政治参与》中认为，政治参与的目标不完全指向政府，影响或试图影响公益分配的行为都是政治参与，社区（村庄、街区）也可能涉及公益分配问题，所以政治参与的目标也可能指向社区。美国政治心理学家威廉·斯通把人们一切与政治有关的活动都视为政治参与，甚至认为讨论政治问题、阅读和收看政治新闻也是间接的政治参与。① 该定义使政治参与的外延过于宽泛。实际上，大多数公民在茶余饭后讨论政治问题、阅读和收看电视新闻或政论节目，大多数情况下只是为了消遣和娱乐，并没有涉及政治参与的行为。

亨廷顿和纳尔逊在《难以抉择：发展中国家的政治参与》一书中把政治参与定义为平民试图影响政府决策的活动。该定义强调政治参与的主体必须是平民，即非政治职业者（或政治职业者的非角色化）的政治行为。该定义包含五个核心要点②：

第一，政治参与包括活动而不包括态度。即政治参与仅仅指活动，而不包括知识和态度等心理因素。尽管有关政治的知识、兴趣、能力和效能感以及与政治相关的认知等与政治行为常常密切相关，但由于它们不是政治行为，不是政治活动，因此不能把它们包括在政治参与之内。主观的政治态度和客观的政治活动应被看作两个不同的变量。

第二，政治参与是指平民的政治活动，更确切地说，是指充当平民角色的那些人的活动。即政治参与是指普通公民的政治活动，不包括那些政治职业者，如政府官员、政党骨干、政治候选人和职业院外活动分子的角色化的政治行为，他们的非角色化的政治行为才是政治参与。如一名高级文官在政府机构中制定政策的活动不是政治参与，但他在选举中投票或在市镇会议上演讲则是政治参与。

第三，政治参与只是指试图影响政府决策的活动。这类活动的目标指向政府，因为政府通常被认为对社会价值的权威性分配拥有合法的最终决定权。通常所说的政治，以及社会中各团体之间的资源分配，有许多可能在没有政府参与的情况下发生。根据这一限定，迫使私人公司资方增加工资而举行的罢工不是政治

---

① 程同顺编著：《当代比较政治学理论》，天津：南开大学出版社 2001 年版，第 58 ~ 59 页。

② ［美］塞缪尔·亨廷顿、琼·纳尔逊著，汪晓寿、吴志华、项继权译：《难以抉择：发展中国家的政治参与》，北京：华夏出版社 1988 年版，第 5 ~ 7 页。

参与，要求政府提高工资标准而举行的罢工则属于政治参与。政治参与包括合法参与和非法参与。

第四，政治参与包括试图影响政府的所有活动，而不管这些活动是否产生实际效果。有学者把政治参与仅仅看作是成功的努力，即把政治参与等同于政治力量。作者认为，政治参与者可能获得成功，也可能不成功；可能力量强大，也可能力量弱小。只有当参与者对他们要影响的那些政府决定产生实际影响时，他的参与才是成功的。参与者的力量取决于他实际影响政府决定的数量、范围和程度。

第五，政治参与不仅包括行动者本人自发的影响政府决策的活动，而且包括行动者受他人动员而进行的影响政府决策的活动。前者为主动参与，后者为动员参与。

当代中国学者周平在继承亨廷顿和纳尔逊两位学者的理论基础上，从民族学的视角对政治参与的有关理论进行了探索。他认为，民族政治参与不是以民族共同体为单位的政治参与，而是民族成员对政治过程的参与，是民族成员的一种普遍的政治行为，其主要目的是影响政府的决策和行为。民族政治参与有三个特征：第一，民族政治参与的主体是普通的民族成员。民族普通成员必须是这个国家的公民，享有公民应有的政治权利。在此条件下，民族政治参与实际上是属于各个民族集团和公民的政治参与，既包括公民的个人参与，也包括公民团体的参与。但民族政治体系中的特殊角色，如民族领袖、民族干部、党政官员的政治活动不属此列。他们的政治活动是一种职业政治活动，而不是一般意义上的政治参与。第二，民族政治参与的对象是政治过程。在民族社会或多民族社会中，同时存在着多种政治过程，既有政府发动的政治过程，也有政党和其他民族政治组织发动的政治过程，以及民族成员自发的各种政治过程。民族成员对这些政治过程的介入，不论其目的如何，都是政治参与。其政治参与直接影响到政治决策的制定，有的仅影响政策执行，有的可能只是民族成员的一种心理宣泄，并不能产生确定的影响。第三，民族政治参与是一种实际的政治行为。只有民族成员实际介入一定的政治过程，才是真正的民族政治参与。在民族政治生活中，民族成员的思想意识对民族政治生活的影响往往是巨大而深刻的，但思想的活动和影响并不属于民族政治参与的范畴。政治参与是一种实际的政治行为。只要民族成员介入某个具体的政治过程，不论这种行为是否达到预期目的，也不论这种行为的影响如何，都是政治参与。①

上述关于政治参与的各种定义都有一定道理，其中美国的政治参与理论大多

① 周平：《民族政治学导论》，北京：中国社会科学出版社 2001 年版，第 272 ~ 274 页。

是对白人主流社会或黑人的政治活动进行的一般性概括和总结，因此，针对少数族裔华人这一特殊群体的政治参与，直接套用这些理论进行解释显然不够全面和准确，也不能正确反映当今美国政治发展的现实。本书尝试以上述政治参与理论为基础，结合美国华人政治参与的历史发展进程，对当代美国华人政治参与的概念及其内涵与外延进行重新界定。本书认为，美国华人政治参与就是指美国华人公民或公民团体运用各种方式影响美国各级政府决策和社区公益分配，维护和增进华人公民权利和政治权利的活动。该定义包含以下核心要点：第一，美国华人的政治参与仅指影响政府决策和社区公益分配的活动，不包括知识和态度等心理因素。第二，与上述界定有所不同，美国华人的政治参与不仅指普通美国华人公民的政治活动，也包括那些与选举共进退的华人政府官员、政党骨干、政治候选人的角色化政治行为（不包括公务员）。第三，美国华人的政治参与只是指他们影响政府决策和社区公益分配的活动，不论成功或失败。第四，根据合法与否，美国华人政治参与可分为合法参与和非法参与，本书仅限于对他们合法政治参与的研究。第五，根据是否有组织介入可分为个人参与和团体参与。第六，根据是否有中介可分为直接参与和间接参与。第七，根据参与的方式不同，可分为参与选举政治和非选举政治。具体来看，参与选举政治的方式包括参加选举登记和投票、加入参政团体或政党、参加竞选、争取政治委任、助选和政治捐款等；非选举政治参与方式包括个人接触（游说）、通过大众媒体进行政治表达、加入参政团体、游行示威、静坐、抵制、诉讼等合法的政治参与活动，不包括暴力等非法参与方式。第八，根据是否自觉，他们的政治参与可分为主动参与和动员参与。

总之，美国华人的政治参与是在现行美国国体、政体的法治框架内进行的，并无改变美国政治架构的企图，因此他们的政治参与无疑具有合法性。由于美国华人在不同历史时期的政治参与方式具有特殊性，所以他们的政治参与活动不仅维护了美国华人权益，而且丰富了美国的政治法律制度，甚至推动了美国政治制度的发展和进步。美国是当今世界民主国家的典范，其民主化程度非常高。与东南亚各国相比，美国华人参与政治的环境更为宽松，正如《独立宣言》宣称，“人人生而平等，造物主赋予他们若干不可让与的权利，其中包括生存权、自由权和追求幸福的权利”。但平等不是等着天上掉下馅饼，美国华人要享有平等权利，最佳途径是通过政治参与的方式去争取。

五、研究创新和不足之处

本书的创新之处只是相对于国内学界对该领域的研究而言，主要体现在以下三个层面：第一，理论与方法层面。本书采用综合研究法，其中以历史学的研究方法为基础，以政治学中关于少数族裔政治参与的理论与方法为主导，以社会学和民族学中常用的访谈方法为辅助，对当代美国华人政治参与进行综合研究，具有一定新意。第二，资料收集层面。①中英文资料：笔者在国内外收集了大量关于美国华人参政的中英文资料，包括美国华人学者的最新英文专著和论文；美国华人社区发行的中文报纸，如《世界日报》、《侨报》和《星岛日报》关于华人参政的即时报道；美国华人参政团体，如80/20促进会、美国华人权益促进会、百人会、波士顿华人前进会等的网站资料。②考察和访谈资料：包括笔者2007—2008年度在哈佛大学留学期间对波士顿、纽约、华盛顿和费城华人社区的考察资料；对美国华人民权活动家王灵智、加州大学圣塔芭芭拉分校政治学系教授连培德、波士顿大学化学系教授潘毓刚、哈佛大学应用数学系教授兼80/20促进会秘书长何毓琦的访谈资料，以及与华人政治活动家吴仙标之间的电子邮件交流资料；美国第一位华人女市长陈李琬若在暨南大学的演讲记录；央视记者对骆家辉和赵小兰的访谈资料等。③1985年至1995年台湾学者的四篇相关的博硕士学位论文为本书提供了丰富的美国华人参政史料，国内学界鲜有使用。第三，观点层面。本书提出的新观点有：对当代美国华人政治参与的定义、内涵和外延的界定；影响当代美国华人政治参与的社会因素和个人因素；当代美国华人精英参政的四种模型；当代美国华人精英型参政团体和草根型参政团体的政治参与；仅参与选举政治是不够的，当代美国华人参政应继续走参与选举政治和非选举政治相结合的多元化道路等。

虽然笔者曾在美国华人社区做过考察，亲身经历2007年美国地方选举和2008年美国总统大选，对美国的选举制度和选举文化以及华人参政有亲身体会，但当代美国华人社会复杂多元，不同地域、不同群体、不同阶层有不同的利益诉求，需长期参与当地华人社区的活动，才能深入了解他们的政治态度、政治心理、政党认同、参政方式和参政过程中存在的问题与障碍。虽然笔者在美考察期间收集了大量关于美国华人参政的中英文资料，但回国后由于教学任务繁重，家庭琐事多，未能把它们全部融入到本书的写作中去。完成本书撰写后发现，原来关于当代美国华人政治参与研究的资料是如此丰富，研究的视角是如此之多，如果时间允许，几乎每一章都可以再深化研究，写出一本专著。故只能寄希望于未来，如果继续进行研究，当进一步深化和完善。也期待学界有兴趣的同仁关注当代美国华人政治参与研究，把当代美国华人参政问题的研究水平推上一个新台阶。总之，由于笔者学力有限，本书可能还存有很多叙述不当或理解错误，恳请读者批评指正。

第一章　1965 年以前美国华人政治参与的方式

雷蒙·阿隆在《和平与战争》一书中深刻地指出，“历史是过去的政治，理论的实质是历史”①。虽然本书拟从少数族裔政治参与的理论视角对 1965 年以来美国华人的政治参与进行综合分析，但也认为在研究之前，必须对 1965 年以前美国华人政治参与的历史发展进程做简要回顾，从中发现他们政治参与活动的方式和特点，以便在主体部分中与 1965 年以来美国华人政治参与进行纵向比较，显示其异同。本章首先简述美国华人政治地位的演进，包括他们在美移民经历，遭遇的一系列地方性和全国性立法排斥以及反华暴动，重点分析他们在 1965 年以前参与政治活动的方式，包括参与非选举政治活动和选举政治活动，其中参与非选举政治的活动包括争取移民权利和公民权利的活动，并总结这一时期美国华人政治参与的特点与意义。

第一节　美国华人政治地位的演进

一、早期的美国华人移民

虽然华人移民美国的最早时间已很难考证，但有据可查，华人第一次大规模移民美国的浪潮发轫于 1849 年美国西部加州的“淘金热”。1870 年，华人占当时美国总人口的 0.16%，占加州总人口的 8.8%，却占该州劳动力的 25%。在 1882 年排华法案通过之前，有近 30 万男性华工进入美国，但后来有近一半的人由于排华而不得不返回中国。②

早期的华工因为勤劳、可靠、流动性强、劳动力价格低廉，所以在美国非常受欢迎。他们在别人废弃的金矿里辛勤地采集；他们帮助美国修建中太平洋铁路

① 倪世雄等：《当代西方国际关系理论》，上海：复旦大学出版社 2001 年版，第 250 页。

② Pei-te Lien, *The Making of Asian America through Political Participation*, Philadelphia: Temple University Press, 2001, p. 2.

最艰难的那一段并付出了巨大人员伤亡；他们在萨克拉门托河谷把成千上万亩沼泽开垦成良田；他们是西部制造业的主要劳动力；他们促进了太平洋沿岸渔业的发展。哪里缺少人手，华人就出现在哪里，他们甚至担当起当时西部边疆本应该由女性承担的职业，如洗衣工人和厨师。总之，他们对美国西部发展的贡献不亚于来自爱尔兰、意大利、德国、希腊、葡萄牙和波兰的移民。

然而，在当时法制尚未完善的美国西部，勤劳不是美德而是罪恶。[①] 华工因为勤劳、工价低廉，在就业市场上明显比白人劳工有优势，更受雇主欢迎，以至于被白人劳工阶层视为威胁。更重要的是，许多白人认为，把他们看作实力正在壮大的工人力量的一部分，对民主党政客和商会领袖们的共同利益是有害的。于是，1870 年代，由美国工业危机而诱发的经济和社会问题都被归到华人的身上，华人成了美国经济社会问题的替罪羊。接着，美国国会于 1882 年通过排华法案，禁止华工进入美国，只有华商、外交官和他们的家属、学生、教师、官员及旅游者可以入境美国，但不得归化为美国公民。这种状况一直持续到 1943 年。

1943 年，被拖入“二战”的美国为取得在太平洋战场上的最终胜利，担心日本在中国的反美宣传产生不利影响，因而取消了长达 60 余年的排华法案。从此，华人可以合法入境美国，并能归化为美国公民，但美国政府只给予华人 105 个象征性配额。华人在美国并未获得事实上的平等。直到 1960 年代的美国黑人民权运动促使 1965 年新移民法通过后，华人才与其他东半球国家一起获得每年移民美国 2 万人的平等待遇。

早期赴美的华人移民除了劳工占绝大多数以外，另一种移民的主要方式是华商型[②]移民。虽然华商人数很少，仅占当时美国华人总数的很小一部分，但他们是早期美国华人社会的精英，其作用不可小觑。他们通过组建华人社团整合早期美国华人社会，对内举办公益活动，协调华人各群体之间的关系，改善华人自身的福利；对外代表美国华人社会与白人主流社会打交道，反对各种针对华人的歧视性法令，维护广大华工的人身安全，增进他们的经济利益。商人占主导地位的美国华人社团，如西海岸的中华会馆和东海岸的中华公所，是公认的早期美国华人社会的半官方自治机构，既得到当时中国历届政府的支持，也得到美国政府的默许。

另外，早期的美国华人移民中还有少量的外交官和留学生。严格地说，这些

---

① Iris Chang, *The Chinese in America: A Narrative History*, New York: Viking Penguin, 2003, p. 57.

② 王赓武教授在《中国移民形态的若干历史分析》一文中把华人移民分为华商型、华工型、华侨型和华裔型四种类型，有一定道理，但其合理性笔者不完全赞同。参见《王赓武自选集》，上海：上海教育出版社 2002 年版，第 188 ~ 205 页。笔者此处的“华商型”是根据当时美国华人移民的职业及其在华人社会中的地位与作用来区分的。

人不能算是移民，但他们对改变华人在美国社会中的形象非常重要，尤其是留学生给美国主流社会留下了非常深刻的印象。他们当中有些人大学毕业后留在美国或回国后再度赴美，并加入美国国籍，为美国华人争取平等权益做出巨大贡献。最值得纪念的是由容闳倡导和实施的中国早期幼童留美计划，虽中途夭折，但第一批中国留美学生给美国主流社会留下的美好印象是深远的。在此不再赘述他们回国后对中国现代化进程产生的巨大影响。“二战”后滞留美国、后加入美国国籍的中国留学生为“二战”后美国华人社会的发展输入了新鲜血液，对华人在美经济政治地位的演进发挥了重要作用。

二、排华法案与排华暴动及其社会影响

（一）排华法案

1. 早期美国地方排华法案

美国起初对华人是持欢迎态度的，但事实上这种欢迎态度并未持续多久。随着大量中国移民进入美国，歧视和迫害华人的现象开始出现。其原因是：第一，美国西部对劳动力需求的变化。南北战争结束后，黑人从南方被解放出来；中太平洋铁路完成，大批修筑铁路的工人失业；跨洋铁路通车，白人劳工从东部乘火车而来；西部采矿业衰落导致大量工人失业。这些人都投入了廉价的劳工市场，白人，尤其是爱尔兰人与华人产生了激烈竞争。第二，美国资产阶级把华工作为经济危机的替罪羊，政客们把排华作为竞选的筹码。第三，作为有色人种的华人，在白人至上的美国遭受种族歧视。美国西部各州，如俄勒冈州、华盛顿州、内华达州，尤其是加州地方当局在排华分子控制的工会组织推动下制定了一系列排华法案。

1850 年 4 月 13 日，加州议会通过《外国矿工税则》，规定所有外国矿工，包括华工，每人每月必须交纳 20 美元矿工税。[①] 后因课税太重，外国矿工停止进入矿场采矿，有碍当地经济发展而于 1851 年 3 月 14 日被撤销。1852 年，加州议会重新颁布外国矿工执照税的法令，规定对那些“不准备成为美国公民”的人，实际上专指华人，征收执照税，每人每月 3 美元。[②] 1853 年，外国矿工执照税提高到每人每月 4 美元，并规定：“凡外国人如不领取执照，不准取金。取金之人，

① H. Mark Lai and Philip p. Choy, *Outlines: History of the Chinese in America*, San Francisco: Chinese-American Studies Planning Group, 1973, p. 48.

② H. Mark Lai and Philip p. Choy, *Outlines: History of the Chinese in America*, San Francisco: Chinese-American Studies Planning Group, 1973, p. 49.

如不肯缴纳执照费，准收执照纸之人以特权，没收其物业，当众拍卖，扣除执照费及其他费用，有剩余交回原人。打算逃脱者，准收执照纸之人追获，照上数讨取，以免逃骗。”① 1855 年，加州政府将外国矿工执照税提高到每人每月 6 美元，并规定此后每年递增 2 美元，结果大批华工被迫离开矿区。1856 年，加州政府又把执照税重新减到每月 4 美元。美国西部一些州也仿效加州征收执照税，直到 1870 年被宣告违宪而被取消。②

这五项法案名义上称为《外国矿工法案》，但实际上只是针对华人而立，因为白人矿工几乎已全部加入美国国籍，而当时华工加入美籍的人很少。从 1850 年至 1870 年，加州政府从这项违宪的法令课税近 500 万美元，相当于加州政府税收总和的一半。加州政府用这笔钱建立了一批学校和医院，而缴纳此项违宪税款者，98% 为华人。③ 这是加州政府利用法律手段剥削和惩罚华人，并试图把在美华人赶出加州的明证，也是华人对加州发展的贡献的一大明证。加州政府明知此项法令违背宪法却继续用它来剥削华工。

1850 年，加州议会通过一项法案，禁止黑人和印第安人在法庭作证支持或反对白人。1854 年，加州最高法院在审理“人民诉霍尔案”时，援引 1850 年的规定，禁止华人在法庭作证支持或反对白人（1872 年被废止），这剥夺了华人免遭白人暴虐的合法保护。④ 1855 年，加州议会又决定，将 1850 年禁止黑人和印第安人在法庭上作证的法令扩大到华人，即肯定了前一年加州高院的判决，禁止华人在法庭上作证支持或反对白人。内战期间，为了配合联邦政府在改善黑人政治和社会地位方面的努力，加州议会在 1863 年修改法律，允许黑人在法庭上作证，但同时又在法律中加上明文禁止华人作证的条款：“所有印第安人，或者有一半以上印第安血统的人，或者蒙古人，或者华人，都被禁止在法庭上提供对白人不利的证词。”这等于给白人一张合法执照，可随意迫害华人而不受法律制裁，大大助长了白人种族主义者的排华气焰。从此，中国人无论被殴打、劫掠还是杀害，均不能出庭作证，把罪犯绳之以法。这严重影响了华人的生命与财产安全，也严重伤害了华人的尊严。

1852 年，加州议会除颁布《外籍矿工执照税》以外，还颁布一个法令，企图阻止更多中国人到加州来。该法规定：轮船公司的老板必须为外国乘客购买金

---

① 刘伯骥：《美国华侨史》，台北：黎明文化事业股份有限公司 1976 年版，第 522 页。

② H. Mark Lai and Philip p. Choy, *Outlines: History of the Chinese in America*, San Francisco: Chinese-American Studies Planning Group, 1973, p. 49.

③ Mary R. Coolidge, *Chinese Immigration*, New York: Henry Holt and Co., 1969, pp. 36 – 37.

④ H. Mark Lai and Philip p. Choy, *Outlines: History of the Chinese in America*, San Francisco: Chinese-American Studies Planning Group, 1973, p. 49.

额为500美元的保险，保险费一般从5美元到50美元不等。轮船公司的老板当然照办，但自然通过提高船票价格把这笔钱转嫁到乘客身上，从而加重中国人移民美国的成本。① 1855年4月28日，加州议会通过一项旨在阻止那些不能归化为美国公民的人（指华人）进入加州的法令，规定由外国来美的船只，凡载运有“根据美国法律或本州宪法与法律规定不能成为美国公民的人”，在抵达本州港口时，其船长、船主或委托人必须为这些人付惩罚性的“人头税”，每人50美元。如果在三天内不交纳税款，市镇官员可以本州的名义向当地法院起诉该船长、船主或其委托人，该船只将被扣押直到付清税款为止。② 但该法令因涉及通商事项，本为联邦政府所有之权，故于1857年被宣告违宪而被取消。

1857年9月18日，俄勒冈州通过一部宪法，其中有歧视黑人和华人的条款。一条规定：“所有的黑人、华人和混血人都没有选举权。”另一条规定：“任何华人，除非在本宪法通过时就已是本州居民，永远不得拥有房地产或采矿权，也不得在矿区工作。”③ 该宪法中歧视华人的条款一直到美国宪法第十四修正案和第十五修正案通过后才被宣布违宪和无效。

1858年，加州议会通过一个题为“防止华人和蒙古人种向该州移民”的排华法令，规定自1858年10月1日起，禁止任何中国人或蒙古人进入加州，违者（包括本人及载运他们前来的船长及其他人）处以400～600美元的罚款，或监禁3个月至1年，或两者并罚。④ 该法律后被宣告违宪。

1860年，加州议会通过法令，对华人渔民征收渔税（即渔人执照费），每人每月4美元。该法令于1864年被废止。⑤ 但议会又重新规定，任何不能成为该州选民的外国人不得在该州水域捕鱼。此法也被宣布违反中美条约及美国宪法第十四修正案。加州一些地方政府还规定，禁止华人子女进入公立学校上学，违反此规定的学校将被扣发州立学校津贴。1864年又规定，在白人家长不反对的情况下，可以允许华人子女进入公立学校。另外，禁止华人进入旧金山市立医院就诊。⑥

1862年4月2日，加州议会通过一项法令，规定凡未交纳外国矿工执照税、年满18岁的蒙古种族男女，除从事糖、稻米、咖啡、茶叶的生产与加工者外，

① Iris Chang, *The Chinese in America: A Narrative History*, New York: Vikihg Penguin, 2003, p. 42；［美］张哲瑞联合律师事务所编著：《百年沧桑——移民美国史画》，北京：中央编译出版社2004年版，第6页。

② Mary R. Coolidge, *Chinese Immigration*, New York: Henry Holt and Co., 1969, p. 71.

③ 张庆松：《美国百年排华内幕》，上海：上海人民出版社1998年版，第24页。

④ 杨国标等：《美国华侨史》，广州：广东高等教育出版社1989年版，第212页。

⑤ H. Mark Lai and Philip P. Choy, *Outlines: History of the Chinese in America*, San Francisco: Chinese-American Studies Planning Grop, 1973, p. 73.

⑥ 杨国标等：《美国华侨史》，广州：广东高等教育出版社1989年版，第213页。

一律要交纳“华人警察税”（人头税），每人每月2.5美元。还规定，收税员可以没收并出售那些拒税者的财产来顶税，雇主负责保证所雇华工交纳华人警察税。[①] 该法令后来也被宣布违宪而被取消。

1870年，加州议会通过法案，规定在加州登陆的蒙古、中国及日本妇女，必须出具令人满意的证明，以证实其为自愿移民，有良好的习惯和善良的品质，否则为非法并处以1 000美元以下罚款（1876年被宣布违宪）。加州政府禁止华人在该州拥有土地。旧金山市政府禁止雇用华人参加市政工程建设，并实施《肩挑法案》，禁止华人使用挑菜的扁担，违者处以5美元以上的罚款。7月25日，旧金山市参事会通过《立方空气法》，规定每间住房，其成年房客每人应有500立方英尺的新鲜空气流通之空间，违者处以监禁或罚款。该法令于1873年付诸实行，目的是对付华人。同年7月，警察根据此法拘捕152名华人，8月份拘捕95人，被捕者中有177人被判有罪。该法令既不公平，又属歧视，最终由于被拘者众，被捕华人拒付罚款，监狱人满为患，迫使法院于同年9月宣布该法令作废。[②]

1873年，旧金山市参事会通过了一系列歧视华人的法令。《洗衣馆法令》规定，凡洗衣馆，用一匹马拉车装运衣物者，每季征收2美元税；用两匹马拉车者，每季征收4美元税；超过两匹马者，每季征收15美元税。但是，连一匹马也没有，而用肩挑篮子装运衣服的洗衣馆，每季也征收15美元税。该法令直到1876年才因被法院判为无理勒索而无效。另一法令禁止华人在市内某些区域从事洗衣工作，并规定要获得开设洗衣作坊执照，必须有12个当地公民或纳税人推荐。该法令后因违反宪法第十四修正案及中美条约也被宣布无效。1880年，市政府规定，凡在非砖石所建房屋内开设洗衣店，必须取得市政府特许。很多华人因为继续在木屋内营业而被处罚，并因不能缴纳罚金而被监禁，但其他人种所开的洗衣店在同样情形下营业则不受妨碍。该法令后被最高法院宣布违反法律同等保护及宪法第十四条修正案而被取消。[③] 《辫子条例》规定，每一男性囚犯，经警察、法庭宣判押入旧金山市监狱时，须将其头发剪至一英寸长，由监狱长负责执行。该条例专为上述触犯《立方空气法》而受监禁的华人而设，因华人一向视割辫子为奇耻大辱。最终该条例也因有重大恶意而被判无效。《限制骸骨搬迁法案》规定：“凡旧金山市区或县区内，所有在坟场安葬之遗骸，无论何人，如未持有市县区之验尸官的书面准许证者，均不得搬迁出外，违者将课以100～

① Mary R. Coolidge, *Chinese Immigration*, New York: Henry Holt and Co., 1969, p. 72.

② 刘伯骥：《美国华侨史》，台北：黎明文化事业股份有限公司1976年版，第524页。

③ 黄正铭：《中国人在英美各国的法律地位》，台北：台湾商务印书馆股份有限公司1971年版，第14页。

500 美元的罚金。”[①] 上述法令无疑都是针对华人的，因为只有华人才有这些风俗。

1873 年至 1875 年，旧金山市当局通过法令，禁止燃放鞭炮以及在庆典时使用铜锣。1876 年，加州议会通过所谓《立方空气法》，其内容与 1870 年旧金山市的法令相似，规定每人居室必须有 500 立方英尺空间，违反者，房东要处以 50～500美元的罚款，房客则处以 10～50 美元的罚款或监禁。1878 年，加州政府规定，禁止外籍人（主要是华人）购置产业，不准给他们颁发商业执照。

1879 年 3 月 3 日，加州制宪会议通过《加州新宪法》，其中包含一些反华排华的条款。其中第二章第一条规定：中国出生的人不得享有本州选举人的权利。第十九章第二条规定：根据本州法律现已成立和今后将成立的任何公司，在本宪法通过后，不准直接或间接雇用华人或蒙古人。第三条规定：州、县、市的公共工程都不得雇用华人，因犯罪而服劳役者除外。第四条规定：不能成为美国公民的外国人在本州的存在是对本州福利的威胁，州议会将在职权范围内采用一切手段来阻止他们移入本州；在美国或外国成立的所有公司，凡输入契约劳工者将受到规定的处罚；州议会将授予本州的市镇一切必需权力，将华人迁移到这些市镇之外去，或将他们安置在该市镇的指定地段里；州议会也将制定必要的立法以便在本宪法通过后禁止将华人引入本州。[②] 该宪法违反《蒲安臣条约》和美国宪法第十四修正案，被加州最高法院设无效，未能实行。

1880 年，加州议会通过《捕鱼法案》，禁止华侨从事任何捕鱼行业，后被宣布违宪；《防止发给外国人执照法案》剥夺华人获取商业或职业执照的权利；旧金山市通过《反熨条例》，旨在关闭华人夜间洗衣店；加州议会宣布法定假日，以便公众举行反华示威活动；旧金山市通过《新洗衣店执照法案》，规定大部分华人洗衣设备均须领取执照。1885 年，加州《政治法典修正案》禁止华人在普通公立学校就读，迫使他们在隔离学校上学。1887 年，加州《刑罚法典》增设捕鱼执照税，每人每月征收 2. 5 美元，旨在打击华人渔民，结果使华人渔民数迅速减少。[③] 1891 年，《禁止华人移民进入加州法案》禁止华人入境。1893 年，加州《捕鱼和狩猎法案》禁止使用中国渔网捕鱼。[④] 从上述法令可以发现，加州地方排华政策随着时间推移在一步一步走向系统化、制度化和细节化。

---

① 李春辉、杨生茂主编：《美洲华侨华人史》，北京：东方出版社 1990 年版，第 213～214 页。

② 杨国标等：《美国华侨史》，广州：广东高等教育出版社 1989 年版，第 237～238 页；H. Mark Lai and Philip P. Choy, *Outlines: History of the Chinese in America*, San Francisco: Chinese-American Studies Planning Group, 1973, p. 86。

③ H. Mark Lai and Philip P. Choy, *Outlines: History of the Chinese in America*, San Francisco: Chinese-American Studies Planning Group, 1973, p. 73.

④ 杨国标等：《美国华侨史》，广州：广东高等教育出版社 1989 年版，第 262 页。

2. 联邦政府排华法案

1879年以前，美国国会没有专门对华人移民采取过正式的立法行动，与亚洲移民有关的议案也只出现过两次。第一次是1862年1月15日，马萨诸塞州众议员阿力奥特提出一项议案，禁止美国船只参与运输中国劳工到其他各国。他宣称，“苦力就是奴隶”。该议案经过简短讨论后，在1862年2月19日被美国国会通过，成为法令，规定禁止苦力贸易。该法案后来被视为美国历史上国会第一次立法管理移民事务。但该法案并非要限制华人进入美国，其目的是防止美国船只输送中国劳工到其他国家，因此它实际上不是国会针对华人移民美国的立法。① 第二次是1875年3月3日美国国会通过的《佩奇法》，规定禁止中国、日本和其他“蒙古人种”的契约劳工入境，禁止将妇女作为娼妓入境，禁止因非政治理由而被判刑的罪犯进入美国等条款。从文字上看，该法令是针对所有国籍、所有族裔的娼妓，但在其执行过程中，中国娼妓首当其冲。该法极为有效地将中国妇女阻挡在美国国界之外。②

1875年的《佩奇法》是美国移民法律史上的一个分水岭。它是美国国会通过的第一个在全国范围内管理移民入境的法案，也是对亚洲移民的第一个限制法案。它对华人妇女移民美国造成严重威胁，在阻碍华人家庭团聚上产生很大影响。该年标志着美国的反华运动进入新阶段。从1876年起，由加州掀起的反华浪潮开始走出议会，转而采用社会运动和街头抗争等激烈形式，反华团体开始形成、壮大，反华集会和演说随处可见，排华暴动席卷西部，同时反华势力也增强了在美国国会的游说力量。

对华人更为不利的是，东部的主流媒体也被反华思潮感染，开始倾向排华运动。如《纽约时报》在1870年代中期就开始连篇累牍地发表歧视华人的文章。究其原因如下：第一，由于在美华人人口不断增长，同时由于“淘金热”冷却和太平洋铁路完工，淘金和铁路两个主要行业都不再容纳华人劳工，就业机会减少，新老华工纷纷涌进旧金山等城市，与白人劳工竞争工作机会，引起他们的反感，产生冲突。第二，1873年发生并席卷全美的经济危机更加深了这一矛盾。白人劳工举行罢工时，华人往往被雇来做替工，于是华人被指责从白人劳工手里夺饭碗，破坏工人运动，华人成了经济危机的替罪羊。第三，1876年是美国总统大选年，为了讨好劳工阶层并争取他们的选票，共和党和民主党争先恐后地在全国代表大会上通过反华纲领。共和党要求国会就“蒙古人种”的输入和移民

① 张庆松：《美国百年排华内幕》，上海：上海人民出版社1998年版，第23~24页。

② 杨国标等：《美国华侨史》，广州：广东高等教育出版社1989年版，第240页；［美］令狐萍：《金山谣：美国华裔妇女史》，北京：中国社会科学出版社1999年版，第18页。

对美国的道德和物质利益造成的影响进行调查。民主党的纲领要求修改条约和法律，阻止“蒙古人种”进入美国。①

1876 年 3 月，国会通过决议，组成专门委员会，调查华人向加州的移民。经过调查，委员会于 1877 年 2 月 27 日向国会提交了长达 1 200 页的调查报告。该报告包括委员会多数成员的主流意见和委员们会办的听证会记录。从记录看，在听证会上发言的人并没有对华人移民问题形成一致意见，但委员会自己的总结报告和结论却“一边倒”地倾向反华立场。

1878 年至 1879 年美国第 45 届国会在西部和南部各州的排华高潮中召开，西岸各州的国会议员为限制华工而奔走，反华排华的提案一个接一个。1879 年 2 月 15 日，国会参众两院通过所谓“十五名旅客法案”，它由民主党议员、国会教育和劳工委员会主席艾伯特 · 威利斯把所有反华提案和决议综合而成。该法案规定，任何船只都不许从中国港口或其他任何地方载运 15 名以上华人进入美国，违者将被判罪，每超载 1 人，罚款 100 美元并监禁 6 个月。受此过处罚的船主到达美国时须提交所有华人乘客名单，当局有权扣押受罚船只。②

当“十五名旅客法案”被送交总统签署时，总统海斯认为该法案违反《蒲安臣条约》中的中美自由移民条款，拒绝签字。但这并不等于说美国联邦政府真的反对西岸各州的排华情绪，它只是打算寻求正当途径，先设法修改《蒲安臣条约》。于是，联邦政府派密歇根大学校长安吉尔率领代表团到中国商谈，并于 1880 年 11 月 17 日与清政府全权代表宝鋆、李鸿藻两人在北京签约，1881 年 7 月 19 日在北京互换批准书。该约被称作《续修条约》，英文本叫《规定华人移民美国条约》，即《安吉尔条约》，主要内容如下：

第一款：大清国、大美国共同商定，如有时大美国查华工前往美国，或在各处居住，实于美国之益有所妨碍，或与美国内及美国一处地方之平安有所妨碍，大清国准大美国可以或为整理，或定人数、年数之限，并非禁止前往。至于人数、年数，总须酌中定限，系专指华人续往美国承工者而言，其余各项人等均不在限制之列。所有定限办法，凡续往承工者，只能令其按照限制进口，不得稍有凌虐。第二款：中国商民，如传教、学习、贸易、游历人等，以及随带并雇用之人，兼已在美国各处华工，均听其往来自便，俾得受优待各国最厚之利益。第三款：已在美的华工及他项华人等，无论常住、暂住，如有偶受他人欺侮之事，美国应尽力设法保护，与待各国人最优者一体相待，俾得各受按约应得之利益。第

① 张庆松：《美国百年排华内幕》，上海：上海人民出版社 1998 年版，第 110 页。

② 杨国标等：《美国华侨史》，广州：广东高等教育出版社 1989 年版，第 240 ~ 241 页。

四款：两国既将以上各款议定，美国如有时按照所定各款妥立章程，照之中国。如所定章程与中国商民有损，可由中国驻美钦差大臣与美国外务部共同妥议；中国总理衙门亦可与美国驻京钦差大臣共同妥为定议，总期彼此有益无损。①

该约中最关键的是第一款，即允许美国政府对华人移民进行“整理，或定人数、年数之限，并非禁止前往”。但在条约的英文原本中，美方则使用了模棱两可的词句：“…the Government of China agrees that the Government of the United States may regulate, limit, or suspend such coming or residence, but may not absolutely prohibit it.”② 译为中文即成了“中国政府同意美国政府可以整理、限制或暂停（中国移民的）入境与居住，但不得绝对禁止”，而中文原本根本没有“暂停”一词。这是美国政府蓄意推翻《蒲安臣条约》，为随后的排华法案的立法奠定法律基础。该约的签订标志着体现“自由移民”原则的《蒲安臣条约》的终结，同时也成为美国全面推行排华政策的“合法”依据。

该条约的生效实施竟成为一种强烈的阻碍，既不合理，也不公平，甚至显然与条约明文相违背。在国会讨论排华法案的过程中，越权与滥权的情形昭然若揭。1880 年代，侵害华人的暴动不断发生，清政府曾向历任美国国务卿严正交涉，要求特别保护，但每次都遭到拒绝，其理由是美国宪法不许联邦政府干涉各州内政，除非各州主动请求。华人仅被告知向地方当局或法院上诉。该条约在其他移民法期满后依然有效，成为规范两国关系的文件。

《蒲安臣条约》已改订，自由移民的规定已不存在。美国国会于 1882 年迅速通过一项美国西岸各州渴望已久的排华法案：停止华工入美 20 年。该法案被总统亚瑟否决。亚瑟认为 20 年时间太长，无异于禁绝，而且法案所规定的私人登记与护照制度，既不民主，也违反美国制度的精神。数星期后，法案改期为 10 年，经参众两院通过后送呈总统，亚瑟总统依然认为违反《安吉尔条约》的规定。但在两党政治压力下，总统只好于 1882 年 5 月 6 日正式签署该法令。这便是美国移民史上第一个排华法案“*Chinese Exclusion Act of 1882*”。法案条文总共 15 条，主要内容如下：①暂时停止华工入美，为期 10 年；②任何从外国将华工载运到美国登岸的船只，其船主将受如下处罚：每运送 1 名华工，处以不超过 500 美元的罚款或不超过 1 年的监禁；③上述条款的规定不适用于 1880 年 11 月 7 日以前已经在美的华工和那些将在本法令通过后 90 天内来美的华工；④属于上一款前半部分所指的华人，拟经海路离开美国者，需由港口海关人员进行登记

① 王铁崖编：《中外旧约章汇编》，北京：生活·读书·新知三联书店 1957 年版，第 378～397 页。
② 杨国标等：《美国华侨史》，广州：广东高等教育出版社 1989 年版，第 250 页。

并发给执照，本人凭此执照有权返回美国；⑤上述规定同样适用于那些经陆路离开美国的华人；⑥非劳工人员需要中国政府发给执照以证明其身份，才能进入美国；⑦任何伪造身份者将处以不超过 1 千美元的罚款，或不超过 5 年的监禁；⑧违犯本法令的船只将被没收充公；⑨未持有适当执照、经陆路进入美国的华人将被遣送回原处；⑩此后，州法院或联邦法院均不许华人归化为美国公民，与本法令相抵触的所有法律一律作废；⑪所指华工包括熟练和不熟练劳工。[1]

该法案生效后，立即发生了关于具有其他国籍的华人是否也适用该法案的争执。马萨诸塞州地方法院允许英籍华人入境，其理由是，排华法案既然是与中国所订条约，当然只适用于中国公民。但加州另一地方法院对同一性质的案件则得出相反结论，坚持来自世界任何地方的华工都在被排斥之列。这是美国历史上颁布的第一个以种族歧视为基础的排华、限制华人入境的法案，其内容完全违背 1880 年《安吉尔条约》的精神。美国政府一意孤行，清政府驻美公使郑藻如抗议无效。该法案的执行使美国华工受到沉重打击，此后进入美国的华工人数显著减少，许多华工被迫离开，从下表中的统计数据可窥见一斑。

表 1－1　1880—1911 年进入美国的中国移民人数统计表

年份	人数（人）	年份	人数（人）	年份	人数（人）	年份	人数（人）
1880	5 802	1888	26	1896	1 441	1904	4 309
1881	11 890	1889	118	1897	3 363	1905	2 166
1882	39 579	1890	1 716	1898	2 071	1906	1 554
1883	8 031	1891	2 836	1899	1 660	1907	961
1884	279	1892	2 728	1900	1 247	1908	1 397
1885	22	1893	2 828	1901	2 459	1909	1 943
1886	40	1894	4 018	1902	1 649	1910	1 968
1887	10	1895	975	1903	2 209	1911	1 460

资料来源：美国统计局：《美国历史资料统计》（1879—1945 年），转引自［美］宋李瑞芳著、宋永涛译：《美国华人的历史和现状》，北京：商务印书馆 1984 年版，第 49～50 页。

上表显示，1882 年进入美国的华人有近 4 万人，是中国移民美国历史上的最高纪录。之所以多，是因为许多人要赶在排华法案生效之前进入美国；还有一部分是从美国返回中国探亲的，这些人也必须在排华法案实施前返回美国。但与同

① 杨国标等：《美国华侨史》，广州：广东高等教育出版社 1989 年版，第 253 页；吴剑雄：《海外移民与华人社会》，台北：允晨文化实业股份有限公司 1993 年版，第 161 页。

年英国移民的10万多人和德国移民的25万多人相比，则是非常之少。此后，华人移民美国人数骤减。1885年，合法进入美国的华人总共只有22人，1886年为40人，1887年仅为10人。如果这样继续下去，在美华人可能有一天会消失。此外，美国后来的一系列排华法案接连出台，要求更加苛刻和严厉，不只是华人劳工遭到排斥，连不在禁止范围内的中国商人、学生和驻美外交官都受到排斥。而且，由于美国带头排华，其他移民国家纷纷效仿，如澳大利亚（1901年）、新西兰（1881年开始限制，1920年开始排斥）、加拿大（1923年）等也相继实施排华法律，掀起世界性排华浪潮。

1882年排华法案是美国历史上第一个向某个种族实行限制移民的法律，是美国历史上第一个也是唯一明文禁止某个种族入籍的法律，它标志着美国自由移民时期的结束，也标志着对华人的迫害已从地方政府转到联邦政府手中。它开始了为期61年的美国华人史上的“黑暗时期”。美国的政客们声称，排华法案是出于国家安全和社会稳定的需要，是权宜之计。他们也辩称美国并没有对整个中华民族进行歧视，非劳工阶层的华人仍然可以来美。然而，美国政府却很难为排华法案中禁止华人入籍的政策辩护。该政策是赤裸裸的种族歧视表现，是对所有华人的侮辱。不仅如此，它对美国华人的打击，甚至超过对劳工移民的限制，因为它为后来一连串反华排华措施提供了先决条件和法理依据。1882年排华法案的通过和实施并非排华的终点，而是另一种迫害的开始。美国政府的最终目标是“清华”——从美国的国土上彻底清除华人的存在和影响。

从1882年至1943年，美国国会通过的排华法案多达15次。1882年排华法案通过后不久，反华势力就认为该法案没有达到实际效果，没有办法防止华人劳工通过先进入第三国，再从那里进入美国的做法。他们指责法庭的法官对商人和旅游者的定义太宽泛，以致有华人劳工以商人和旅游者身份进入美国，而且也有大批华人通过欺骗和做假证的方法进入美国。于是他们在国会的代表提出一个法案，并要“从美国的海岸上排斥从任何一个和所有外国港口来的华人劳工”。该法案在参众两院都以压倒性的赞成票获得通过，并在1884年7月4日美国独立纪念日由亚瑟总统签署生效，被称为“1884年排华法案”。它把1882年排华法案从15款增加到17款，主要内容是：增加禁止华工入美的范围，规定将来自任何港口的华人均列为限制入境的对象；对违法者处以1 000美元的罚款或1年以上有期徒刑；还对1882年排华法案中的“商人”做更严格限定，并将“华工”的定义扩大，包括小贩、洗衣者、果贩和渔民等，这大大扩大了华工的界定范围，使不少华人因此失去合法入境及定居的权利。①

① 庄严林、伍杰主编：《华侨、华人、侨务大辞典》，济南：山东友谊出版社1997年版，第309页。

1884 年 7 月 5 日，美国国会又通过一项法案处理已偷渡入美的华人。该法案规定在美国境内非法居住的华人一旦被发现，在经过美国联邦法庭审判，并确认在美国没有合法居留身份后，将被遣返回来美国之前所在的国家，费用由美国政府支付。1880 年代下半期，暴力排华运动遍及美国西部地区，白人暴徒到处焚烧劫掠，使华人社会人心惶惶。中国驻美公使张荫桓不思加强保护，反而开始与美国国务卿贝雅德磋商订立一个自禁新约，由清政府下令自禁华工赴美。《限禁华工条约》于 1888 年 3 月 13 日在华盛顿签订，主要内容如下：

第一款：自条约批准互换之日起，计限二十年为期，除非重新修订，禁止华工前往美国。第二款：在美华工或有父、母、正妻、儿、女，或有产业值银一千元，或有经手账目一千元未清，而欲自美回华、由华回美者，不入第一款限禁之例。但华工未离美之前，须先在离境口岸详细缕列名下，眷属、产业、账目各情，报明该处税务司，以备回美之据，该税务司须遵现时之例，或自后所立之例发给该华工按此约章获取回美执照，但新立之例不得与此约款相悖。倘查出所报各情属伪，则该执照所准回美之权利尽失。又例准回美之权利，限于一年为期，以离美之日起计。倘有疾病或别有要事不能在限期内回美者，则可再展一年之期，但该华工须将缘由禀报离境口岸中国领事官，给予凭批，作为妥据，以期取信于该华工登岸处之税务司。第三款：此约所定限制章程，专为华工而设，来美传教、学习、贸易、游历诸人不受妨碍。第四款：查光绪六年十月十五日中美在北京所立华人来美续约第三款本已叙明，兹复会订，在美华工，或别项华人，无论常居或暂住，为保护其生命财产起见，除不准入美国籍外，其余应得尽享美国律所准之利益，与待各国人最优者一体相待无异。第五款：中国属民前在美国荒僻之境被恶党不法之徒戕害身命，损失财物，事出意外，在美庭例不应赔，在中国亦不愿有如此等案件索此赔款。今者美庭惋惜其事，顾念两国多年友谊，两国均愿笃固邦交，薄纾该华人所遭惨虐，虽美庭按例不应赔偿，姑勿深论，兹美庭应允准于 1889 年 3 月 1 日前，将银 27.6 万美元在华盛顿都城缴送大清钦差大臣代政府核收，作为清偿以上所叙损失各款并分派受害之华人及其家属。第六款：此约彼此互须遵守，以二十年为期，敬俟大清国大皇帝、大美国总统批准互换之日起计，至限期届满，倘于六个月以前彼此将停止限禁之意行文知照，则限禁再展二十年为期。①

条约签订后遭到中美两国同声反对。在美国，反对声音主要来自共和党占多

① 王铁崖：《中外旧条约汇编》，北京：生活·读书·新知三联书店 1957 年版，第 533～534 页。

数的参议院。因为1888年是美国总统选举年，共和党不愿意让民主党的克利夫兰总统利用禁止华工赴美条约赢取西部的选票，因此多方阻挠，但不完全反对。在中国，主要反对者来自广东侨乡、沿海港口以及整个美国华人社会。他们认为20年的限禁过长，而且对华工重返美国的限制太苛刻，无异于断绝他们的生计。他们对张荫桓自禁政策同声责难，迫使清政府暂缓批准。美国国会把条约做了若干修改后于1888年9月1日正式通过。

美国1888年9月13日排华法案，又称美国参议院第3304号法案，1887年7月由俄勒冈州参议员多尔夫提出，8月8日获国会两院通过，9月13日由克利夫兰总统签署生效。主要内容：同意当年3月中美双方签署的关于禁止华工入美20年的条约内容，并提出：凡离美华工，须在美国有合法妻子、子女、父母，或价值1 000美元的财产，始能各向海关申请获得1年内重返美国的证件。在当时种族主义隔离严重及美国排华情绪高涨的情况下，美国很快通过了更为苛刻的限制华工入境的《斯科特法案》。①

同日，《伦敦时报》刊登了一则不负责任的新闻，说清政府已拒绝批准上述条约。美国的一些报纸也大加渲染，硬说中国已拒绝订约。而这一年正是美国总统大选年，国会议员极力利用谣传达到他们自己的政治目的。该消息使国会议员非常激动。两天后，全国民主党选举委员会主席威廉·斯科特草率草拟了另一个比1882年排华法案更严厉的排华法案《禁止华工进入美国法案》（*An Act to Prohibit the Coming of Chinese Laborers to the United States*），史称《斯科特法案》。该法案于9月18日在国会通过，10月1日生效。1888年《斯科特法案》规定：凡已返回中国探亲或访友之华工，其不能于该法案通过之前返回美国者，均不准重返美国，其所持回美证件一律作废。清政府一再抗议无效。结果，有2万多名已返回中国的华工因所持证件失效而不能再回美国。另有600多名华工正在返美途中，最后也被拒绝登岸。在美华工从此再也不敢有回中国探亲访友的打算。同时该法案还规定一般华人（非华工），如教师、学生、旅客、商人和外交人员等，回美时必须从出境港口回来。换句话说，华人由旧金山离美，就应该从旧金山回来，从西雅图回来就是不合法。② 该法案显然与1880年《安吉尔条约》抵触，因为条约并未给予美国限制在美华工自由出入之权，而且该法案禁止华工移民并无时间限制，既不是暂停也不是调整。

说该法案比1882年排华法案更严厉毫不夸张，因为第一个法案用的是“暂

① 庄严林、伍杰主编：《华侨、华人、侨务大辞典》，济南：山东友谊出版社1997年版，第309页；H. Mark Lai and Philip p. Choy，*Outlines*：*History of the Chinese in America*，San Francisco：Chinese-American Studies Planning Group，1973，p. 90。

② ［美］沈已尧：《海外排华百年史》，北京：中国社会科学出版社1985年版，第25页。

停、停止”（suspend），而第二个法案用的是“禁止”（prohibit）；该法案完全禁止中国劳工进入美国，即使是上述五种例外也有诸多限制。因此，该法案对美国华人是个极大的挫折和打击。当时美国华人人口不过10多万，一下排除2万人，近1/5。华人社区更为萎缩，势力更加单薄。他们对自己的前途也更感悲观。他们原以为排华法案后他们的生活会好过一些，因为限制新移民将使他们就业面临较少竞争，而且会遭到较少歧视。但现实使他们认识到，排华的真正目的不但是排斥新移民，而且连老移民都是排斥对象，华人在美国要被连根拔除。

1892年是美国总统选举年，又是1882年第一次排华法案期满之年。5月5日，美国国会通过另一更加严厉的法案。该法案由加州民主党国会议员托马斯·吉尔里提出，所以也叫《吉尔里法案》，主要内容有：①延长1882年法案10年。②非法进入或居留美国之华人，于法院审讯定罪后，将处以1年以下的监禁和劳役，然后驱逐出境。③法案通过后，华人“人身保护法”（Habeas Corpus）将被剥夺；华人涉嫌犯法者，不准保释。④在美华工1年内必须登记，取得居留证，否则驱逐出境。⑤持有伪造居留证者，将被罚款1 000美元，或处以5年以下之徒刑。[①]

该法案最关键的是，它开始把注意力从国外的华人转向国内的华人。从1882年开始，排华法案注意力都放在如何防止新的华人劳工进入美国，而对美国本土的华人没有什么规定。只要华人能进入美国本土，就成了在美华人，官员不能对他采取行动。该法案通过后，等于认定，在本质上，所有在美华人都是有罪的，除非他们能够证明自己无罪。[②] 中国政府对违反1880年条约每一条款的“毫无疑问的野蛮立法行为”提出严重抗议，但没有回音。以中华会馆为首的华人社区领袖发起全国性抗议活动，并让华人不理睬该法案；同时发起在美华人一人捐1美元活动，筹得20万美元，请律师把官司一直打到联邦最高法院。1893年，最高法院判决该法案没有违宪，华人上诉失败。这使中华会馆在华人心中的威信受到巨大打击。各地华人被迫重新开始登记，但1年期限到时，在美106 668名华工只有13 242人登记。同时，该法案也给华人通过口岸入境带来了困难。至此，美国排华运动从早期零星的、暴民式的枪杀与洗劫，演变成有组织的、制度化的排斥。华人通过正常渠道入美越来越难。

美国政府后来发现1年期限到时，要驱逐近8.5万名未登记华工是不切实际的。于是，美国国会又在1893年11月3日通过补充法案延长登记期限，也叫

---

① ［美］沈已尧：《海外排华百年史》，北京：中国社会科学出版社1985年版，第25页。

② ［美］陈依范著，殷志鹏、廖慈节译：《美国华人发展史》，香港：生活·读书·新知三联书店香港分店1984年版，第213页。

《麦克里修正案》（*McCreary Amendment*），规定华工登记期限延长 6 个月，并对熟练和非熟练劳工的身份做了更加详细的规定，禁止保释被驱逐出境之华人。[①]“劳工”一词被界定为所有的熟练与非熟练劳动工人，包括被雇用来采矿、捕鱼、叫卖、负贩、洗衣以及从事晒藏甲壳或其他鱼类以供家庭消费或运输出口的华人。至于中国“商人”，则为买卖商品，有固定营业场所，以其本身名义营业，且在自称从事商人业务时，除执行商人业务所需外，并不从事任何其他劳动。

自 1893 年《麦克里修正案》生效后，美国移民局到处抓人。对不能出示身份证明的华人，即予逮捕并驱逐出境。1894 年，杨儒接替崔国因出使美国。为了使在美华人不再受驱逐，他奏请总理衙门，要求与美国重新修约，得到总理衙门批准。1894 年 3 月 17 日，中美两国政府签订《限禁来美华工保护寓美华人条约》，与 1888 年的《限禁华工条约》对照，只有两点不同：第一，有效期由 20 年改为 10 年；第二，美国在华商民也须登记册报清政府以示对等。该约的签订等于是清政府承认美国排华法案合法化。杨儒所争取到的“美国在华商民每年向中国政府册报一次”，包括“美国传教士亦必须”，[②] 其实只是争回一点面子，没有实质意义，因为美国在华人士极少有劳工，而美国排华主要是针对中国劳工。约成之后，杨儒希望“但使洋人憎恶之念日减”，“所以保卫侨民”。[③] 实际上，美国人对华人的种族偏见依旧不改，税官及移民局官员苛扰华人的情形逐渐不只限于美国西部，而且遍及全美。该条约于 1904 年终止，由于两国没有续订新约，双方移民关系又回复到 1880 年条约时的情形。美国政府继续任意制定排华法律，完全不顾往日条约。

1898 年，美国在美西战争中打败西班牙，吞并夏威夷，占领菲律宾等地。同年，美国国会通过法案：禁止华人自由移民夏威夷，除非今后在美国法律允许的情形之下，且华工亦不得从夏威夷进入美国。1900 年 4 月，国会通过另一法案规定夏威夷华人必须在 1 年内向政府登记以获居留证。[④] 华人几个世纪以来自由移民夏威夷的权利也被剥夺。

1902 年 4 月 29 日，美国国会又通过一个排华法案，这是美国 20 世纪的第一个排华法案，规定当时正实施中的排华法案继续有效，执行期 10 年。这些法案

---

① ［美］沈已尧：《海外排华百年史》，北京：中国社会科学出版社有限公司 1985 年版，第 25 页。

② 《清季外交史料卷八十九》，王彦威、王亮编：《清季外交史料》，台北：文海出版社有限公司 1985 年版，第 1638 页。

③ 《清季外交史料卷九十七》，王彦威、王亮编：《清季外交史料》，台北：文海出版社有限公司 1985 年版，第 1742 页。

④ ［美］沈已尧：《海外排华百年史》，北京：中国社会科学出版社 1985 年版，第 25 页。

还适用于美国管辖下的一切岛屿的华工，除夏威夷之外。在美华工在本法案颁布实施后1年内必须取得居留权，否则将被驱逐出境，并授权菲律宾委员会制定相应的条例等。该法案的颁布标志着美国20世纪初期排华达到高潮阶段。[①]自此，排华律覆盖到美国所有海岛。如美国在统治菲律宾之后，最初对华人入境的政策有两种不同意见：一种主张允许华人入境，利用其勤劳习惯促进菲岛资源的开发；另一种认为华人来菲人数很多，经济力量雄厚，恐将成为菲律宾土著的威胁。后一种意见最后取得胜利，美国国会于1902年通过决议，将美国移民法实施范围扩大到菲律宾，并授权菲律宾委员会于1903年3月27日通过菲律宾移民律，规定华侨领取入境证只限于以下三种人：第一，过去在菲居留的商人和劳工，现时在菲经营商业的商人，其眷属依移民法之规定，可以请求入境；第二，华人男女教员、学生及专门技术人员，预先申请经批准者，准予入境；第三，中国政府派遣来菲的外交官、商务官及其眷属。除上述三种人之外，如发现在菲华侨没有居留证，或无其他登岸保证者，可以视作劳工，予以逮捕，递解出境。1919年，菲律宾粮食歉收，导致粮价暴涨。美菲政府无视粮食问题产生的根本原因，片面归罪于华侨操纵粮食，于7月由议会通过“禁米条例”，打击华商。1940年5月，在美国支持下，菲律宾自治政府通过新移民法，规定每国每年的移民一律以五百人为限。表面上看，对各国一视同仁，实际上是专门对付中日两国，因为其他各国移民人数少，多亦不过三百来人。在各种移民法实行时，美菲当局又设计出许多苛例限制华人在菲发展。在中华商会的领导下，华人经过多年的不懈抗争，才迫使这些条例陆续撤废。[②]

1903年，美国政府拨款10万美元，让移民局对抵美中国侨民采用鉴别罪犯的“柏蒂隆系统”（Bertillon System）[③]，这是对所有华人与中国的一种污辱。同年9月，菲律宾政府发布第38号行政命令，有关如何对待中国人的美国条例适用范围扩大到菲律宾。[④]

1902年，美国政府再度延长过去所有排华法案10年。两年之后，鉴于1894年条约即将到期，美国国会在1904年4月27日又通过《一般亏损拨款法案》（*General Deficiency Appropriations Bill*）对其进行修订，规定排华法案从此无限期

---

① 庄严林、伍杰主编：《华侨、华人、侨务大辞典》，济南：山东友谊出版社1997年版，第309页。

② 陈碧笙：《世界华侨华人简史》，厦门：厦门大学出版社1991年版，第282～288页。

③ 这种系统是法国人柏蒂隆（Alphonse Bertillon，1853—1914）所创。先以摄像机照相，包括全身、半身、下面、背面、左右侧面，再以特殊设计的机器量其头骨、眼、耳、鼻子与嘴的距离，身躯长度、肩宽、手足长度，甚至全身骨节的长短。量的时候，华人都必须裸体。该系统原是应用于囚犯的，1902年财政部部长提议对华人使用这种机器，1903年6月30日国会批准实行，1906年被废除。

④ 陈翰笙主编：《华工出国史料汇编》（第七辑），北京：中华书局1984年版，第6页。

延长，并且禁止华工从夏威夷、菲律宾等美属岛屿到美洲大陆。① 美国国会无创造性地、无限制地和无条件地重订、延长和坚持当时有效的一切排华法律，使美国华人和中国人民愤慨之极，终于在 1905 年爆发抵制美货运动，作为对美国实施该法案的报复。

1906 年，加州政府通过《外侨土地法》，禁止外侨（无美国公民权者）在加州购买土地或将以前购买的土地转卖给外侨。其后西岸各州相继实施此项法例，排斥无公民权的亚裔，直到 1924 年才被废止。1907 年《移民法案》（*Immigration Act*）将现有的移民限制期延长，并禁止 16 岁以上无阅读能力的外国人入境，进一步限制亚洲移民在美国申请永久居留。1917 年，美国政府规定成年人移民美国须以英语面试，旨在禁止非英语国家的亚洲人入境。1922 年，国会通过《基保尔法案》（*Cable Act*），规定美国女性公民与无公民权资格的外侨结婚将丧失其公民权益，土生华裔女性与外籍华侨结婚即失去其公民权。② 1921 年通过的第一个配额法案“*The Quota Act of 1921*”规定每年各国移美人数总共约为 36 万，各国所得名额是按照 1910 年该国在美人数的 3% 来定的。③

1924 年《国籍法》（*National Origin Law*）亦称《第二次排华法案》，又称《美国原籍法》，是美国历史上制定的重要移民法之一，1924 年 5 月 6 日由柯立芝总统签署，同年 7 月 1 日实行，主要内容是：将全世界移民到美国的人按区域划分为有无资格两大类和三个地区，即欧洲限额区、亚洲禁区和拉美自由移民区。除西半球外，国会对世界各地向美国移民规定了一个永久性的限制数字，每年最高额为 15 万人，各国移民数额依 1920 年美国各民族人口构成而定。无资格区之人，即无资格加入美国国籍的人，一律不允许入境。中国在此法中被列为无资格加入美国国籍地区，故华人被禁止入境，即使是土生美籍华人，如在中国结婚，其家属也无入美之资格。还规定 1924 年 7 月 1 日以后入美的华人不能算是移民，而是非移民，仅能在美限期居留，期满后即要离境，否则为非法移民。④

该法案制定的主要目的是针对日本人，但其实施结果是排斥所有亚洲人，对于排华律下华人的地位产生显著影响。排华律仅排斥华工，而该移民法除列举为豁免者以外，一切华人均在被排斥之列。在排华律之下，所有未被禁止的华人皆准入境，而 1924 年法律则仅准列举的阶级入境，并规定任何非定额移民或非移民的外人，不因其与不受移民法律适用的个人或与特定的个人有某种关系而允许

① ［美］沈已尧：《海外排华百年史》，北京：中国社会科学出版社 1985 年版，第 25 ~ 26 页。

② 吴前进：《美国华侨华人文化变迁论》，上海：上海社会科学院出版社 1998 年版，第 160 ~ 161 页。

③ ［美］沈已尧：《海外排华百年史》，北京：中国社会科学出版社 1985 年版，第 27 ~ 28 页。

④ 庄严林、伍杰主编：《华侨、华人、侨务大辞典》，济南：山东友谊出版社 1997 年版，第 309 ~ 310 页。

入境。在此以前，华商之妻及其幼年子女，依最高法院判决皆准入境。本法实施九个月之后，这些人的妻子皆被拒绝（同源会曾对此发起抗议活动）。劳工部的理由是，该法第三条第六款准许商人以非移民入境，但无妻子也可入境的规定。该移民法对华人的其他限制是排斥美国公民的华籍养子及其在外国出生的孙儿。另外，在排华律之下，商人与学生一旦被准予入境，即可永留美国。但依1924年法律，华人以非移民资格入境者，在居留美国期间，仍应保持此项身份。在学业完成后，凡非定额移民的学生，即须离美，否则可被驱逐出境。[①] 值得一提的是，1924年以前，美国对亚洲移民，除了排华法案以外，并没有针对各国颁布明确而具体的排斥性法案。

1930年，美国政府决定，允许在1924年5月26日前与美国华人公民结婚的中国妇女入境美国。这一时间上的特殊要求限制了华人妇女进入美国的数量。在以后的10年中，每年仅有60名华人妇女进入美国和她们的丈夫团聚。[②] 1931年，美国国会修订1924年移民法，允许1924年以前同美国公民结婚的华人妇女进入美国。[③] 1935年6月24日，美国政府制定关于亚裔加入美国国籍的162号公共法案，规定在第一次世界大战期间曾参加美国陆军的旅美侨民，包括华人，允许申请加入美国国籍。依此规定，有400多名包括华人在内的亚裔加入美国国籍，成为美国公民。[④] 1942年，美国参加第二次世界大战，很多华人被召入伍服役。同年，国会通过法案，规定服役美国军队者有归化为美籍公民的权益。[⑤]

从上述法案可以发现，1882年至1924年，美国联邦政府颁布的排华法案一个比一个严厉，一方面试图完全禁止华人移民，另一方面让在美华人自生自灭，最终从美国社会消失。排华法案的实施效果如此显著，以致1924年之后，在美华人数已经很少，几乎可以忽略不计，不用再制定法案禁止。美国政府明知自己理亏，但拒不改正，直到1943年。

（二）排华暴动

1. 美国早期地方排华暴动

除了一系列地方排华法案外，早期美国西部地区还发生了一连串排华暴动。在加州北部地区，华工被逐被杀的事件时有发生。1849年秋，在托伦内县的矿

---

① 黄正铭：《中国人在英美各国的法律地位》，台北：台湾商务印书馆股份有限公司1971年版，第40～42页。

② Iris Chang, *The Chinese in America: A Narrative History*, New York: Viking Penguin, 2003, p. 234.

③ 张庆松：《美国百年排华内幕》，上海：上海人民出版社1998年版，第402页。

④ 庄严林、伍杰主编：《华侨、华人、侨务大辞典》，济南：山东友谊出版社1997年版，第310页。

⑤ 吴前进：《美国华侨华人文化变迁论》，上海：上海社会科学院出版社1998年版，第161页。

区就发生了暴徒袭击华工，将60名华工赶出营地的事件。1857年《沙斯达共和报》记载："近五年来，中国人遭暴徒杀害者，当在数百名以上，简直无日不有中国人被屠杀之事，而杀人凶犯被拘惩罚者，只闻有二三人而已。"① 1858年后，加州北部矿区不断有华工被逐被杀、住宅被烧事件发生。加州议会一个委员会在1862年3月11日提出的一份报告中，列举了在加州被白人杀害的华工88人，其中11人是被依法征收淘金执照税的官员所杀。② 1866年，旧金山发生白人袭击华工事件，造成1死15伤。1871年4月，洛杉矶发生暴动，白人围攻华埠，逐屋劫掠，结果有19名华人被屠杀。③ 1877年7月，由反华先锋丹尼斯·卡尼（Denis Kearney）领导的沙地党暴动一天烧毁25间华人洗衣店，"中国人必须滚蛋"、"警惕黄祸"之类的标语贴遍旧金山的大街小巷。随后，加州各地掀起排华狂潮，各地华工纷纷被驱逐，各个工厂纷纷解雇华工。太平洋黄麻厂解雇了700多名华工，先锋毛织厂等还向沙地党保证不再雇用华工。1880年，在加州尤瑞卡农场，有150多名华工被屠杀，其余的人被赶到船上运回中国，途中既无食品吃，也无水喝，只有饥渴而毙。④ 在洛杉矶，中国人的住宅和商品被捣毁，22人遭杀害，50人被绳子连着辫子吊在路旁的电杆上。除了加州，东海岸的纽约也有排华暴动发生。即使在中南部的科罗拉多州，情况也十分严重。1880年10月13日，在丹佛市，3 000多白人抢劫和焚烧华人住宅，造成华人一死多伤，财产损失达53 600多美元。⑤ 这些暴行从来无人关注。

2. 排华期间的反华暴动

据统计，1849年至1910年，在美国西部的9个州和地区共发生55次反华事件，其中令人震惊的有6次，它们是1871年的洛杉矶事件、1877年的旧金山事件、1880年的丹佛事件、1885年发生于怀俄明州的石泉事件、1885年至1886年的塔科马和西雅图事件，以及1887年发生于俄勒冈州的蛇河事件。⑥

1882年排华法通过后，在美国西部各州发生了一系列更严重的反华暴动和惨案。1885年9月2日，发生在怀俄明州石泉镇（Rock Springs）的石泉惨案造成28名华人被杀害，15人重伤，数以百计的华人被赶走，79间华侨住房被焚

① 刘伯骥：《美国华侨史》，台北：黎明文化事业股份有限公司1976年版，第510页。

② 陈翰笙主编：《华工出国史料汇编》（第七辑），北京：中华书局1984年版，第63页。

③ Gunther Barth，*Bitter Strength*，Cambridge，Mass，Harvard University Press，1964，p. 144.

④ ［美］菲力浦·S. 方纳：《十九世纪后半叶的美国华工问题》，《南开学报》1983年第3期，第70页。

⑤ 吴凤斌：《契约华工史》，南昌：江西人民出版社1988年版，第335页。针对丹佛事件，清政府驻美公使陈兰彬曾向美国联邦政府交涉赔偿，但白宫和国务院不予理会。

⑥ Pei-te Lien，*The Making of Asian America through Political Participation*，Philadelphia：Temple University Press，2001，p. 5.

毁，财产损失达147 748.74美元。[①] 1885年11月，在俄勒冈州的波特兰，有数百华人被逐，财物被掠，“凡华人所携衣物银钱，亦多被抢掠”，驱至野外，已是傍晚，“又值大雨，衣衫尽湿，饥寒交迫，哭声震野”。[②] 1885年9月18日，在爱达荷州的澳路分奴，李驹南、李广南、李图、林心、卢旺5名华人被残酷地吊死。[③] 1885年11月3日，数以百计的白人冲到塔科玛城里的唐人街，把600多名华人居民从家里揪出来，赶到北太平洋火车站。夜里大雨瓢泼，无处藏身的中国人在雨里站了一整夜，结果导致2人死亡，1名妇女精神失常。[④] 1886年2月，西雅图的排华势力再次把城里的华人赶到码头，打算把他们赶到其他州去。约80名买得起船票的华人赶紧离开，可另外300多人根本没钱坐船，被拦在码头上，既上不了船也回不了家。国民警卫队把被困华人护送回家后，2 000多暴民第三次袭击唐人街。结果，美国总统克利夫兰只好派联邦军队到西雅图平息事态。[⑤] 1887年6月，在俄勒冈州蛇河（Snake River）地区发生的蛇河惨案中，有10名华人矿工被杀，被抢财产价值5 000~10 000美元。[⑥] 1893年8月18日，加州圣华金河流域种植葡萄的中心弗雷斯诺发生反华暴乱，500名华人被驱离葡萄园和苗圃。这些反华暴动给在美华人的生命和财产造成巨大损失。清政府面对美国排华的种种暴行，迫于民愤，曾不断向美国政府提出抗议和照会，并与美国政府进行反复交涉。美国政府最终只答应石泉一案赔偿14万多美元，其他各案赔偿27万美元。从西雅图到纽约，从西海岸到东海岸，从政府到普通民众，排华暴力充斥于美国各地，白人种族主义极端分子采取各种手段排挤和压迫华人，试图把他们从美国彻底赶出去。

（三）对美国华人社会的影响

1. 早期美国地方排华法案和排华暴动的影响

从上述分析可以发现，美国早期地方排华法案和排华暴动对在美华人产生了严重影响。第一，由于经济利益冲突和种族歧视，在美国西部地区尤其是加州，

① 陈翰笙主编：《华工出国史料汇编》（第七辑），北京：中华书局1984年版，第1338页。

② 陈翰笙主编：《华工出国史料汇编》（第七辑），北京：中华书局1984年版，第1337页。

③ 陈翰笙主编：《华工出国史料汇编》（第七辑），北京：中华书局1984年版，第1350页。

④ ［美］张哲瑞联合律师事务所编著：《百年沧桑——移民美国史画》，北京：中央编译出版社2004年版，第42页。

⑤ ［美］张哲瑞联合律师事务所编著：《百年沧桑——移民美国史画》，北京：中央编泽出版社2004年版，第43页。

⑥ 杨国标等：《美国华侨史》，广州：广东高等教育出版社1989年版，第265页。但据美国华人历史学家张纯如在《在美华人：一部叙述史》中称，蛇河惨案，被杀华人矿工共31名。参见Iris Chang, *The Chinese in America: A Narrative History*, New York: Viking Penguin, 2003, p. 134。

确实存在一股反华排华的势力。加州政府及地方当局一再制定和实施歧视、排斥华人的法律，以及在此期间发生的一连串排华暴行就是明证。第二，这一时期的地方性排华是地方立法与暴力排斥并存。地方立法排斥又有两个特点：一方面将原来只是针对非白人集团的法律扩展到华人，这主要体现在《外国矿工法案》上和“人民诉霍尔案”的判例中；另一方面，制定专门针对华人的歧视性法律，如《阻止华人移民加州法案》、《肩挑法案》、《洗衣馆法令》、《辫子条例》、《限制骸骨搬迁法》等。第三，在加州排华浪潮的鼓动下，从 1860 年代到 1880 年代，许多州都陆续通过歧视和排斥华人的法令，并发生了许多骇人听闻的排华暴行，特别是俄勒冈州和华盛顿州。第四，这些说明，在华人向加州移民的 20 多年中，加州建立了一整套管理和控制华人的系统。在司法制度上，华人被剥夺了最基本的平等法律保护权；在政治上，华人被剥夺了成为公民的权利，成了没有入籍资格的永久侨民；在经济待遇上，华人要负担各种歧视性的和不平等的税务；在社会上，华人会遭到各种偏见、敌视和迫害。第五，尽管这些法令后来被宣告违反美国宪法、宪法第十四修正案或违反自由移民的《蒲安臣条约》并被废止，但这些名目繁多的法律实际上已给广大华侨带来了严重的物质损失和精神伤害，各地的排华暴动更不用说了。事实表明，华人在美国一开始就处于受歧视和排斥的地位。这种情况在随后的年代里变得愈来愈严重，美国华人的处境也愈来愈艰难。

2. 联邦政府排华法案和排华暴动的影响

中国政府对美国的排华法案和排华暴动并非没有抗议，可是毫无效果，充分反映了“弱国无外交”这个不争的道理。我们只要看一下当时美国政府对日裔美国人的态度就能明白这个道理。1906 年 10 月 11 日，旧金山教育局接受种族主义者提出的无理要求，在学校实行种族隔离，只准亚裔学生进入专为亚洲人设立的学校。此时，中国人早已被彻底排斥，隔离的对象就是日本学生。这一措施在日本引发激烈的反美示威，甚至出现向美国宣战、占领夏威夷和菲律宾的论调。只要拿美国政府在这件事情上对日本政府的态度与美国在上述事件中对清政府的态度相比，就可以看出“弱国无外交”这句话的真理所在。对于排华暴行，不管中国政府怎样抗议，美国当局不闻不问，或是敷衍应付；而对于日本，则是前倨后恭。因为日本比中国强大，美国害怕同它打仗。20 世纪初，美国在军事上还算不上头等强国，在经济上还是一个债务国，而日本经历过对中国、对俄国的两次战争的胜利，军心民气正处在巅峰状态，民族主义与军国主义已开始合流。美国如果继续让排日运动发展，两国兵戎相见，美国本土未必有事，但菲律宾和夏威夷确实难保。老罗斯福忧心忡忡，力求避战，实乃上策。再看日本，它对侨民向来采取保护政策，日本对美国排日提出的抗议也是当真的。但日本两次对外作战，虽然获胜，国力损伤也不轻，需要休养生息，能不战而平息排日风潮亦是上策。在这种背景下，出现了1907年至1908年的日美谈判，日本驻美大使高平与美国国务卿鲁特在华盛顿多次会谈，最后不以条约形式，而以“君子协定”形式达成谅解：日本停发劳工直接去美国的护照，美国政府则让旧金山教育局放弃学校种族隔离计划，并尽力阻止国会通过类似排华的排日法案。该“君子协定”虽然没有从根本上制止加州的排日活动，也没有遏止日本移民加州的趋势，但暂时缓和了美日紧张关系，使排日引起的危机暂时得到解决。[①] 此外，美日还商定，允许已入境的日本侨民的父母、妻子及子女迁入美国。因此，在1908年至1920年，约有6.6万名日本女性以新娘的身份进入美国，她们的到来使美国的日本侨民男女比例失衡问题有所缓解。[②]

1882年排华法案通过并颁布后，中国驻华盛顿公使向美国国务院提出强烈抗议，却毫无作用。1888年，中国公使又向美国国务院抗议《斯科特法案》，连礼貌上的答复都没有得到。6个月后，中国公使再度抗议美国违反中美条约，然而美国国务卿根本就不讨论这个问题。他在送中国公使出门时说：“国会制定和废止法律，总统可以否决，我国务卿什么都不能做。”1892年《吉尔里法案》通过后，中国驻美领事指示华人不要向美国政府登记，理由是该项法案违反美国宪法的规定，不久美国法院便会宣布否决的。但美国联邦首席法官费尔德却厚颜地说，这法案虽违反中美1868年条约，也与美国宪法不符，但站在公众利益和需要的立场上，他要尽力为它辩护。1904年4月27日美国国会决定，过去所有排华法令永远有效。50年前自加州开始的排华宿愿至此完全实现，于是中国各地和海外华人为反对美国歧视和迫害华人而发起抵制美货运动。5月10日，上海商务总会召开商董大会，决定号召全国各商埠及海外华商从即日起不用美货，得到各处响应。运动一直持续到第二年年底才告平息，这是中国历史上第一次抵制外货运动。[③] 虽然这次运动没有导致排华法案的废除，但使得美国政府对华人的迫害有所收敛。这次运动凸显了美国排华对中美两国贸易和人民之间的关系造成的严重伤害。[④]

从1882年到1943年的61年中，美国华人人口不但没有增加，反而从原来的10万多减少到7万多。1882年的排华法案及其后来制定并实施的一系列排华法案，是造成这一结果的根本原因。中国驻美使节就美国排华分子的反华暴动和

① 邓蜀生：《美国与移民——历史·现状·未来》，重庆：重庆出版社1990年版，第300、304页。

② ［美］罗伯特·威尔逊、比尔·细川：《东去美国：日裔美国人历史》，纽约：威廉—莫罗有限公司1980年版，第126页。

③ ［美］沈已尧：《海外排华百年史》，北京：中国社会科学出版社1985年版，第26～27页。

④ 张庆松：《美国百年排华内幕》，上海：上海人民出版社1998年版，第3页。

美国政府的排华律所进行的交涉，大都以失败而告终，广大美国华人仍无法摆脱受排斥、遭迫害的惨境。其实，这也是清末国势不振、无力护侨的结果。中国移民成为美国政治斗争与种族歧视的牺牲品和经济危机的替罪羊。美国政府长达半个多世纪的排华运动对美国华人社会造成了极其严重的影响：第一，排华使华人为了安全，被迫长期聚居在唐人街这片狭小的区域，与外界隔离，以至于难以融入美国社会，更谈不上同化于白人社会；第二，排华法案规定华工不准携带妻子进入美国，长此以往，男女性别失衡，形成“单亲社会”，从而催生出嫖妓、赌博、抽鸦片等恶习，最终导致在美华人人数锐减，华埠衰落；第三，长期严格的排华政策及其实施使华人被排斥在许多行业之外，最后只好集中在洗衣、餐馆和杂货等行业。但从另一个角度来看，清政府腐败衰弱，无力护侨，广大美国华人长期遭受侮辱，使他们意识到祖国富强的重要性，更激起他们的爱国热情，这从美国华人对辛亥革命、抗日战争的参与和贡献中可以看出。

总之，从1882年至1943年，华工被禁止入美，即使非华工的华人亦遭到歧视和排斥。直到1942年美国参加第二次世界大战，与中国建立盟友关系后，为抗击日本，才于1943年废除自1882年以来的所有排华法案，允许华人加入美国国籍，并给予105个象征性配额。此后，美国政府又通过一系列移民改革法案，使美国华人的人口开始增长，社会经济地位逐步改善。随着“二战”后华人经济、社会地位的提升，他们的心态也开始发生变化，从早期的“落叶归根”逐渐变为“落地生根”，把美国当作他们永久的家。尤其是1960年代美国《移民与国籍法》和《投票权法》的通过和实施，使华人与其他民族一样享有平等的移民权利和政治权利，对华人未来参与美国政治产生了积极影响。

第二节　1965年以前美国华人政治参与的方式

在人们的印象中，早期赴美的华人一直是驯服、勤劳、逆来顺受、不敢反抗的“寄居者”[①]，更谈不上参加政治活动。其实，早期的美国华人并非不愿意把美国作为自己的国家，也并非不愿意与主流社会沟通和融合。相反，他们从移民美国之始就积极地融入当地社会，只是当时美国的各种排华法律和严重的种族歧视使他们没有融入美国社会的机会。排华期间，美国华人受尽歧视和迫害，但他

① 早期赴美的华人中，许多人并不打算永久居留美国，他们只想实现经济目标，然后返回家乡，所以被称为“寄居者”。参见Jun Xu，The Political Behavior of Asian Americans：A Theoretical Approach，*Journal of Political and Military Sociology*，2002，Vol. 30，No. 1（Summer），p. 76.

们并没有放弃对自由、平等和公正的公民权利的向往和追求，他们为争取成为美国公民和其应享有的权利进行了坚持不懈的斗争。笔者赞同美国华人史是一部抗争史的观点。1965 年以前美国华人参与政治的方式可以分为参与非选举政治活动和参与选举政治活动。

一、1965 年以前美国华人参与非选举政治活动的方式

1965 年以前美国华人参与非选举政治的活动包括争取移民权利和公民权利的活动，具体方式有：通过组建移民团体争取移民权利；土生和归化华人公民通过组建政治性社团争取公民权利；通过组建或加入劳工组织争取权益；利用司法程序与排华做斗争；运用诉讼方式寻求经济社会公正；通过外交渠道要求平反并赔偿；通过参与祖籍国政治争取在美平等权利；通过参与保卫美国的战争展示美国华人的爱国主义；通过争取政府拨款为华人社区谋福利；个别华人精英人士的民权活动。

（一）组建移民团体，争取移民权利

早期美国地方性排华运动产生了一个令人意想不到的结果，即美国华人因为受排斥而被迫逐渐集中居住在城市的中心地带，后来不但形成了唐人街，而且增强了华人社会的凝聚力。在唐人街，华人移民劳工不仅能在洗衣店、餐馆、杂货铺和其他社区服务型企业中找到生存的方式，而且能通过复杂的社团网络谋生。

美国华人以与家乡的联系为基础，依赖地缘性的会馆和亲缘性的公所寻求相互支持和保护。为了向主流社会展示华人社会的团结，在反华运动达到最高潮的 1882 年，在当时清政府驻旧金山总领事黄遵宪的支持下，各华人移民团体组成了一个强大联盟——旧金山中华会馆，也叫华人六大公司，因为它是由 6 个地缘性华人社团组成的。[①] 除了给早期的华人提供语言、住房、就业和医疗帮助之外，中华会馆也帮助他们解决内部争端和经济纠纷，维护社区的利益，抵制美国主流社会对移民的排斥。中华会馆在维护华人权益方面确实起了积极作用，但同时它也在当时通过其半官方的地位，牢固地控制着华人社区。例如，中华会馆有权征收年费，对那些未还清在美债务就打算返回的华人拒发“出境证”，直到他们还清债务为止。“堂”，也叫秘密会社或帮会，是为了反对当时的美国华人社

① 当时的六大华人社团分别是三邑会馆、冈州会馆、宁阳会馆、合和会馆、阳和会馆和人和会馆。参见［美］麦礼谦：《从华侨到华人——二十世纪美国华人社会发展史》，香港：三联书店（香港）有限公司 1992 年版，第 30～31、40 页。

会结构而建立的秘密组织，其中影响最大的是致公堂。尽管他们经常在暗中活动，如政治上与中华会馆作对，为了赚钱而从事毒品贩卖、赌博和开设妓院等活动，但他们也确实为祖籍国的革命解放运动做出过巨大贡献，如致公堂曾给孙中山领导的中华革命党提供巨额财政支持。①

概括地说，早期美国华人组建移民团体不仅是在华人当中联络乡谊，互相帮助，而且是对当时美国社会日益上升的反华情绪的反应。它们的主要作用是在美国的政治体制内代表华人劳工抗议歧视和虐待，维护华人移民社区的利益，争取移民权利。在当时华人移民团体的参政活动中，商人阶层获得了领导权，因为他们不仅到达美国的时间早，掌握了当时华人社会的经济资源，具有熟练的英语交际能力，而且他们在排华期间享有豁免权，可自由出入美国国境。

（二）土生和归化华人组建政治性社团，争取公民权利

虽然在排华的大部分时间里，美国华人大多是在外国出生的，但是外国出生的比例自 1900 年以后每隔 10 年就有显著下降。1940 年，美国华人中，外国出生的比例第一次下降到 50% 以下（参见表 1－2），即美国土生华人人口第一次超过外国出生的华人人口。

表 1－2 1900—1950 年美国华人人口的性别与土生比例分布表

	总人口（人）	男性（人）	女性（人）	女性比例（%）
1900 年	89 863	85341	4 522	5.0
美国土生	9 010	6 657	2 353	26.1
外国出生	80 853	78 684	2 169	2.7
外国出生比例	90.0	92.2	48.0	
1910 年	71 531	66 858	4 675	6.5
美国土生	14 935	11 921	3 014	20.2
外国出生	56 596	54 935	1 661	2.9
外国出生比例	79.1	82.2	35.5	
1920 年	61 639	59 891	7 748	12.6
美国土生	18 532	13 318	5 214	28.1
外国出生	43 107	40 573	2 534	5.9

① Pei-te Lien, *The Making of Asian America through Political Participation*, Philadelphia: Temple University Press, 2001, p. 9.

（续上表）

	总人口（人）	男性（人）	女性（人）	女性比例（%）
外国出生比例	69.9	75.3	32.7	
1930 年	74 954	59 802	15 152	20.2
美国土生	30 868	20 693	10 175	33.0
外国出生	44 086	39 109	4 977	11.3
外国出生比例	58.8	65.4	32.8	
1940 年	77 504	57 389	20 115	25.9
美国土生	40 262	25 702	14 560	36.2
外国出生	37 242	31 687	5 555	14.9
外国出生比例	48.1	55.2	27.6	
1950 年	117 140	76 725	40 415	34.5
美国土生	62 090	36 256	25 834	41.6
外国出生	55 050	40 469	14 581	26.5
外国出生比例	47.0	52.7	36.1	

资料来源：*U. S. Bureau of the Census*（1943，Table 4；1953，Tables 4，5），quoted in Pei-te Lien，*The Making of Asian America through Political Participation*，Philadelphia：Temple University Press，2001，p. 14.

这种人口分布与发展趋势说明，排华期间，美国华人人口规模主要是依赖在美国出生的华人，而不是依赖国际移民来维持。由于华人社区土生华裔人口数量的增长及其重要性的增强，华人社会愈加认识到他们在美国的边缘化政治地位。华人公民开始认识到他们在美国的命运和他们的同胞因在外国出生而具有的外侨地位密切相关。于是他们组织政治性社团为他们自己和同胞们在美国社会争取平等和公正的权利。[①] 例如，1882 年，美国通过排华法案，不让中国劳工进入美国，并明令禁止华人通过归化取得美国国籍。该法案通过两年后，1884 年 7 月 30 日晚上，50 多名入籍华人[②]聚集在纽约市贝尔街 32 号，宣布成立华人参政团体，要在美国的政治体制内为华人争取权益和尊重。他们的目的是要在美国政治中得到表达意见的机会和主流社会的认同。这是美国华人成立的第一个争取参与

① Pei-te Lien，*The Making of Asian America through Political Participation*，Philadelphia：Temple University Press，2001，p. 13.

② 他们大多是在排华法案通过之前在纽约地区的法院入籍的。那时纽约地区的法官以法律没有明文禁止华人入籍为由，零星地让一些华人加入美国国籍。参见《纽约时报》，1884 年 7 月 31 日，转引自张庆松：《美国百年排华内幕》，上海：上海人民出版社 1998 年版，第 229 ~ 230 页。

主流社会和要求政治平等权利的参政团体。它的发起人是黄清福（Wong Chin Foo）。1884 年是美国总统大选年，他们所做的第一件事就是利用手中的选票来引起政治家的注意，吸引他们偏离排华的政治主张。①

黄清福呼吁美国主流社会给予华人平等权利。利用 1892 年全美华人抗议《吉尔里法案》（*Geary Act*）的运动，他创立了美国华人第一个民权团体——纽约华人平等权利联盟。1892 年 9 月 1 日，美国东岸的纽约市华人社区举行大会，讨论如何对抗让人痛恨的《吉尔里法案》。会议的结果是成立了有 150 多名讲英语的华商和专业人士参加的纽约华人平等权利联盟。费城商人李三平被选为主席，黄清福被选为秘书长。9 月 22 日，华人平等权利联盟在纽约市铜业工会会场举行集会，有 1 000 多名美国人、200 多名华人参加。大会通过了一项谴责《吉尔里法案》② 的决议，指责该法案是恶毒的、非人道的，也是违宪的。华人平等权利联盟 1892 年出版的手册不仅谴责《吉尔里法案》践踏和违背了国际法的基本准则，而且要求美国政府给予华人平等选举权。美国最高法院 1893 年在冯月廷的案件中裁决《吉尔里法案》没有违宪，并命令华人放弃抵制登记的行动。华人平等权利联盟要求选举权的呼吁，也被最高法院否定。③

1897 年，黄清福在芝加哥重新出版《华美新报》，并建立华人平等权利联盟芝加哥分部。联盟的使命是“为美国的美国化华人争取平等权利”，口号是“我们要求并争取在美国已美国化的华人平等投票权”。联盟不但接受小部分归化的华人为会员，也接受土生华人并维护他们的权利。1897 年，华人平等权利联盟再次向国会请愿，要求废除排华法案，并给予华人投票权。在他们的努力下，伊利诺伊州联邦众议员乔治·史密斯在众议院提出第 5182 号议案《允许美国化了的华人入籍》，这是 1882 年后在国会提出的第一个争取华人入籍权利的提案。④

美国华人平等权利联盟计划通过政治参与取得在美国政治中的代表权与承认，但该组织的成员只是 1882 年前加入美国国籍的一小部分华人，而且他们的公民权没有得到美国政府的承认。结果，他们发现，他们不仅没有资格拿美国护照，不能享受美国驻外使馆的外交保护，不能申请只有美国公民才能从事的职业，如律师和法律顾问，而且不能享有排华法下的豁免权。⑤

---

① 张庆松：《美国百年排华内幕》，上海：上海人民出版社 1998 年版，第 264～265 页。

② 该法案不仅延长 1882 年排华法案，而且要求在美国的所有华人必须在规定的期限内登记领取居留证，否则重罚。

③ 张庆松：《美国百年排华内幕》，上海：上海人民出版社 1998 年版，第 271～273 页；Pei-te Lien, *The Making of Asian America through Political Participation*, Philadelphia: Temple University Press, 2001, p. 15。

④ 张庆松：《美国百年排华内幕》，上海：上海人民出版社 1998 年版，第 277～278 页。

⑤ Pei-te Lien, *The Making of Asian America through Political Participation*, Philadelphia: Temple University Press, 2001, p. 13.

在美国华人平等权利联盟的影响下，1895 年，加州美国土生华人组建了自己的团体“同源会”（Native Sons of the Golden State），其宗旨是促进美籍华人的美国化进程，结束种族歧视，并保护他们的权利，同时提高他们在华人社区中的地位。1915 年后，随着美国土生华人人数迅速增长，同源会的英文名改为 The Chinese American Citizens Alliance（CACA），也叫美籍华人联合会，并发展成全国性组织，在芝加哥、波特兰、底特律、匹兹堡、洛杉矶等城市建立了分支机构。①

当时成立同源会是为了抗议中华会馆处理《吉尔里法案》没有取得成效，他们认为该法案的延长与扩大侵犯了他们生而具有的美国公民权利。该组织的早期领导者通常是专业人士或白领工人，他们的汉语流利程度在逐步下降。在克服了内部就策略的分歧之后，该会恢复活动，如在 1904 年要求中国政府拒绝延长 1894 年《限禁来美华工保护寓美华人条约》。1905 年，该组织参与了横跨太平洋的抵制美货运动，发表反对排华法案的言论，从而赢得了华人社区的尊敬。该组织的成员利用他们的美国公民权，竭力游说国会纠正许多歧视性政策和法案，代表美国华人和他们的家庭向美国政府官员和机构上诉。该组织要求废除 1907 年 3 月 2 日法案，结果没有成功。②

1913 年，在同源会的努力下，排华分子发动的试图剥夺美国土生华人公民选举权的企图被粉碎。1924 年，同源会通过给国会写信并在国会作证反对 1924 年移民法，对国会禁止华人公民妻子进入美国的相关法律进行了抗争，并迫使国会进行修改。他们也帮助遭受移民排斥的个人向法庭提出诉讼，由该组织聘请律师并支付律师费用。据美国历史学家称，该组织的成员正式或非正式地参与了影响美国华人或其他少数族裔的所有全国性立法活动。1943 年美国政府废除排华法案时，同源总会也被邀请发表意见。同源会还鼓励其成员参加投票，说服华人社会的其他美国公民参与投票。③ 但是大多数美国成年华人到 1943 年才获得公民权。尽管他们非常努力，但由于该组织只有美国公民才能参加，所以该组织人员较少，影响力也相对微小。

1946 年，在同源会等华人民权团体的力争之下，美国政府准许美籍公民的中国妻子可以不受每年 105 个移民配额的限制进入美国。许多华裔在役军人和退伍军人纷纷回到中国娶妻，之后以军人之妻的资格入境美国的华人妇女人数增

---

① 张庆松：《美国百年排华内幕》，上海：上海人民出版社 1998 年版，第 279 页。现在该组织的成员有 2 000 多人。

② Pei-te Lien, *The Making of Asian America through Political Participation*, Philadelphia: Temple University Press, 2001, pp. 15 – 16. 该法案规定与非美国公民结婚的美国妇女自动丧失其美国公民身份。

③ 张庆松：《美国百年排华内幕》，上海：上海人民出版社 1998 年版，第 279 ~ 280 页；Pei-te Lien, *The Making of Asian America through Political Participation*, Philadelphia: Temple University Press, 2001, p. 16。

加。从1945年至1950年，共有6 000多名妇女入境，占华人移民总数的九成。[1] 1957年，全美华侨华人代表大会在华盛顿举行，决议成立全美华人福利总会，其组织宗旨是“团结全美华人意志，集中全美华人力量，解决全美华人困难，增进全美华人福利”，力争华人在美国的居留权，改正身份，增加移民配额，协助侨眷来美团聚，维护华人人权，提高华裔参政地位等。该会设有10个支部，下设26个分会，分布在全美各华侨重镇。[2] 在该组织的努力下，在美华人可以申请家属来美，同时还争取到每年2万个移民名额。

（三）组建或加入劳工团体，争取合法权益

虽然美国劳联的领导人很早就知道华人能够被组织起来并要求更好的待遇，但他们选择把华人劳工排斥在劳联之外，这不仅有经济和文化的原因，还有政治、意识形态和道德方面的理由。劳联的领导人认为，华人劳工接受低工资，破坏罢工，他们既不能被同化也不能被组织起来。他们认为，19世纪后半期美国的排华运动是技术转型时期白人劳方和资方建立更密切合作的必要步骤。但是，早在1867年6月24日，在内华达高山地区修筑铁路的数以千计的华工就举行了罢工，要求中太平洋铁路公司增加工资、改善待遇。华工们要求每月工资40美元，每天工作10小时，工头不许打人，不许阻拦想离开铁路到别处谋生的华工。虽然罢工失败，但工资从原来的26美元增加到35美元。[3] 尽管华工的大多数行动未能达到目的，但华人在加入美国劳联很久以前就开始组织他们自己的罢工，其他有组织的抵制方式还有集体抗议、诉讼，甚至暴力反抗雇主和监工。

例如，在南部几个州的铁路和种植园工作的华工举行罢工，起诉公司违反合同，要求冻结公司财产支付工资，用木棍和大刀武装起来，抗议资方的残酷镇压，或者直接与公司谈判，要求增加工资。1870年代至1880年代，华工参加了许多反对白人工厂主和他们的华商联盟的罢工。1876年，在旧金山，50名制鞋华工发动起义，袭击奚仲（Yee Chung）贸易公司，因为该公司为白人公司雇用750名华工，并把他们隔离在极端拥挤、通风条件极差的环境下工作。即使在马萨诸塞州的北亚当斯和新泽西的贝勒威尔，那些被雇来破坏罢工的华工也亲自组织了罢工。19世纪后期，在大马哈鱼罐头厂内，有相当数量的华工利用季节性

---

① ［美］麦礼谦：《从华侨到华人——二十世纪美国华人社会发展史》，香港：三联书店（香港）有限公司1992年版，第354页。

② 汪树华：《美国华人政治参与之研究》，（台湾）中国文化大学民族与华侨研究所硕士学位论文，1995年，第52页。

③ H. Mark Lai and Philip p. Choy, *Outlines: History of the Chinese in America*, San Francisco: Chinese-American Studies Plannig Group, 1973, p. 57.

工作的特点，通过罢工来增加他们的利益。他们的目标不仅包括雇主，还包括华人监工。1881 年和 1901 年，在英属哥伦比亚罐头厂工作的华工举行罢工，抗议引进机器焊接技术，因为它会代替熟练的华人白铁工匠。①

在 1930 年代经济大萧条期间，纽约的许多华人洗衣工、海员、餐馆工人和失业工人第一次有组织地团结起来，要求加入主流的美国劳工运动。例如，洗衣工人组建华人衣馆联合会（CHLA），力图阻止那些打算把华人洗衣行业清除掉的歧视性城市法令。该组织被认为是对唐人街传统权威势力中华公所的威胁，因此长期受其压制。该组织后来的让步表明华人工人阶级要融入到工业化的美国劳工力量中去非常困难。相比之下，华人海员较成功地赢得了主流劳工组织全国海员联盟的支持和接纳。1936 年，大约有 3 000 名华人海员参加了由全国海员联盟组织的罢工，华工第一次成为美国劳工运动的一个组成部分。作为回报，联盟支持中国的抗日战争，并加入华人海员抵制美国把废弃钢铁运往日本的行动。重要的是，联盟对中国抗战的支持比美国国内公众舆论的支持早得多。②

（四）运用美国的法律制度与排华做斗争

在与种族主义做斗争的过程中，华人移民很早就发现，美国宪法保障的基本人权，针对的是每个人（person），而不只是公民（citizen），于是他们开始上法庭争取自己的权利。他们运用联邦法律制度多次击败美国社会的种族主义行动。他们通过在全美各地的市级法院、地方法院、上诉法院和联邦最高法院进行诉讼来争取华人在美国的移民、归化和经济社会权利。据不完全统计，自 1848 年至今，华人在美国已大胆提出了 10 000 件以上的诉讼。③ 其中，1882 年以前就有 100 多件华人诉讼案件在加州和西部其他地区的最高法院进行听证。1882 年排华法案颁布后，华人在联邦法院提起的诉讼案数量猛增。从 1882 年到 1891 年的 10 年间，华人仅在北加州的联邦法院就提起 7 080 件诉讼。其中，仅 1888 年一年，华人就提起 3 297 件诉讼，占北加州联邦法院审理案件总数的 47%。④ 他们援引正式的法律条款，如宪法第十四修正案中的平等保护条款、1870 年《民权法案》中的第十六条和《蒲安臣条约》中的第六款，多次使州和地方政府对华人的歧视性措施无效。排华期间，有 1 100 多件华人诉讼案件在联邦地方巡回法院被受

① Pei-te Lien, *The Making of Asian America through Political Participation*, Philadelphia: Temple University Press, 2001, pp. 19 – 21.

② ［美］邝治中著，杨万译：《纽约唐人街：劳工和政治（1930—1950 年）》，上海：上海译文出版社 1982 年版，第 134 ~ 137 页。

③ ［美］张惠媛：《成为美国人的漫漫长路》，《世界日报·世界周刊》（美国），2003 年 3 月 16 日。

④ ［美］张哲瑞联合律师事务所编著：《百年沧桑——移民美国史画》，北京：中央编译出版社 2004 年版，第 61 页。

理，将近 170 件案件在最高法院接受了听证。虽然利用人身保护令进行诉讼的华人有 80% 成功地赢得了法官或移民局官员的支持，但他们无法推翻各种各样排华法案的合法性。①

90% 以上的华人诉讼案件涉及移民排斥，这是关系到在美华人和正在申请移民美国的华人生存的重要问题。诉讼的作用十分重要，但诉讼不是华人反对种族歧视的唯一武器。面对愈演愈烈的排华局势，中华会馆于 1876 年给当时的美国总统格兰特写信，要求他依据中美之间的有关条约保护在美华人的权利。在排华情绪日益上升的 1877 年，中华会馆委托对华友好的美国人士编写并出版了一本手册《中华会馆致美国国会备忘录》。当 1882 年排华法案被延长 10 年时，美国华人采用多种策略对 1892 年《吉尔里法案》中特别规定要华人登记的条款做出反应。在中华会馆的支持下，全美华人拒绝登记并向最高法院提起宪法诉讼。中华会馆筹集了 6 万美元作为辩护资金，其中大部分是收取自华工移民的会费。他们也要求中国方面延期批准该法案，以有助于他们在最高法院挑战该法案的宪法合法性。在冯月亭和另外两名华人因为没有居住登记证被捕两天后，这三个案件都在最高法院进行了听证。当人们认识到中华会馆处理此案无效时，美国土生华人和归化华人开始组建新型政治性社团，举行大众集会，要求国会保护华人的合法权益。②

华人通过法律诉讼，不仅维护了自身的权益，而且对美国法律的完善做出了贡献。其中最典型的一个例子是“益和诉霍普金斯案”（Yick Wo vs Hopkins）。旧金山市政当局 1880 年 5 月 26 日通过的第 1569 号条例和 1880 年 7 月 28 日通过的第 1587 号条例规定，任何在市内的木制建筑中开办、维护和经营洗衣店的人都必须从市政当局获得营业执照。当时旧金山 320 家洗衣店中，大约有 310 家开在木制建筑中。拒不服从者将被罚款 1 000 美元，或最长不超过 6 个月的监禁，或者两项并罚。但由于该条例没有具体标准，市政当局可随意接受或拒绝有关申请。结果，所有华人洗衣店老板的申请均被拒之门外，而所有白人申请者都拿到了执照。于是华人洗衣店主组织成立了自卫性的行业协会“同心堂”，抵制这些明显不公正的法律行为。虽然华人洗衣店都达到了必要的卫生标准，但市政当局根据新洗衣店条例拒绝华人申请。在同心堂的鼓励下，益和与其他 150 家华人洗衣店一起，决定无视条例和市政当局的歧视行为，照常经营他们的洗衣店。不久，他们全部被捕，一场官司开始了。益和控告逮捕他的警长霍普金斯，直接将

---

① Pei-te Lien, *The Making of Asian America through Political Participation*, Philadelphia: Temple University Press, 2001, p. 22.

② Pei-te Lien, *The Making of Asian America through Political Participation*, Philadelphia: Temple University Press, 2001, pp. 23 – 24.

官司诉诸加州最高法院，指控《洗衣店条例》违反加州宪法、美国联邦宪法和1880年中美条约，请示法院下达人身保护令状，使之获得自由，并纠正旧金山市政当局的错误做法，但遭到加州最高法院的拒绝。于是益和向联邦最高法院提出上诉，恰巧当时另一家华人洗衣店主和利也由于同样原因上诉到最高法院。最高法院裁定两位华人申诉者的权利被侵害，下令立即予以释放。[①]

在1950年代至1960年代的民权运动中，很多美国少数族裔团体，包括非裔和亚裔，在挑战一些州的种族歧视法律和政策，如否认他们的投票权，对学校和居住区进行种族隔离，禁止种族通婚等时，都援引该判例作为主要先例。1886年的益和案半个多世纪后成为20世纪中期美国有关平等保护法律的一个主要基石。益和诉霍普金斯案是美国法学院教学讨论宪法平等保护条款时被引用次数最多的一个案例，至今一共被引用了125次。[②]

1898年，美国最高法院在美国法律史上有重要地位的黄晴亚诉美国（Wong Kim Ark vs United States）一案的判决中，宣布在美国出生的华人生而具有美国公民权。从那以后，在该判例法的保护之下，美国土生华人公民的数量年年都在增长。1880年，只有1 183名华人是美国公民。然而，在1940年，总共有40 262名华人是美国公民，60年中增长了34倍。当年土生华人公民的人数已超过了外国出生的华人人数，占华人总人口的51.9%（参见表1－2）。因此，在排华法废除前3年，美国华人社区已完成了从侨民社会向公民社会的转变。[③]

1955年12月9日，美国驻香港总领事埃弗里特·德鲁姆赖特（Everett F. Drumright）向美国国务院呈交秘密报告，指控华人几十年来一直欺骗移民局，以冒籍方式——也称为“假纸”或“纸儿子”（Paper Son），即冒称为美国公民在外国出生的后裔——移民美国，并认为通过此方式进入美国的华人“非法移民”有中国共产党分子渗透在内，会危害美国国家安全。1956年2月29日，驻旧金山的联邦司法部门及移民局通过大陪审团要求法院发出传票给24个华人团体，命令他们在24小时内向大陪审团交出一切文件和记录。随后又传讯华埠的6家照相馆，要求将15年内12人以上的集体照片交给陪审团检查，以便查出冒籍华人的姓名。该消息让唐人街人心惶惶。中华会馆重金聘请宪法律师与政府及司法部对簿法庭，指调查行动违反宪法所保障的人身自由。1959年，司法部与中华会馆达成非官方协议，制定“坦白方案”（Confession Program），允许非共产党

① ［美］伍淑明：《从受害者到胜利者：华人官司对美国法律的贡献》，任东来等：《美国宪政历程：影响美国的25个司法大案》，北京：中国法制出版社2004年版，第142～145页。

② ［美］伍淑明：《从受害者到胜利者：华人官司对美国法律的贡献》，任东来等：《美国宪政历程：影响美国的25个司法大案》，北京：中国法制出版社2004年版，第146页。

③ 张庆松：《美国百年排华内幕》，上海：上海人民出版社1998年版，第281页。

人士“坦白”其“假纸”身份，更正后可留居美国。该措施一直实施到1969年才终止。[①]

（五）运用诉讼方式寻求经济社会公正

除了反对移民排斥、寻求归化权利之外，美国华人还运用诉讼方式寻求经济、社会方面的公正待遇。实际上，华人移民与美国法律制度第一次相遇就是因为经济纠纷而诉诸最高法院。早在1852年，华人就上诉美国法庭要求归还被偷走的金粉。1866年，孙昌基（Sun Cheong-Kee）向法庭控诉别人欠他1 240美元的债务。华人很快认识到他们非常需要通晓美国司法制度并且精通这个国家的语言的律师。1853年，四大会馆的侨领们出席在加州议会矿业与采矿利益委员会举行的听证会并作证，要求提升华人社区的正面形象，投诉在矿区针对华人的暴力事件增多，抱怨法院不愿采纳华人的证词。他们的努力使该委员会拒绝接受对矿工执照法进行大幅度修改的建议。明白了政治游说的重要性后，1860年，中华会馆在一位新教牧师的帮助下，聘请了一位律师说客作为萨克拉门托华人社会的代理律师。在内华达州参议员威廉·斯图尔特的推动下，华人侨领们成功说服美国国会运用1870年民权法案第十六款的内容来保护华人。[②]

1880年至1890年，在最高法院听证的华人诉讼案件大约有20件，内容涉及厨房、医疗和装饰所需产品的进口问题和进口商品的抽税问题。1873年，在城市人口大量失业和反华情绪风起云涌的时刻，旧金山市政府以违反《立方空气法》为由大批抓捕华人。该法规定每间住房内，其成年房客每人应有500立方英尺的新鲜空气流通空间，违者处以监禁或罚款。[③] 另一法令要求在木制建筑里开设的洗衣馆要么领取执照，要么关闭。1873年至1884年，市政府通过了14项法令，对该市将近300家华人洗衣馆进行限制。旧金山的五位华人对这些故意歧视华人的法令非常愤怒，他们请了一位牧师向市政府管理委员会宣读了他们的长篇抗议译文。1870年代，华人洗衣工人组建了一个强有力的保护性贸易商会，叫同心堂。该行会倡导不合作运动，即不理睬这些法令，继续营业，并建立法律基

---

① ［美］麦礼谦：《从华侨到华人——二十世纪美国华人社会发展史》，香港：三联书店（香港）有限公司1992年版，第356～359页。在此应特别强调的是，排华期间华人用非法的方式进入美国与现在的非法移民的性质是不一样的。排华时期华人用非法方式移民美国是华人对美国排华律的一种抗争，是用不合法的手段对付美国政府法律的不公正对待。

② Pei-te Lien, *The Making of Asian America through Political Participation*, Philadelphia: Temple University Press, 2011, pp. 27－28.

③ 刘伯骥：《美国华侨史》，台北：黎明文化事业股份有限公司1976年版，第524页。

金来聘请律师向法院申诉，直至最后取得胜利。①

半个世纪后，纽约的华人洗衣工人于1933年建立华人衣馆联合会，与歧视华人的有关法令作斗争。1933年初，纽约的非华人洗衣店说服市议会通过一项洗衣法令，规定每年要付25美元的登记费，并要求凡独立经营的洗衣店申请营业执照时须提交1 000美元的担保金，以备抵偿顾客财产之用。这项法令是专门对付华人的，以便把他们赶出洗衣业，因为一家小小的家庭手工洗衣店平均一年的利润只有400～500美元，要筹集那么多的钱是不可能的。传统的中华公所不仅不代表华人社会反对该法令，反而趁机捞取好处，要求每个洗衣工付2美元。华侨洗衣工非常气愤，于4月26日成立华侨衣馆联合会进行斗争。他们聘请了2名律师，以该法令歧视小洗衣店为由，与市议会进行交涉。最后，市议会同意修改法令，把登记费从25美元降到10美元，把担保金降为100美元。② 为了阻挠华侨衣馆联合会成为华人洗衣工的合法代表，1933年6月，中华公所秘密勾结纽约市营业执照局长官颁布一项新决定。要求所有小洗衣店的业主必须加盖手印，才能获得营业执照。华侨衣馆联合会立刻向法院控告该长官的决定，在庭审过程中，该长官证实了中华公所的阴谋。③ 1934年年底，纽约市营业执照局规定所有持有洗衣店营业执照者必须标明他们的“正当”移民身份。这明显是专门针对华人的。华侨衣馆联合会动员公众舆论，向营业执照局提出强烈抗议，迫使营业执照局于1935年取消了这个规定。④

在1900年鼠疫隔离期间，由于旧金山唐人街有几例鼠疫病例，美国社会要求所有华人必须接种疫苗，遭到华人的强烈反对。他们聚集在中华会馆的办公楼前和中国领事馆门前，要求采取有力措施阻止强制接种。他们用关闭店门停业的方式反对侵犯个人自由，并对华人社区内缺乏卫生官员的保护与服务表示抗议。他们也反对按种族划定隔离线，不使一家白人商店受到影响的做法。后来他们凭借黄维（Wong Wai）案和何犹（Jew Ho）案，把旧金山卫生局告上法庭并取得胜利。⑤

① Pei-te Lien, *The Making of Asian America through Political Participation*, Philadelphia: Temple University Press, 2001, pp. 28－29.

② ［美］邝治中著，杨万译：《纽约唐人街：劳工和政治（1930—1950年）》，上海：上海译文出版社1982年版，第63～67页。

③ ［美］邝治中著，杨万译：《纽约唐人街：劳工和政治（1930—1950年）》，上海：上海译文出版社1982年版，第72～73页。

④ ［美］邝治中著，杨万译：《纽约唐人街：劳工和政治（1930—1950年）》，上海：上海译文出版社1982年版，第79～80页。

⑤ Pei-te Lien, *The Making of Asian America through Political Participation*, Philadelphia: Temple University Press, 2001, p. 29.

争取平等的受教育权利是早期华人参与非选举政治活动的又一主题。从 1871 年到 1884 年，旧金山的华人子女被排斥在公立教育的大门之外，华人父母们为此进行了长达 14 年的斗争，要求政府为华人重开一所夜校。最初，39 位华商要求教委和夜校委员会同意为华人开办一所夜校，结果根本不起作用。1878 年，华人社区征集了 13 000 个签名，向州立法机关要求允许华人子女进入公立学校学习，再次失败。1882 年后，华人父母开始关注他们在美国出生的子女的平等权问题。他们改变策略，决定通过司法诉讼寻求平等的受教育权。在泰普诉霍利（Tape vs Hurley）一案中，与白人妇女结婚的华人移民约瑟夫·泰普向旧金山校董事会发起挑战，因为该会拒绝他 8 岁的女儿玛米（Mamie）到当地的公立小学上学，理由是她的种族身份。他的要求得到中国驻旧金山领事的支持，领事向当地教育主管部门发出抗议信，谴责拒绝上学的要求无理，与中美之间的条约、美国宪法和美国法律都不符。虽然法官的判决支持玛米·泰普进入公立学校学习，但她进入公立学校上学的时机由于政府部门间的纠缠而被延误，最后该案以政府在唐人街为华人子女单独办一所隔离小学作为结束。泰普案的最终结果是华裔青少年被迫接受了数十年的隔离教育。[①]

在唐人街之外，华人父母也不能任意把他们的孩子送到离家最近的学校就读。1902 年，黄谦（Wong Him）医生为他的女儿凯蒂（Katie）要求平等保护权，遭到联邦法院的拒绝。之后，中华会馆发起多次抗议，反对旧金山市教委的教育政策，并聘请了一位前浸礼会牧师向立法机关游说以修改该法律。数年之后，在密西西比州也有类似的龚路诉赖斯（Gong Lum vs Rice）案发生，也以失败而告终。该案讲的是一位富裕并受人尊敬的华商拒绝让他在当地出生的 9 岁女儿进入非白人的隔离学校就读，并向“隔离但平等”条款发起挑战。最后，为了达成妥协，好几个社区都为华人建立了隔离学校。[②]

虽然针对加州华人和其他非白人的小学隔离教育直到 1947 年才被废除，但由于华人家长的抵制，在此期间，华人中学生能够进入白人学校就读。1900 年，华人家长威胁要让他们所有的孩子从华人小学退学，击败了白人种族主义者要求在中学实行种族隔离的企图。1920 年代后期，白人种族主义者提出另一隔离方案，但在华人和非华人组织以及个人的联合支持下，华人社区成功阻止了学校董

① Pei-te Lien, *The Making of Asian America through Political Participation*, Philadelphia: Temple University Press, 2001, p. 31.

② Pei-te Lien, *The Making of Asian America through Political Participation*, Philadelphia: Temple University Press, 2001, p. 31.

事会的计划。[①]

（六）针对种族暴力，寻求政治保护和法律赔偿

美国华人并非种族歧视的被动接受者，他们熟练地运用移民社区内的各种资源和美国的法律与政治制度来改善他们在美国的处境。针对种族暴力事件的频繁发生，华人一方面要求祖籍国政府通过外交渠道来阻止反华暴力事件，解决他们与美国当地政府和联邦政府之间的冲突，寻求政治保护；另一方面，他们运用法律诉讼的方式，如通过起诉或威胁起诉肇事者或当地政府，要求赔偿他们蒙受的损失。

1880 年中美双方签订的《续修条约》（即《安吉尔条约》）第三款规定：已在美国的华工及其他华人等，无论常住、暂住，如有偶受他人欺侮之事，美国应尽力设法保护，与待各国人最优者一体相待，俾得各受按约应得之利益。[②] 即美国政府有责任保护在美华人的安全，包括对犯罪者采取法律行动并给予受害者金钱方面的赔偿。当美国联邦政府拒绝运用司法手段干预州政府的行为时，清政府的外交交涉受挫。1885 年 9 月 2 日，发生在怀俄明州石泉镇的石泉惨案造成 28 名华侨被杀害，重伤 15 人，数以百计的华侨被赶走，79 间华侨住房被焚毁，财产损失近 15 万美元。[③] 该事件导致美国国务院与中国驻华盛顿公使馆之间的外交对抗。在中国政府的强烈要求之下，克利夫兰总统派国民警卫队到石泉镇保护华人，调查事实真相。1885 年底，作为对在西雅图发生的一系列反华事件的反应，他下令派第 14 步兵师前往，但他不承认联邦政府对这些反华事件负有责任。[④]

由于反华暴乱的频繁发生，中国外交官和中华会馆竭力采取行动，向美国政府提出抗议，并代表华人受害者在重大事件发生后寻求帮助。例如，1886 年旧金山唐人街受暴徒袭击，有 46 名华工被驱逐，中国驻旧金山总领事和法律领事要求加州州长立刻采取行动制止反华暴乱。4 天后在俄勒冈州发生类似事件时，当地的中国外交官决定通过宪法诉讼迫使联邦政府干预。虽然最高法院最后否决了华人享有平等保护的权利，但此事依然被认为是华人对种族暴力进行反抗的象征。该判例也为国会立法惩罚那些侵害华人权利的犯罪行为清除了所有宪法障碍。当包德温诉弗兰克斯（Baldwin vs Franks）案还在审理过程中时，加州尤利

① Pei-te Lien, *The Making of Asian America through Political Participation*, Philadelphia: Temple University Press, 2001, pp. 31 - 32.

② 王铁崖编：《中外旧约章汇编》，北京：生活·读书·新知三联书店 1957 年版，第 378 ~ 379 页。

③ 石泉惨案是由华人拒绝加入一个有计划的罢工引起的。参见《使美郑藻如续报美洛士丙冷华工被焚杀致总署》，光绪十一年十月二十六日。

④ Pei-te Lien, *The Making of Asian America through Political Participation*, Philadelphia: Temple University Press, 2001, p. 32.

卡（Eurekar）市的一批华商采取反对市政府的行动，在巡回法院要求政府赔偿因它的过失而造成的损失。早在1875年的沃森维尔（Watsonville）事件中，华人就发起三次诉讼，要求肇事者赔偿20.5万美元的损失。美国国会虽不承认有任何责任，但最终对石泉惨案和其他反华骚乱给华人造成的损失赔偿42.5万美元，由旧金山中国领事馆协助发放。①

（七）通过参与祖籍国政治争取在美国的平等权利

虽然大多数移民的第一考虑是要在美国社会找到一个立足之处，但许多亚洲移民一直积极参与祖籍国政治。主要原因之一是移民认为祖籍国的国际地位与他们在居住国的社会地位关系密切。许多华人移民不把他们在美国遭到的不公正对待归结为美国民众对少数民族的歧视和偏见，而归咎于他们的祖籍国政府在国际领域中的无能和懦弱。他们在美国政治中被排斥进一步增强了他们对祖籍国的认同。他们认为只有在他们的祖籍国赢得别国的尊敬之后，他们才能赢得别人的尊重，参与祖籍国政治对他们来说就是在美国争取平等权利的一种间接手段。②

对那些把在美国受到的歧视归咎于祖籍国政府孱弱的华人来说，他们对中国问题的第一反应就是希望中国政府强大，而不是推翻现政府。于是他们向当时的中国政府大量捐款。他们把侨汇寄回中国，帮助清政府实现现代化、救济灾荒、加强国防并赎买清政府的官位以光耀祖宗。后来，清政府在惩治国内腐败和抗击帝国主义侵略中的无能表现使广大海外华人大失所望，乃至愤怒。但他们仍然慷慨捐款，先是捐给清政府中的改良派，即洋务派以及维新党人，后又捐给革命党，帮助重建中国。虽然美国华人企业和个人提供的大量捐款都被用于支付军事训练、教育和报纸广告等费用，但是由致公党捐赠处筹集的资金在革命过程中发挥了关键作用，最终推翻了清王朝的统治。

为了改变他们自己在美国的命运，许多华人在1911年辛亥革命后继续捐款帮助新生的共和国修筑马路、建设学校和医院，尤其是在广东省。1930年代日本军国主义对中国的侵略开始后，特别是在1937年至1945年，在美华人从旧金山、芝加哥、洛杉矶和其他城市汇给中国政府的捐款总计达2 500万美元，他们希望用这些钱来救助深受战争苦难的民众，购买服装、坦克和飞机以支援抗日。在抗日战争期间，为拯救苦难的祖国，节俭的华人无私捐献了他们的金钱和时间。对这些在经济上受剥削、社会上被隔离、政治上被剥夺了公民权利的华人来

---

① Pei-te Lien, *The Making of Asian America through Political Participation*, Philadelphia: Temple University Press, 2001, pp. 32 – 33.

② ［美］邝治中著，杨万译：《纽约唐人街：劳工和政治（1930—1950年）》，上海：上海译文出版社1982年版，第103页。

说，支持建立强大的祖国是期望强大的祖国能维护他们在美国的政治经济地位。[①]

与此同时，许多华人通过参与祖籍国政治，在美国建构了一种新的族裔认同。在抗日战争期间，尽管国民党政府采取的不抵抗和绥靖政策使他们感到失望和压抑，但纽约华人的爱国主义激情是如此高昂，以至于超越了家庭、家族、社团和党派分歧。作为对1928年日军在“济南事件”中屠杀近4 000名中国平民并摧毁无数商店和家庭的强烈抗议，华人在纽约组建了一个反日联盟“纽约华人公民爱国主义同盟”。由该同盟组织的大游行吸引了1万多名华人参加，他们分别代表148个不同的组织和团体，包括社团、餐馆、教堂、商店、学校和社交俱乐部。他们给当时的柯立芝总统发电报，敦促他表明反对日本侵略中国的立场，并宣布日本侵略是对世界和平的威胁。联盟也进行了募捐活动，仅在5个月内，就从社区募捐到7万美元。当有组织的抗议不再是官方政策时，个人和基层群众组织仍坚持他们的爱国主义行动，募捐并把义款寄给中国军队和难民。华人妇女在这些战时的救济活动中发挥了重要作用。[②]

除了给予抗日战争经济上的援助外，美国华人还发起“人民外交”，强烈要求美国公众在金钱上和政治上支持中国的抗战事业。他们通过宣传让美国公众知道中国正在发生的一切，并向其解释为什么要进行抗日战争。他们还号召美国公众抵制日货。1937年10月7日，由美国反对战争和法西斯主义大会以及中国人民之友社发起的“支援中国”群众大会吸引了15 000多人参加，其中只有2 000名出席者是华人。抵制运动得到包括产联在内的许多左翼团体的支持。两个月后，纽约中国人民之友社组织了一次示威游行，要求美国妇女拒买日本长筒丝袜。大游行得到2 000名妇女（其中包括450名华人）的支持，她们浩浩荡荡地走过第五街，手持写着“我们宁穿纱袜，不穿丝袜”字样的横幅。许多著名的电影明星都积极参加，推动抵制运动发展，许多妇女开始穿起纱袜或者不穿袜子。但是美国华人竭尽全力的是要阻止美国公司把可以改制为武器的废铁出售给日本。在主流劳工组织的支持下，华人在把废铁用货船运往日本的纽约和旧金山码头上设置了纠察队。[③] 1941年美国参加对日作战后，美国公众对华人的态度从原来的蔑视变成了钦佩。他们代表美国华人游说国会废除排华法案。罗斯福总统

---

① Pei-te Lien, *The Making of Asian America through Political Participation*, Philadelphia: Temple University Press, 2001, p. 34.

② ［美］邝治中著，杨万译：《纽约唐人街：劳工和政治（1930—1950年）》，上海：上海译文出版社1982年版，第104～105页；Pei-te Lien, *The Making of Asian America through Political Participation*, Philadelphia: Temple University Press, 2001, p. 35。

③ ［美］邝治中著，杨万译：《纽约唐人街：劳工和政治（1930—1950年）》，上海：上海译文出版社1982年版，第121～123页。

也发布行政命令，要求结束国防工业中的种族歧视。[①] 从前一直被限制在收入极低的唐人街企业工作、被拒绝加入工业劳动和白领工作的华人开始进入这些领域。

1933 年，纽约传统华人社团中华公所保护华人经济利益的行动失败后，一群华人洗衣工人自己组织起来成立了华侨衣馆联合会。该组织成功地达到了改变美国华人和中国人民命运的双重目的。在美国民主原则的鼓舞下，在中国的民族主义情感急剧上升的背景下，该草根组织的成员们积极捐款，筹集资金，支持中国的抗日战争。他们还出版了《中国日报新闻》，向读者介绍中国国内的情况和美国华人对美国政治的看法。华侨衣馆联合会率先在其成员内部发起每月捐款一次的行动，后来扩展到整个华人社区。一些年轻人建立飞行学校，希望练成飞行技术之后去中国支持空军。华侨衣馆联合会敢于挑战唐人街的传统势力，宣称他们既是中国公民又是美国公民，为在美国的中国人逐渐转变为美国华人做出了贡献。[②]

1948 年 3 月，美国国务卿马歇尔向国会提交军事援助蒋介石的计划，衣联会立即致电纽约州在国会的参众议员，要求他们投票抵制该计划。4 月，由美国学者和记者组成的、旨在推动不干涉中国内政的民主远东政策促进会发起组织“中国周”运动，在全美各地宣传反对援蒋及干涉中国内政的活动。衣联会及《华侨日报》热烈响应，并说：“中美两国的传统友谊，只有经过这样的美国民间运动和中国人民的解放斗争，才能保持、增加和发扬。”衣联会的核心“群社”一直支持民主远东政策促进会，并在 1946 年该会成立之时捐助 400 美元。[③]

（八）通过参加保卫美国的战争展示对美国的热爱

虽然美国华人积极参与祖籍国政治事务，但这并不意味着他们不愿意效忠美国。他们也热爱美国，并愿意献出自己的生命。实际上，尽管当时美国政府对华人采取排斥、歧视和压迫的政策，但仍有成千上万的华人通过主动加入美国军队、参加对外作战展示他们对美国的热爱。他们为美国浴血奋战，希望能获得公民权，享受老兵福利和平等的就业机会，以提升他们在美国的社会政治地位。然而，在争取归化为美国公民的过程中，“一战”的华人老兵与菲裔、日裔和韩裔

---

① Pei-te Lien, *The Making of Asian America through Political Participation*, Philadelphia: Temple University Press, 2001, p. 36.

② Pei-te Lien, *The Making of Asian America through Political Participation*, Philadelphia: Temple University Press, 2001, pp. 36 – 37.

③ ［美］于仁秋：《救国自救——纽约华侨衣馆联合会简史（1933—1950’s）》，香港：三联书店（香港）有限公司 2003 年版，第 217 ~ 218 页。

老兵一样，不得不通过司法手段争取他们应有的美国公民权。“二战”中华裔士兵的辉煌战绩不仅加速了美国在欧洲和太平洋战场的胜利，也有助于消除白人主流社会对华人的歧视，最终使美国政府于1943年废除执行了长达61年的排华法案。

华人参与保卫美国战争的最早记录可以追溯到1861年至1865年的南北战争，当时有51名华人士兵和海员加入南部联盟或联邦部队作战。当美国准备发动美西战争时，华人平等权利联盟曾建议组建一个华人作战连。虽然最后没有专门组建一个华人作战连，但有80多位华人在美国海军中服务，并跟随所在部队在1898年的马尼拉海湾之战中取得决定性胜利。然而，美西战争结束后，这些退伍老兵被拒绝参加战后庆祝会，不准加入美国国籍。第一次世界大战中，许多土生美国华人被征召，在美军中光荣服役。纽约华人也积极响应，为战争捐款。纽约中华商会许诺并购买了5万美元的免息国债。1940年至1946年，将近有1.6万华人士兵在美国陆海空三军中服役，这个数字占当时美国华人成年男子总数的20%以上。在纽约，大约有40%的华人男子被征募，是各族裔中比例最高的。许多华人把在美国军队服役看作是学习特殊技能的机会，这对他们以后在美国的生活非常有用，他们还能享受老兵福利。许多美国华人要求到军中服役，这其中既包含中国的民族主义情绪，又有对美国的爱国主义情感。①

（九）争取政府拨款，为华人社区谋福利

1930年代以后，美国华人参政活动最活跃的地方是旧金山，他们的活动重点之一是改善华埠环境。他们推动联邦政府拨款在华埠兴建廉租公寓大厦。这项活动在“二战”前就已开始，但直到1949年才得到批准，兴建的“平园”平民居在1951年完成。同年，华人向旧金山市政府争取建立的青少年康乐设施“同乐园”也建成。在华人少壮派的倡议下，1962年，旧金山市政府在华埠建设的地下停车场也开始使用，缓解了华埠街道狭窄拥挤停车难的问题，为华埠的商业与旅游观光业的发展提供了有利条件。② 麦礼谦认为，少壮分子在华人社会之所以能有所作为，一方面是由于他们人数增多，经济实力增强，另一方面是他们与主流社会一些势力集团关系密切，是华人社会各阶层中最关心和最积极参与美国政治的群体。

---

① Pei-te Lien, *The Making of Asian America through Political Participation*, Philadelphia: Temple University Press, 2001, pp. 37 – 38.

② ［美］麦礼谦：《从华侨到华人——二十世纪美国华人社会发展史》，香港：三联书店（香港）有限公司1992年版，第369页。

（十）华人精英人士的民权活动

在此期间，亦有不少华人精英人士单枪匹马地在美国社会为华人争取平等的移民权利和公民权利而奔走呼号。如上述的华人民权斗士黄清福认为，排华运动的根源是美国人对中国和华人文化了解太少。早在美国华人平等权利联盟成立之前，他就到美国东海岸的波士顿、纽约和费城，以及中西部城市芝加哥发表演讲，以纠正美国公众对中国文化和华人的误解。为了加深美国人对华人的了解，他于 1883 年 2 月 3 日在纽约创办了一份报纸——《华美新报》，用中、英文两种文字出版。他试图向美国主流社会表明，华人并不是不想成为美国人，他自己就是个美国人。他的报纸就是要让更多在美中国人成为美国人。这可能是华人第一次证明他们是美国公民的尝试。①

李恩富（Lee Yan Phou）是中国第二批留美幼童中的一员，1873 年到达美国。1880 年，他以全班第一名的成绩从霍普金斯语言学校毕业并被耶鲁大学录取，但 1881 年随整个幼童团被清政府召回中国。1884 年，回国两年多的李恩富在传教士的帮助下返回美国。1887 年，他以顶尖学生身份从耶鲁大学毕业，并成为留美幼童中少有的作家和报人。1887 年，正值美国反华浪潮汹涌之时，他在新英格兰四处发表演说，准确剖析中国华工问题，强烈谴责反华运动的支持者。他最有名的一篇论文《中国人必须留下！》是针对当时反华浪潮中最为有名的一条口号“中国人必须滚开！”而作。在文中，他猛烈谴责华工遭受的不平等待遇，呼吁美国政府必须为在它的领土上发生的严重种族歧视、种族暴力问题负全部责任。他为争取美国华人权益而四处呐喊，并帮助西部华工组建中国劳工工会，争取平等权利，但最后都宣告失败。为此，他甚至失去了他的婚姻和家庭。②

伍盘照是美国华人著名记者，也是一位华人民权领袖，在反抗歧视、推动华人的美国化、要求社会平等和争取华人的美国公民权等方面做出了巨大贡献。在 1905 年抵制美货期间，当时担任旧金山中华会馆发言人的伍盘照到全美各地发表演讲，详述美国华人所受的排华之苦。他在美国众议院发表演讲，在白宫与西奥多·罗斯福总统会面，要求美国政府废弃 1894 年中美签订的《限禁来美华工保护寓美华人条约》。虽然最终没有达到废弃条约的目的，但他的系列演讲和当时的抵制美货运动成功地遏制了反华势力驱逐华人的图谋，使移民局官员对待华

---

① 张庆松：《美国百年排华内幕》，上海：上海人民出版社 1998 年版，第 265 页。

② 钱钢、胡劲草：《留美幼童：中国最早的官派留学生》，上海：文汇出版社 2004 年版，第 241 ~ 245 页。

人移民的方式态度有所改进。①

二、1965 年以前美国华人参与选举政治活动的方式

1965 年以前美国土生和归化华人公民除参与非选举政治活动之外，还积极参与选举政治活动，主要方式有加入主流政党组织、争取政治委任、竞选议员和政府公职、参加选举登记和投票等。

（一）加入主流政党组织

在种族主义横行的美国大陆，华人受尽种族歧视，在社会上没有平等的地位。因此，一些有公民权的土生华裔少壮派人士很早就开始积极参加美国激进政党的活动，致力于改善在美华人的地位与待遇。例如，在 1920 年代中期，就有少数华人公民加入美国共产党，在华人社区及主流社会开展活动。② 但由于美国共产党在美国社会的政治势力不大，所以华人共产党人所发挥的作用十分有限。

当时，华人选民不多，主流的政党，如民主党及共和党，在很长时间里并不重视争取他们的选票。随着华裔选民的增加，一些华人开始加入主流政党，希望通过参与其中，为自己和华人社区争取一些权益。1930 年代罗斯福“新政”期间，一些华裔拥护当时发表开明政纲的民主党。在竞选期间，他们就在华人社区奔走，为民主党候选人作助选宣传。1938 年，民主党华人党部在旧金山成立。土生华裔周锦潮（Albert K. Chow）是主要人物之一。他广交政要，具有相当的影响力。他于 1948 年被选为民主党全国代表大会的候补代表。1940 年代末，他又担任加州民主党中央委员职务。③ 但这一时期只有少数与政客关系密切的华人才有机会积极参与民主党的政治活动。

随着华裔专业人士和新兴商人人数的不断增加，他们开始要求民主党扩大其积极分子的范围，增加华人在民主党内的影响力。1950 年代中期，联邦大陪审团在纽约和旧金山调查华人冒籍案件，华人社会面临空前危机。华裔民主党的主要人物周锦潮也是被调查的对象之一。这时，旧金山一些民主党员于 1958 年成立华裔民主党协进会（Chinese American Democratic Club），招收会员，扩大组

① Pei-te Lien, *The Making of Asian America through Political Participation*, Philadelphia: Temple University Press, 2001, p. 24.

② ［美］麦礼谦：《从华侨到华人——二十世纪美国华人社会发展史》，香港：三联书店（香港）有限公司 1992 年版，第 369 页。

③ ［美］麦礼谦：《从华侨到华人——二十世纪美国华人社会发展史》，香港：三联书店（香港）有限公司 1992 年版，第 369～370 页。

织。该会与民主党的开明派建立密切合作关系，维护并争取华裔的合法权利。中坚人物有李泮霖（Lim p. Lee）、关助世（Joe Quan）、胡竹基（Jackson Hu）、邓华金（George Ong）、周植荣等。开明派的《太平洋周报》成为该集团政治主张的支持者。在纽约也有一些华裔参加民主党，并于 1947 年组建华埠民主党部（Chinatown Democratic Club），领导人物有伍觉良、李鸿辉等。①

当时，代表美国保守派的共和党很长时间都不太注重争取少数族裔的选票。到竞选时，共和党不外乎是通过同源会或其他美籍华人公民团体的一些保守领导人物向会员推荐候选人而已。但“二战”后二十多年，华人选民人数有了显著增加，一些人的经济地位也逐渐提高，政治思想趋向保守。同时，日益增加的中国香港、台湾地区移民，尤其是较富裕的人，政治立场也开始倾向共和党，至此，共和党开始认识到，华人可以成为竞选费用的一个可靠捐助来源。②

“二战”后不久，旧金山华埠就已成立华裔共和党协会，但当时时机尚未成熟，会务不能发展，终于停顿。直到 1960 年代后期，旧金山华埠才开始有正式的共和党组织。纽约共和党比旧金山快一步，于 1967 年成立华埠共和党分部（Republican Club of Chinatown），由伍佳彦、李惠弼、谭启明等人领导。1970 年，张文卫、许鸿钧、余宝三、黄北寿、萧庆田等在旧金山恢复华裔共和党协会（Chinese American Republican Club）并正式成立党部。不久，由于意见不合，李松光、黄锡伦、骆来添等人又另外组织加州共和党华裔联合会（California Chinese American Republican Association）。另外，纽约也成立了华埠自由党部（Liberal Party Chinatown）。由于当时美国其他地区的华人选民人数太少，所以一般没有另设华人党部。③

（二）争取政治委任

纽约有个著名华商汤姆·李（Tom Lee），多年前就已经加入美国国籍。1880 年，他请示并得到了副警长的徽章，用来防止地痞流氓和种族主义者对纽约唐人街的骚扰。他成为纽约乃至美国第一个通过委任方式担任公职或政府官员的华人。④

美国的政治是典型的两党政治，要参政，最好是加入民主党或共和党。美国

① ［美］麦礼谦：《从华侨到华人——二十世纪美国华人社会发展史》，香港：三联书店（香港）有限公司 1992 年版，第 370 页。

② ［美］麦礼谦：《从华侨到华人——二十世纪美国华人社会发展史》，香港：三联书店（香港）有限公司 1992 年版，第 370 ~ 371 页。

③ ［美］麦礼谦：《从华侨到华人——二十世纪美国华人社会发展史》，香港：三联书店（香港）有限公司 1992 年版，第 371 页。

④ 张庆松：《美国百年排华内幕》，上海：上海人民出版社 1998 年版，第 127 页。

华人积极参与主流政党的活动，这样能够建立关系，帮助他们逐渐突破种族隔离。一旦他们支持的政党候选人竞选成功，他们就有可能被委任进入公共部门并取得职位。在1940年代，华人被委任的一般是权力不大的职位。例如在40年代末，土生华裔何廷光医生（Dr. James Hall）和李华杰医生（Dr. Chang Wah Lee）被委任为旧金山市政府人际关系委员会委员；张祖光（Charles Jung）被委任为市政府康乐委员会委员。一些华人积极分子还争取到旧金山华埠邮政分局及市里其他税务局的十多个小职员职位。①

1950年代，美国黑人要求在美国社会享有更多民主及平等待遇的民权运动开始酝酿，一些华人得到更好的参政机会。例如，1956年，陈文华（Warren Chan）被委任为西雅图市法院代理法官，成为在美国大陆担任法官的第一名华人。加州州长布朗（Edmund Brown）也在1959年委任土生华裔黄锦绍（Delbert F. Wong）为洛杉矶市法院法官，黄锦绍是美国大陆任此官职较早的一名华人。1966年，民主党员李泮霖得到旧金山众议员菲利普·伯顿（Philip Burton）推荐，被委任为旧金山邮政局局长，成为在美国大陆担任这一职位的第一名华人。同年，土生华裔刘百昌（Harry Low）也被推选为旧金山市法院的第一名华裔法官。②

（三）竞选议员和政府公职

早期华人主要聚居在加州，土生华裔也较多，因此加州华人在政治参与活动方面具有优势。然而，在通过竞选方式参与美国政治方面，加州却落后于其他华人人口较少的地区。最早通过直接参加竞选并取得成功的华人精英人士是来自华人人口并不多的亚利桑那州凤凰城的第一代华裔邓悦宁（Wing Foon Ong）。

邓悦宁，1904年出生于广东开平，1919年1月乘船到美国旧金山，在天使岛被扣留了3个月，后因其父亲在加州出生而被证明是美国公民，才获准上岸。在天使岛被扣押的痛苦、不平等和遭受侮辱的经历使他在绝大多数美籍华人对美国政治漠不关心的时候就决心投身到美国政治的激流中去。他当时住在旧金山的亲戚家，想到公立学校去读书，但由于不懂英语而被拒绝，这是他在美国第二次受到不平等待遇。为了能到公立学校读书，他来到亚利桑那州的凤凰城。在学校，他努力学习英文，同时在白人家中做家佣，直到中学毕业。他后来进入亚利桑那大学深造，但因贫穷而退学，转而从事保险经纪工作。1926年，他又进入

① ［美］麦礼谦：《从华侨到华人——二十世纪美国华人社会发展史》，香港：三联书店（香港）有限公司1992年版，第371页。

② ［美］麦礼谦：《从华侨到华人——二十世纪美国华人社会发展史》，香港：三联书店（香港）有限公司1992年版，第371~372页。

凤凰城社区学院学习。1928 年，他开始经营杂货店。

他的政治生涯始于 1940 年 11 月。当时他已加入美国民主党，竞选亚利桑那州众议员，结果以 17 票之差落选。首次竞选受挫后，他总结经验，决心学习法律。于是他在 1941 年进入亚利桑那大学法学院攻读法律，1943 年以全班第三的成绩通过该州律师考试，成为当时全美国仅有的 8 位华裔律师之一。取得法律学位后，他的声望比以前更高了。1946 年，他再次作为民主党候选人竞选亚利桑那州众议员。他打出的竞选口号是“给予一个熟悉法律的人以机会”，并使用华语、英语和西班牙语发表竞选演说，结果成功当选。1947 年至 1951 年，他担任了该州两届州众议员。1964 年，他获得民主党提名，竞选该州参议员，结果失败，1966 年再次参加竞选并获得成功，1968 年再选失败。邓悦宁在亚利桑那州政坛上先后活动 28 年之久。从 1940 年至 1958 年，他 5 次竞选州众议员，其中 2 次胜利（1946 年、1948 年），3 次失败；从 1964 年至 1968 年，他 3 次竞选州参议员，其中 1 次当选（1966 年），2 次落选。①

邓悦宁是美国历史上第一位亚裔州参议员，也是第一位华裔州参议员。他是第一位进入美国主流政治的华人、第一位有权参与美国立法的华人。在任职期间，他积极努力地维护和增进亚裔的权益。例如，在成为律师和州众议员之后，他于 1952 年获得其他议员协助，使美国移民局在新颁布的 1952 年《移民与国籍法》中废除了禁止在美国的亚洲人归化美籍的条款，规定所有种族都可以归化为美国公民；他建议美国政府应委任亚裔人士担任美国驻亚洲国家的大使，被联邦政府采纳。他 28 年的参政活动为华人融入美国主流社会奠定了基础。②

在美国西北部，陆荣昌（Wing Luke）于 1961 年成功当选为西雅图市参议员，对当地少数族裔参政起了先锋作用。在加州最成功的是余江月桂（March Fong Eu），她在 1956 年当选为阿拉米达县教育委员会委员，1966 年又当选为加州众议员，1974 年当选为加州州务卿，这是当时美国大陆华人通过竞选担任的最高政府职位。③

在这一阶段，美国大陆华人参政的成就尚不及夏威夷华人。夏威夷华人参加主流政治活动的时间比美国大陆早得多，在“二战”前就已经有了基础。“二战”后，夏威夷华人在此基础上继续发展，积极参政，巩固并扩大华人中产阶级的利益，如夏威夷州政府在 1950 年召开制宪会议，参加的代表名单中就有 5 名华裔：邝友良、李桂贤（Herbert Lee）、黎英杰（John K. Lai）、毛泽（Chuck

① 黄文湘：《海外杰出华人》（一），香港：南粤出版社 1989 年版，第 121 ~ 132 页。

② 胡迪菁：《在美国成功的中国人》，北京：中国青年出版社 1994 年版，第 18 ~ 19 页。

③ ［美］麦礼谦：《从华侨到华人——二十世纪美国华人社会发展史》，香港：三联书店（香港）有限公司 1992 年版，第 372 页。

Mau）和甘瑞雪（Frank Y. Kam）。毛泽是当地民主党中心人物之一。在1950年代初民主党在准议会上还是占劣势的少数党的时候，毛泽和其他族裔民主党政客策划竞选战略对付代表旧势力的共和党，并在1954年大选中大获全胜，使民主党在夏威夷准州参议院及众议院首次占大多数席位。民主党上台执政后，李桂贤于1955年被推选为参议院的多数党领袖。在同一届参议院任议长的是混血华裔钟望贤（William H. Heen）。1959年，共和党的邝友良竞选联邦参议员取得成功，这是当时美国华人通过竞选担任的最高职位。①

邝友良（Hiram Fong），夏威夷土生华裔，出生于1907年，祖籍广东。他小时候家境贫寒，中学毕业后在珍珠港海军基地服务了3年，然后进入夏威夷大学深造，仅用2年时间就获得文学学士学位。他工作2年积攒够钱，又进入哈佛大学法学院攻读法律，1935年获法学博士学位，毕业后回到夏威夷，与人合作开设律师事务所。此外，他还开投资公司，生意兴隆，从而致富。1938年，他以共和党党员身份首次参加夏威夷立法院议员竞选，获得成功。1941年“二战”爆发后，他辞去立法院的工作，投笔从戎，参加反法西斯战争。他在服役期间被任命为空军部队的军事法官，很快被提升为少校。“二战”结束后，他又投身政治活动。1945年，他再次当选为夏威夷群岛议会议员。他任此职前后达14年之久，其中6年担任议长，4年担任副议长。

1959年春，夏威夷群岛正式成为美国第50个州之后，邝友良参加联邦参议员竞选。他以1万张得票战胜意大利裔佛兰克·法西，当选为代表夏威夷州的两位联邦参议员之一，而当时华人在夏威夷仅占总人口的6%。1959年8月24日，他出任美国联邦参议员，任期6年。他不仅是美国华人公民中当选美国联邦参议员的第一人，也亚裔中的第一人。② 从1959年至1977年，他连续3次担任联邦参议员，1977年光荣退休。他是美国国会中少有的几位“长寿议员”之一。在担任参议员的17年生涯中，他对美国“二战”后许多法案，尤其是一系列人权法案的修订和完善做出了重大贡献。其中最能代表他业绩的是1965年约翰逊总统签署的《难民法案》，此法案是以他1962年提议的人权法案为基础的。③ 1965年移民改革后每年2万个中国移民配额就是根据此法产生的。

邓悦宁和邝友良是“二战”后美国华人参与选举政治的两颗新星，一颗在美国大陆，一颗在夏威夷群岛，遥相辉映，对改变在美华人形象、争取华人权益

---

① ［美］麦礼谦：《从华侨到华人——二十世纪美国华人社会发展史》，香港：三联书店（香港）有限公司1992年版，第372～373页。

② 黄文湘：《海外杰出华人》（一），香港：南粤出版社1989年版，第171～174页。

③ 庄炎林主编：《世界华人精英传略（美国卷）》，南昌：百花洲文艺出版社1994年版，第41～42页。

发挥了重要作用。在县级政府，谭福善（Eddie F. Tam）从 1942 年进入政界，在 50 年代至 60 年代当选毛伊县参议员和县长多次；他的同事甘官强（K. K. Kam）也从 1946 年到 1958 年历任该县司库之职。夏威夷各地区其他华人官员更是不胜枚举，1940 年代至 1950 年代，比较著名的有：邝榕广（Leonard Fong）任火奴鲁鲁市和县审计员；张宽（Willam Chung-Hoon）任该市、县司库；李金泰任准州司库；刘秀璋（Daniel S. C. Liu）任火奴鲁鲁市警察局局长；李桂池（Richard Lee）医生任该市卫生局局长；钟桂香（Norman Chung）任该市、县检事；林·赫雨曼（Herman Lum）任夏威夷联邦检察官。在司法界，毛泽在 1950 年代被委任为火奴鲁鲁巡回法院法官，是任该职的第一位华裔，但在他之前已有几位混血华裔曾任该职。夏威夷准州在 1959 年正式成为美国第 50 个州后，第一名被委任为联邦地方法院法官的是一名混血华裔尼尔斯·塔瓦雷斯（Nils C. Tavares）。①

正如麦礼谦先生所言，夏威夷群岛华人在政坛上比美国大陆华人成功的主要原因有以下两方面：第一，当地华人资产阶级和中产阶级在“二战”前早已达到成熟阶段。这些阶级的成员有巩固、维护并促进本阶级利益的要求。第二，华人在夏威夷群岛与当地各种族人民长期生活在一起，其利益也趋向一致。因此，在有色人种占多数的夏威夷，华人政客能在政坛上活动，争取各族裔选民的支持，从中培植自己的政治势力。② 相比之下，美国大陆华人大规模参与选举政治的热潮要到 1965 年之后才开始逐步推进。

（四）参加选举登记和投票

从事选民教育，鼓励华人公民参加选举登记和投票，是华人参政团体和华文媒体的一项重要工作。例如，在 1884 年 7 月 30 日晚上，50 多名入籍华人聚集在纽约市贝尔街 32 号，宣布成立华人选民协会，准备在当年的总统选举中用选票来向美国人证明，他们是合格的公民，能承担公民的义务。这是美国华人成立的第一个争取参与主流社会和要求平等政治权利的参政团体，其目的是要在美国政治中得到表达意见的机会和主流社会的认同，要在美国的政治体制内为华人争取权益和尊重。针对 1884 年美国总统大选，他们所做的第一件事就是利用手中的选票来引起政治家注意，吸引他们偏离排华的政治主张。③ 由于当时华人公民数

---

① ［美］麦礼谦：《从华侨到华人——二十世纪美国华人社会发展史》，香港：三联书店（香港）有限公司 1992 年版，第 373 页。

② ［美］麦礼谦：《从华侨到华人——二十世纪美国华人社会发展史》，香港：三联书店（香港）有限公司 1992 年版，第 373 页。

③ 张庆松：《美国百年排华内幕》，上海：上海人民出版社 1998 年版，第 373 页。

量少，所以影响力非常有限，但他们的努力让人钦佩。1895 年，由加州土生华人组建的同源会不仅积极参加各种非选举政治活动，还鼓励其成员参加选举登记和投票，并说服华人社会的其他美国公民参与选举登记和投票。[①]

1940 年 7 月 7 日在纽约创刊的《美洲华侨日报》是美国华文报纸中历史悠久、影响最大的报纸之一。它主要是在纽约华侨衣馆联合会会员的支持下创办的，其宗旨是“服务华侨社会，维护华侨利益”。该报一直鼓励有公民权的华人运用自己的选举权来保护自己的合法权益。在 20 世纪 40 年代，《华侨日报》发表大量社论、文章，鼓励华人“踊跃行使选举权”，积极参与地方、州和联邦的选举。该报一篇社论说：“选举为民主国家最宝贵的制度。以选票来决定国策，以代替枪柄来抢夺政权，是人类政治生活的最显著进步。”另一篇社论则敦促“凡有选举权的华侨，不要放弃选举权，务须依时到投票站投票，以履行民主国家公民的义务与权利”。[②]

另外，《华侨日报》还刊出各候选人的背景资料、竞选政纲，并特别刊载选情分析，供华人读者参考。这些社论、评论和分析显示出，该报工作人员对美国选举程序已非常熟悉，对美国联邦及地方政府情况也相当了解。例如，在 1942 年年底纽约州选举期间，该报致函各候选人，询问他们对于五项问题的立场：①美国援华问题；②华人居留区的各种服务问题；③不准华人入籍及排华法律问题；④消除对华人歧视问题；⑤开辟第二战线问题。共和党、民主党和共产党候选人的竞选总部，均就这五项问题做出书面答复，由该报译成中文刊出。[③] 鼓励华人公民行使政治权利，积极参与选举登记和投票，是《华侨日报》的长期编辑政策，并得到衣联会成员的长期支持。在该报推行这一编辑方针的过程中，美国华人公民唐明照和梅参天二人曾发挥过重大作用。

1940 年代初，全美华人只有 7 万多人，其中有美国公民权、能投票者不足 2 万人。由于有公民权的华人数量少，即使每个人都积极参与，在美国选举政治中的影响也非常有限。客观地看，当时《华侨日报》在鼓励华人行使参与选举政治权利方面所作的努力，其象征意义大于实际成效。在当时严酷的现实面前，该报所从事的选民教育工作显得格外可贵。这些史实再次说明，“美国华人参政”的意识和行动不是始于 20 世纪七八十年代，而是至少在 40 年代或更早就已出

---

① Pei-te Lien, *The Making of Asian America through Political Participation*, Philadelphia: Temple University Press, 2001, p. 16.

② ［美］于仁秋：《救国自救——纽约华侨衣馆联合会简史（1933—1950's）》，香港：三联书店（香港）有限公司 2003 年版，第 116 页。

③ ［美］于仁秋：《救国自救——纽约华侨衣馆联合会简史（1933—1950's）》，香港：三联书店（香港）有限公司 2003 年版，第 117 ~ 118 页。

现，华人绝不是一些怀有偏见的人所形容的那样“天生政治冷感”。1944 年，衣联会成员李城祖在《衣联特刊》上发表评论，敦请华人在总统大选中登记投票支持富兰克林·罗斯福，因为他“推行积极援华政策，又推动过废除排华法案”①。

由于史料不足，我们现在无法知道 20 世纪 40 年代有选举权的华人到底有多少人参与投票选举，也不知道他们在各级选举中选了谁，结果如何。但可以推断，华人那时就已学会把选举权当作改善他们社会地位的有力工具，而且他们将自己视为美国社会的一员，不是外人，也不是寄居者。1965 年以前他们在美国通过参加选举投票争取平等权利的努力也是我们从事当代美国华人参政研究的学者不应忽视的。

小　结

1965 年以前，美国华人政治参与活动的方式众多，通过上述分析，可以发现分为两大类：一类是华人移民争取平等移民权利和土生华人及归化华人争取平等公民权利的政治参与活动，具体方式包括：通过组建移民团体争取移民权利；土生和归化华人公民通过组建政治性社团争取公民权利；通过组建或加入劳工组织争取权益；利用司法程序与排华做斗争；运用诉讼方式寻求经济社会公正；通过外交渠道要求平反并赔偿；通过参与祖籍国政治争取在美平等权利；通过参与保卫美国的战争展示美国华人的爱国主义；通过争取政府拨款为华人社区谋福利；以及个别华人精英人士的民权活动。另一类是土生华人和归化华人积极参与选举政治活动，具体方式有加入主流政党组织、争取政治委任、竞选议员和政府公职、参加选举登记和投票等活动，目的既是维护自身利益，同时也为华人社区谋取权益和为华人在美国社会树立良好形象。当然，在 1960 年代美国黑人民权运动高潮和大规模参与选举政治之前，美国华人政治参与活动以争取平等移民权利和公民权利的非选举政治活动方式为主。

1965 年以前，美国华人政治参与方式具有以下特点：第一，华人参与非选举政治活动的方式是多种多样的，其参与规模也远远超出我们的预期。他们在美国的各种非选举政治活动有力地颠覆了华人在美国政治体制中被动的、作用微不足道的负面形象。虽然他们是美国种族主义的受害者，但早期华人移民不仅能够

① ［美］于仁秋：《救国自救——纽约华侨衣馆联合会简史（1933—1950’s）》，香港：三联书店（香港）有限公司 2003 年版，第 122 页。

对他们在美国所受的不公正待遇做出反应，而且有时还能取得出乎意料的回报。第二，这些非选举政治参与方式是在华人社团，而不是个人的组织和领导下进行的。当华人认为有采取政治行动的必要时，他们的最初反应就是组建各种政治性团体，充分利用美国政治体制中的司法、外交、立法和行政手段来维护他们的权益。他们熟知如何利用他们所拥有的资源，既从祖籍国也从居住地争取支持。这些华人社团的成立及其参政活动为 1965 年以后美国华人继续争取民权和大规模参与选举政治积累了丰富经验，也为以后的参政策略改进奠定了重要基础。第三，早期华人社区的政治取向相对保守，参政活动不够积极主动，主要是被动应对。长期处于领导地位的唐人街侨领运用他们所拥有的资源、知识和手段操控华人社区。他们认为必须提升和维护他们在华人社区已取得的社会经济地位，但他们和后起的其他华人参政团体通过领导华人争取民权的斗争、移民和归化的诉讼，不但改变了华人在美国一向的“永久的外国人”的形象，而且最终改变了华人社区的结构和认同，促使他们在“二战”后逐步实现从华侨到华人的认同转变，从“落叶归根”向“落地生根”的心态转变。第四，1965 年以前美国华人参与选举政治的意识和行动至少始于 1880 年代，在 1940 年代就已产生一定影响，其中最活跃、成就最大的地区是夏威夷，其次是加州的旧金山和美国东部的纽约。由于长达 61 年的排华法案的影响，1965 年以前美国华人人口数量十分有限，土生华人公民的数量更少，而且大多数土生华人的年龄尚幼，华人中产阶级尚未出现，还不能形成强大的政治力量，因此在选举政治方面影响较小，但他们已经熟知如何运用这些参政方式。他们的选举政治活动既在一定程度上维护了自身和华人社区的利益，又有助于改善美国华人的整体社会形象，为未来美国华人社会政治地位的提升奠定了基础。美国华人大规模介入选举政治的热潮到 1965 年以后才逐步开始。

如果从历史学的视角来分析，1965 年以前美国华人政治参与活动大致可分为两个阶段。第一阶段是排华期间，华人政治参与活动的主要方式有在中华会馆的领导下争取移民权利，组建政治性社团争取公民权利，加入劳工组织争取权益，利用诉讼途径争取在美平等权利和社会经济利益等，规模较大，但主要由唐人街的商业精英操控。华人社区还通过外交手段要求赔偿和参与祖籍国政治，争取在美平等权利。这些参与方式都有一定成效，影响非常深远，对华人政治参与意识的提高有相当的促进作用，是华人对排华法案的抗争。第二阶段是从排华法案废除到 1965 年前后，美国华人的政治参与活动除了以参加美军作战、为华人社区争福利等非选举政治活动方式为主外，土生和归化华人公民还开始介入选举政治，如通过加入主流政党、争取政治委任、参加竞选和投票等方式争取平等政治权利。

总之，这些非选举政治活动方式和选举政治活动方式说明早期美国华人决不只是驯良与服从，他们一直在积极参与美国政治和祖籍国政治，维护自身利益。在此值得特别强调的是，排华期间，美国华人运用诉讼的方式与排华法案做斗争，争取基本的人权，维护他们的社会经济利益。他们没有想到的是，他们的诉讼活动不仅为自己争取到一定程度的权利，同时也改变了美国的一些既有法律，为美国的法律公正和完善做出了一定贡献。目前，国内有关华人官司对美国法律贡献的研究尚待开展。

第二章　影响当代美国华人政治参与的因素

根据少数族裔政治参与理论，影响当代美国华人政治参与的因素很多，大致可以分为两大类：社会因素和个人因素。其中社会因素主要有族裔人口结构、族裔社会经济地位、族裔政党认同、选区重划的影响和重大历史事件的刺激等。个人因素主要有族裔传统政治文化、族裔现状满足感、族裔政治效能感、族裔政治信任感和对参与成本与收益的考虑这五个方面。在本章中，笔者根据收集到的有关材料和自己的长期思考，对影响当代美国华人政治参与的社会因素和个人因素进行初步分析，以反映自1965年以来美国华人生存环境、政治地位和社会心态的变化。

第一节　影响当代美国华人政治参与的社会因素

从少数族裔政治参与的理论视角来观察，影响当代美国华人政治参与的社会因素主要有族裔人口结构、族裔社会经济地位、族裔政党认同、选区重划的影响和重大历史事件的刺激这五个方面。

一、族裔人口结构

族裔人口结构是研究族裔政治参与的基本因素之一，包括族裔人口的数量和质量。族裔人口数量以族裔人口多寡作为衡量标准，而族裔人口质量则是通过年龄、性别、语言、地理分布、来源地、受教育程度和移民地位等方面来体现。在美国，只有年龄达到18周岁的公民才有投票权，不同年龄的人对政治参与的兴趣不同。性别在投票参与方面也有较大差异。移民的英语能力直接影响他们的参政意愿和行为。族裔人口的地理分布和来源地影响他们的政治参与，在华裔人口集中的地区，华人的政治影响力较强；在华裔人口少的地区，华人的政治影响力较弱。来自不同地区的华人参政水平也不同。受教育程度越高的族裔，通常政治参与水平越高；受教育程度越低，政治参与水平越低。当前华人新移民数量占全美华人总人口一半以上，移民地位影响族裔政治参与的程度，而族裔人口的内部差异影响参政水平。

（一）当代美国华人人口结构变迁和发展趋势

华人是移民时间最早、人数最多的美国亚裔族群之一，他们在美国的移民和定居历史至少可以追溯到19世纪40年代末，甚至更早。由于受到美国联邦政府的立法排斥，在1882年至1943年的61年间，华人人口几乎没有增长，男女比例严重失调，形成一个畸形的、与外界隔绝的单身汉社会。第二次世界大战期间，美国为了战胜日本，与中国结盟，废除排华法案，华人移民的法律地位、社会地位开始逐步提升。1965年美国移民政策改革后，大批华人新移民涌入美国（当时主要是来自香港和台湾的华人新移民，中国大陆新移民要到1978年改革开放之后），导致在美华人人口快速增长。据统计，从1960年至2010年的50年间，美国华人人口增长近20倍，从1960年的近24万人激增至2010年的402.5万，约占全美总人口的1.3%和亚裔族群总人口的1/4。（参见表2－1）

表2－1　美国华人人口（1890—2010年）

年份	总数	性别比率（相对每100位女性）	美国土生比率（%）	居住在加州的比率（%）
1890	107 475	2 679	0.7	67.4
1900	118 746	1 385	9.3	38.5
1910	94 414	926	20.7	38.4
1920	85 202	466	30.1	33.8
1930	102 159	296	41.2	36.6
1940	106 334	224	51.9	37.2
1950	150 005	168	53.0	38.9
1960	237 292	133	60.5	40.3
1970	435 062	110	53.1	39.1
1980	812 178	102	36.7	40.1
1990	1 645 472	99	30.7	42.9
2000	2 879 636	99	42.0	40.0
2010	4 025 055			

资料来源：1890—2000年的数据参见［美］周敏著，郭南审译：《美国华人社会的变迁》，上海：上海三联书店2006年版，第6~7页；2010年的数据参见Asian Alone or in Combination with One or More Other Races and with One or More Asian Categories for Selected Groups, http://factfinder2.census.gov/faces/tableservices/jsf/pages/productview.xhtml?pid=DEC_10_SF1_PCT7&prodType=table。

当代美国华人人口的快速增长主要是由于新移民的输入。美国联邦移民归化局的统计显示，从1961年至1990年，有近80万华人以永久居民身份从中国大陆、香港和台湾移民美国。1990年以后，华人新移民不断增加，仅在1991年到1998年，就有超过67万华人移居美国。1980年以来，中国一直是美国联邦移民归化局列出的移民美国人数最多的10个国家之一。美国人口统计数据也证实了移民对美国华人人口增长所起的巨大作用。1990年，外国出生的华人占美国华人总人口的2/3以上。2000年，美国人口普查数据显示这一比例有所下降，为58%。[①] 但据美国亚裔权益团体联盟2011年发布的最新报告，外国出生的华人占全美华人总人口的61%。在外国出生的华人中，60%以上已加入美国国籍，比例高于全美亚裔的57%和旅美外国移民总体入籍比例43%。[②] 这表明在美国本土出生的华人和在外国出生的华人人口都在稳步增长，但在外国出生的华人人口增长速度比土生华人人口的增长速度稍快。另据调查，早在2007年，美国华人人口就有354万，其中美国本土出生的有131万，外国出生的为223万。在外国出生的华人中，已有132万入籍。这意味着，有美国国籍的华人占263万，结合人口年龄构成比例，可推算出有投票权的华人至少有210万，是亚裔中最大的选举力量，占全美2.2亿选民总数的近1%。[③]

表2－2　2010年美国华人人口最多的12个州及其所占该州人口的比例分布表

州名	华人人口（人）	占该州人口比例（%）	州名	华人人口（人）	占该州人口比例（%）
加州	1 253 100	3.4	华盛顿州	94 200	1.4
纽约州	577 000	3.0	宾夕法尼亚州	85 000	0.7
得克萨斯州	157 000	0.6	马里兰州	69 400	1.2
新泽西州	134 500	1.5	弗吉尼亚州	59 800	0.7
马萨诸塞州	123 000	1.9	俄亥俄州	51 033	0.5
伊利诺伊州	104 200	0.8	夏威夷州	55 000	4.0

资料来源：Chinese American，http：//en. wikipedia. org/wiki/Chinese_American.

① ［美］周敏、高伟浓、万晓宏：《美国华裔人口发展趋势和多元化》，《人口与经济》2004年第3期，第18页。

② ［美］余东晖：《美国华人人口突破400万　全美会讲中文华人238万》，《侨报》（美国），2011年10月26日。

③ ［美］余东晖、李珍玉：《美国华人生存状态大扫描》，《侨报》（美国），2008年9月23日。

表 2 - 3　2010 年华人人口超过总人口 1% 的美国城市分布表

排名	城市	州	华人人口（人）	比例（%）	排名	城市	州	华人人口（人）	比例（%）
1	旧金山	加州	172 181	21.4	11	费城	宾州	30 069	2.0
2	檀香山	夏威夷	38 330	10.2	12	斯托克顿	加州	5 188	1.8
3	奥克兰	加州	34 083	8.7	13	洛杉矶	加州	66 782	1.8
4	圣荷塞	加州	63 434	6.7	14	波特兰	俄勒冈州	9 113	1.7
5	纽约	纽约州	486 463	6.0	15	芝加哥	伊州	43 228	1.6
6	普莱诺	得州	13 592	5.2	16	安那罕	加州	4 738	1.4
7	沙加缅度	加州	20 307	4.4	17	休斯敦	得州	29 429	1.3
8	西雅图	华盛顿州	27 216	4.1	18	奥斯汀	得州	8 886	1.2
9	波士顿	马州	24 910	4.0	19	匹兹堡	宾州	3 402	1.1
10	圣迭戈	加州	35 661	2.7	20	河边	加州	2 985	1.0

资料来源：Chinese American，http：//en. wikipedia. org/wiki/Chinese_American.

2010 年美国人口普查结果显示，美国华人总人口（包括台湾裔美国人）为 402.5 万，仍然是最大的亚裔族群，其中自报血统为“中国人”的有 379.5 万人，自报为“台湾人”的有 23 万。① 他们主要分布在加州、纽约州、得克萨斯州、新泽西州、马萨诸塞州、伊利诺伊州、华盛顿州、宾夕法尼亚州、马里兰州、弗吉尼亚州、俄亥俄州和夏威夷州这 12 个州（参见表 2 - 2）。在这些州当中，华人人口最集中的大都会地区有大纽约地区（68 万）、圣荷塞—旧金山—奥克兰地区（59 万）和大洛杉矶地区（47 万）。现在华人人口超过当地人口 1% 的美国城市有 20 个，它们是旧金山、檀香山、奥克兰、圣荷塞、纽约、沙加缅度、西雅图、波士顿、圣迭戈、费城、洛杉矶、芝加哥和休斯敦等（参见表 2 - 3）。在华人人口集中的州、地区和城市，华人的政治影响力明显较强，如夏威夷州、加州和纽约州是华人政治影响力最强的州。

① Race Reporting for the Asian Population by Selected Categories：2010，http：//factfinder2. census. gov/faces/tableservices/jsf/pages/productview. xhtml？pid = DEC_10_SF1_QTP8&prodType = table.

表2－4　2000年华人人口比例最高的美国城市分布表

州	华人人口比例最高的城市	城市中的华人人口总数（人）	占城市总人口的比例
加州	蒙特利公园市	26 810	44.6%
加州	阿卡迪亚市	19 676	37.1%
加州	圣盖博市	14 581	36.6%
加州	阿罕布拉市	31 099	36.2%
加州	柔似蜜市	17 441	32.6%
加州	罗兰岗市	15 740	32.4%
加州	天普市	10 269	30.8%
加州	哈仙达岗市	13 551	25.5%
加州	库帕蒂诺市	12 777	25.3%
加州	旧金山市	160 947	20.7%
加州	钻石吧市	11 396	20.2%

资料来源：2000年美国人口统计。参见［美］周敏、高伟浓、万晓宏：《美国华裔人口发展趋势和多元化》，《人口与经济》2004年第3期，第18页。

当代美国华人人口的分布与过去相比也有很大变化，既集中又分散是当今华人居住分布的特点。在某种程度上，地理上的集中是历史原因造成的，当代华人继续集中居住在美国东西两岸的城市地区。现在加州华人人口有125万多，占全美国华人总人口的比例超过30%；纽约州有近58万华人，占全美华人总数近15%，仅次于加州。但在历史上华人居住很少的州，如得克萨斯、新泽西、马萨诸塞、伊利诺伊、华盛顿、佛罗里达、马里兰和宾夕法尼亚州，华人人口也在快速增长，数量都在5万至15万（参见表2－2）。在人口超过20万的美国城市中，华人人口超过当地人口1%的城市有20个，其中以纽约、旧金山、洛杉矶、圣荷塞、芝加哥、费城和奥克兰的华人人数最多（参见表2－3）。在加州洛杉矶和旧金山周边的郊区小城市，华人人口在当地总人口中所占的比例更高。早在2000年，全美华裔人口比例最高的11个城市都在加州，华人占当地总人口的比例超过20%（参见表2－4）。这样的族裔人口比例在美国地方各级选举政治中是华裔候选人胜选的基础。

另外，与早期的美国华人相比，当代美国华人新移民的来源地更加多元化。他们有的来自中国大陆，有的来自大中华经济圈，如中国香港、中国台湾、越南、柬埔寨、马来西亚和拉丁美洲等地。据1990年美国人口统计，在洛杉矶的华人，美国出生的占23%，中国大陆出生的占27%，台湾地区出生的占20%，香港地区出生的占 8%，在其他国家出生的占 22%。在语言上，华人新移民与过去相比所讲的方言更多。虽然所有华人都使用一种传统的书面语言——汉语（仅有繁体和简体之分），但他们讲的是各种各样的方言，如广东话、官话、闽南话、客家话、福建话、潮州话、温州话和上海话等，这些方言即使在华人族群内部也不易相互沟通。[①] 这些会对他们在美国的政治参与产生一定程度的阻碍。

自 1980 年以来，美国华人的平均受教育程度一直高出全美平均水平。1990 年美国人口统计显示，25 岁至 64 岁的适龄就业人口中，有大学本科学历的白人占 21%，而在外国出生的华人占 42%，其中台湾地区移民所占的比例最高，为 62%；其次是香港地区移民，为 46%；再次是大陆新移民，为 31%。尽管华人族群的整体受教育程度高于全美平均水平，但华人族群内部的差异也很明显。以 1990 年为例，大陆新移民中有近 40% 没有达到高中毕业水平，在台湾地区移民中，这个比例仅为 8%，香港地区移民中仅为 18%，而全美没有达到高中毕业水平的人口占 22%。[②]另据《2011 年美国华裔人口动态研究报告》，25 岁以上的华裔有 51.8% 接受过高等教育，这一比例是全美平均水平 26.4% 的近两倍。华人人口中没有达到高中毕业水平的已下降到 18.7%，稍高于全美平均水平的 15.4%。[③] 受教育程度高对华人参与美国政治有积极影响。

（二）族裔人口结构对当代美国华人政治参与的影响

从上述分析可以发现当代美国华人人口结构和政治参与关系十分密切。

第一，族裔人口的数量、性别和年龄对他们的政治参与产生重要影响。美国是一个多种族的民主国家，而民主国家政治权利的一个集中表现就是采取“一人一票”的原则。选票的多少决定一个族裔对美国政治影响力的大小，因此族裔人口的数量和政治参与的影响力成正比。2010 年，美国华人人口已超过 400 万，但与美国总人口相比，华人人口所占比例非常小，仅为 1.3%，在美国总统选举中的政治影响力有限，但在地方各级政治选举中能发挥重要影响。

性别与政治参与相关。2000 年，美国华人人口为 288 万，其中男性约 139 万，女性为 148 万，与每 100 位女性相对的仅是 94 位男性，男女比例基本均衡。连培德教授主持的课题“2000—2001 年全美亚裔政治调查”显示，性别对华人

---

① ［美］周敏、高伟浓、万晓宏：《美国华裔人口发展趋势和多元化》，《人口与经济》2004 年第 3 期，第 19～20 页。

② ［美］周敏、高伟浓、万晓宏：《美国华裔人口发展趋势和多元化》，《人口与经济》2004 年第 3 期，第 20 页。

③ 美国华人全国委员会与马里兰大学美籍亚裔中心：《2011 年美国华裔人口动态研究报告》，《北京青年报》，2011 年 2 月 12 日。

参与投票以外的政治活动有显著影响，但对选民登记率和投票率影响不大。例如，2000年，美国大选中，男性华人登记选民的投票率为66%，女性为64%，二者非常相近。但涉及投票以外的政治参与活动时，男性的参与比率为50%，妇女的参与比率仅为39%，女性的参与程度比男性要低11%。[①]

年龄影响政治参与。2000年，美国华人的平均年龄为33岁，与美国总人口的平均年龄35岁相比更加年轻；全美华人以35岁至40岁的人口最多，占9.5%；小孩人数则随着育龄妇女的增加而逐年上升，人口金字塔呈葫芦型。“2000—2001年全美亚裔政治调查”结果显示，在2000年美国大选中，18岁至28岁的华人登记选民的投票率为39%，61岁至100岁的华人登记选民的投票率为78%，后者是前者的两倍；在除投票以外的政治活动中，所有年龄段华人的参与比率都在40%左右，没有显著差别。[②] 这说明在登记选民的投票率方面，年龄与政治参与成正比，年轻人对政治相对冷漠，参与程度低；中老年人政治参与程度相对比较高。在除投票以外的政治活动中，年龄与政治参与没有密切关系。

第二，族裔人口分布影响他们的政治参与水平。美国华人的居住模式既集中又分散，主要分布在加州、纽约州、夏威夷州、新泽西州、得克萨斯州等12个州。2000年美国人口普查显示，华人聚居程度相当高，全美华人最多的前8个州的华人数量占华人总人口的80%。其中加州112万人，占38.9%，为最多；其次为纽约州，有45万人，约占15.7%。仅这两州就占全美华人人口半数以上。与1990年比较，两州华人所占比例分别减少3.9%与1.59%，显示华人聚集程度已稍有减缓。至于其他华人较多的地区，依次为夏威夷州、得克萨斯州、新泽西州及马萨诸塞州，分别占5.9%、4.2%、3.8%和3.2%，其他各州华人所占比例均不到3%。[③] 由于美国华人人口分布不均衡，其政治力量也主要集中在加州、纽约州、夏威夷州、得州等州的部分地区。而这些州要么是民主党占优势，要么是共和党占主导，无一是总统大选的战场州或摇摆州，华人在这些州难以发挥关键性少数作用。但在这些州的华人人口集中地区，华人对当地选举政治具有重要影响。

第三，受教育程度对族裔政治参与是“双刃剑”。通常受教育程度与政治参与成正比。与美国其他族裔相比，华人受教育程度更高，通常情况下，政治参与的积极性应该更高。来自不同地区的华人受教育程度有显著差异，其中来自中国

① Pei-te Lien, M. Margaret Conway and Janelle Wong, *The Politics of Asian Americans: Diversity & Community*, New York: Routledge, 2004, p. 154.

② Pei-te Lien, M. Margaret Conway and Janelle Wong, *The Politics of Asian Americans: Diversity & Community*, New York: Routledge, 2004, p. 152.

③ 《华人人口》、《华人分布》，《海外华人美国篇》，台北：“中华民国”侨务委员会2002年版。

台湾和香港的华人受过高等教育的比例最高，大陆次之，但近年来随着大陆新移民，尤其是技术移民和留学移民的增多，他们的受教育程度呈上升趋势。在美国政坛，台湾华人的成就最高，香港华人次之，大陆才刚起步。但受过高等教育的美国华人大多偏重于从事自然科学和工程科学的学习，因为更容易就业。调查发现，华人学生在完成中学教育，准备进入大学发展时，多倾向于采取规避风险的发展策略。华裔，特别是移民，大多选择自然科学和工程科学作为他们的本科或研究生专业，很少有华裔选择社会科学作为他们的本科或研究生专业。他们这样选择是为了增加毕业后找到高薪工作的机会，以迅速改善经济地位。通常，从事社会科学的人比从事自然学科的人对政治更感兴趣。由于华人高度集中于后一领域，所以华人在美国受教育程度虽然高，但受这种非政治化的影响非常严重，在政治参与上不太积极，导致政治参与水平低。①

第四，族裔语言多元影响政治参与水平。中国大陆新移民的增加使美国华人社区的语言更加复杂多元，有粤语、普通话、客家话、上海话、闽南话、温州话等，这些方言不仅妨碍了华人社会内部的沟通，而且妨碍了华人英语交流水平的提高，阻碍他们进一步参与美国政治。据 2000 年美国人口统计显示，华人在家中说汉语的比例因年龄不同有显著差异。5 岁以下未入学儿童不计，5 ~ 17 岁的儿童及青少年在家说汉语的比例仅占 63.7%，年满 18 岁以上在家说华语的比例为 78.9%，说明年青一代美国华人逐渐以当地语言取代汉语为母语。② 年青一代华人英语能力的提升对他们未来参与美国政治是必要条件之一，但第一代移民主要还是用汉语交流，英语能力有限，是他们参与政治的最大障碍。

第五，移民地位身份影响族裔政治参与程度。美国华人的移民地位，包括祖籍国、归化过程、在美居住时间以及寄居者的复杂心态对其政治参与有较大影响。第一代移民通常较难掌握熟练的政治参与技能。就华人移民来说，尤其是那些收入少、受教育程度低、语言能力差和处理复杂政治信息困难的华人，他们的参与可能要付出更高成本。另外，华人移民的来源地大多是非民主制度国家和地区，与美国完善的民主制度完全相反，这也可能导致华人新移民熟悉美国政治很困难。因此，综合考虑参与的成本与收益，容易导致华人新移民急于追求经济上的成功，而延缓政治参与的进程。③ 尽管他们中的一部分人有中产家庭收入和较高教育成就，但贫困率仍然较高。这样的人口结构和发展趋势对美国华人政治参

① Jun Xu, The Political Behavior of Asian Americans: A Theoretical Approach, *Journal of Political and Military Sociology*, 2002, Vol. 30, No. 1 (Summer), p. 77.

② 《华人人口》，《海外华人美国篇》，台北："中华民国"侨务委员会 2002 年版。

③ Jun Xu, The Political Behavior of Asian Americans: A Theoretical Approach, *Journal of Political and Military Sociology*, 2002, Vol. 30, No. 1 (Summer), p. 76.

与产生的影响既积极又消极。积极方面体现在华裔人口增加上，这在选举政治中意味着选票增加；受教育程度越高，其投票率会越高，这样华人的政治影响力会相应增大。但华人人口快速增长主要靠移民，而移民要加入美国国籍，取得公民权，一般需要5～7年时间，因此华人人口的增长从短期来看不能在政治上产生太大的影响力，但从长期来看，具有积极影响。

第六，族裔人口的内部差异影响政治参与水平。美国华人的来源地和历史背景各不相同，对他们打造集团政治力量形成挑战。美国华人由来自中国大陆、台湾、香港以及东南亚和世界其他地区的华人共同组成，十分复杂多元。据台湾"中华民国"侨务委员会统计分析，2000年，美国当地出生的华人约102.1万人，占全美288万华人的1/3，其余2/3为出生于美国以外的第一代移民。1949年以前的华人移民目前约有3.9万人，占全美华人的1.3%左右。"二战"后来自台湾地区的有34.4万人，占11.9%；来自大陆地区的华人有50.6万，占17.5%；来自香港地区的有37.7万人，占13.1%；来自其他地区的华人有59.6万人，占20.7%。与1990年比较，以来自中国大陆的华人新移民为最多，增加了33万人。[①] 由于不同的移民背景、社会经济地位和政治观念，他们很难在政治上形成一股统一的力量或政治联盟，对美国主流政治产生影响。

美国华人人口结构中的这些不利因素，如占总人口比例小、移民地位、年龄分布、在教育上规避风险等，对华人参与美国政治有较大的消极影响。虽然近年来有些改善，但进展不尽如人意。如何解决这些问题，值得美国华人社会思考和探索。展望未来20年，美国华人人口仍将持续快速增长。有学者预测，到2025年，美国华人人口可能会达到1 300万[②]，男女比例均衡；华人人口中的移民数量仍将多于在美国出生的人数；在美华人青少年的比例仍将高于老年人所占的比例；华人中的专业人士的数量将大大多于劳工阶层的人数；华人移民的来源地将更加多元化，普通话会更加盛行；华人的职业范围将扩大到各个领域。美国华人人口的这些未来变化将对他们参与当地政治产生更加深刻的影响。

总之，自1965年美国新移民法通过并实施以来，以亲属连锁移民方式为主的华人新移民大量涌入美国，加上留学生群体和非正式途径移民美国者，导致在美华人人口快速增长。由于高素质移民和低素质移民并存，美国华人的社会经济地位呈明显的两极分化。华人新移民以亲属移民为主，除留学生群体外，第一代华人移民受教育程度较低。但由于华人高度重视子女教育，并乐意为子女的发展做毕生的奉献，他们携带的未成年子女以及在美国出生的子女都受到了良好的教

---

① 《华人人口》，《海外华人美国篇》，台北："中华民国"侨务委员会2002年版。
② 陈本昌：《华人怎样向美国市场进军》，上海：上海文化出版社1995年版，第35页。

育。福州新移民是美国华人新移民中受教育程度最低的群体，但据庄国土教授对纽约福州籍华人进行的调查，绝大部分福州籍移民携带的未成年子女和在美国出生的子女都就读或毕业于美国较好的大学。[①] 华人新移民及其后裔人口数量和质量的提高对未来美国华人政治参与水平的提高具有重要意义。

二、族裔社会经济地位

大量研究表明，一般而言，政治参与的水平与社会经济发展程度息息相关，社会经济发展的水平越高，政治参与的水平也就越高。第一，在一个社会中，社会经济发展水平越高，受教育程度和收入水平高的人口就越多。受教育程度高，自信心越强，更有可能把政治参与作为改变自己处境和命运的方法；收入水平越高，为政治参与而花费的成本就越微不足道，这使社会经济发展水平较高的社会有更多的人参与政治。第二，社会经济的发展造成人们利益的多样化，大大加大了人们之间发生利益冲突的可能和机会，使各种利益团体大量涌现，为维护和促进各自的利益而设法影响政府决策。第三，经济发展也要求政府职能扩大，相应促进了政治参与的增多。[②] 在美国，从中央到地方，各级政府的民选职位多达50万个，选举的频繁为世界各国之冠。[③] 这为美国各族裔公民参与政治提供了机会。

（一）当代美国华人经济发展现状

早期的美国华人主要来自中国广东的珠三角农村地区，他们大多没有什么文化，主要在采矿、筑路、捕鱼和种植等行业从事劳工工作，为美国西部的经济发展和繁荣做出了巨大贡献。后来，由于金矿衰竭、铁路完工，加上白人劳工强烈排华，尤其是1882年至1943年制度化排华期间，华人移民不得不聚居在华埠狭小的范围内，长期与外界隔绝。在严重的种族歧视环境之下，华人经济不可能有大发展，华人只能从事一些主流社会不屑从事的行业，洗衣业、餐馆业和杂货业成为早期中国移民赖以生存的三大支柱产业。

这种情形一直持续到第二次世界大战后才有所改变。受“二战”后新科技革命的影响，自动洗衣机在美国社会开始流行，逐渐代替人工洗衣，传统的洗衣

---

① 庄国土：《从移民到选民：1965年以来美国华人社会的发展变化》，《世界历史》2004年第2期，第74页。

② 施雪华主编：《政治科学原理》，广州：中山大学出版社2001年版，第782～783页。

③ 李道揆：《美国政府与美国政治》，北京：商务印书馆1999年版，第52页。

行业开始衰落，到1960年代全部消失。[①] 但餐馆业和杂货业仍然是华人从事的主要行业，同时制衣业开始兴起，华人中产阶级专业人士开始增加，推动“二战”后华人社会经济地位提高。主要原因之一是，第二代华人普遍接受了较为良好的高等教育；此外，1950年代美国移民政策的改变有利于中国留学生和华人专业人士居留与生存，美国企业也开始普遍雇用拥有专业技能的华人。[②]

“二战”后华人经济开始走出传统的餐馆、杂货和制衣行业，逐步向多元化、集团化和国际化的方向发展，华人经济活动涉及工业、农业、商业、运输、外贸、服务、旅游、房地产和金融业等高层次经济领域。尤其是1965年以降，来自台湾地区、中国大陆及东南亚等地区的新移民除了本人受过良好的教育外，还携带大量资金前来，华人经济开始摆脱过去以劳工为主的经济类型。来自台湾地区、香港地区的富裕华人开始投资房地产，据统计，当时他们所带来的资金有50多亿美元，其中2/3以上都是投资房地产业。新华埠也不断增加，在华人聚居的地区，以旧金山为例，列治文区房地产有1/3以上归华人所有，纽约的法拉盛区和南加州的蒙特利公园等房地产也有1/3是华人拥有。[③]

“二战”后华人社区出现的又一新兴行业是金融业。“二战”前，华资兴办银行仅在檀香山取得较大成功，在旧金山当时只有一家华资银行——广东银行，经营不久就停业了。“二战”后，随着华商企业的蓬勃发展，在美国兴办华资银行的条件渐趋成熟。亚洲华人资本的大量涌入也促进了华人金融业的发展。1965年美国移民政策改革后，来自中国台湾、中国香港和东南亚的华人新移民纷纷涌入，他们同时带来大量资本，进入银行业发展。如香港华资银行相继在美国设立分行，东南亚华人资本也开始投资美国银行业，美国华资银行也争先恐后成立。1970年以来，随着华人新移民的增加，中国大陆的华资银行也在美开始营业。自1986年起，美国华人经济实力已超过日裔和韩裔，跃居少数族裔之首。[④]

美国人口统计显示，从1977年到1987年的10年间，美国华人拥有的企业

---

① 洗衣业的衰落除自动洗衣机的大量涌现之外，另一原因是原有的洗衣店业主年老退休，年轻人不愿意继承这种社会地位低、工作时间长、收入也不高的职业。老一辈华人洗衣工更加痛恨这种行业，他们强烈反对子女以后再进入这种行业。此外，“二战”后有些华人返回祖国。还有一些华人用自己的资金与亲友合作经营新的制衣工厂。参见陈静瑜：《近半世纪来美国华人地位变化的因素、问题及其展望》，陈鸿瑜主编：《迈向21世纪海外华人市民社会之变迁与发展》，台北：台北：“中华民国”海外华人研究学会1999年版，第196~197页。

② 陈静瑜：《近半世纪来美国华人地位变化的因素、问题及其展望》，陈鸿瑜主编：《迈向21世纪海外华人市民社会之变迁与发展》，台北：“中华民国”海外华人研究学会1999年版，第197页。

③ 陈静瑜：《近半世纪来美国华人地位变化的因素、问题及其展望》，陈鸿瑜主编：《迈向21世纪海外华人市民社会之变迁与发展》，台北：“中华民国”海外华人研究学会1999年版，第197~198页。

④ 陈静瑜：《近半世纪来美国华人地位变化的因素、问题及其展望》，陈鸿瑜主编：《21世纪海外华人市民社会之变迁与发展》，台北：“中华民国”海外华人研究学会1999年版，第198~199页。

数增加 286%，相比之下，亚裔企业增加 238%，而西班牙裔和非洲裔企业各增加 93%。从 1987 年至 1997 年的 10 年间，华人企业又增加 180%，从 1987 年的不到 9 万家增加到 1997 年的 25.3 万家。以 1997 年为例，每 9 个华人或 11 名亚裔就拥有一个族裔企业，但每 42 名黑人或 29 名西裔才拥有一个企业。美国华人拥有的企业数占美国少数族裔企业总数的 9%，但是其营业收入却占全美少数族裔企业营业总额的 19%。①

1990 年代以来，随着美国新经济的兴起和发展，华人经济有了进一步的发展与壮大。华人不仅在金融业和房地产业的实力进一步增强，而且凭借其高科技人才众多的优势，开始进入电脑等信息技术行业，并取得巨大成功，如硅谷的科技人员，华人占了其总数的 1/3，很多华人在那里独立创业。成功的典型代表有王安创办的王氏电脑公司、王嘉廉创办的联合电脑公司、杨致远创办的雅虎网站等。美国华人经济的范围不再限于传统的餐馆、制衣和杂货，已扩展到贸易、航运、制造、金融、房地产等行业，并开始向信息技术等高科技领域进军。随着中美建设性合作伙伴关系的建立和中美贸易的互补性日益增强，美国华人凭其独有的中华文化背景和双语优势从中获益匪浅，不断壮大自身经济实力，取得令人瞩目的成就。

进入 21 世纪以来，美国华人经济取得飞速发展。据统计，2002 年，华人企业已达到 28.6 万家，占全美亚裔企业的 25.9%，占全美企业总数的 1.2%。2007 年，美国经济普查结果显示，华人拥有的企业数量达到 42.3 万家，占所有亚裔企业的 27.3%；企业总收入为 1 428 亿，占亚裔企业总收入的 28.1%。从行业分布看，华人企业有 40% 集中在专业和科技服务（16.4%），膳宿和食品服务（12.7%），维修、保养、个人和洗衣服务（10.9%）三大行业中。从收入看，批发贸易及膳宿和食品服务这两大行业的收入占华人企业总收入的 50.4%。华人企业呈现出新兴高科技产业与传统批发、零售和餐饮等传统行业齐头并进的发展特点。②

（二）族裔社会经济地位对当代美国华人政治参与的影响

美国华人的社会经济地位主要体现在受教育程度、职业构成、家庭平均年收入、住房拥有率这四个方面。

第一，受教育程度方面，美国华人的受教育程度明显高于全美平均水平。据

① ［美］周敏、高伟浓、万晓宏：《美国华裔人口发展趋势和多元化》，《人口与经济》2004 年第 3 期，第 21 页。

② 《世界侨情报告》编委会编：《世界侨情报告（2011—2012）》，广州：暨南大学出版社 2012 年版，第 210 页。

统计，2007年，美国在校大学生注册比例男生为23%，女生为29%；华裔大学生男女注册比例分别为43%和41%，比全国比例分别高出一倍和1/3。亚裔在校大学生注册的男女比例仅为19%和23%，也明显低于华裔男女生的比例。在25岁以上人群中，华裔获得本科学历的占25.9%，硕士以上学历占25.7%，接受过高等教育的华人人口比例超过50%；而全美人口中，具有本科学历的总共只有17.4%，硕士以上学历仅有10.1%，接受过高等教育的人口比例不到总人口的1/3。[①]一般说来，受教育程度高的族裔比受教育程度低的族裔政治参与水平要高一些。例如，2000年美国大选，在受教育程度为高中或不到高中的所有华人登记选民中，只有不到一半的人参加了大选投票，而受教育程度为本科或研究生的华人及亚裔中有2/3的人参加了大选投票。[②]

第二，职业构成方面，1960年代以前，美国华人中从事专业工作的人数很少，据统计仅占17%，但到1990年代，从事专业工作的华人已上升到60%~70%。[③] 2000年以来，美国华人已进入各行各业发展，如政府官员、民意代表、金融、航空、地产、大型超市、食品制造、旅游、保险、报纸、电影、证券、建筑设计、电子、医师、律师、会计师、工程师、教师和科学家等。据统计，2007年，华人从事专业和管理工作的占52.2%，超过华人总人口的一半，而全美专业管理人员的平均比例为31.6%，不到总人口的1/3。《2011年美国华裔人口动态研究报告》又显示，2009年有82.4%的华裔就职于私人部门，14.1%就职于政府部门。美国华人主要从事医疗保健、餐饮服务、制造业和科学研究等行业，其中57.2%的美国华人从事管理工作或专业工作，而全美平均水平只有32.4%。他们从事的白领工作包括软件开发、管理、财会和审计等。[④]白领职业对华人的政治参与具有促进作用。

第三，家庭平均年收入方面，2007年，全美华人中等家庭年收入为6.6万美元，高于全美平均5.7万美元的水平，但在亚裔中处于中游，比印度裔和菲律宾裔低，比日裔、韩裔和越南裔高。华人家庭年收入与亚裔平均水平相当，但明显超过其他族裔。如2007年，白人家庭平均年收入为5.9万美元，拉美裔为3.9万美元，黑人为3.3万美元。美国华人人均年收入为2.9万美元，比全美平均水平高3 000美元。如果以直系关系为标准计算家庭收入，华人中等家庭年收入为

---

① ［美］余东晖、李珍玉：《美国华人生存状态大扫描》，《侨报》（美国），2008年9月23日。

② Pei-te Lien, M. Margaret Conway and Janelle Wong, *The Politics of Asian Americans: Diversity & Community*, New York: Routledge, 2004, pp. 152－153.

③ 陈本昌：《华人怎样向美国市场进军》，上海：上海文化出版社1995年版，第39~40页。

④ 《美国华裔人口达364万　收入高于全美平均水平》，http://www.chinanews.com/hr/2011/02-11/2835213.shtml，2011年2月11日。

7.8万美元，其中双职工家庭最高，为近8.6万美元。[①] 2009年，美国华人的家庭收入和人均收入等指标都高于全美平均水平。以拥有硕士以上学位人群为例，华人平均年薪约为8.58万美元，全美平均水平为8.39万美元，而白人平均为8.63万美元。[②]

但对华人来说，出现较高的家庭收入可能有如下原因：第一，华人平均工作时间比白人长。第二，华人家庭的平均工作人数更多。通常华人家庭有3～4人工作，而白人家庭大多只有1～2人工作。第三，华人多集中居住在大都市中心地带或沿海发达地区，如纽约、洛杉矶、旧金山、芝加哥等地，其工资水平和消费水平比全国平均水平要高，因此较高的收入部分只能反映该地区的工资水平和较高的消费水平，而不是更强的财力。实际上，如果按人均收入计算，华人的平均收入比白人低得多。家庭收入并不能完全说明华人的政治参与水平。收入与政治参与的关系根据活动而变化。“2000—2001年亚裔政治调查”结果显示，收入和选举登记的关系就像收入和除投票以外的参与一样成正比。但一旦公民克服了选举登记的障碍，低收入的华人和高收入的华人在2000年大选中的投票率相近，分别为83%和82%。[③]

第四，住房拥有率方面，随着他们受教育程度的提高、职业结构的改善和家庭年收入的增长，美国华人的住房拥有率和居住模式也发生了显著变化。据统计，2007年，美国华人自己拥有住房的占62.2%，比亚裔的55.8%高，比全美的67.2%略低。华人租赁房屋的仅占37.8%，比亚裔的44.2%低，比全美的32.8%略高。拥有住房的华人家庭平均占有住房3.2间，高于亚裔3间的平均水平，也高于全美的2.7间。拥有5间以上的华人家庭占30.1%，高于亚裔的26.5%，也高于全美的16.6%。[④] 过去的20年里，美国华人的居住模式也发生了重大改变，聚居在唐人街的华人已显著减少，大多数华人新移民都定居在亚裔或白人中产阶级聚居的郊区。

正如美国华人历史学家令狐萍教授指出的，美国华人在教育与就业方面的显著成就，以及华人中产阶级人数的稳步增加，意味着美国华人社会经济地位的提高，这大大改善了华人在美国公众中的形象。华人从早期愚昧无知的“苦力”，或拒绝与美国主流文化同化的“寄居者”，上升为现在受教育程度高、经济实力

① ［美］余东晖、李珍玉：《美国华人生存状态大扫描》，《侨报》（美国），2008年9月23日。

② 美国华人全国委员会与马里兰大学美籍亚裔中心：《2011年美国华裔人口动态研究报告》，《北京青年报》，2011年2月12日。

③ Pei-te Lien, M. Margaret Conway and Janelle Wong, *The Politics of Asian Americans: Diversity & Community*, New York: Routledge, 2004, pp. 152－153.

④ ［美］余东晖、李珍玉：《美国华人生存状态大扫描》，《侨报》（美国），2008年9月23日。

强的“模范少数族裔”。在此基础上，美国华人开始参与美国主流政治，在地方、州和联邦各级政府为选民服务。① 毫无疑问，社会经济地位的高低对美国华人的政治参与水平影响重大。随着华人在美社会经济地位的不断提升，他们的政治参与意识会进一步增强。但由于当代美国华人新移民的社会经济背景各不相同，一些人来到美国时几乎身无分文，受教育程度很低，又没有专业工作技能，这些不利因素迫使他们从事低薪体力工作，定居在居住环境恶劣的城市贫民窟；而另一些人则带着巨额家庭存款或雄厚的资本来到美国，而且他们的受教育程度和专业工作技能均超过全美平均水平。这些导致他们的政治参与兴趣存在较大差异。

综上所述，在西方国家，族裔人口的受教育程度、家庭年均收入、职业构成和住房拥有率通常与他们的参政水平成正比。由于美国华人人口快速增长，受教育程度不断提高，就业结构持续改善和经济实力显著增强，以及中国的国际政治经济地位的提升，华人在美国的社会经济地位也在不断提升。随着融入主流社会程度的加深，他们的参政意识在逐渐增强，他们的参政能力开始展现。

三、族裔政党认同

在多元化的美国民主政治体制下，政党与移民群体有理由成为密切合作的伙伴。作为目标是取得竞选胜利的组织，政党需要移民来扩大其选举的基础，特别是在竞争激烈时。作为利益团体的主要代表，政党是保护和推进少数族裔群体利益的理想组织。历史上，移民群体认同并依靠政党作为其进入美国政治过程的途径。19 世纪末 20 世纪初，在东部和中西部的许多大城市的政党组织急切地要用服务换取选票。实际上，1920 年代以前，许多政治辖区允许非公民投票，那时入籍和投票登记都由各州自己规定。② 因此，政党是移民政治合作的强有力组织。

但是，吸收少数族裔，特别是移民参与政党活动并不是美国两大政党的主要活动。主要原因是，各州选举制度改革使政党的政治资源遭到重大削弱，导致政党的活动经费严重不足。另外，亚裔的政党认同更倾向于独立立场或中间立场，在左右立场上分歧较大。更深层的原因是，在少数族裔中间发展力量需要投入更多的财力，例如在各少数族裔媒体上做广告。由于上述这些原因，美国的两大政党对投入他们有限的资金吸收亚裔参与没有太大的兴趣。

---

① ［美］令狐萍：《萍飘美国：新移民实录》，太原：北岳文艺出版社 2003 年版，第 279 页。

② Pei-te Lien, *The Political Participation of Asian Americans: Voting Behavior in Southern California*, New York & London: Garland Publishing, Inc., 1997, pp. 132 - 133.

另外，亚裔对参与美国两大政党的活动也缺乏兴趣，部分原因可能是早期加州历史上两党对亚裔的冷漠与敌视。虽然 1976 年卡特在竞选总统时寻求亚裔的支持意味着情况有所改变，但客观地说，两大政党更重视亚裔的捐款，而不是亚裔的选票。1996 年的亚裔政治献金案清晰地表明，不管亚裔如何重视两党政治，靠金钱影响美国政治的方式只会给亚裔社区带来更大伤害。但忽视政党对亚裔政治参与的影响也是错误的。从个人层次来看，对某一政党的强烈认同可能会让他更有可能投票。从组织层面来看，政党可以为激进的左派提供一条从抗议政治转向选举政治的路径。1970 年代初，亚裔政治活动家就开始通过地方政党组织促进亚裔的利益，如旧金山华裔民主党俱乐部和旧金山华裔共和党俱乐部。他们也一直通过族裔组织，如日裔民主党俱乐部、日裔选民联盟、韩裔政治协会、菲裔民主党俱乐部、越裔民主党俱乐部和亚裔共和党协会来参与政党政治。然而，缺少足够的资金、人力和来自全州性或全国性政党的稳定支持，常常限制了这些地方性族裔政党组织的作用。①

（一）美国华人政党认同变迁

美国是个典型的两党制国家，政权在共和党与民主党之间交替执掌。一个人或一个族裔集团要参与美国政治，无论是参加投票还是参加竞选，首先都要加入某个政党，取得在初选中的投票权，或得到某个政党的支持，然后再参加竞选，成功后才能担任某个政府公职。因此，政党认同是政治参与者参与政治活动的基础。虽然个人有选择不加入民主党或共和党的自由，而选择加入其他小党，但从美国政党发展的历史看，第三党取得竞选成功的可能性几乎为零。因此，一个政治参与者最好在两大政党之间做出选择。

美国的政党制度并不严密，导致政党组织结构较为松散。两大政党都无明确的入党程序和证明文件，只是在选举前夕进行选民登记时，标明是某某政党就可以了。因此，平时党员对该党不需承担任何义务。近年来，越来越多的现象显示，美国的政党制度有式微的迹象。其原因是多方面的：第一，两党的政治主张越来越接近，让人无所适从，导致很多人改信第三党。第二，过去许多由政党操作的事务，如推广政策、印发资料、救济贫困等，现由政府来承担，削弱了政党在民众中的影响力。第三，联邦选举法使一些小额捐款者及一些团体所支持的政治行动委员会成为竞选经费的主要来源，削弱了政党在竞选中的影响力。同时，联邦政府提供的竞选经费不经政党而直接送到候选人手中，也削弱了政党的影响

① Pei-te Lien, *The Political Participation of Asian Americans: Voting Behavior in Southern California*, New York & London: Garland Publishing, Inc., 1997, p. 133.

力。第四，一些重大事件，如“水门事件”发生后，美国民众对政治幻灭，对政党普遍产生疏离与不信任感。第五，日益发达的大众媒体使候选人可以通过媒体直接与选民进行接触，避开了政党的中介作用，导致政党影响力下降。[①] 不过，虽然近年来美国两大政党的影响力有所下降，但政党在美国政治参与中的作用仍然举足轻重，任何候选人和参与者都不敢轻视。

影响美国人政党偏好的因素很多，如社会经济地位、地域分布、族群差异、宗教信仰，以及家庭传统和对某一特殊政党领袖的爱戴等。美国两大政党的最终目标都是争取选票、维持党内团结和赢得选举胜利。因此，近年来，许多学者都倾向于认为两大政党没有多少实质性的区别，但他们在信念和主张上还是有较大差异。通常，共和党主张个人的积极责任，认为不论是个人或社会的问题，均应尽量由个人解决，个人解决不了或不理想时，才由政府承担。共和党主张政府应少干涉国民计生，减少征税，减少政府开支，减少政府管制，以及强调个人应承担更多解决社会和经济问题的责任。民主党积极倡导政府对社会和个人的责任，主张凡是对国民生计有重大影响的事业，政府都应积极承担责任。民主党比共和党更喜欢用政府的力量处理社会和经济方面的问题。民主党以拟定和通过年老退休金、失业保险、劳工农民福利、联邦教育补助、反贫穷、民权、关税改革和援外等法案为荣。[②] 因此，共和党的支持者以高收入阶级、企业主管、专业人员、小企业主和商人为主；民主党中虽然也有富人，但主要成员是知识分子、中下阶级、少数族裔和居住在南方的美国人。

美国的各个少数族裔大多都有较强烈的政党认同，如从传统来看，黑人强力支持民主党；西裔[③]也主要认同民主党；而亚裔由于内部构成较为复杂，各族裔之间的政党认同差异较大，其中日裔和菲裔选民主要认同民主党，越南裔选民认同共和党，而华裔和韩裔内部的分歧较大，支持民主党、共和党与无党派的比例相近，可谓三分天下。

就华裔选民而言，第二次世界大战后移民美国的第一代华人选民倾向于支持共和党，主要原因是这些华人有感于国破家亡、故土变色，故将个人创业精神及家庭价值观与当时美国华人的理念相合，因此得到相当多的支持。而大部分土生华裔支持民主党，因为民主党多年来在移民法、双语教育和福利补助方面极力站

---

① 郭岱宗：《美国华人政治参与之研究》，（台湾）淡江大学美国研究所博士学位论文，1992 年，第 129～130 页。

② 张宝树：《美国政党与选举制度：以 1984 年美国大选为实例》，台北：台湾商务印书馆股份有限公司民国七十五年版，第 408 页，转引自林启文：《华裔美人参与政治活动之研究（1965—1993）》，（台湾）国立政治大学民族研究所硕士学位论文，1993 年，第 89 页。

③ 美国拉美裔中，墨西哥裔和波多黎各裔强力支持民主党，而古巴裔主要支持共和党。

在少数族裔的立场上。但华裔选民大部分在选民登记时自称“独立人士”或“不属任何党派”。①

据笔者观察，由于“二战”后60多年的发展变化，美国华人社会内部结构的多元化现象已十分突出，特别是在社会经济地位上有明显的阶层或阶级分立。简单地说，华人社会可以分为华人中产阶级和下层劳动人民。其中，中产阶级中的商人、小企业主及其他富人大多倾向于认同共和党，而中产阶级中的知识分子和广大下层劳动人民大多认同民主党。当然还有相当一部分不属于任何党派。由于华人政党认同三分天下，在选举政治中不能集中选票支持某一政党候选人，妨碍了他们对美国政治的影响力。反观日裔，由于日裔内部团结一致，集中选票支持民主党，形成一股政治上的强大势力，因此美国日裔在政治上的影响力比华人大，参政水平较华人高，虽然华人人口现已超过日裔，成为亚裔中人口最多的族裔。

在美国政治学中，政党偏好或政党认同是衡量一个人政治取向的最可靠和最重要的标准。“2000—2001年全美亚裔政治调查”发现，美国华人的政党认同有如下特点：“当问到华人的政党认同时，33%的华人受访者表示他们通常不考虑这些术语，近25%的华人受访者不知道如何回答该问题。洛杉矶华人受访者中不能确定政党认同的比率最高为65%，纽约为44%。在有政党认同的华人中，76%认同民主党，19%认同共和党。洛杉矶华人中认同民主党与共和党的比例为22%比12%，其差异比旧金山华人要小，旧金山华人中认同民主党和共和党的比例为40%比3%。亚裔作为整体，20%认为他们没有想过用党派术语描述其政治取向，16%对他们的党派认同不确定。16%的南亚裔、58%的越南裔称用美国的党派术语表达使他们自己感到不舒服或不确定。总的来看，36%的亚裔认同他们是民主党，14%为共和党，13%为独立选民。只有越南裔对民主党和共和党认同比例为15%比12%。独立选民中倾向民主党的占32%，共和党的占21%，近50%拒绝考虑党派术语。”②

亚太裔法律中心在2004年11月2日大选日的问卷调查显示，这次总统选举中，亚裔选民显示出前所未有的投票热情，特别是年轻选民，他们很多人是第一次参加投票，行使自己的公民权。与2000年一样，大多数亚裔选民对民主党情有独钟，克里的支持率远远超过布什。很多亚裔选民表示，对事务的处理态度和

---

① 林启文：《华裔美人参与政治活动之研究（1965—1993）》，（台湾）国立政治大学民族研究所硕士学位论文，1993年，第90页。

② Pei-te Lien, What Do Chinese Americans Think and Act Politically? Results from the Multi-Sited Asian American Political Survey，《第二届海外华人研究与文献收藏机构国际合作会议论文（英文部分）》，香港中文大学，2003年3月12—15日，第15～16页。

经验是他们选择候选人的主要依据，然后才是政党。调查显示，超过57%的亚裔选民投票支持民主党候选人克里，亚裔民主党和无党派人士的支持率更高，超过60%的无党派人士将选票投给克里。亚裔选民中，华裔选民38%支持布什，61%支持克里；柬埔寨裔选民53%支持布什，45%支持克里；菲律宾裔选民43%支持布什，56%支持克里；日裔选民37%支持布什，62%支持克里；韩裔选民40%支持布什，58%支持克里；越裔选民54%支持布什，支持克里的为43%。[①] 华裔选民对民主党的支持仅次于日裔选民。

美国华人政党认同的这种现状对华人在美国政治中的影响力是利是弊，一直存有争议。有学者认为，华人政党认同的三分天下，导致华人不能集中选票，发挥集团政治影响力，而是力量相互抵消，等于零。也有学者认为，华人政党认同的这种状况，特别是独立选民多，会导致形成大量的“游离票”（Swing Votes），反而会引起两大政党的重视，增加华人在美国选举政治中的筹码。还有学者认为，这种三分天下的情况是客观的现实，是华人社会内部不同利益阶层政党认同的体现，影响华人对美国政治的参与，但华人可以在某一议题上超越政党认同，实行集团投票。以上三种观点都有各自的道理，期待第三种观点在未来美国华人政治参与实践中愈来愈普遍。

（二）华人加入政党的必要性

美国的选举投票过程分为初选和决选。美国50个州中大多数州采用封闭式初选（Closed Primary），选民必须在选举前公开说明或登记所属政党，才能参加其所属政党的初选。华裔人口集中的加州和纽约州都实行封闭式初选制度，两党内部各自投票选出候选人，只有党员才能参加投票。而华裔选民大部分属于无党派人士，没有资格投票，这使各地区华裔选民整体的投票实力在初选阶段无法发挥出来，华裔社区的权益被主流政治人物忽视，并且削弱了华裔政党人士在政党中的地位，最终导致华裔候选人在州级和州级以上民选官员职位的政党初选中难以脱颖而出，进入决选。[②] 新泽西州莫塞郡桥水市市议员邢天佑在一场“选举年政治”演说中指出，美国由共和党、民主党两大党掌控前途，身为少数族裔的华人要形成政治力量，除了登记选民，行使公民权利，更应该选择、表明支持的党派及组织华裔党部，才能与主流政党结合，否则华裔将继续被视为“隐形选

---

① 《亚裔选民显示投票热情　亚太法律中心问卷调查　支持克里者远远超过布什》，http：//www.chinesetoday. com/Detail. cfm? c = news&s = n_ america&d = 11 - 5 - 04&n = D1。

② 林启文：《华裔美人参与政治活动之研究（1965—1993）》，（台湾）国立政治大学民族研究所硕士学位论文，1993年，第90页。

民”。[①] 因此，美国华裔选民加入两大政党之一非常必要，只有加入政党，才能使个人的意见通过有组织的政党政治渠道向上传递，才具有较大影响力。而且，参加政党者可以有初选和决选两次投票机会。

初选时的一票往往是真正具有决定作用的一票。以纽约为例，纽约是一个民主党独霸的区域，民主党初选决定的人选基本上就是将来的当选人。如在2004年的大选日，孟广瑞在初选中赢得法拉盛第22选区民主党的支持提名，从而在决选中顺利当选为纽约州第一位华人州众议员；而在2002年的中期选举中，孟广瑞在初选中没有得到民主党的支持提名，只好以独立党的身份参选州众议员，结果败北。[②] 真正大选时投的票，反而没有多大力量。由于美国各项公职竞选的初选投票率都非常低，作为少数族裔的美国华人，如能积极利用初选投票以发挥整体的投票实力，提升华裔的政治力量和政治影响力可能会事半功倍。

在美国的两党政治体制之下，有政党的强力支持，会大大提高候选人在竞选中取得胜利的可能性。1984年吴仙标在特拉华州竞选副州长，这对华人的政治参与而言是一大挑战，因为特拉华州华裔甚少，华裔人口与其他亚裔合在一起，还占不到该州人口的1%，黑人占10%以上，其余都是世代居住于此的白人。他之所以顺利当选，一个十分有利的条件就是他得到民主党的全力支持。[③]在美华裔必须认识到，仅靠华裔自身的力量，不足以进入美国主流政治，必须依靠美国两大政党之一的支持。

余江月桂女士之所以成为美国华裔政坛上的一棵常青树，是因为她在民主党内的威望和民主党对她的长期支持。当她首次竞选加州州务卿时，共有8人参加党内初选，当时另有6位白人男士和1位黑人女士。她承认之所以打败其他7位美国人而独占鳌头，是因为得到了当时加州议会安诺议长及布朗州议员的支持。在选举之前数月，这两位民主党人士就开始每个礼拜天都去黑人教堂帮她拉票。有了黑人的支持，她终于打败共和党对手，以69%的选票成为第一位华裔州务卿。[④]

1990年，刘美莲在内华达州当选为州务卿，是继余江月桂后的第二位华人州务卿。据1990年人口普查资料，该州总人口为121万，亚裔人口仅占3%，约有38 000人。刘美莲以15.4万票击败已担任两届州众议员的白人竞争对手，主

① 《争取权益　莫置身政党之外》，《世界日报》（美国），2004年3月24日。

② 赵海燕：《纽约历史上第一位华裔州众议员诞生　孟广瑞当选》，中新社，2004年11月2日。

③ 郭岱宗：《美国华人政治参与之研究》，（台湾）淡江大学美国研究所博士学位论文，1992年，第104～105页。

④ 郭岱宗：《华人参政的十大障碍》，《世界周刊》1993年第471期，第3页，转引自林启文：《华裔美人参与政治活动之研究（1965—1993）》，（台湾）国立政治大学民族研究所硕士学位论文，1993年，第95页。

要是因为她不仅出身于共和党世家，有20余年的党龄，在竞选州务卿时原任州副检察长，还与当地主流政治派系保持密切关系，因此，首次竞选公职即以压倒性优势获胜。[①]

上述这三位华裔参政人士都因为有政党的强力支持而成功当选。

没有政党支持或政党支持力度不够的华裔候选人几乎很难当选。如1986年，弗吉尼亚州华裔邵品剡以独立候选人身份参选第二选区国会众议员失败；1992年，加州华裔林玉贵以民主党身份竞选第30选区国会众议员，党内初选即遭失败。这两位华裔参选失败的主要原因是本身缺乏地方政治草根基础，也没有两大政党的强力支持。1988年，陈李琬若参加加州国会众议员民主党初选失败；1992年，华裔共和党员黄锦波参加加州州众议员党内初选即被淘汰。这两位华裔参政人士都曾担任市议员及市长，具有地方政治的草根基础，然而他们在选区较大的州议员或国会议员角逐党内初选时，由于无法获得党内有力人士的支持，在初选时就遭失败。[②]

由此可见，华裔参与美国政治，无论是参加选举投票还是直接参加竞选，加入政党都是参与的基础。加入政党能使自己的一票充分发挥作用。要竞选较高政府公职的华裔精英人士，除本身须具有地方政治的草根基础外，亦须在所属政党中建立良好关系，取得所属政党的强力支持，并与当地主流政治派系保持密切关系，否则很难当选。

四、选区重划的影响

（一）何谓选区重划

选区重划（Redistricting）是指重新划分美国联邦国会、州议会、县市议会选区的地理界线，通常根据每十年一次的人口普查结果进行调整。[③] 美国民主党和共和党一直都在争夺主导州政府重新划分选区的法律和政治机构——通常是通过对州议会的控制，因为在因人口变迁而需要对选区界线做出调整时，控制州立法机构的政党能够通过重新划分选区来加强本党候选人的得票实力。

美国国会选区如何划分大有学问，对议员选举的结果有着重要影响。由于宪

① 林启文：《华裔美人参与政治活动之研究（1965—1993）》，（台湾）国立政治大学民族研究所硕士学位论文，1993年，第96页。

② 林启文：《华裔美人参与政治活动之研究（1965—1993）》，（台湾）国立政治大学民族研究所硕士学位论文，1993年，第96~97页。

③ Redistricting，http：//en. wikipedia. org/wiki/Redistricting.

法中没有明确规定，因此选区划分长期存在两个问题。一个问题是选区的人口不相等。该问题一直到1962年和1969年通过最高法院的两次裁决才得到纠正，形成判例法，即各选区人口要绝对平等。另一个问题是“不公正地划分选区”，即州议会把选区界线划得奇形怪状，使一个政党能在该选区轻易取胜。但最高法院的裁决至今未涉及国会选区的形状，因此各州议会的多数党仍继续利用其权力把国会选区划得奇形怪状，使之有利于本党。①

（二）选区重划对美国华人政治参与的影响

在美国选区划分历史上，少数族裔一直未能受到公平对待，这主要表现在两个方面：第一，他们常常被分割在不同的选区里；第二，即使在少数族裔比较集中的地区，他们也常常被划分得难以成为多数。因此，许多选区被划得稀奇古怪，这种不公平的选区划分在美国被称为“火蛇”（Gerrymandering）。② 就洛杉矶市的华裔居住区而言，中国城被划归两个市议员选区，韩裔聚居的朝鲜城则被划归三个不同的选区。这样，虽然华裔和韩裔人口增长很快，但都无法在任何一个选区中占有绝对优势，因此很难选出自己的政治代表。这实际上成了所有少数族裔参政的重要障碍，洛杉矶地区的西裔为此已经到法院打了几次官司，控告市政府不公平划分选区。③

自1960年代以来，纽约唐人街的华裔人口有较大增长，但1980年人口普查后的选区重划把唐人街分成几个部分，分属不同选区，因此，在1988年的大选中，华人选票仍不能集中起来。在相对较大的曼哈顿区内，华人选票的影响力更是微不足道。因此，有人认为，除非选区能够重新划分，使唐人街不似目前的四分五裂，否则，纽约的美国华人便休想争取到地区教育委员会、市议会、州议会以及美国众议员的席位。有华裔人士认为，选区这样划分，目的就是想将美籍华人势力摒诸政治门外。支持将唐人街包括在内的选区进行重新划分的州议员格林说，自1980年人口普查以来，州议会便从未给予机会去讨论唐人街这个情况，只有给州议会施加压力，使其重视这个问题，才有可能在1990年人口普查后将选区重新划分。他对华裔社区领袖说：“你们要是还不组织起来，得到合理的政

---

① 李道揆：《美国政府与美国政治》，北京：商务印书馆1999年版，第326～329页。

② 1812年，马萨诸塞州的州长E. 格里（Elbridge Gerry）为了使他的民主党在选举中获得优势，把这个州的一个选区划成了像一条火蛇（salamander）一样的古怪形状。后来人们为了讽刺这种政治花招，就借用格里的姓，称之为Gerrymander。参见唐士其：《美国政府与政治》，台北：扬智文化事业股份有限公司1998年版，第90页。

③ 郭岱宗：《美国华人政治参与之研究》，（台湾）淡江大学美国研究所博士学位论文，1992年，第83页。

治权利便仍旧是渺茫的一件事。”①

根据美国宪法规定，联邦政府每隔十年要举行一次全国性的人口普查，并以普查结果为重要依据来重新划分选区。选区重划的参照因素也是多方面的，有人口普查数据、各州或市的宪章规定、1965 年通过的选举权法、判例法和大众的意见。华裔密集的华埠究竟划入哪一个选区，将直接影响到华裔的利益和华埠的发展方向，美国华裔及华人社区对此都十分关心。下面以纽约市为例做简要分析：②

据 2000 年人口普查，纽约市人口超过 800 万，其中亚裔为 80 多万，主要居住在曼哈顿区（15 万多）、皇后区（43 万多）和布碌仑区（20 万多）。亚裔占纽约市总人口超过 10%，但纽约市 51 位市议员中只有一位亚裔，就是 2000 年才当选的华裔刘醇逸。

2003 年进行的纽约市议员选区重新划分，就是要体现 2000 年人口普查以后的人口变化，使各个选区的人口大致为 15.7 万，最大与最小的选区人口允许差额在 10% 以内，以确保各社区对当地行政事务拥有公平有效的发言权。又据 1965 年选举权法，亚裔和其他种族属于少数的群体，必须获得公平有效的政治代表，并在族裔、经济、宗教等基础上，尊重享有共同利益的近邻和社区。选区不能跨越区域边界，不能故意削弱某个政治派别的选举力量。

经过调查发现，历史上，纽约市下辖的曼哈顿、布碌仑和布朗克斯三个区的选民倾向于将选票投给同一种族的候选人。这样，某个族裔占选区人口比率的高低就会在很大程度上影响到本族裔候选人的胜败。针对这一因素，选区重划委员会拒绝采纳早在 1992 年亚美法律援助处提出的建议：华埠和下东城拥有共同的利益，应该划在同一个选区。决定把华埠的苏荷区、炮台区及三角区划作第一选区，其理由是亚裔占 42%，这样划分是为亚裔着想，希望他们推出自己的政治代表。

2003 年纽约市选区重划过程中，关于华埠划入哪个选区，有两个方案：一个是继续保留在第一区，另一个是与下东城合并为第二区。华裔人士在公听会上就利弊进行了热烈的讨论，焦点集中在族裔问题上，也就是在族裔差异的背后，更存在着经济、文化及生活方式上的差异。主张与下城区合并的人士认为，华人新移民有从百老汇东迁的趋向，如今下东城的亚裔人口已增加了 15%；下东城原住民多数为西裔、黑人和一些贫穷白人，他们与华埠的华裔新移民大多属于中

---

① 《美国华人在纽约的政治地位》，《星洲日报》（马来西亚），1988 年 12 月 5 日至 6 日。

② ［美］邓泰和：《纽约市选区重划对华埠的影响》，《地平线月刊》（中国香港）2003 年第 2 期，第 22～24 页。

低收入的劳工阶层，他们所关心的社会问题较一致，而第一区内居民大多是富裕白人，与华人利益和主张相异。但有些华裔精英人士认为，华埠应留在第一区，这样更利于华埠融入主流社会。

第二区的民选西裔市议员玛格丽特·罗佩兹女士虽同意联合华裔和西裔的选票，但并不希望华埠划入自己的选区。有华裔人士指出，华埠没有必要合并到第二区，引起华裔和西裔互相竞争，两败俱伤，而让第三个少数族裔坐收渔利。也有市议员强调，不应过分渲染种族因素，没有哪个选区是属于某个群体的，所有选区最好都是种族多元化的。

纽约市选区重划委员会成员由市长和市议会任命，华裔孔振成代替一名辞职者成为该委员会中唯一的亚裔成员。委员会已将方案提交市议会，如果有人提出反对意见，将再次举行公听会。最后方案必须经过联邦政府批准才能生效。笔者以为，不论这次选区重划的结果如何，纽约华人已开始注意并重视选区重划对华埠未来政治力量的影响，说明华人参政意识有所提高，这对华人社区来说是一个重大的进步。

由于选区如何划分直接影响到选举的结果，1990 年代以来，西岸的美国华人也开始意识到选区重新划分对华人参与美国政治的重要性。他们开始着手与政府方面合作消除这些障碍，并联合其他亚裔、黑人和西裔，通过各种渠道努力调整选区划分，保护少数族裔的代表权。例如，在 1990 年新一次人口普查开始之后，华裔发动洛杉矶地区的三个亚裔组织联合起来争取参加选区重划工作，以保障亚裔参政的权利。这三个组织是亚太法律中心、亚太裔规划理事会和亚太裔劳工理事会。他们的目标是保证亚裔选民集中区尽可能不被割裂，避免出现选区划分不公现象。如果出现，则要诉诸法庭重新议决。1991 年 8 月，洛杉矶市的华人以更具体的行动表达争取公平享有政治资源的决心：华裔联合日裔、韩裔和菲裔组成四大少数族裔的“亚太裔公平选区重划联盟”，正式向加州立法机关提出亚太裔对州众议会选区重划的初步方案与亚太裔要求的底线。洛杉矶市华裔的行动还得到了黑人团体的支持。[①] 在亚裔提出的选区重划方案中，新选区使用州议会第 59 选区的基本边界，包括柔似蜜（Rosemead）、圣盖博谷（San Gabriel）、蒙特利公园市（Monterey Park）和阿尔罕布拉（Alhambra）四个亚裔人口最多的城市，亚裔占该选区总人口的 35%，实现了其人口在该选区的最大化。西裔也表示赞同，因为他们的人口占该选区总人口比例仍然超过 50%。8 月 30 日，西裔和亚裔在蒙特利公园市政厅集会，提交他们的选区重划方案。9 月，这些族裔社

① 郭岱宗：《美国华人政治参与之研究》，（台湾）淡江大学美国研究所博士学位论文，1992 年，第 133 ~ 135 页。

区的领袖聚集到加州首府沙加缅度，向州政府官员游说他们的选区重划方案。虽然威尔逊州长否决了州议会提交的方案，但州最高法院接管了选区重划的任务，并任命一个特别委员会设计一个新的重划方案。亚裔和西裔都表示支持并参与该方案的设计。1992 年 1 月 27 日，最高法院采纳新方案，满足了亚裔和西裔的要求，重新划分出一个新选区——第 49 选区，以亚裔和西裔人口为主。[①] 2001 年，华裔赵美心率先在该选区当选州众议员，她就是当时发起选区重划方案的华人社区领导者之一。她连续担任该选区州众议员直到 2006 年。2006 年，她的先生伍国庆当选为该选区州众议员，连任到 2012 年。然后华裔周本立竞选接任成功至今，华人州众议员在该选区实现三届传承。可见选区重划对华人选出本族裔政治代表的重要性。

近年来，在华人参政团体的指导下，华人社会开始行动起来，积极介入选区重划的提案与听证活动。如在 2002 年，华促会组建旧金山选区重划联盟，为旧金山选区重划委员会的选区重划工作做促进活动，以推进选区内多种族合作的进程。除了华促会外，联盟的其他成员还有 MALDEF、旧金山湾区民权律师委员会（Lawyers' Committee for Civil Rights of San Francisco Bay Area）、旧金山拉瑞泽律师会（LaRaza Lawyers of San Francisco）、亚太裔选区重划平等会（Asian Pacific Americans for Fair Redistricting）和亚洲人法律组织（Asian Law Caucus）。[②]

有利于华人的选区重新划分并不意味着华裔候选人必然当选。如果选区内的华裔公民选举登记率和投票率持续低迷，票源分散，那么华人选出自己代表的机会仍可能很小。如 2002 年 11 月 5 日是美国中期选举日，根据 2000 年全美人口普查结果，纽约专为亚裔重新规划出纽约州众议院法拉盛第 22 选区，这对推出一位华裔众议员进入州议会十分有利。据统计，第 22 选区的亚裔占居民人数 53%，其中华裔又为亚裔人口的主流族群。因此，人们普遍认为新划的第 22 选区是“上帝给予亚裔选民的礼物”。但选举的结果显示，尽管有四位华裔候选人上阵参选，但仍不敌犹太裔候选人郭登祺。其中原因较多，客观上，纽约州选区重划后，部分选区投票站的变动给华裔选民增添了困惑和不便，但最重要的原因是该区华人选民的登记率和投票率不高，加上四位华裔候选人同时参选，分散了票源。若将四位华裔候选人的得票数相加，为 6 630 票，远超过郭登祺的得票数 5 593 票。[③]

---

① Amy L. Freedman, *Political Participation and Ethnic Minorities*: *Chinese Overseas in Malaysia*, *Indonesia and the United States*, New York & London: Routledge, 2000, pp. 151 - 152.

② 33 Years of Civil Rights Activism, http: //www. caasf. org/milestones. html.

③ ［美］邓泰和：《华裔州众议员候选人败北的痛思》，《地平线月刊》（中国香港）2003 年第 2 期，第 23 ~ 24 页。

但无论怎样，选区公平合理的重新划分是华人有机会在华裔占多数的选区选出自己代表的基础。如经过两年的重新整合，在 2004 年 11 月 2 日的大选中，纽约州第 22 选区的三位候选人都是华裔，他们分别是民主党的孟广瑞、共和党的谢美琳和绿党的周长青。最后孟广瑞凭借其长达 28 年的社区服务经验取得胜利，当选为纽约州第一位华裔州众议员，也是该州第一位亚裔州众议员。[①] 纽约新闻界认为，他的当选将全面提高华裔选民投票的积极性，显示纽约亚裔政治力量的崛起，是纽约华人参政史上的历史性转折。[②] 2006 年华裔女性杨爱伦当选为该选区州众议员。2008 年孟广瑞之女孟昭文成功当选为该选区州众议员，也实现了华人州众议员在该选区的三届传承。2012 年选区重划，纽约划出了四个以亚裔为主的国会选区，对华人参政非常有利。[③] 虽然目前只有孟昭文在新划出的第 6 选区当选国会众议员，但展望未来，只要华人精英不懈努力，美国东部很有可能同时出现四位华人国会众议员。可见，选区重划对华人和亚裔选出本族裔政治代表的重要性。

在美国，每 10 年一次的选区重划是根据人口变化对选区进行重新调整的正常过程，但同时也是增强某一政党或某一族裔政治力量的大好机会。掌握选区划分的州议会的地位更是举足轻重。把持州议会的政党为了增强本党候选人胜选的可能性，尽可能让选区划分对自己有利；为了限制少数族裔聚集区选出自己的少数族裔代表，以白人为主的州议会常把少数族裔人口集中的地区分散划分到各个不同的选区，以削弱其选出自己族裔代表的可能性。在黑人[④]、西裔和亚裔聚居的地区常常出现这样的情况。因此，选区重新划分，政治意义重大。美国华人及华埠应关注并参与每 10 年一次的人口统计和选区重划，以维护和增进华埠的政治利益，至少要保证选区重划公平合理。

五、重大历史事件的刺激

影响公民政治参与水平的因素很复杂，有时候，人们必须考虑重大历史事件的影响和作用。一般地说，一些重大历史事件的发生，往往能突破社会经济发展

① 《美国大选四华裔当选众议员》，http：//usdragon. com/USA-denver/search _ xin. asp？ field = ID&keyword = 164514&NewsCategoryID = 50。

② 《纽约将诞首位华裔议员》，《国际日报》（美国），2004 年 10 月 29 日。

③ 徐佳：《孟昭文谈进军美国会冲刺心情　忧华人参政后继乏人》，http：//www. chinanews. com/hr/2012/10 - 26/4278701. shtml，2012 年 10 月 26 日。

④ 1980 年初，亚特兰大的一位联邦地方法官曾宣布佐治亚州桑姆郡所采用的选举制度无效，理由是该项制度系限制黑人代表权的一项特别设计。参见郭岱宗：《美国华人政治参与之研究》，（台湾）淡江大学美国研究所博士学位论文，1992 年，第 131 ~ 132 页。

水平和国家政治制度的限制，超越主流政治文化的常规，极大地促进公民的政治参与。[①] 通过长期观察与思考，笔者以为，美国华人的政治参与也不可避免地受到美国内政外交中发生的一些重大历史事件，尤其是与华人社会相关的重大历史事件的刺激而发生显著的变化。

（一）民权运动

1960 年代的美国社会发生了巨大变化，轰轰烈烈的反越战运动和风起云涌的黑人争取民权运动，唤醒了其他少数族裔的政治意识。华裔政治家、社会活动家与其他少数族裔一起，开始投入到争取平等权利、改革美国社会的斗争中去。在这些运动中，他们目睹了美国社会上的种种不平等现象，决心通过政治改革来改善少数族裔的处境。在民权运动的推动下，美国政府被迫通过一系列民权法案，给予少数族裔更多权利。这一切使他们认识到参与美国政治的重要性。在民权运动中，美国华人也得到了锻炼，学到了许多斗争的策略。[②] 如在华人居住较集中的加州、纽约、夏威夷等地，华人政治性社团如雨后春笋般地涌现，影响较大的有旧金山美国华人权益促进会、美华协会、波士顿美国华人前进会等，他们在维护美国华人公民权利和政治权利、反对种族歧视、传承中华文化等方面做出了重大贡献，为华人在 1980 年代积极参与选举政治活动奠定了基础。

（二）陈果仁事件

1982 年，在底特律，华裔青年工程师陈果仁被两名失业白人汽车工误当作日本人无故打死，激起全美华人社区的强烈愤慨。美国华人及亚裔社区成立了“亚裔为陈果仁伸张正义委员会”，为此案件的公正审理进行积极筹款和组织声援活动。经过 7 年的努力，殴打陈果仁致死的 2 名白人男子除交纳 3 780 美元罚款、被判 3 年缓刑外，未能受到应有的惩罚。[③] 事件所引发的亚裔民众的集体愤怒，进一步坚定了美国亚裔参政的决心，加深了人们对种族歧视带来的犯罪现象的痛恨，唤起了人们对争取民主权利及自身利益的进一步觉悟。[④]

陈果仁事件的不公正处理，对华人社会是一个巨大刺激，使全体美国华人认识到华裔在主流社会中的角色及处境。在华人社区领袖们的号召之下，华裔及华

① 施雪华主编：《政治科学原理》，广州：中山大学出版社 2001 年版，第 786 页。

② ［美］令狐萍：《萍飘美国：新移民实录》，太原：北岳文艺出版社 2003 年版，第 278 页。

③ ［美］刘子毅：《根系社区首战先告捷：旧金山市参议员邓式美从政记》，《华人月刊》（中国香港）1996 年第 8 期。

④ ［美］克莱门 · 林：《陈果仁事件二十年之后》，http：//www. enliu. com. cn/articles/career/20021002 – che. asp？ id = 4077。

人社团逐渐觉悟到，只有积极参政，提高自身在美国的政治地位，才能维护和保障他们的公民权利和政治权利。他们开始关注美国当地的政治事务，争取华裔民权、争取公平就业权益及参政成为华人社区政治活动的重点。全国型华人参政团体美华协会在首都华盛顿举行的第七届年会上发表了一份题为“我们在美国的处境”的报告。报告指出，陈果仁事件使在美华人不得不重新审视华人在美国的处境，即使目前已有不少华人在工业界、商业界和学术界很有成就，对美国社会做出重要贡献，但仍被视为“外国人”，不被视为“真正的美国人”。① 该组织号召全美华人团结起来，继续为争取平等的公民权利和政治权利而奋斗。

1987 年 3 月 26 日，杨振宁、陈香梅、吴仙标及吴家玮等近百名美国华人政界精英人士在洛杉矶蒙特利公园市倡导并组建“美国华裔政治委员会”（后改名为“华裔政治协调会”），并发表《华裔公民 1988 年大选宣言》，要求总统候选人承诺在当选后的第一任期内至少任命三位合格的华裔公民担任联邦政府司法和行政部门的适当公职，联络各地区不同党派、不同行业的华裔公民，加强美国华人的政治影响力。

（三）亚裔政治献金案和李亮畴任命受阻事件

所谓的 1996 年“政治献金案”本来是美国政敌之间抓住选举中某些不正当的捐款行为，借以攻击自己对手的一场政治游戏。岂料，慷慨解囊的亚裔却变成了这一政治游戏的替罪羔羊。其实，亚裔在 1996 年美国总统大选中的捐款还不足全部捐款的 2%，可是，美国的舆论和某些政客却以不负责任的态度，抹黑与歧视亚裔，歪曲亚裔形象，打击亚裔的参政热情。正如洛杉矶前市议员胡绍基所说，“对华人参政是一场悲哀的倒退”。政治献金风波出现后，由于舆论的煽动，政府提名符合资格的亚裔候选人从政的任命多半告吹。如加州大学伯克利分校校长田长霖本来是克林顿第二任内能源部部长的最后两位候选人之一，但由于“政治献金”风潮，总统不得不决定“暂缓任命”，最后告吹。一些华人由于涉嫌“政治献金”而被听证调查、传讯、审查，被迫远离政坛。②

“政治献金”风波后，华裔更加认识到参与地方政治的重要性，由单一追求个别华裔在高层社会作为代表转向更加注重地区华裔的整体力量。这些变化不能不说是美国华人用钱买来的深刻教训。③

同期极大刺激美国华人社会的又一事件是李亮畴任命事件。1997 年 6 月 12

---

① 陈鸿瑜主编：《迈向 21 世纪海外华人市民社会之变迁与发展》，台北：“中华民国”海外华人研究学会 1999 年版，第 213 ~ 214 页。

② ［美］麦子：《美国华人参政在挫折中前进》，《侨报》（美国），1997 年 12 月 17 日。

③ 《东区华人参政历经十年：重商轻政氛围中崛起难能可贵》，《侨报》（美国），1998 年 4 月 13 日。

日，华裔民权律师李亮畴由于成就杰出而被克林顿总统提名为主管民权事务的助理司法部长（副部长级），但这一提名却遭到国会司法委员会共和党保守派的阻挠和杯葛，迟迟得不到批准。李亮畴出身华人移民家庭，父母曾在纽约开洗衣店，他以优异成绩毕业于耶鲁大学，并在哥伦比亚大学取得法律博士学位。毕业后，他从事民权律师工作23年，全力为各族裔争取平等权益。这诚如50多个亚裔组织12月9日发表的共同声明中所指出的："李亮畴替受歧视的所有族裔争取正义和公道，他的提名对于亚太裔美国人社区以及所有信奉民权的人士极为重要。"洛杉矶市市长雷登甚至说："李亮畴是助理部长的超级人选，因为他执行的是主流人权法律。"在全美华人、亚裔和其他少数族裔的共同抗争下，克林顿总统借国会休会之机正式任命李亮畴为联邦政府主管民权事务的最高执法者——司法部代理助理部长，成为亚裔担任这一职位的第一人。1999年，李亮畴正式担任联邦政府主管民权事务的助理司法部长。①

这一系列压制华裔参政的"制度化歧视"事件不仅没有削弱华人及亚裔的参政热情，反而加深了他们对美国社会的认识，更激起了他们积极参政的热情。

（四）《考克斯报告》与李文和案

冷战结束后，美国在世界上失去对手，于是把目标重新转向中国，导致中美关系进入高风险时期。同时，随着2000年美国总统大选的临近，两党斗争愈加激烈，中国再次成为两党攻击的"沙袋"。1999年5月25日，以考克斯为首的共和党在美国众议院起草并公布所谓中国"窃取"美国核技术的《考克斯报告》，攻击克林顿的对华政策。该报告不仅指责中国长期"窃取"美国核机密，而且暗示美籍华人科学家多为间谍。《考克斯报告》使美国华人及亚裔社会非常担心。果然，时隔不久，1999年9月就发生了所谓的华裔科学家"李文和窃取美国核机密案"。作为典型的李文和因为其华裔身份而遭到起诉，美国华人再次成为中美关系的替罪羊。2001年小布什上台不久，中美在中国南海发生撞机事件，美国社会甚至有人扬言要把全美华裔作为人质扣押。中美之间这一连串的事件对美国华人社会产生了极大影响和震荡。

以李文和事件为例，2000年9月13日，李文和通过协议认罪，重获自由，美国华人对此感到欣慰，但也为此案背后的种族歧视感到忧心不已。百人会会长邓兆祥当天发表声明，对李文和获释表示欣慰，同时指出，该会今后将继续关注两个问题：一是华裔科学家在美国国家实验室遭联邦安全部门另眼看待的种族歧

① ［美］麦子：《美国华人参政在挫折中前进》，《侨报》（美国），1997年12月17日；《李亮畴终于获任命　全美华界欢欣鼓舞》，《欧洲时报》（法国），1997年12月20日。

视现象；二是美国与中国大陆关系起伏不定时期美国不断出现的反华情绪。80/20促进会纽约分会筹备会负责人、皇后区华人选民协会理事长杨爱伦指出，李案是典型的种族歧视，李文和应继续民事诉讼，向美国政府提出反控。她认为，美国华人应该从李案中清醒过来，认清只有积极投票，选出自己的代表，才能保障华裔的平等权与生存权。美华协会纽约分会会长李裕云呼吁华人应从李案中汲取教训，加强团结，积极参与美国政治，提高警觉，反对任何形式的种族歧视。纽约市议员参选人陈道英指出，李文和案的正面影响是，许多华人第二代第一次意识到自己的华裔背景，认清华人参与美国主流政治的重要性，发现只有掌握政治力量才能确保自己的安全。① 受政治献金案和李文和案等因素的推动，2000年美国总统大选中华裔参政形成历史上的一个高潮，出现了“三多一高”的新气象：参选者多、获胜者多、投票者多和参政意识普遍提高，令美国主流社会刮目相看。不少华人逐步认识到“一张选票”的重要性，从而用投票来显示华人是不可忽视的群体。②

（五）余百康案和陈宇晖被虐致死案

2003年9月10日，在美军关塔那摩基地服务多年的华裔上尉余百康（James Yee）乘飞机回家，途中被秘密逮捕。军方指控他犯有间谍罪、泄露国家机密罪、煽动暴乱罪等一系列罪名，甚至以死刑相威胁。在华盛顿州西雅图机场等候他的家人10多天后才通过媒体报道得知他被捕的消息。在没有任何正式指控的情形下，余百康被军事法庭关押了76天，而且是单独监禁。在那段时间里，余百康的手脚都被锁住，完全与外面世界隔绝。2003年11月25日，军方的一系列指控均因查无实据最终一一撤回。然而，为了挽回面子，他们又指控余百康犯有通奸、浏览色情网站等罪名。就在余百康身陷囹圄、蒙受不白之冤时，美国的许多普通民众、人权团体和头脑清醒的政治家都积极为他奔走呼吁。例如，旧金山市民权团体和社区组织举行盛大游行，要求军方无罪释放余百康并公开道歉。在华人民权团体和华文媒体的舆论压力下，2004年3月19日，军方撤回所有指控，但对余百康遭受的不公正待遇却没有给出一个正式的说法。余百康的父亲指出，只因余百康是华裔，又是穆斯林，才会受到如此不公正的待遇。余的律师也认为，余百康的宗教信仰和种族背景是他此次遭到司法不公和迫害的一个重要原

---

① 《李文和获释华人感欣慰》，中央社（纽约），2000年9月13日。

② 庄礼伟：《美国华侨华人如何在中美政经关系中发挥作用》，邱苏达主编：《侨务课题研究论文集2000—2001年度》（下），北京：国务院侨务办公室政研司2001年版，第779～780页。

因。[①] 余百康案的结果再次说明公平正义不会从天而降，一切均要华裔自己去争取。

陈宇晖（Danny Chen），1992 年生于美国纽约一个华人家庭，父母是中国广东台山移民。他于 2011 年 1 月从军，2011 年 10 月 3 日在阿富汗坎大哈地区执勤哨所内自杀身亡。这是 2011 年第二起华裔美军士兵因受虐而死的事件。调查发现，陈宇晖从到达阿富汗营区的第一天开始，就被要求过度操练，而这些“操练”很快转为凌辱。他被要求穿戴全部军用装备在碎石上爬行，其他士兵还用石块砸他背部，声称是“模拟火炮攻击”；他被迫嘴里含水做俯地挺身，不准将水咽下或吐出；他所在的军营只有他一位亚裔士兵，其他士兵常用恶意歧视的字眼称呼他为龙女士（Dragon Lady），并强迫他戴绿色头盔，用中文呼喊命令；他甚至被强迫模拟坐姿，然后遭战友用力踢他的膝盖。2011 年 9 月 27 日，陈宇晖从床上被拖下，在碎石上被拖行 15 米，造成背部多处淤伤与割伤。他的上司知道后，并未向上级报告。10 月 3 日陈宇晖死亡当天，因站岗未戴钢盔而再次被罚在碎石上爬行 100 米，遭战友掷石块，并且不准喝水。不久后，陈宇晖被发现在站岗处中枪身亡。这一令人发指的军中虐待事件引起全美哗然。12 月 21 日，美国军方宣布起诉 8 名驻阿富汗部队军人，指控他们虐待陈宇晖，包括他生前所在部队的排长。8 名涉案美军被控过失杀人等多项罪名。如果罪名成立，6 名参与凌虐的士兵最高可判监禁 10 年，2 位知情不报的班长、排长最高可判监禁 1 年。[②]

2012 年 7 月 31 日，美国军事法庭宣判，案件主犯霍尔科姆被控的多项重罪中最后只有虐待和攻击两项轻罪成立，轻判监禁 30 天，军阶降一级（由中士降为下士）和罚一个月薪水（1 181. 55 美元）。该判决在纽约华人社区引起强烈不满，来自众多亚裔团体的数百位代表和多位民选官员一起于 8 月 11 日在华埠哥伦布公园举行集会，要求军方尊重死者，秉持公平和正义，至少要将主犯解除军职，否则没人再愿意让子女参军。当天集会由美华协会纽约分会会长欧阳萧安主持，陈倩雯等多位市议员出席。华裔市主计长刘醇逸特地赶到现场致辞，谴责军方判决令悲剧雪上加霜。当天集会的共同主办机构包括美华协会纽约分会、中华公所、台山联谊会、斗山同乡会、美国冲蒌同乡总会、纽约甄舜河堂宗亲会、台山海晏乡亲联谊会、广海同乡会、台山侨中美东校友会、华埠共同发展机构、亚洲人平等会、华人进步会、韩裔明光中心、锡克联盟、纽约州青年领袖委员会、

---

① 《美华裔上尉余百康的漫漫维权路》，http：//www. chinaqw. com/news/2005/1202/68/7746. shtml，2005 年 12 月 2 日。

② 温宪：《华裔美军士兵陈宇晖更多受虐致死细节骇人听闻》，http：//news. xinhuanet. com/overseas/2012 - 01/09/c_ 122556336. htm，2012 年 1 月 9 日。

23～25 工会、包厘街邻里联盟、日裔公民联盟纽约分会、亚美联盟、纽约华埠青年领袖启蒙计划、亚太裔劳工联盟纽约分会、亚美艺术中心、亚裔反暴力联盟、美国东岸亚裔学生联合大会、市立大学亚裔校友会、华埠启蒙学校以及纽约亚裔进步会等数十个组织。[①] 陈宇晖被虐致死案在华裔社区乃至全美掀起了反种族歧视浪潮。

这些事件的偶然性和必然性使华人及亚裔深刻认识到，虽然华人在美国已生活了 160 多年，为美国的繁荣与富强做出重大贡献，但因为他们的肤色和祖籍国背景而一直被视为“永久的外国人”。他们意识到，只有团结起来积极介入美国政治，才能维护和增进自身的公民权利和政治权利。2000 年至 2012 年举行的四次美国总统大选和三次中期选举中华人参政出现一轮又一轮的高潮。在各届选举中，华人的登记率和投票率有了显著提高；直接参加竞选并取得成功的华裔精英明显增多，职位层次也稳中有升；华人社团推动选民登记和投票等助选活动更加积极；华裔的政治捐款更加注重与维护自身权益相结合。这些发生在华人社会的重大历史性事件无疑是近年来华人参政水平提高的重要推动原因之一。可见，重大历史性事件，尤其是制度化歧视性事件的发生对华人参与美国政治具有较大影响和推动，在研究美国华人政治参与时不可忽视。

第二节　影响当代美国华人政治参与的个人因素

影响当代美国华人政治参与的因素很多，除了族裔人口结构、族裔社会经济地位、族裔政党认同、选区重划的影响和重大历史事件的刺激等社会因素之外，还有族裔传统政治文化、族裔现状满足感、族裔政治效能感、族裔政治信任感、对参与成本和收益的考虑等个人因素。本节仅就影响当代美国华人政治参与的这些个人因素进行分析。

一、族裔传统政治文化

政治文化是指政治关系的心理的和精神的反映，它是人们在社会政治生活中形成的对于政治的感受、认识和道德习俗规范的复杂综合。政治文化一般由政治心理和政治思想两个层次构成，政治心理是政治文化的表层和感性部分，政治思

① ［美］管黎明：《华裔社区抗议陈宇晖案主犯被轻判　要求军方将其开除》，《侨报》（美国），2012 年 8 月 12 日。

想是政治文化的深层和理性部分。政治文化通过政治社会化过程得以学习和传承。[①]

美国是一个典型的移民国家，由来自世界各地的移民群体构成。关于各族裔群体在美国的文化适应和文化认同的理论主要有五种，分别是“盎格鲁同化论”、“大熔炉论”、“多元文化论”、“文化生成论”和“撞击——体化论”。早在20世纪之前，美国学界就形成了“盎格鲁同化论”和“大熔炉论”，现已遭到抛弃。“多元文化论”形成于20世纪60年代，至今仍有相当的生命力。“文化生成论”强调不同文化模式在碰撞中生成一种非“A”非“B”的文化模式，或既含“A”又含“B”的文化模式。“撞击——体化论”在“文化生成论”的基础上认为，各族裔文化在交流和碰撞过程中其内部具有“动态性”，这有助于人们更全面地了解文化一体化与多样化进程并行不悖的相互作用。后三种理论都有一个共同特点，那就是承认各族裔群体有保留自身传统文化的权利，并发挥其独特作用和影响。[②] 笔者持“多元文化论”观点，但不赞同其过分强调各族裔文化在交汇中的相互独立性，否认文化的互融性和互动性。

美国是一个以“盎格鲁—撒克逊新教徒”（WASP）民族文化为主流文化的白人国家。黑人、西裔、亚裔、犹太裔等少数族裔文化是这一主流文化下的亚文化支流。作为亚裔的一个重要组成部分，华人移民美国虽然已有160多年的历史，但其中排华的时间长达61年。排华期间华人为避免受迫害而集中居住在唐人街，几乎与外界隔绝，因此，他们身上仍保留着中国传统文化。1960年代以降，经历民权运动的洗礼，多元文化思潮在美国日益盛行，导致华人社区的中国传统文化不仅没有被削弱，反而进一步得到强化。总体来看，华人的中国传统文化与白人主流文化有鲜明的异质性，中国传统文化强调集体主义，而以白人主流文化为代表的美国文化强调个人主义。

作为一个移民国家，许多美国人保持了他们祖先从世界各地带来的价值观念、礼仪、习俗、宗教、语言和艺术等文化传统，美国华人也不例外。具体来看，在价值观上，华人更重视家庭，重视子女教育；在习俗上，华人虽身居美国，但每逢中国传统节日，都会身穿中国传统服装，举办舞龙、舞狮和赛龙舟等活动以示庆祝；在宗教上，美国华人除了信基督教、天主教和伊斯兰教之外，还有很多人信中国传统的孔教、佛教和道教等；在语言上，大多数华人在家庭里讲普通话或粤语、闽南话、温州话、上海话等祖籍地的方言。许多情况下，这些以族裔为基础的移民文化传统影响了人们的政治观念和行为，从而形成了具有族裔

① 王浦劬主编：《政治学基础》，北京：北京大学出版社1995年版，第307页。

② 钱皓：《美国西裔移民研究》，北京：中国社会科学出版社2002年版，第3～13页。

特色的个人政治文化。

由于移民来源国的背景不同，公民个人从小所接受的政治文化往往与美国的主流政治文化完全不同，对美国华人来说更是如此。美国的主流政治文化强调民主、平等、自由和三权分立制衡，而华人的中国传统政治文化更强调服从、恪守习俗、尊重权威和中庸之道。[①] 比较发现，华人族裔的传统政治文化对他们参与美国政治有较大的负面影响，具体表现在两个方面：一方面，他们在参与美国政治时或多或少受中国传统政治思想的影响和束缚；另一方面，他们对美国主流政治文化缺乏足够的认识和了解，阻碍了他们参与美国政治。

当代美国华人的政治心理或多或少受到某些中国传统思想的影响和束缚。在中国的政治思想中，儒家思想对中国人的政治心理的影响巨大。儒家坚信道德是政治问题的中心。孔子主张“道统高于群统，道义重于权令，从道不从君”，推崇道德高于政治。孔子认为，从政不必当官，宣传孝道就是参政。孔子教育中国人的基本参政心理是首先要“修身、齐家”，然后才能“治国、平天下”。这句话已成为许多中国人奋斗的座右铭，对中国人的影响可谓潜移默化、根深蒂固。除了儒家思想之外，老庄的道家思想对中国人的影响也非常大。老子主张“无为而治”，庄子更将老子的“无为”思想发挥得淋漓尽致，他要求人类彻底回归到大自然当中去。这些在政治参与上的消极思想对中国人的影响可谓无处不在。[②]

受儒家和道家等传统中国文化的熏陶，再加上早期华侨身处异乡，可能连生命都有危险，极其自然地养成“明哲保身”、“多一事不如少一事”的保守政治心理。虽然中国传统思想对当代美国华人参政意愿的影响已减弱了很多，但并未完全消除。许多人仍然只埋头搞专业、赚钱，视“搞政治”为畏途。[③] 即使在今天，受中国传统政治文化的影响，“各人自扫门前雪，休管别人瓦上霜”的保守政治心理在美国华人社区仍然非常普遍。很多华人担心登记成为选民后会浪费时间去承担做陪审员、投票等义务，影响自己的工作和休息。这种自私心理导致相当多华人公民不参加选举登记与投票。[④]

事实上，当代美国华人人口中大多数是第一代移民，他们主要来自中国大陆、香港和台湾，其余大多来自东南亚国家，这些国家及地区历史上都实行威权

① ［美］施于杭：《美籍华人的政治取向和期望：兼论美籍华人在中美关系发展中的作用》，［美］孔秉德、尹晓煌主编，余宁平等译：《美籍华人与中美关系》，北京：新华出版社2004年版，第90~91页。

② 郭岱宗：《美国华人政治参与之研究》，（台湾）淡江大学美国研究所博士学位论文，1992年，第55~57页。

③ 郭岱宗：《美国华人政治参与之研究》，（台湾）淡江大学美国研究所博士学位论文，1992年，第57页。

④ 万晓宏：《当代美国华人政治参与研究（1965—2004）》，暨南大学博士学位论文，2005年，第182页。

主义，人们大多没有参与政治的传统。华人在只是埋头于经济，无意争取平等政治地位，且常常因为祖籍国的原因而在政治上遭受迫害。因而，他们移民美国后，更热衷经济活动，对政治持冷漠态度。来自台湾地区的华人新移民，包括留学生及其父母，受1950年代台湾“白色恐怖”政治影响，视政治为畏途。他们中的大多数人认为，参与政治就是对某党、某派的赞同和认可，就是走路线、搞手段、搞党派、出风头之类，只要任何人一提到“政治”，就不由自主地往不正确的一方想。[①] 这种陈旧观念至今仍存在于许多华人的脑海中。这些华人只埋头从事专业工作，不愿意登记为选民，害怕自己与某一党派扯上关系。而在美国不登记为选民就没有资格投票，即使投了票也不一定能发挥作用。

由于当代美国华人人口中有一半以上是移民，他们当中相当一部分人的文化教育水平低，不能熟练使用英语，平时的活动只限于华人圈，对美国主流政治文化缺乏了解或认识不够，阻碍了他们参与美国政治。很多人根本不知道美国的政治参与方式有选举、罢免、创制和复决等。他们对美国民主政治制度及其运作过程缺乏具体了解，一个直接表现就是华裔选民不知道该投票支持谁，不知道应该支持什么或反对什么。有的华人甚至不知道在投票之前要先进行选举登记，如2004年美国总统大选中就有一位老人，投票前一天晚上女儿打电话来让他一定要去投票，第二天他拿着公民证去投票，但由于没有提前登记，无法进行投票。许多美国华人有参与政治的兴趣和热情，但由于不谙英语，面对复杂的投票程序，如果没有双语翻译的帮助，也只好选择放弃。

中国传统政治文化对美国华人影响深远，在一定程度上阻碍了他们对美国政治的参与。要克服这些消极影响，最好的办法是进一步加大选民教育力度，提高华人的英语水平，增加华人对美国主流政治文化，尤其是当代美国选举政治文化的了解和认识，鼓励华人积极参与当地政治。笔者以为这既需要华人社团的大力宣传与引导，更需要华人公民的努力学习、亲身实践和锻炼。

二、族裔现状满足感

现状满足感是指公民对自身的生活水平和社会地位等现状的满意程度。一般来说，在相同条件下，现状满足感低的人通常比现状满足感高的人更希望通过政治参与来达到改变自己命运的目的。[②] 在美国，白人、黑人、拉美裔和亚裔对现

① 林启文：《华裔美人参与政治活动之研究（1965—1993）》，（台湾）国立政治大学民族研究所硕士学位论文，1993年，第43页。

② 施雪华主编：《政治科学原理》，广州：中山大学出版社2001年版，第787页。

状的满意度各不相同，导致对参政的态度也不同。即使在华人社会内部，中国大陆新移民、香港移民和台湾移民，以及土生华裔对现状的满意度也不同，导致他们的参政水平有较大差异。

近年来，美国的投票率一直呈下降趋势，历次总统大选投票率几乎都在50%徘徊。即使受小布什执政八年的拖累和金融危机的影响，2008 年美国总统大选也没有激起选民的热情，投票率仅为57%。除了选民对美国政治持怀疑态度的影响之外，中上层阶级普遍的现状满足感也是一个值得考虑的因素。因为，如果人们对自己的现状感到满意，就不会积极要求有所改变，更不愿意通过政治参与的方式来改变自己的处境。在美国，由于两党的政策没有根本的不同，所以对大多数不愿改变现状的人来说，哪个政党执政都一样，所以他们不去参加投票。在政治效能感强的人当中，对现状满足感低的人比对现状满足感高的人参与政治往往更加踊跃；在政治效能感弱的人当中，无论现状满足感多么低，他可能都会选择通过其他的途径来改善自己的处境而不是参与政治。①

连培德教授主持的课题“2000—2001 年全美亚裔政治调查”是目前美国国内学界对亚裔政治进行的最全面和最权威调查。其中对华人的后续访问结果显示，华人对在美国的生活现状总体上表示满意，对美国政府照顾国民的能力评价积极。他们也喜欢美国政府在处理公共事务时较少官僚作风、更为民主。但不论他们的出生地在哪里，这些华人后续受访者都不愿意批评祖籍国政府。好几位来自中国大陆的华人后续受访者认为，中国人口太多以至于政府无法关心照顾所有人。一位来自台湾地区的老年妇女认为，两地当局在不同的事情上都做得比较好，其中台湾当局在为人民提供医疗保障方面做得更好。一位来自香港地区的30 多岁的女性受访者说，如果她回到香港就不用担心会失去社会保险。②

当代美国华人中对现状表示满意的人士相当多，尤其是新移民当中的那些投资移民、留学移民和技术移民，他们在美国的生活相当富裕、稳定、受人尊重，感受不到任何歧视与偏见。他们对现状相当满足，觉得参不参与政治没有什么不同。在现状满足感较高的华人群体中，政治效能感强的华人参与政治更积极一些，他们往往会担当华人社区的代言人参与并影响政治，但这样的人士较少；而政治效能感弱的那些华人精英可能根本不会去参与政治。看到其他华人积极参与当地政治或为美国华人社区的权益而四处奔走呼号，他们可能会不以为然。要改变这种现状，华人社团应该发挥更重要的作用，鼓励那些满足现状的华人关心美

---

① 施雪华主编：《政治科学原理》，广州：中山大学出版社 2001 年版，第 787 页。

② Pei-te Lien, Behind the Numbers: Studying the Political Attitudes and Behavior of Chinese Americans, 2004 年 4 月 7 日美国犹他大学政治学系连培德教授在暨南大学华侨华人研究所的演讲稿，第 11 ~ 12 页。

国华人社会的整体利益、所在华人社区的公共事务和一部分华人弱势群体的需求，以调动他们参与当地政治的兴趣，激发他们关注美国华人社会问题的热情。

三、族裔政治效能感

政治效能感是指一个人认为他自己的政治参与行为影响政治体系和政治决策的能力。一般来说，政治效能感强的人比政治效能感弱的人更多地参与政治。[①]

大量研究认为，社会地位越高的人，政治效能感越强，政治参与也就越多。事实上这并不完全正确，因为人们的社会地位与政治效能感之间没有必然的联系，有些社会地位很低的社会成员反而是政治生活的积极参与者。如美国社会下层的黑人，社会地位很低，但这并没有妨碍他们成为积极的政治参与者。而社会地位较高的人如果缺乏政治效能感，那么他们不参与政治的情形比低地位者会更为普遍。[②]

就美国华人个体而言，政治效能感是影响其政治参与的重要主观因素之一。政治效能感越强，政治参与就越积极；政治效能感越弱，政治参与就越少。因为政治效能感强的华人认为他的政治参与行为将会对政府决策和执行产生一定的影响，他在政治参与活动中体会到自己的尊严和价值，因此，他就会积极地进行政治参与；而那些政治效能感弱的华人则认为不论他如何地进行政治参与，到头来也不会对政府决策和执行产生任何的影响，他们认为自己的参与和不参与没有什么区别，因而就不参与。

就美国华人整体而言，受人口数量、社会经济地位等因素的影响，早期美国华人的政治效能感较低。“二战”后随着华人人口的迅速增加，社会经济地位的上升，尤其是在1960年代美国黑人民权运动的影响下，华人开始认识到，少数族裔也可以通过参与美国政治来维护和增进自身的权益，自此他们的政治效能感开始增强。经历30余年的不断参与，美国华人的自身权益不仅得到了一定程度的保护，在政坛上的影响力也有相当提升，其政治效能感在参与中得到加强与巩固。但20世纪90年代以来，由于中美关系的波动和美国国内的反华排华情绪上升，如1999年美国轰炸中国驻南联盟大使馆、《考克斯报告》，2001年中美南海撞机事件、李文和事件等一系列反华和歧视华人的事件，使很多在美华人深刻地认识到，无论他们在美国多么努力，取得多么大的成就，对美国做出多么大的贡

---

① 施雪华主编：《政治科学原理》，广州：中山大学出版社2001年版，第787页。

② ［美］塞缪尔·亨廷顿、琼·纳尔逊著，汪晓寿、吴志华、项继权译：《难以抉择：发展中国家的政治参与》，北京：华夏出版社1988年版，第86页。

献，他们至今仍被视为“永久的外国人”[①]。这对他们正在逐渐增强的政治效能感是一个较大的打击。

尽管当代美国华人的参政热情多次受挫，近十多年来他们的政治效能感仍在不断增强，如1996年骆家辉当选华盛顿州州长，2000年高票获得连任；2001年华裔赵小兰被委任为联邦政府劳工部部长，2005年又轻松取得连任；2004年美国大选期间，纽约州第22选区的三位候选人都是华裔，他们分别是民主党的孟广瑞、共和党的谢美琳和绿党的周长青，最后孟广瑞凭借其长达28年的社区服务经验取得胜利，当选为该州第一位华裔州众议员，也是该州第一位亚裔州众议员。[②] 纽约新闻界认为，他的当选将全面提高华裔选民投票的积极性，显示纽约亚裔政治力量的崛起，是纽约华人参政史上的历史性转变。[③] 2008年奥巴马当选美国总统后，获委任的华裔内阁成员有五位，他们分别是内阁秘书卢沛宁、能源部部长朱棣文、商务部部长骆家辉、白宫联络办主任陈达美（女）和国土安全部法律总顾问方富宇，人数超过以往历届政府。2012年美国大选中，赵美心、孟昭文和谭美这三位华裔女性同时当选美国国会众议员，突破华人参政历史纪录。还有一批华人精英当选州议员、市议员、市长和学区教育委员等政府公职。这些对增强美国华人政治效能感具有积极作用。

尽管近年来美国华人的政治效能感与以前相比在增强，但与美国其他少数族裔如黑人、犹太裔和西裔相比尚待进一步提升。目前，美国华人政治性社团，甚至传统的宗乡社团都开始采取各种形式对美国华人进行宣传教育，鼓励他们积极参与当地政治，从关注、解决社区问题入手，逐步扩大到更高层次。这是提高他们政治效能感的重要途径。

四、族裔政治信任感

政治信任感是指公民对政府当局或政治领导人的信任程度。如果公民认为政府当局是为国家和人民谋福利的，并且有能力领导国家不断发展进步，那就说明他的政治信任感高；反之，如果人们认为政治领导人腐败无能，不能为国家和人民谋福利的话，那就说明他的政治信任感低。政治效能感决定公民政治参与的多少，而政治信任感决定公民政治参与的性质，即是支持性参与还是抗议性和反对性参与。在政治效能感强的公民中，具有极高政治信任感的参与往往是支持性参

---

① Iris Chang, *The Chinese in America: A Narrative History*, New York: Viking Penguin, 2003, p. 390.

② 《美国大选四华裔当选众议员》，http://usdragon.com/USA-denver/search_xin.asp?field=ID&keyword=164514&NewsCategoryID=50。

③ 《纽约将诞首位华裔议员》，《国际日报》（美国），2004年10月29日。

与，至少不是抗议性参与；而具有极低政治信任感的公民的参与往往是抗议性或反对性参与，如游行示威或暴乱等。①

“2000—2001 年全美亚裔政治调查”对华人的后续访问结果显示，华人对美国政府官员的信任度比对祖籍国官员的信任度更高。其中 40% 的华人认为他们更信任美国政府官员，33% 的华人认为两者没什么差别，7% 的华人更不信任美国政府官员，20% 的华人不确定。洛杉矶华人对美国政府官员的信任度比旧金山华人稍高一些，分别为 46% 和 40% 。但与亚裔移民整体上对美国政府官员的信任度 55% 相比，华人移民对美国政府官员的信任度低很多，仅为 39% 。当亚洲出生的华人受访者被问及他们对美国和祖籍国两国政府官员的影响力孰大孰小时，只有 20% 的人认为他们对美国官员的影响力更大一些。②

当华人受访者被问及他们对美国地方官员的信任度时，在表示值得信任的 30% 华人当中，认为总是值得信任的仅占 2% ，大部分时候值得信任的占 28% ，35% 的华人表示有时候值得信任，10% 表示根本不信任，还有 25% 不能确定。洛杉矶华人对美国地方官员的信任度较高，其中 36% 表示总是和大部分时候值得信任，但他们也是不信任比例最高的，占 14% 。关于政府回应水平的比率分布与信任度类似。31% 的华人认为美国地方官员对他们的投诉非常或相当关注，38% 认为他们很少或根本不关注，31% 的人不能确定。洛杉矶华人在这一点上比旧金山和纽约的华人更高一些，分别为 41% 、29% 和 25% 。与亚裔总体上相比，华人认为地方官员更不值得信任，对他们投诉的回应率更低，不能确定的比率也更高。③

根据“2000—2001 年全美亚裔政治调查”的结果还可以发现，华人对美国地方政府官员的信任度总体来看还是比较高的，这反映了他们对美国政治的参与多为支持性参与。但与其他亚裔相比，华人对美国地方政府官员的信任度仍然较低，可见对政府官员持不信任态度的华人仍然不少。这些人当中采取反对性参与的比例较高，其原因是多方面的，其中一个主要原因是华人在美国社会长期遭遇种族歧视和偏见，以及居住国美国和祖籍国中国的关系变动。

---

① 施雪华主编：《政治科学原理》，广州：中山大学出版社 2001 年版，第 789 页。

② Pei-te Lien, Behind the Numbers: Studying the Political Attitudes and Behavior of Chinese Americans, 2004 年 4 月 7 日美国犹他大学政治学系连培德教授在暨南大学华侨华人研究所的演讲稿，第 12 页。

③ Pei-te Lien, Behind the Numbers: Studying the Political Attitudes and Behavior of Chinese Americans, 2004 年 4 月 7 日美国犹他大学政治学系连培德教授在暨南大学华侨华人研究所的演讲稿，第 12 ~ 13 页。

五、对参与成本和收益的考虑

有的时候，对政治参与成本和收益的考虑也是影响公民政治参与的一个重要因素。因为政治参与是要付出代价的，当政治参与的代价与期望的收益相比得不偿失时，或者当政治参与的代价过于巨大，公民个人无力承担时，人们都有可能会选择不参与。①

美国学者安东尼·唐斯（Anthony Downs）在其《民主的经济理论》（1957）一书中认为，经济行为与政治行为之间有相似之处，例如两者都根据个人自身利益而行动。根据统一收入计算的概念，唐斯认为，政治参与者根据自身在现政府和竞争性政党将来执政中的得失比较来决定自己的政治行为。理性并综合考虑政治参与的代价，在失（成本）大于得（收益）的选举中，政治参与者要么投票支持他们偏爱的政党，要么弃权。

应用到亚裔身上，预期的政治投入与产出不平衡导致亚裔政治参与的水平一直较低。由于人口少、语言障碍和缺少统一的领导，亚裔在获得有利的政治结果之前可能要经历低收益的过程。基于对政治参与的成本和收益的慎重考虑，许多亚裔可能觉得在选举中放弃投票并谋取实际利益是理性的。

2000 年亚裔仅占美国总人口的 3.7%，与他们在选举中提供的捐款和实际参与中付出的代价相比，他们得到的收益很可能微不足道。除了夏威夷和加州以外，亚裔在大多数州的选举中发挥的作用较小。即使规定全体参与，考虑到美国政治中少数服从多数的选举制度，亚裔的影响力也不大。因此，大多数总统候选人与国会议员候选人在他们的竞选政治纲领中倾向于不支持与亚裔有关的议题。这也向公众传递出一个信息：亚裔的政治参与对美国政治几乎没有什么影响。当参与的低收益变得非常明显时，亚裔可能会退出美国政治。② 占亚裔人口 1/4 强的当代美国华人也是如此。

美国华人出于参与成本和收益不成比例的考虑而不参与政治的人数相当多，尤其是在新移民当中这种现象普遍存在。新移民刚到美国，忙于生计，根本没有时间和精力去参与政治活动，即使有参与政治的良好愿望，但考虑到参与要付出的高昂成本，而又不能确定收益会怎么样时，大多数人可能会选择放弃参与。目前，美国华人的政治影响力与过去相比有了显著增强，但与其他少数族裔如黑

---

① 施雪华主编：《政治科学原理》，广州：中山大学出版社 2001 年版，第 789 ~ 790 页。

② Jun Xu, The Political Behavior of Asian Americans: A Theoretical Approach, *Journal of Political and Military Sociology*, 2002, Vol. 30, No. 1 (Summer), pp. 75 – 76.

人、西裔、日裔相比力量还非常有限。要使在美华人的政治参与水平达到一定高度，可能还需要好几代华人的共同努力。在短时期内，华人政治参与的成本和收益可能会不成正比，有时投入了很多却根本没有看到收益。但从长远的发展的眼光来看，只有不停的量的积累才会最终导致质变，政治参与也是一样，需要华人的无私奉献。在美国，可能需要好几代华人不计成本的参与，收益才会有明显增长。

小　结

综上所述，影响当代美国华人政治参与的因素可分为社会因素和个人因素两个部分。社会因素主要有族裔人口结构、族裔社会经济地位、族裔政党认同、选区重划的影响和重大历史事件的刺激等；个人因素有族裔传统政治文化、族裔现状满足感、族裔政治效能感、族裔政治信任感以及对参与成本和收益的考虑等。社会因素和个人因素对当代美国华人政治参与的广度和深度都有重要影响，其中社会因素的影响比较直接，呈显性；个人因素的影响相对间接，呈隐性。

总体来看，族裔人口结构是影响当代美国华人参与选举政治的基本因素；族裔社会经济地位直接影响他们的参政水平；族裔政党认同与他们能否成功步入美国政坛紧密相关；选区重划直接影响华人集团投票的影响力和能否选出本族裔的政治代表；重大历史事件一方面使华人政治效能感受挫，但另一方面使华人深思，转而更加理性地参与美国政治；中国传统政治文化确实对当代美国华人政治参与有一定程度的负面影响，但可以通过加强选民教育力度，提高华人参政意识的途径来克服；大多数华人对自身在美国的生活现状较为满意，导致他们的政治参与度低；随着华人社会经济地位的提升，他们的政治效能感在逐渐增强，但他们对美国政府的政治信任度仍然比较低；如果考虑到政治参与的成本在很多时候大于参与取得的收益，很多华人选择不参与政治。

通过上述分析也发现，这些社会和个人因素对当代美国华人政治参与的影响不是单个就能起决定性作用，而是既相互区别，又相互联系、相互影响，综合发挥作用。因此，在分析影响当代美国华人政治参与的社会和个人因素时，既要对影响美国华人政治参与的各个相关变量进行定量分析，也要对影响美国华人参政的社会和个人因素进行综合定性评估，只有这样才能全面真实地反映当代美国华人政治参与的成就与不足。

第三章　当代美国华人精英的政治参与

1965 年以前华人参与美国政治的方式如第一章所述，主要是通过组建各种社团、加入劳工组织、诉讼、外交渠道、参与祖籍国政治、参军参战、争取政府拨款等非选举政治参与方式为自身争取民权，只有少数华人直接参与选举政治。华人大规模参与选举政治须具备两个条件：一是要消除华人在美国长期受歧视的状况和没有投票权的制度性障碍，该障碍直到约翰逊总统签署 1964 年《民权法案》和 1965 年《投票权利法案》之后才得到排除。在参与选举政治的制度性障碍因素解决后，华人大规模参与美国选举政治的又一条件是须具备一定的人口规模和经济实力。正如第二章所分析的，族裔人口数量的增加和社会经济地位的提升对族裔政治的发展非常重要，一个族裔群体必须有相当的人口规模和足够的经济实力，才能有足够的资源去建立社区和从事政治动员，参与选举政治活动。20 世纪 60 年代中期，美国华人的人口规模和经济实力尚处在积累阶段；70 年代至 80 年代，随着大批来自台湾地区、香港地区的高科技移民和投资移民涌入美国，加上中国大陆新移民，尤其是留学移民，美国华人社会的人力资源（选票）与经济实力快速上升。在华人精英的呼吁和动员之下，普通华人参与选举的政治意识开始觉醒，一大批华人精英开始踏上美国各级政坛。本章首先分析当代美国华人参与选举政治的四种主要方式，然后把当代美国华人精英参与选举政治的方式概括为四种模型进行具体分析，最后以骆家辉与赵小兰的参政经历为例，对华人精英的参政方式和参政模型进行比较分析。

第一节　当代美国华人参与选举政治的方式

当代美国的政治体系属于“多元化”（Pluralism），即能够影响政治的方式很多，政治变动性大，因此政治参与方式特别复杂，但总体上可以分为正式和非正式两种类型。前者包括选举、罢免、创制、复决、监察和组党结社等，大多数美国华人喜欢以组党结社的方式参与政治；后者包括游说、示威、请愿、向美国政府官员表达意见以及在法律规定范围内捐款，其中以捐款行为最为当代美国华人所热衷。[①] 当代美国华人参与选举政治的方式亦呈多元化趋势发展，但据笔者观察，主要有参加选举登记与投票、政治捐款、竞选议员和政府公职，以及争取政治委任等。

一、参加选举登记与投票

参加投票是美国公民的基本政治权利之一。而美国公民要参与选举投票的第一步就是参加选举登记，然后才能有资格参加投票。公民在自己的居住地登记投票，如果搬迁到新的地方，通常需要重新登记，以防止作弊。但各州的选民登记程序不尽相同。在过去，登记程序有时被用来阻碍某些公民参加选举。近年来，登记的规定趋于简化，1993 年通过的《全国选民登记法》（National Voter Registration Act），也称《机动选民法》（Motor Voter Law），使人们可以在延长汽车驾驶执照的同时进行选举登记。[②] 当姓名不在登记名册上的人来投票时，他们被给予一张临时选票，但最终还是要根据是否有登记来判定他们的选票是否有效，再决定是否将其纳入统计结果。参与选举投票的第二步是公民投票方式。通常情况下，大多数选民在大选日前往住所附近的投票站投票。近年来，各地对投票方式也进行了一些改革，如不能在大选日去投票站投票的选民可申请缺席投票和提前投票，等等。[③] 在有些州，公民全部通过邮寄来投票，如俄勒冈州、华盛顿州的西雅图市和景县等。现在全美国有超过 1/5 的选民是在选举日之前投票的。[④]

西方政治学者的研究发现，选民投票的取向主要分为三类：政党认同取向、候选人取向和议题取向。另外，自 20 世纪 90 年代以来，华裔公民在美国历次大选中跨党派投票或分裂投票的人数有增加的趋势。[⑤]

（一）政党认同取向

所谓“政党认同取向”投票指选民投票时只注意候选人的党派，并且只投票给自己所归属的政党。在美国华人选民中，除少数积极参政人士隶属于民主党

---

① ［美］翟文伯、吴仙标、王碚著，邱宏达、杜其友编：《力争上游：华人在美参与政治的问题》，台北：时报文化出版企业股份有限公司 1986 年版，第 24 页。

② 《美国总统选举・2004》，美国驻华大使馆新闻文化处，2004 年 9 月 2 日，第 14 页。

③ “缺席投票”是指那些预计在选举日当天不在自己的选区或投票地的选民可以登记为“永久缺席选民”，通过邮寄的方式投票。“提前投票”是指选举工作人员在选举日前最多三周内，在购物中心和其他公共场所设立投票装置，以便在大选日不能投票的选民在方便时前去投票。

④ 《美国总统选举・2004》，美国驻华大使馆新闻文化处，2004 年 9 月 2 日，第 15 页。

⑤ 林启文：《美国华人政治参与活动之研究（1965—1993）》，（台湾）国立政治大学民族研究所硕士学位论文，1993 年，第 191 页。

和共和党而忠诚支持该党候选人外，大部分华人选民属于微弱政党认同者或独立选民（independents），所以他们的投票行为较少受党派的约束。20 世纪 80 年代初，台湾政治学者葛永光博士在芝加哥地区曾就美国华人政治态度做过问卷调查。在接受调查的 100 人中，有 51% 的华人受访者认为自己是独立选民；认同民主党比认同共和党的要多，分别为 23.5% 和 15.3%；在认同民主党和共和党的人当中，只有 11.1% 认为自己"强烈"认同美国两大政党。① 因此，整体而言，华人的政党认同并不强。

1992 年美国总统大选前，《世界日报》与亚洲商联民意测验中心进行的全美华裔民意调查显示，华裔的党派界线并不明确。在接受调查的 1 289 人中，自称是独立派的比例高达 57.7%；民主党仅占 11.1%，其中忠贞民主党员占 5%，党性不强的民主党员占 6.1%；共和党比例稍高，占 31.1%，其中忠贞共和党员占 17.8%，党性不强的共和党员占 13.3%。②

连培德教授主持的课题"2000—2001 年全美亚裔政治调查"是美国政治学界至今关于亚裔政治态度与行为最具权威的调查之一。2000 年 11 月 16 日至 2001 年 1 月 28 日，课题组通过随机抽样对居住在洛杉矶、纽约、夏威夷、旧金山和芝加哥市区的 1 218 名华裔、韩裔、越南裔、日裔、菲裔和南亚裔进行电话访问。结果发现，当问及政党认同时，33% 的华人受访者表示他们通常不考虑这些术语，近 25% 的华人受访者不知道如何回答该问题。洛杉矶华人受访者不能确定政党认同的比例最高，为 65%，纽约为 44%。在有政党认同的华人中，76% 认同民主党，19% 认同共和党。洛杉矶华人中，民主党与共和党的比例分别为 22% 和 12%，其差距比旧金山华人要小；旧金山华人中，认同民主党和共和党的比例分别为 40% 和 3%。亚裔作为一个整体，20% 的人认为他们没有想过用党派术语描述其政治取向，16% 的人对他们的党派认同不确定。16% 的南亚裔、58% 的越南裔称，用美国的党派术语表达他们的政党认同会使他们感到不舒服或不确定。总的来看，36% 的亚裔认同民主党，14% 认同共和党，13% 是独立选民。越南裔对民主党和共和党认同比例分别为 15% 和 12%。独立选民中，倾向民主党的占 32%，倾向共和党的占 21%，近 50% 的人拒绝考虑党派术语。③

从以上统计数据可以发现，由于华裔选民大部分属于微弱政党者或独立选

① 葛永光：《族裔团体的政治团结：美国华人政治参与的分析》，《美国月刊》民国七十五年第 1 卷第 4 期，第 78 页，转引自林启文：《美国华人政治参与活动之研究（1965—1993）》，（台湾）国立政治大学民族研究所硕士学位论文，1993 年，第 191 页。

② 《世界日报》（美国），1992 年 10 月 22 日，转引自林启文：《美国华人政治参与活动之研究（1965—1993）》，（台湾）国立政治大学民族研究所硕士学位论文，1993 年，第 192 页。

③ Pei-te Lien, Behind the Numbers: Studying the Political Attitudes and Behavior of Chinese Americans, 2004 年 4 月 7 日美国犹他大学政治学系连培德教授在暨南大学华侨华人研究所的演讲稿，第 15 ~ 16 页。

民，在党派立场上具有较大弹性，因此，华人选民属于政党认同取向者，只是华裔选民中的少数。

美国是一个典型的两党制国家，政党政治是美国选举政治的基础，并一直主导着美国政治。不加入政党，不从事政党活动，永远无法进入主流政治。20世纪90年代以来，美国华人的政党认同感有所增强，加入两党的人数比例有所提升，在两党中的影响也越来越大。例如，2004年7月26日至29日，美国民主党全国代表大会在马萨诸塞州的波士顿召开，来自全美50个州、属地与海外的4 352名正式党代表参加了会议。据民主党总部统计，这次会议上亚裔代表有211人，约占全部党代表人数的3%，创历年新高。[①] 其中华裔民主党代表有15人，分别是刘永光、刘毛淑卿、余胤良、江俊辉、骆家辉、刘醇逸、李亮畴、吴振伟等。而2000年的民主党全国代表大会上，出席会议的华裔民主党代表只有5人。[②] 2008年8月，在丹佛举行的民主党全国代表大会上，有4 400多名民主党代表参加，其中亚裔党代表有200多人，约占总人数的4.5%，是历次民主党大会亚裔比例最高的一次。华裔党代表也突破了历史纪录，有3位华人担任超级党代表，他们是吴振伟、王兆华和梁吴美琪。[③] 2012年9月4日至6日，民主党全国代表大会在北卡罗来纳州的夏洛特召开，赵美心是唯一的华裔发言人。来自加州的华裔党代表还有胡靖宇、罗达伦、李孟贤、关丽珍、李天然、陈介飞、刘颂德、张凯菱、江俊辉、刘云平、方树强等，来自纽约州的华裔党代表有刘毛淑卿、司徒仲菁、伍宝玲、陈倩雯和孟昭文等，代表人数创新高。[④] 这些都说明了近年来华裔在民主党内的地位和影响正在逐渐提高，华裔对民主党的认同度也越来越高。

（二）候选人取向

所谓“候选人取向”是指参政经验较少、尚无固定政见的选民，他们投票时常常只注意候选人的个人人格、外在特征（如仪表、谈吐）或族裔背景。1988年4月加州洛杉矶县蒙特利公园市议员选举后的一项针对各族裔选民的研究调查显示，对各族裔选民（包括433名华裔、335名白人、267名日裔、259名西裔和69名其他亚太裔）投票影响最大的是候选人个人言行及竞选宣传，同时英文

① 《民主党全代会　华裔精英汇聚波城》，《世界日报》（美国），2004年7月23日。

② 美国之音（VOA）“时事经纬”，2004年7月24日。

③ 《华裔超级党代王兆华首次使用投票权力挺希拉里》，http：//www.chinaqw.com/hqhr/hrdt/200802/20/107007.shtml，2008年2月20日。

④ 《美国民主党全国代表大会亚裔青年表现活跃》，http：//www.chinanews.com/hr/2012/09-08/4168950.shtml，2012年9月8日。

报纸在竞选中的影响力占第三位，比非英语媒体的影响力更大，即使华裔选民也不例外。该研究还发现，亚裔选民大多强烈支持亚裔候选人。如市议员选举得票最高的华裔候选人赵美心获得88%的华裔选票，75%的日裔选票，她还获得拉美裔及白人1/3的选票，因而以高票当选。①

连培德教授在“2000—2001年全美亚裔政治调查”中发现，对所有受访者，无论投票与否，问同样的假设性问题——如果你有机会决定两个候选人担任某一政治职务，其中一位是亚裔，如果两人品质相同，你会更可能投亚裔的票吗？华人以71%的压倒性多数投票支持亚裔，22%不确定。作为一个整体，亚裔投票支持亚裔的比例不高，为60%。其中越南裔最高，为75%；最低是日裔和南亚裔，分别为22%和24%。当这些支持者被问及“如果亚裔候选人不太合格，你们会投他或她的票吗”时，有36%的华人表示肯定支持，但只有24%的亚裔表示肯定支持，且在越南裔中支持率最低。② 这表明，在决定投票时，华人比其他亚裔更重视候选人的族裔背景，而不是个人品质。

一般来说，当某一选区只有一位华裔候选人时，华人选民大多会把选票投给该华裔。当该选区同时有两位或更多华裔参选同一职位时，华人选民可能只有从其个人能力与政见方面来决定投谁的票。实际上也是如此，大部分华人选民都把候选人的族裔背景放在第一位，而把党派和政见放在第二、第三位。譬如，在1992年旧金山市议会的选举中，华人选民中投票支持华裔候选人谢国翔的占96.6%；在教育委员选举中，支持余胤良的华人选民达88.2%；在华埠没有做竞选工作的华裔候选人法安琪也得到40.3%的华人选民的支持。③

可见，华人选民在投票时有较强的候选人取向，而且重视候选人的族裔背景甚于其品质和能力。

（三）议题取向

所谓“议题取向”是指选民投票给政见最符合自己愿望的候选人，而不考虑候选人的党派与个人品质等背景因素。从政治参与理论上来说，这是最为理性的投票选择。但在当今日益多元化的美国社会中，选民常常只就候选人对自己关心的某一特殊问题的立场来决定其投票的取向。华人选民中，持政见取向的人数

---

① 《世界日报》（美国），1988年7月30日，转引自林启文：《美国华人政治参与活动之研究（1965—1993）》，（台湾）国立政治大学民族研究所硕士学位论文，1993年，第192页。

② Pei-te Lien, Behind the Numbers: Studying the Political Attitudes and Behavior of Chinese Americans, 2004年4月7日美国犹他大学政治学系连培德教授在暨南大学华人华侨研究所的演讲稿，第17页。

③ 《世界日报》（美国），1992年12月14日，转引自林启文：《美国华人政治参与活动之研究（1965—1993）》，（台湾）国立政治大学民族研究所硕士学位论文，1993年，第193页。

也在呈上升趋势。20 世纪 80 年代以来的每次总统大选中，民主、共和两党总统候选人的“中国政策”一直是部分华裔选民投票的重要影响因素之一。例如，在 1992 年的总统选举中，来自中国大陆和台湾地区的华裔选民对两党候选人对台海局势的看法更加关心，而来自香港地区的华裔选民则更关切两党候选人对 1997 年香港回归后的发展前景的看法。①

20 世纪 60 年代中期以来，由于电视广告在竞选中的广泛使用，候选人的形象和选举议题变得越来越重要，政党在选举中的主导地位开始明显下降。美国选民跨党投票和分裂投票（所谓“分裂投票”是指华人选民在选举中有时跨党投票，有时候投自己认同政党的票，如在总统大选中，许多华人跨党派投票，但在地方公职选举中投自己认同政党的票）的情况变得日益普遍，而且大都集中在政党认同微弱及独立选民群中。整体而言，跨党派投票和分裂投票的盛行不只是因为候选人形象和议题的吸引所致，其真正的关键原因是 20 世纪 60 年代中期以降美国选民政党认同日益式微的大趋势。

华人在美国是少数族裔，如果分为民主党、共和党和独立选民三派，并各自分散投票，难以形成像黑人、犹太人、希腊裔、爱尔兰裔那样的集团投票影响力，以维护与增进自身的权益。自 20 世纪 80 年代以来，美国华人逐渐认识到这种分散投票的缺点。为了改变这种状况，许多华人精英人士和华人参政团体多方呼吁，要求华人社会团结起来，实行跨党派投票或分裂投票，在各级选举中集中选票投给关心自己利益的候选人。因此，近年来，华人选民以议题为取向的跨党派投票和分裂投票已成为普遍现象。

笔者以为，华人选民在政治选举中持单一取向的投票者并不多。应该说，随着华人在政治参与上的日臻成熟，投票的决定因素是对上述三种取向的综合考虑，只不过在更关注、更倾向于哪一种取向上有所区别而已。在实际选举过程中，这三种取向不是绝对分离的，而是综合发挥作用，有时某一取向起主导作用。例如，在 2004 年的总统大选中，小布什之所以成功获得连任，最主要的原因是他坚定的反恐立场和国家安全政策赢得了选民的信任，第二位的原因是其经济和医疗保健主张，第三位才是宗教信仰和反对同性恋等主张。但在这次大选中，70% 以上的华人选民支持克里，主要是因为民主党一贯比较照顾少数族裔权益。可见，是议题取向在这次大选中发挥了重要作用。笔者以为，随着华人选民参政意识的提高，综合考虑以上三种取向的选民会逐渐增多。

---

① 林启文：《美国华人政治参与活动之研究（1965—1993）》，（台湾）国立政治大学民族研究所硕士学位论文，1993 年，第 194 页。

二、政治捐款

美国政治中有一句流行俗语："金钱是政治的母乳。"每到选举年，参加竞选公职的候选人就会为了筹集选举经费而绞尽脑汁，四处奔走。所有人都知道，要想当选，没有钱是万万不行的，当然有了钱也并不一定就能保证当选。[①] 因此，政治捐款是参与美国选举政治的一种重要方式。

一般来说，各级民选官员的竞选经费来源有个人捐款、政党筹措、政治行动委员会（PAC）提供、候选人个人财产或借贷四种途径。美国华人大多喜欢通过个人捐款支持某位候选人，近年来通过政党和政治行动委员会向候选人提供捐款的华人也在逐渐增多。据笔者观察，通过政治行动委员会进行政治捐款所发挥的影响力最大。

20 世纪 80 年代开始，美国华人的政治捐款能力引起了当地主流政客的注意。到 90 年代，华人社区已成为许多竞选各级公职候选人筹款的必去之地。由于华人的政治捐款相比其他族裔更多，而且不图回报，因此被称为选举中的"金主"（fat cat）或"金牛"（cash cow）。[②] 每逢选举，候选人都会通过华人社团在华埠召开筹款餐会，接受华人捐助。华人也逐渐意识到利用捐款影响候选人的政见，为自身争取权益的重要性。

就华人政治捐款而言，在地方选举中，华人可通过集体捐款再加上选票的运用对地方政治发挥相当大的影响。但在全国性的大选中，由于华人在政党认同上的差异分散了华人的政治捐款，所以不能产生较大影响。近年来，一些华人参政团体认识到这一缺点，希望能通过成立政治行动委员会把华人的捐款整合起来，提升华人对美国政治的影响力。例如，在 1988 年美国总统大选前夕，一些华人精英人士联名向全美国发表了《华裔公民关于 1988 年大选政治宣言》，要求每位总统候选人承诺在其当选之后，任命合格的华裔公民出任联邦政府司法和行政部门的适当职务，尊重华裔参与政治的诚意，让华裔也有在政治方面发挥才智、有所贡献的机会。任何一位候选人未作上述承诺以前，华裔公民不分党派，都保留捐款，不提供助选经费。[③] 该策略从理论上来说是正确的，但在实践中能否真正整合全美华人的捐款仍是一个问题。

华裔对政治捐款非常热衷，但由于他们中大部分是第一代移民，英语能力有

① 张立平：《美国政党与选举政治》，北京：中国社会科学出版社 2002 年版，第 190 页。

② 林启文：《美国华人政治参与活动之研究（1965—1993）》，（台湾）国立政治大学民族研究所硕士学位论文，1993 年，第 196 页。

③ 《华裔公民关于 1988 年大选政治宣言》，《世界日报》（美国），1987 年 3 月 3 日。

限，对美国文化也缺乏了解，不知道如何参与当地公共事务，因此不知道如何通过政治捐款影响当地政治。另外，有些华裔候选人在华埠举行筹款餐会时，把募款的大半花在餐会上，浪费了来之不易的政治资源。例如，1992 年蒙特利公园市议员选举前，华裔候选人赵美心的一次募款餐会，共有 55 桌，吃掉 8 000 多元。另一位华裔候选人称，办的餐会一定要“像样”，捐款的人才会觉得“物有所值”。反观当地白人候选人的募款餐会，只需几个三明治和一些茶点就可把捐款者打发。[①] 华裔在选举筹款中的这种不良习惯应当予以纠正。

早在 1980 年代中期，有关亚裔社区的政治捐款与其人口规模不成比例的新闻报道就已开始出现。有华裔学者观察认为，尽管亚裔人口占加州总人口不到 10%，但他们的政治捐款经常占他们支持的候选人募集捐款总数的 20% ~30%。当捐款的对象是亚裔候选人时，他们的捐款数占捐款总数的比例会更高。美籍日裔学者立花（Tachibana）称，加州前州务卿余江月桂竞选资金的 75%，特拉华州前副州长吴仙标[②]竞选资金的 70% 都来自亚裔的捐款。根据连培德教授在 1996 年的访谈，主要亚裔当选官员和筹款者都承认这种趋势一直持续到 20 世纪 90 年代。[③]

由于亚裔在竞选捐款上的突出表现，现在无论是亚裔或非亚裔候选人都争相到亚裔小区筹款，同时开始重视亚裔的政治诉求。亚裔的政治捐款除了在州或地方政治中发挥作用外，还在全国性的竞选中发挥作用。美籍日裔学者仲西（Nakanishi）称，在 1988 年和 1992 年全国大选中，民主党和共和党总统候选人平分了亚裔达 1 000 多万美元的政治捐款。这使亚裔社区在政治捐款的数额上成为仅次于犹太人社区的少数族裔。[④]

近十年来，金钱在美国选举政治中的作用日益增大。例如，2004 年美国总统大选，两位候选人布什和克里各自筹得的政治捐款都超过 1 亿美元；2004 年 7 月 26 日至 29 日，在马萨诸塞州波士顿市召开的民主党全国代表大会，四天就花去了 6 000 多万美元；2008 年民主党总统候选人奥巴马共筹得政治捐款约 29 亿

---

① 《世界日报》（美国），1992 年 3 月 18 日，转引自林启文：《美国华人政治参与活动之研究（1965—1993）》，（台湾）国立政治大学民族研究所硕士学位论文，1993 年，第 197 页。

② 1988 年吴仙标参选特拉华州联邦参议员时，全美华人捐助了 150 万美元作为其竞选经费，占其全部竞选经费的 3/4。参见《华人参政 更上层楼》，《星暹日报》（泰国），1989 年 2 月 23 日。

③ Pei-te Lien, *The Political Participation of Asian Americans: Voting Behavior in Southern California*, New York & London: Garland Publishing, Inc., 1997, pp. 4 - 5.

④ Pei-te Lien, *The Political Participation of Asian Americans: Voting Behavior in Southern California*, New York & London: Garland Publishing, Inc., 1997, p. 5.

美元；2012 年稍微有些下降，共筹得政治捐款将近 26 亿美元①，创下了美国政治捐款历史纪录。正如王灵智教授所说，金钱对美国政治的影响导致美国民主制度的腐败，1996 年美国亚裔政治献金案就是其中的一个例子。政治献金案后，许多美国政治家和学者都提出要对美国的政治捐款制度进行改革，但时至今日，不仅没有取得进展，反而有很大倒退。例如，2010 年 1 月，美国最高法院以 5 票对 4 票的结果否决了以前对美国公司政治捐款的严格限制，裁定政府不得限制公司和工会“投资”选举宣传，取消个人与公司向独立支出的政治行动委员会的捐款上限。这意味着，以后美国个人和公司的政治捐款没有了上限，权钱交易市场真正实现了自由化。但华裔倒是应该从政治献金案中吸取教训：不是从此放弃通过政治捐款参与美国政治选举，而是要牢记，政治捐款也要通过合法的方式和手段，不能违反美国法律，否则，最后不仅不能实现影响美国政治选举的初衷，反而会损害美国华人社会的利益。

三、竞选议员与政府公职

参加选举登记和投票以及政治捐款是华人运用手中的选票和金钱（钞票）间接影响美国政府决策的一种重要方式，而代表华人利益、少数族裔利益或社区整体利益竞选美国各级议员和政府公职是华人精英直接参与美国政府决策的一种重要方式，也是提升美国华人形象，显示美国华人政治力量和综合实力的重要手段。

在美国华人社会，华人精英竞选议员或政府公职历来十分受重视，在学界更是受到关注。有学者有些偏颇地认为，华人精英竞选各级议员和政府公职的成功率和担任职位的高低是衡量当代美国华人参政水平的唯一标准。相对而言，美国华人学者的研究较为全面，能从登记率和投票率、政治捐款、政党认同、竞选职位等各个方面进行综合考察，值得我们参考和借鉴。当然，竞选各级议员和政府公职也是衡量美国华人参政水平的重要标准之一。

根据竞选职位的高低，华人参与竞选议员和政府公职可以分为竞选国会参众议员，竞选州政府公职、竞选州参众议员、竞选市镇议员和学区教育委员这五个层次。

（一）竞选国会参众议员

华裔参与美国联邦国会议员选举最早从夏威夷州开始。1959 年夏威夷群岛

---

① Presidential Campaign Finance Summaries, http://www.fec.gov/press/bkgnd/pres_cf/pres_cf_Even.shtml.

建州后，华裔邝友良当选为美国联邦参议员，是担任此职务的第一位华人，也是美国历史上第一位担任此职的亚裔。此后，他连选连任四届，直到 1977 年才光荣退休。1964 年和 1968 年，他参加角逐共和党总统候选人提名，是至今为止竞争这一提名的唯一一位华人和亚裔。在担任参议员期间，他在民权、移民改革和教育三个方面为亚裔做出了重大贡献。如 1965 年国会通过的修改移民法提案，邝友良是主要发起人之一。他多次在国会中呼吁，美国是两洋国家，不应重欧轻亚，而应公平对待亚洲移民，给予相同的移民配额。另外，有近 40 位杰出的夏威夷人士在他的支持和推荐下进入政府机构担任高层职务。不论对他自己还是夏威夷人民而言，他都可算是位成功的联邦参议员。①

除了邝友良参加国会议员选举外，美国各州先后有数位华裔竞选国会议员席位。1960 年，华裔伍荣在罗得岛州由共和党提名竞选国会众议员落选。1972 年，曾担任加州奥克斯纳市市长的华裔司徒子春竞选国会众议员失败。1982 年，曾任喜瑞都市议员的华裔黄锦波竞选国会众议员失败。弗吉尼亚州的华裔邵品剡曾以独立候选人身份在 1986 年和 1988 年两次参加国会众议员选举，但都落选。1988 年还有另外两位华裔参加国会议员选举，一位是曾任特拉华州副州长的吴仙标，他代表民主党竞选国会参议员失败；另一位是曾担任蒙特利公园市议员和市长的陈李琬若，她代表民主党竞选国会众议员落选。1990 年，曾担任夏威夷州众议院少数党领袖的刘美方竞选联邦众议员失败。1992 年，吴仙标代表民主党在特拉华州竞选国会众议员，林玉贵在加州代表民主党、姚李恕信在加州代表共和党竞选国会众议员，都以失败而告终。②

从邝友良退休至 20 世纪 90 年代初，美国国会中仅有两位具有华人血统的议员：一位是李硕（Daniel K. Akaka），其祖父是华人，他从 1977 年到 1990 年代表夏威夷州第 2 选区担任联邦众议员，1990 年至今，他又代表夏威夷州担任联邦参议员；另一位是莫苏珊（Susan Molinari），她有 1/8 华人血统，曾于 1990 年至 1997 年期间先后担任纽约第 14、13 选区联邦众议员。③ 直到 1998 年，来自中国台湾的吴振伟在俄勒冈州当选联邦众议员，才有了真正的华人国会众议员。吴振伟先后 6 次连任，2011 年因为个人生活丑闻而辞职。2009 年，赵美心在加州当选国会众议员，并在 2010 年和 2012 年顺利连任至今，是美国历史上第一位华裔国会女众议员。2010 年 5 月，华裔周永康在夏威夷州国会众议员补选中获胜，是

① Hiram Leong Fong，http：//en. wikipedia. org/wiki/Hiram_Leong_Fong.

② 林启文：《美国华人政治参与活动之研究（1965—1993）》，（台湾）国立政治大学民族研究所硕士学位论文，1993 年，第 199 ~ 200 页。

③ Susan Molinary，http：//en. wikipedia. org/wiki/Susan _Molinari；Daniel K. Akaka，http：//en. wikipedia. org/wiki/Daniel_ Akaka.

美国华人历史上第一位共和党国会众议员。但他的当选如昙花一现，因为他的任期只有7个月。2012年美国大选，联邦国会同时出现3位华裔女性众议员，打破了华人参政的历史纪录，她们分别是成功连任的赵美心、新当选的孟昭文和具有一半华裔血统的谭美。其中，孟昭文是美国东岸第一位华裔国会众议员，是纽约华人参政水平提升的重要标志。

表3－1　历年来担任联邦国会议员、内阁部长及州政府主要公职的美国华人精英统计表

姓名	地区	职位	任职时间	参政方式	党派
邝友良（Hiram Leong Fong）	夏威夷州	联邦参议员	1959—1977	竞选	共和党
李察臣（James Kealoha） （其父亲是华人）	夏威夷州	副州长	1959—1962	竞选	共和党
吴仙标（S. B. Woo）	特拉华州	副州长	1985—1989	竞选	民主党
余江月桂（March Fong Eu） （女）	加利福尼亚州	州务卿	1974—1994	竞选	民主党
刘美莲（Cheryl Lau） （女）	内华达州	州务卿	1991—1995	竞选	共和党
李硕（Daniel K. Akaka） （其祖父是华人）	夏威夷州	联邦众议员 联邦参议员	1977—1990 1990—2012	竞选	民主党
莫苏珊（Susan Molinari） （女）	纽约州	联邦众议员	1990—1997	竞选	共和党
骆家辉（Gary Locke）	华盛顿州 联邦政府	州长 商务部部长 驻华大使	1996—2004 2009—2011 2011—	竞选 委任 委任	民主党
江俊辉（John Chiang）	加利福尼亚州	主计长	2007—	竞选	民主党
吴振伟（David Wu）	俄勒冈州	联邦众议员	1999—2011	竞选	民主党
赵小兰（Elaine Lan Chao） （女）	联邦政府	劳工部部长	2001—2009	委任	共和党
朱棣文（Steven Chu）	联邦政府	能源部部长	2009—2013	委任	民主党
赵美心（Judy Chu）（女）	加利福尼亚州	加州税务委员 联邦众议员	2007—2009 2009—2010	竞选	民主党
卢沛宁（Chris Lu）	白宫	内阁秘书	2009—	委任	民主党
陈远美（Christina Tchen）	白宫	公共联络主任	2009—	委任	民主党

（续上表）

姓名	地区	职位	任职时间	参政方式	党派
方富宇（Ivan K. Fong）	司法部 国土安全部	助理副部长 法律总顾问	1997—2000 2009—	委任 委任	民主党
周永康（Charles Djou）	夏威夷州	国会众议员	2010.05— 2011.01	竞选	共和党
孟昭文（Grace Meng）	纽约州	国会众议员	2012—	竞选	民主党
谭美（Tammy Duckworth） （其父亲是华人）	伊利诺伊州	国会众议员	2012—	竞选	民主党

资料来源：［美］陈灿培：《全美华裔民选官员名录》，洛杉矶：美国洛杉矶华埠中心 2010 年版；Hiram Leong Fong，http：//en. wikipedia. org/wiki/Hiram _ Leong _ Fong；James Kealoha，http：//en. wikipedia. org/wiki/James_ Kealoha；Charles Djou，http：//en. wikipedia. org/wiki/Charles_ Djou.

从参选规模看，1965 年以来，华裔向国会议员席位冲击的人数在不断增加，但自邝友良 1976 年退休后的 22 年时间里，未有再获成功者。华人在美国的最高立法机关没有自己的代表，权益难免要受影响。这种状况一直持续到 1998 年，华裔吴振伟在俄勒冈州当选为国会众议员。但此后长达 10 年的时间里，国会中只有他一个华人。2009 年赵美心竞选成功使华裔国会议员增为 2 人。2010 年国会众议院一度有 3 位华裔众议员，但他们在职时间很短。2012 年，联邦国会再次出现 3 位华裔众议员，而且都是女性，确实取得了重大进展。但如果从华人人口在全国所占的比例来看，仍有相当大的差距。例如，2010 年美国华人占全国总人口的 1.3%，联邦国会总共有参议员 100 人和众议员 435 人，按比例，华裔在国会里至少应有 1 名参议员和 6 名众议员，但现实情况是，至今尚未出现在美国本土担任联邦参议员的华裔，国会中的华裔众议员也只有 3 人，与应有人数还差一半。为何近 50 年华人精英参加联邦国会议员选举大多遭到失败？笔者认为原因是多方面的，除了华人选民投票意识不强之外，最主要的原因是国会选区的华人人口数量较少，居住相对分散，经济实力不够，以及华人精英缺乏基层民众的投票支持和足够的财力支持。

（二）竞选州政府公职

华裔最早通过竞选担任州政府公职也是从夏威夷起步的。1959 年，华裔李察臣当选为夏威夷州副州长，是美国历史上第一位华裔副州长；1974 年，余江月桂女士当选为加州州务卿，是美国本土时任美国政府最高级别的华裔民选官员；1984 年，第一代华人移民吴仙标在特拉华州竞选副州长成功，成为美国历史上第二位华裔副州长，也是美国本土第一位华裔副州长；1990 年，刘美莲女士在内华达州当选为州务卿，是继余江月桂后担任州务卿的第二位华裔女性；1986 年，夏威夷原住民威喜（John D. Waihee）当选为该州州长，他拥有部分华人血统。华裔真正通过竞选担任州长一直到 1996 年才实现，这一年，华裔骆家辉在华盛顿州成功当选为州长，并一直连任至 2004 年。1998 年，江俊辉当选为加州平税局委员，2007 年当选为加州主计长，该职位是州政府的第六号人物，实权显赫。

1965 年以前，当选州政府公职的华人精英屈指可数。进一步观察可以发现，这些华人精英担任的职位大多是象征性的，没有什么实权，如副州长和州务卿等职位。这说明，华人竞选州政府公职比竞选州参众议员更加困难。因为州政府公职是全州性的选举，由全州选民投票选出，而州参众议员是把州分成若干选区进行选举，选区内得票占多数者获胜。华裔候选人在某一选区获得包括华人在内的选民认可相对容易，但要在全州范围内得到大多数选民的认可则非常困难。而且，从当选人来观察，当选者并不是在华人人口最多的州取得选举胜利，而是在华人人口较少的州，如内华达州、华盛顿州、特拉华州取得胜利。这说明，他们并不是靠华人选票，而是主要靠其他族裔的选票取得选举胜利。这也说明，参加州政府公职选举或级别更高的选举，华裔候选人不仅个人要优秀，而且要尽力代表各少数族裔和全州选民的利益，提出相应的政见，争取他们的支持与认同，不能只代表华人的利益，唯有如此，才能取得竞选的最终胜利，如骆家辉和江俊辉等。

（三）竞选州参众议员

华人精英竞选州议员的历史比竞选国会议员和州政府公职的历史长很多，这与华人的居住模式有关。早期美国华人人口主要集中居住在夏威夷州、加州、纽约州和得克萨斯州等几个州的大城市，而州参众议员是分选区进行选举，因此华人在某些选区可以积聚力量或与其他族裔联合选出本族裔的民意代表。最典型的例证亦始于夏威夷州。1938 年，邝友良当选为夏威夷州众议员，一直连任到 1954 年，并担任众议院议长；1946 年，邓悦宁在亚利桑那州的凤凰城当选为州众议员，是美国本土第一位当选州议员的华裔；1955 年，混血华裔钟望贤在夏威夷当选为州参议员，并担任参议院议长；1963 年，华裔周秩铭当选为佛罗里达州州众议员，是美国本土第二位华裔州众议员；1966 年，余江月桂在加州当选州众议员，是美国第一位华裔女性州众议员，并一直连任到 1974 年；1973 年，伍述殷在华盛顿州当选为州众议员；1975 年和 1983 年，王敬励和骆家辉 2 位华裔又在华盛顿州当选为州众议员；1982 年，叶邓稚凤在俄勒冈州当选州参议员。由此可见，华人精英竞选州议员的成功率比竞选州政府公职的成功率高很多。

20 世纪 90 年代以来，当选为州议员的华人精英越来越多。例如，1998 年，谭鸿章、张杰瑞、余贵人、陈玉珍、陈秋萍、梁凤美分别在夏威夷当选州参、众议员。在2002年中期选举中，全美有5位华裔新当选或连任州众议员，他们分别是刘璇卿、赵美心、余胤良、陈焕瑛和黄朱慧爱。[①] 在2004年的全国大选中，有7位华裔新当选或连任州众议员，他们分别是刘璇卿、赵美心、余胤良、陈焕瑛、黄朱慧爱、陈文和孟广瑞。其中值得关注的是，在纽约法拉盛首次出现第一位华人州众议员孟广瑞。[②] 在2006年的中期选举中，有9位华人精英当选或连任各州参众议员，他们是余胤良、杨爱伦、陈仁杰、马世云、伍国庆、刘云平、邱玉环、程惠兰和李凤迁。2008年美国大选中，又有3位华人精英新当选州参、众议员，他们是黄滔、方文忠和孟昭文。2010年中，期选举，有8位华裔新当选或连任州参众议员。2012年美国大选中又有9位华人精英当选或连任州议员，他们是来自加州的周本立、丁右立、方文忠、余胤良、潘君达和刘璇卿，来自马萨诸塞州的陈德基、黄子安和陈翟苏妮，加上2011年特别选举中当选的刘云平，共有10人（详见表3-2）。从这些统计数据可以发现，华裔候选人在华裔或亚裔居住较集中的选区参加州议员竞选的成功率较高，当选人数也较多。这说明近年来华人在州一级的参政实力有明显增强。华人精英应在州一级多积累参政资源，然后再向更高层次进军。

表3-2　历年来通过选举担任州参、众议员的美国华人精英统计表

姓名	地区及选区	职位	当选/任职时间	党派
邝友良	夏威夷州	州众议员	1938—1954 （1948—1954，任议长）	共和党
邓悦宁 （Wing Food On）	亚利桑那州第2选区	州众议员 州参议员	1946—1952 1966—	民主党
周秩铭	佛罗里达州	州议员	1963—	民主党
钟望贤	夏威夷州	州参议员	1955—　（议长）	民主党
叶邓稚凤 （Mae Dunn Yih）（女）	俄勒冈州第19选区	州众议员 州参议员	1977—1982 1982—2003	民主党
余江月桂	加州奥克兰第15选区	州众议员	1966—1974	民主党
伍述殷	华盛顿州西雅图	州众议员	1973—1982	民主党

① 万晓宏：《从2002年美国中期选举看华人参政》，暨南大学华侨华人研究所：《华侨华人研究》（第六辑），广州：中国华侨出版社2003年版，第122～124页。

② 笔者根据美国《国际日报》以及波士顿中文网、美龙网等网站的有关资料统计得出。

（续上表）

姓名	地区及选区	职位	当选/任职时间	党派
骆家辉	华盛顿州	州众议员	1983—1994	民主党
王敬励	华盛顿州	州众议员	1975—1994	民主党
黄仕钧	亚利桑那州	州众议员		
佘贵人（Calvin K. Y. Say）	夏威夷州第 20 选区	州众议员	1977— 1998 年任议长至今	民主党
Milton Holt	夏威夷州第 18 选区	州参议员	1981—	民主党
谭焕祥	夏威夷州第 33 选区	州众议员	1982—	民主党
Terrance Tom	夏威夷州第 16 选区	州参议员	1982—	民主党
刘美方	夏威夷州第 34 选区	州众议员	1983—1990（1986 年起任众议院少数党领袖）	共和党
James Aki	夏威夷州第 42 选区	州参议员	1982—	民主党
Anthony Chang	夏威夷州第 17 选区	州参议员	1982—	民主党
Leuha Fernandes Salling（女）	夏威夷州第 25 选区	州参议员	1982—	民主党
克雷顿（Clayton Hee）（一半华人血统）	夏威夷州第 23 选区	州众议员 州参议员	1982—1984 1984—1988 2004—	民主党
Peter K. Apo	夏威夷州第 49 选区	州众议员	1983—	民主党
Malama Solomon（女）	夏威夷州第 3 选区	州参议员	1983—	民主党
Samuel Lee（女）	夏威夷州第 12 选区	州众议员	1986—	民主党
Eloise Tungpalan	夏威夷州	州参议员	1987—	民主党
张杰瑞（Jerry L. Chang）	夏威夷州第 2 选区	州众议员	1989—	民主党
陈玉珍（Suzanne Chun Oakland）（女）	夏威夷州第 34 选区 夏威夷州第 13 选区	州众议员 州参议员	1990—1996 1996—2015	民主党
吴和约	内华达州	州众议员	1991—1993	民主党
谭鸿章（Rod Tam）	夏威夷州	州参议员	1998—2002	民主党
陈秋萍	夏威夷第 27 选区	州众议员	1998—	民主党
梁凤美	夏威夷第 16 选区	州众议员	1998—	民主党
刘璇卿（Carol Liu）	加州第 44 选区 加州第 21 选区 加州第 27 选区	州众议员 州参议员	2000—2006 2008—2012 2012—	民主党

（续上表）

姓名	地区及选区	职位	当选/任职时间	党派
赵美心	加州第 49 选区	州众议员	2000—2006	民主党
周永康 （Charles Djou）	夏威夷州第 47 选区	州众议员	2000—2002	共和党
余胤良 （Leland Yee）	加州第 12 选区 加州第 8 选区	州众议员 州参议员	2002—2006 2006，2012—	民主党
黄朱慧爱 （Martha Wong）	得克萨斯州	州众议员	2003—2007	共和党
陈焕瑛 （Wilma Chan）	加州第 16 选区	州众议员	2000—2006 （2002—2004，为多数党领袖）	民主党
陈文（Van Tran）	加州第 68 选区	州众议员	2004—2006	共和党
孟广瑞 （Jimmy Meng）	纽约州法拉盛第 22 选区	州众议员	2004—2006	民主党
杨爱伦（Ellen Young）（女）	纽约州法拉盛第 22 选区	州众议员	2006—2008	民主党
陈仁杰 （Harry Chen）	佛蒙特州	州众议员	2003—2008	民主党
江俊辉 （John Chiang）	加州	主计长 税务局委员	1998—2006 2007—	民主党
余淑婷 （Betty Yee）	加州	税务局委员	2007—	民主党
马世云（Fiona Ma）	加州第 14 选区	州众议员 副议长	2006—2012 2007—	民主党
刘云平 （Ted W. Lieu）	加州第 53 选区加州第 28 选区	众议员 参议员	2005—2010 2011—	民主党
伍国庆 （Michael Eng）	加州第 49 选区	众议员	2006—2012	民主党
方文忠 （Paul Fong）	加州第 22 选区 加州第 28 选区	众议员	2008 2010 2012—	民主党
汤伟麟 （William Tong）	康涅狄格州第 147 选区	众议员	2007—	民主党

（续上表）

姓名	地区及选区	职位	当选/任职时间	党派
黄滔（Tony Hwang）	康涅狄格州第134选区	众议员	2008—	共和党
程惠兰（Corinne Ching）（女）	夏威夷州第27选区	众议员	2002—	共和党
李凤迁（Susan C. Lee）（女）	马里兰州第16选区	众议员	2002—	民主党
邱玉环（Charlice Byrd）（女）	佐治亚州第20选区	众议员	2004 2006 2008 2010—2012	共和党
孟昭文（Grace Meng）（女）	纽约州第22选区	众议员	2008—2012	民主党
周本立（Ed Chau）	加州第49选区	州众议员	2012—	民主党
丁右立（Phil Ting）	加州旧金山第19选区	州众议员	2012—	民主党
潘君达（Richard Pan）	北加州第5选区 北加州第9选区	州众议员	2010—2012 2012—	民主党
陈德基（Tackey Chan）	马萨诸塞州昆西诺福克郡第2选区	州众议员（连任）	2010 2012—	民主党
黄子安（Donald Wong）	马萨诸塞州埃塞克斯第9选区	州众议员（连任）	2010 2012—	共和党
陈翟苏妮（Sonia Chang-Diaz）（1/4华人血统）	马萨诸塞州苏福克郡第2选区	州参议员（连任）	2008 2010 2012—	民主党

资料来源：［美］陈灿培：《全美华裔民选官员名录》，洛杉矶：美国洛杉矶华埠中心2010年版；1992年以前的部分数据参见林启文：《美国华人政治参与活动之研究（1965—1993）》，（台湾）国立政治大学民族研究所硕士学位论文，1993年，第220～221页；［美］麦子编：《美国华人群英录》，广州：中山大学出版社2009年版；以及笔者根据《华声报》，《澳门日报》，美国《国际日报》、《世界日报》、《侨报》以及美国世界新闻网、波士顿中文网、美龙网、中国侨网、中国网、中新网和维基百科英文版等网站资料统计得出。

（四）竞选市议员与市长

从美国华人人口的分布与居住模式来看，华人精英在参与市议员与市长的竞选中最具优势，因为在他们竞选的选区，华裔人口通常占相当大比例，有些甚至是绝对多数。在投票率本来就不高的地方选举中，华人选票能发挥关键作用。例如，在加州洛杉矶郊区的蒙特利公园市、西敏市等10个城市，华人居民占当地人口的比例超过40%，因此他们的选票是华裔候选人胜选的基础和关键。实际统计数据得出的结论也是如此。历年来当选市镇议员和市长的华人精英是当选华人州议员和联邦议员总和的三倍以上。因此，无论从理论角度还是从实践上进行分析，华人精英在市议员与市长这一层级的政治选举中都具有较强实力。

早在1940年代，华裔谭福善就在当时还是美国属地的夏威夷毛伊市当选为市议员，并于1954年担任该市市长。1954年，华裔邓达明在亚利桑那州的皮欧瑞亚市当选为市议员，并于1979年至1985年担任该市市长，他是美国本土的第一位华裔市议员。[①] 1965年，赵英梁在密西西比州的仲斯市当选为市议员，并担任为期一年的市长。1974年，周马双金（女）在华盛顿州的景县当选为县议员，是第一位华裔女性县议员。1980年代，通过竞选担任市议员及市长的华裔越来越多。据统计，这10年间，至少有10位华裔成功当选市议员，其中影响较大的有陈李琬若，她于1982年当选为加州蒙特利公园市议员和市长，是美国第一位华人女市长；黄锦波在1983年和1987年两次担任加州喜瑞都市市长。20世纪90年代以来，参与市议员与市长竞选的华裔精英更多，成功当选的人数也更多。据统计，2005年，仅在美国政界担任中小城市市长的就有50位左右。[②] 据笔者不完全统计，截至2012年，全美共有140多个华人当选市镇议员和市长，有的还曾多次连任。在华裔或亚裔人口集中的城市，基本上都有华裔参选或当选（参见表3－3）。从这些数据也可发现，在美国社会，族裔人口结构是影响其政治力量的决定性因素之一。

通过对近50年当选的华人市长与市议员的统计（参见表3－3）可以发现，华人精英参政有以下三个特点：第一，当选的华人市议员、市长或副市长中，除了纽约市副市长莫虎、旧金山副市长何国杰、洛杉矶副市长陈绮霞、南旧金山市议员余瑞明、拉派玛市议员林国健以及旧金山市议员严泮欣和刘贵明共7人是通

---

① 林启文：《美国华人政治参与活动之研究（1965—1993）》，（台湾）国立政治大学民族研究所硕士学位论文，1993年，第203页。

② 江中洲：《五十位华人在美国当市长》，《人民日报》（海外版），2005年10月11日。

过委任方式担任这些职位外，其他人员都是通过投票选举产生。[①] 第二，从市议员人数的分布来看，在加州当选的华人市议员人数最多。其原因如上所述，加州一直是全美华人人口最多的州，不论是早期的华人移民，还是20世纪60年代以后的大批华人新移民，都集中居住在加州的几个大城市，如洛杉矶、旧金山、沙加缅度、奥克兰及其郊区的卫星城。华裔人口的增加、经济力量的增强、参政意识的提高，都有利于华人参与并赢得当地政治选举。第三，自20世纪80年代以来，成功当选市长和市议员的华裔女性增多，总共有近40位。通过分析，笔者以为，之所以有越来越多华裔女性进入市议员和市长行列，主要是因为她们有在当地居住多年的生活体验，有较高的学历和丰富的专业经验，并有全心全意为当地各族裔服务的意愿和能力。另外，华人女性更有耐心，更善于从基层做起，能长期从事社区服务工作。在选举中，她们不仅容易得到华人和亚裔的认同，而且容易得到其他族裔的支持，所以她们能在激烈的选举中脱颖而出，其成功率与华裔男性的差距在不断缩小。

表3-3　历年来通过选举担任县市长和县市议员的美国华人精英统计表

姓名	地区	职位及任期
司徒子春（William S. Hoo）	加州奥克斯纳市	市议员（1962年至1966年） 1966年担任市长
赵英梁	密西西比州仲斯市	市议员、市长（1965年当选）
谭福善	夏威夷州毛伊市	郡议员、郡长（1948年至1968年）
邓达明	亚利桑那州皮欧瑞亚市	市议员（1954年当选） 市长（1979年至1985年）
陆荣昌 （Wing Chong Luke）	华盛顿州西雅图市	市议员（1962年至1965年） 曾担任议长及代理市长，是该州第一位华裔市议员
周马双金（女）	华盛顿州景县	县议员（1974年至1985年）
黄威利（Willie Wong）	亚利桑那州米沙市	市议员（1986年当选）

① 林启文：《美国华人政治参与活动之研究（1965—1993）》，（台湾）国立政治大学民族研究所硕士学位论文，1993年，第204页。

（续上表）

姓名	地区	职位及任期
邝朝明	得克萨斯州嘉兰市	市议员（1981 年至 1984 年） 曾担任临时市长
陈达孚	俄勒冈州必副顿市	市议员（1986 年获委任，1988 年竞选连任成功，并获推选为市议长）
甄少豪	内华达州恩泉市	市议员、市长（1987 年当选）
邓伟利	亚利桑那州美沙市	市议员、市长（1992 年至 1996 年）
Jun Lee	加州史考特谷市	市议员（1976 年当选） 市长（1980 年当选）
吴廷申	加州洛斯雅图市	市议员（1980 年当选） 市长（1981 年至 1982 年）
罗杰·陈	加州科士特市	市议员、市长（已卸任）
陈李琬若（女）	加州蒙特利公园市	市议员（1982 年至 1986 年） 曾担任市长
赵美心（女）	加州蒙特利公园市	市议员（1988 年至 1996 年） 曾担任市长
姜国梁	加州蒙特利公园市	市议员（1990 年至 1996 年） 1991 年担任市长
吴乐国	加州南帕沙迪那市	市议员、副市长
陈锡駗	加州沙加缅度市	市议员（1989 年至 1992 年）
谭秉权	加州赫克瑞斯市	市议员（1987 年至 1994 年）
孙丽英（女）	加州士德顿市	市议员（1992 年至今）
谭文仪	加州圣地亚哥市	市议员
胡绍基	加州洛杉矶市	市议员（1985 年至 1993 年）
黄锦波（Daniel Wong）	加州喜瑞都市	市议员（1971 年至 1986 年） 1983、1987 年担任市长
薛信夫	新泽西州西温莎市	市议员（1993 年至 1997 年）
伍兆濂（Liem Tuai）	华盛顿州西雅图市	市议员、议长（1972 年至今）
周雪清（女）	华盛顿州西雅图市	市议员（1990 年至 1993 年）
骆家辉	华盛顿州景县	县长（1994 年至 1997 年）
谢国翔	加州旧金山市	市议员（1986 年至 1996 年）
余福庆	加州沙加缅度市	市议员（1992 年至今）

（续上表）

姓名	地区	职位及任期
余楚汉	加州佛斯特市	市议员（1993 年至今）
林光	加州西敏市	市议员（1992 年至 1996 年）
徐惠诚	加州南帕沙迪那市	市议员（1992 年至 2001 年）
胡张燕燕（Grace Hu）（女）	加州喜瑞都市	市议员（1992 年至 1996 年）1999 年任市长
刘璇卿（女）（Carol Liu）	加州拉肯亚达佛林楚奇市	市议员（1992 年至 2000 年）1995，1999 年任市长
黄思宁（Ben Wong）	加州西柯汶纳市	市议员（1992 年至 1996 年）
沙日香（女）（Julia Sa）	加州富乐顿市	市议员（1992 年至 2000 年）
严洋欣	加州旧金山市	市议员（获任命，已卸任）
刘贵明	加州旧金山市	市议员（获任命，已卸任）
林国建	加州拉派玛市	市议员（1991 年获任命）
陈绮霞（女）	加州洛杉矶市	副市长（1993 年获任命）
余瑞明	加州南旧金山市	市议员（获任命，已卸任）
何国杰	加州旧金山市	副市长（获任命，已卸任）
张明德	奥克兰市	市议员（1992 年至 1996 年），1996 年至 2000 年连任，2000 年至 2004 年再度连任，并第三次被选为副市长
黄朱慧爱（Martha Wong）（女）	得克萨斯州休斯敦市	市议员（1993 年至今）
刘海	加州莫干山市	市议员（1996 年至 2000 年）
张锡宏（Michael Chang）	北加州旧金山湾区库柏蒂诺市	市议员（1995 年至 2003 年）2002 年至 2003 年第二次任市长
杜利威（Leign-Wai Doo）	夏威夷檀香山市	1992 年至 1996 年担任市议员
余胤良	加州旧金山市	市议员（1996 年至 2002 年）
林恩成	加州核桃市	市议员（1996 年至 2008 年）（三连任，2004 年再度被推选为市长）
张胜雄	加州亚凯迪亚市	市议员（1996 年至 2002 年）
邓式美	加州旧金山市	市议员（1998 年至今）
卢大庆	加州山景城	市议员（1998 年至今）

（续上表）

姓名	地区	职位及任期
赵美心（女）	加州蒙特利公园市	市议员（1996 年至 2000 年），其中 1999 年第三次担任市长
柴大定	新泽西州孟莫斯郡含德市	市长（1999 年 1 月 4 日就职）
张文彬	加州钻石吧市	市议员（1998 年至 2000 年） 市长 1998 年至今
郑国民	加州密尔必达市	市议员（1994 年至 1996） 市长（1996 年至 1998 年至 2000 年）
陈焕瑛（Wilma Chan）（女）	加州阿拉米达县	县议员（1994 年至 2000 年）
曹业云	加州菲蒙市	市议员（2000 年至今）
严抱梅（Emily Cheng）	加州洛斯阿尔托斯市	市议员（2000 年至今），2003 年被选为市长
林元清	加州圣马利诺市	市议员（2001 年至今），其中 2006 年任市长
黄思宁	加州西柯汶纳市	市议员（2001 年至今），其中 2002 年任市长
郭树培	加州库柏蒂诺市	市议员（2001 年至今），其中 2004 年任市长
谢兰 （Cecilia Xie Birge）（女）	新泽西州蒙哥马利市	市议员（2003 年至 2009 年），其中 2003、2006 年任市长
伍国庆（Mike Eng）	加州蒙特利公园市	市议员（2003 年至 2006 年，其中 2004 年 8 月 21 日至 2005 年 1 月 18 日任该市市长）
刘文辉	加州南帕沙迪那市	市议员（2003 年至今）
汪嵩之 （Judy Wong）（女）	加州天普市	市议员（2003 年至 2010 年），曾任市长，2010 年因受贿辞职
梅志坚（Chi Mui）	加州圣盖博市	市议员（2003 年至 2006 年） 2006 年任市长，3 个月后病逝
姚申威（Peter Yao）	加州克莱蒙市	市议员（2003 年至今）
黄苑玲（女）	加州戴维斯市	市议员（2004 年 3 月 30 日任市长）
邢天佑	新泽西州莫塞郡桥水市	市议员

（续上表）

姓名	地区	职位及任期
马世云（Fiona Ma）（女）	加州旧金山市	市参事（即市议员）（2002 年至 2006 年）
刘云平（Ted W. Lieu）	加州托伦斯市	市议员（2002 年至 2005 年）
谭莲娜（Lena Tam）（女）	加州阿拉米达市	市议员（2002 年至今）
赖燕屏（Alice Lai-Bitker）（女）	加州阿拉米达县	县议员（2002 年至今） 2009 年至 2010 年任县议会主席
沈时康（Stephen K. Sham）	加州阿罕布拉市	市议员（2006 年至今） 2010 年任市长
鄂志超（John Wuo）	加州阿卡迪尔市	市议员（2002 年至今） 其中 2003、2005 和 2010 年任市长
罗达伦（Evan Low）	加州金宝市	市议员（2006 年至今） 2009 年 12 月至 2010 年 12 月任市长，2012 年再任市长
李栾复青（Laura Lee）（女）	加州喜瑞都市	市议员（2003 年至今） 其中 2007 年任市长 2010 年任副市长
陈金凯莉（Carol Chen）（女）	加州喜瑞都市	市议员（2008 年至今） 其中 2011 年任市长
姚申威（Peter S. Yao）	加州克莱蒙市	市议员（2003 年至今） 其中 2006 年任市长
胡宜兰（Kris Wang）（女）	加州库比蒂诺市	市议员（2003 年至今） 其中 2007 年任市长 2010 年任副市长 2011 年任市长
黄少雄（Gilbert Wong）	加州库比蒂诺市	市议员（2007 年至今） 其中 2010 年任市长
张昭富（Barry Chang）	加州库比蒂诺市	市议员（2009 年至今）
张玲玲（Ling Ling Chang）（女）	加州钻石吧市	市议员（2009 年至今）
程明安（Ann Cheng）（女）	加州赛利度市	市议员（2008 年至今） 其中 2010 年任副市长

（续上表）

姓名	地区	职位及任期
陈李素英 （Suzanne Lee Chan）（女）	加州佛利蒙市	市议员（2008 年至今）
陈丹（Dan Chin）	加州汉福市	市议员（2000 年至今） 其中 2009 年任副市长 2010 年任市长
朱世纲（Larry Chu）	加州拉士把市	市议员（2003 年至 2011 年） 其中 2006 年任市长 2010 年任副市长
司徒良恩（Paul Seto）	加州密尔布瑞市	市议员（2007 年至今） 2010 年任市长
黄维刚（Anthony Wong）	加州蒙特利公园市	市议员（2006 年至今） 2010 年任市长
赵谭美生 （Betty Tom Chu）（女）	加州蒙特利公园市	市议员（2003 年至 2007 年，2009 年至 2013 年） 其中 2007 年任市长 2010 年为副市长
刘达强（David T. Lau）	加州蒙特利公园市	市议员（2001 年至 2013 年） 2003、2007、2009 年任市长
吴学儒（Mitchell Ing）	加州蒙特利公园市	市议员（2006 年至今） 2011 年任市长
周敬波（Ken Chew）	加州毛拉镇	镇议员（2006 年至 2009 年） 2009 年被选为镇长至今
刘嘉琳	加州萨拉托加市	市议员（2006 年至今） 2006 年任市长
关丽珍（女） （Jean Quan）	加州屋伦（奥克兰）市	市议员（2002 年至 2010 年） 2011 年至今任市长
叶亚威（Yiaway Yeh）	加州巴洛亚图市	市议员（2008 年至今）
甄荣峰（Mike Gin）	加州丽浪多滩市	市议员（1995 年至 2003 年） 2005 年至今任该市市长
朱健文（Jeff Gee）	加州红木市	市议员（2009 年至今）

（续上表）

姓名	地区	职位及任期
劳朱嘉仪（Polly Low）（女）	加州柔似蜜市	市议员（2007 年至今）
李志（Steven Ly）	加州柔似蜜市	市议员（2009 年至今） 2010 年任副市长
邱信福（David Chiu）	加州旧金山市	市参事（即市议员）（2008 年至今） 2009 年以来任议长
朱嘉文（Carmen Chu）（女）	加州旧金山市	市参事（即市议员）（2007 年被委任，2008 年当选至今）
马兆光（Eric Mar）	加州旧金山市	市参事（即市议员）（2008 年至今）
黄裕民 （Albert Y. M. Huang）	加州圣盖博市	市议员（2006 年至 2010 年） 2010 年任市长
朱感生（Kansen Chu）	加州圣何西市	市议员（2007 年至今）
孙渝今（Eugene Sun）	加州圣马利诺市	市议员（2007 年至今） 2009 年任副市长
翁家伦（Allen Yung）	加州圣马利诺市	市议员（2009 年至今） 2010 年任副市长
孙国泰（Richard Sun）	加州圣马利诺市	市议员（2009 年至今）
林健权（David Lim）	加州圣马改刁市	市议员（2009 年至今）
刘文辉 （Michael David Yee Ten）	加州南巴市	市议员（2003 年至今） 2004 年至 2005 年任市长 2010 年任副市长
李洲晓（Otto Lee）	加州桑尼维尔市	市议员（2003 年至今） 2005 年至 2006 年任副市长 2006 年至 2007 年任市长
赵中求（Dean Chu）	加州桑尼维尔市	市议员（2003 年至今） 2004 年任市长
汪嵩之（Judy S. Wong）（女）	加州天普市	市议员（2003 年至 2010 年） 2009 年上半年任市长
喻颖章（Vincent Yu）	加州天普市	市议员（2009 年至今） 2010 年任副市长

（续上表）

姓名	地区	职位及任期
苏王秀兰（Mary Su）（女）	加州核桃市	市议员（2006 年至今） 2009 年任市长
林恩成（Joaquin Lim）	加州核桃市	市议员（1995 年至今） 1999、2000、2004、2008 年四次任市长
邓鼎其（Michael Hing）	亚利桑那州苏必利尔市	市长（2008 年至今）
曾叔文（Herb Dai）	亚利桑那州马连拿市	市议员（1994 年至今） 2010 年任副市长
吴保罗（Paul C. Wu）	弗罗里达州宾沙告拿市	市议员（2004 年至今）
周永康（Charles K Djou）	夏威夷州檀香山市	市议员（2002 年至 2010 年）
谭鸿章（Rod H. C. Tam）	夏威夷州檀香山市	市议员（2002 年至 2010 年），之前曾任夏威夷州参议员和众议员
黄素芬 （Lisa Wong）（女）	马萨诸塞州费契堡市	市长（2007 年至今），是该埠 243 年来第一位亚裔女市长
谈继欣（Greer Tan Swiston）	马萨诸塞州牛顿市	市议员（2007 年 11 月当选）
马惠美（Amy Mah Sangiolo）	马萨诸塞州牛顿市	市议员（2007 年 11 月当选）
黄子安（Donald Wong）	马萨诸塞州索格斯镇	镇行政理事会（议会）主席（2007 年至 2011 年）
万斯祺（Alex Wan）	新泽西州亚特兰大市	市议员（2009 年至今）
薛信夫（Shing-Fu Hsueh）	新泽西州西温莎镇	镇议员（1993 年至 2001 年，并任镇议员主席） 2001 年至今为镇长
刘醇逸 （John Chun Liu）	纽约市第 20 选区	市议员（2001 年至 2009 年） 2009 年成功当选纽约市主计长至今
陈倩文（Magarent Chin） （女）	纽约市第 1 选区	市议员（2010 年至今）
顾雅明（Peter Koo）	纽约市第 20 选区	市议员（2010 年至今）
冯伟杰（Allan Wei-Ket Fung）	罗得岛州克兰斯顿市	市议员（2003 年至 2007 年） 2008 年成功当选市长至今

（续上表）

姓名	地区	职位及任期
周建源（Joe Chow）	得克萨斯州艾迪森市	市议员（2002 年至今） 其中 2005、2009、2010 年为市长
李瑞麟（Conrad Lee）	华盛顿州贝尔优市	市议员（1993 年至今） 其中 2010 年任副市长
马树经（Doug Mah）	华盛顿州奥林匹亚市	市议员（2001 年至 2007 年） 2007 年成功当选市长至今
张飞特（音译） （Fred Chang）	华盛顿州奥查港镇	镇议员（2006 年至 2013 年）
李孟贤（Edwin Lee）	加州旧金山市	市长（2011 年 1 月至今），是旧金山市第一任华裔市长
余鼎昂（Norman Yee）	旧金山市第 7 选区	市议员（2012 年至今）
李国斌（Benny Lee）	圣利安德鲁市第 4 选区	市议员（2012 年至今）
黄少雄（Gilbert Wong）	库柏蒂诺市	副市长（2010 年首次当选，2012 年获得连任）
艾和谐 （Jose Esteves） （1/4 华裔血统）	苗必达市	市长（2006 年首次当选，2008 年、2010 年和 2012 年连续三次任该市市长）

资料来源：［美］陈灿培：《全美华裔民选官员名录》，洛杉矶：美国洛杉矶华埠中；黄威利的资料来源于黄文湘：《海外杰出华人》（一），香港：南粤出版社 1989 年版，第 178 页；1992 年以前的数据部分参见林启文：《美国华人政治参与活动之研究（1965—1993）》，（台湾）国立政治大学民族研究所硕士学位论文，1993 年，第 222～225 页；笔者根据美国《世界日报》、《侨报》、《星岛日报》，香港《地平线月刊》、美国世界新闻网、中国侨网、中新网等报纸和网站资料综合编写。

（五）竞选学区教育委员等

学区教育委员、社区大学校董和水务局董事等职位虽然是美国地方选举政治中的最低层次，但对有志于参政的华人精英人士来说，参选学区教育委员等职位不仅是关心子女教育的表现，而且是关注社区公共事务的开始。20 世纪 90 年代以前，华人精英人士对这些职位的重要性认识不够，参选的人很少，据笔者初步统计，当时只有余江月桂、叶邓稚凤、隋景禄、赵美心和余胤良参与其中（参见表 3－4）。20 世纪 90 年代以来，华人精英人士从重视子女教育开始认识到学区教育委员等职位的重要性，参选人数迅速增加。据笔者不完全统计，20 世纪 90

年代以来，当选学区教育委员等职位的华人精英至少有30人（参见表3－4）。通过在这些基层职位上的长期锻炼，他们与当地的主流政治各派建立并保持良好关系，为将来参加市议员、市长、州议员、州长、国会参众议员的选举并取得成功奠定了基础。例如，余江月桂、叶邓稚凤、余胤良、关丽珍、陈李琬若、赵美心等华人精英在竞选州议员、州务卿、市议员或市长之前都曾长期担任学区教育委员的工作。这不仅体现了华人重视子女教育的文化传统，也体现了华人精英参政意识的显著提升。他们的成功经验值得有志参与美国地方选举政治的华人精英借鉴。

表3－4　历年来通过选举担任县市学区教育委员和水务局董事的华人精英统计表

姓名	地区	职位	当选时间或任期
余江月桂（女）	加州阿拉米达郡	学区教育委员	1956年至1966年
叶邓稚凤（女）	俄勒冈州阿尔伯尼市	学区教育委员	1969年至1975年
隋景禄	加州库比蒂诺市	学区教育委员	1985年至1993年
赵美心（女）	加州柔似蜜市	学区教育委员	1985年至1988年
余胤良	加州旧金山市	学区教育委员	1988年至1996年
关惠玲（女）	南加州西区	水务局董事	1996年至2008年
黄赵企晨（女）	加州阿罕布拉市	学区教育委员	1998年至今
黄松铮	加州旧金山市	社区大学校董	1998年至今
贺宗宁	圣塔克拉拉县	学区教育委员	1994年至2008年
萨支茂	菲蒙华盛顿医疗区	董事会董事	1998年至今
雷仁石	莫拉卡	学区教育委员	1998年至今
陈荣龙	圣地安祖	学区教育委员	1998年至今
关丽珍（女）	奥克兰市	学区教育委员	1991年至2002年
张琛	洛斯盖图萨拉度加	学区教育委员	1998年至今
乔台云（女）	菲蒙联合学区	学区教育委员	1998年至今
俞培敏	菲蒙联合学区	学区教育委员	1998年至今
方文娟（女）	贝律耶沙中小学区	学区教育委员	1998年至今
刘嘉琳（女）	萨拉托加联合校区	学区教育委员	1998年至2002年
方以伟	旧金山市	捷运集团董事局主席	1998年至今
陈有业	旧金山市	联合校区教育委员	1998年至今
庄旭生	旧金山市	联合校区教育委员	1998年至今
陈丹（女）	加州汉福市	学区教育委员	1998年至2000年
马兆光	旧金山市	学区教育委员	2000年至2008年

（续上表）

姓名	地区	职位	当选时间或任期
朱感生	加州圣荷西市	学区教育委员	2002 年至 2004 年
余鼎昂	旧金山市	学区教育委员会主席	2004 年至 2012 年
邓慧雯（女）	亚利桑那州吉尔伯市	学区教育委员	2006 年至 2010 年
薛乃庄（女）	圣塔克拉拉县水务局	水务局董事	2012 年至今
马慧娟（女）	圣塔克拉拉县	学区教育委员（连任）	2012 年至今
蒋康德	山景城市威斯曼学区	学区教育委员（连任）	2012 年至今
刘远耀	苗必达市	学区教育委员（连任）	2012 年至今
曾景琳（女）	洛斯阿图市和萨拉托加市联合高中	学区教育委员	2012 年至今
赵天华	圣塔克拉拉县 El Camino 医院	理事会理事	2012 年至今
高叙加（女）	佛利蒙市	联合学区教育委员	2012 年至今
谭国材	阿拉米达市	学区教育委员	2012 年至今
刘慧芳（女）	奥尔巴尼市	学区教育委员	2012 年至今
雷仁石	莫拉卡市	学区教育委员	2012 年至今
陈美森	圣巴布洛市	学区教育委员	2012 年至今

资料来源：［美］麦子编：《美国华人群英录》，广州：中山大学出版社 2009 年版，第 2 ~ 61 页；笔者根据美国《侨报》、《世界日报》以及中新网和中国侨网的报道等有关资料综合编写。

从以上统计数据可以发现，当代美国华人精英竞选各级议员和政府公职时，成功率较高的是在州和县市镇等地方层级，在国会议员和州政府要职的选举中成功的几率较低。华人精英欲大规模进军联邦层级的选举政治，应在地方层级的选举政治中做更多积累，打下扎实基础。因为，政治参与是一个长期累积的过程。美国华人精英应树立战略眼光，有意识地在各个层级、各个地区培植参政力量，才能保持政治参与的后劲。

四、争取政治委任

在美国，进入政坛担任职位除了通过直接参加竞选的方式外，还可以通过与美国总统、执政党派或其他全国性或地方性官员的密切关系而被其在权限内委任为某一政府职位，这也叫争取政治委任方式。华人运用此方式进入美国政坛始于 20 世纪 60 年代。如 1962 年至 1970 年，陈香梅女士被肯尼迪总统委任为“中国难民救济总署主席”，是第一位通过委任担任联邦政府职位的华裔。1967年，她被尼克松委任为全美妇女支持尼克松竞选总统委员会主席。她通过加入共和党，长期为共和党总统候选人助选，与理查德·尼克松、福特、罗纳德·里根和乔治·布什等都建立了密切的私人关系。他们成功当选后，先后邀请她入阁或担任驻外大使等职，都被她婉言拒绝，她只接受委任担任白宫出口委员会副主席、白宫学者委员会委员和内政部环保委员会委员等闲职。①

20世纪80年代以来，许多学识丰富、能力精干的华裔因为长期参加政党活动，得到其所属政党的信任而被提拔担任联邦政府要职。除了陈香梅外，还有许多，如赵小兰、张之香、姚李恕信、陈达孚、吴观宝、刘美方、丁景安等，都是在共和党执政时期，通过党的关系出任联邦政府公职的。② 20世纪90年代以来，华裔通过政治委任方式担任联邦政府要职的人数和规模都在日益增加，无论是共和党当政还是民主党当政时期，都有相当多的华人精英人士被委以要职，而且职位愈来愈高。最具里程碑意义的是2000年小布什当选美国总统后，委任超级捐款人——华裔赵小兰担任美国联邦劳工部部长。赵小兰是第一位获得内阁部长席位的华裔，也是第一位担任内阁部长的亚裔女性。华裔任筑山也被小布什任命为联邦农业部主管研究、教育和经济事务的副部长。③ 2008年奥巴马当选美国总统后一口气委任了5名华裔内阁高官，他们分别是能源部部长朱棣文、商务部部长骆家辉、白宫内阁秘书卢沛宁、白宫公共联络办公室主任陈远美和国土安全部总顾问方富宇。骆家辉于2011年转任美国华人史上第一位驻华大使。且不论他们是否代表华人利益，他们的任职对改变和提升华人形象具有积极意义。

华人精英通过争取政治委任方式担任的职位可以分为两大类，即联邦政府官员与专业委员和地方政府官员与专业委员（参见表3-5、3-6、3-7、3-8）。自陈香梅以来，通过委任方式担任联邦政府官员与专业委员的华人人数到1992年有近80人，尤其是1988年老布什当选总统以来有显著增加。1992年至今，华裔通过委任担任联邦政府官员与专业委员的人数更多，级别更高。在地方层级，早期华人通过委任担任州政府官员主要集中于夏威夷州，在美国本土以纽约州和加州人数最多。20世纪80年代以来，华裔被委任为州政府官员与专业委员的人数与级别迅速提高。早期被委任的华裔市政府官员和专业委员主要集中在夏威夷州、加州、纽约州和得克萨斯州等华人人口较集中的州。与被委任的联邦和州级政府官员及专业委员相比，被委任的市级政府官员与专业委员人数更多，明显反

① ［美］陈香梅：《春秋岁月：陈香梅自传》，北京：中国妇女出版社2003年版，第612~615页。

② 林启文：《美国华人政治参与活动之研究（1965—1993）》，（台湾）国立政治大学民族研究所硕士学位论文，1993年，第206页。

③ ［美］华顿文：《任筑山纵论“玻璃天花板”》，《地平线月刊》（中国香港），2003年11月，第22页。

映出钞票（捐款）和选票在其中的影响。

表3－5　历年来通过政治委任担任联邦政府高级官员的美国华人精英统计表

姓名	职位及任期	党派
邓心平（Thomas Tang）	联邦上诉法官（1977年获任命）	民主党
吴观宝	联邦教育部副助理部长（1980年获任命）	共和党
傅履仁	1982年担任国防部陆军军法局副局长，1984年晋升为将军，1991年被委任为美国陆军部军法总监	共和党
邝和胜	夏威夷州联邦法官（1982年获任命）	共和党
刘成威	1987年被里根总统委任为洛杉矶地区联邦法院法官；1984年为加州高等法院法官；1983年为圣佛南度市法院法官；1982年为洛杉矶市法院法官，是美国第一位担任联邦法官的华裔	共和党
吴元黎	国防部副助理部长	共和党
张之香（女）(Julia Chang Bloch)	美国国际开发总署助理署长（1981年获任命）；美国驻尼泊尔大使（1989年至1993年），是第一位担任美国驻外大使的亚裔	共和党
余江月桂	美国驻密克罗尼西亚大使（1994年至1996年），是第二位担任美国大使的亚裔	民主党
赵小兰（女）	交通部副部长（1989年至1991年） 和平工作团主任（1991年至1992年） 联邦劳工部部长（2001年至2009年）	共和党
韩锦嫦	内政部国际事务副助理部长（1989年至今）	共和党
蔡赫伯	联邦上诉法官	
李莱曼	老布什时期白宫经济政策委员会行政主任	共和党
周启康	联邦卫生部副助理部长（1991年获任命）	共和党
胡少伟	联邦商务部副助理部长	共和党
周英烈	联邦退伍军人部副助理部长（1993年获任命）	民主党
刘美方	农业部副次长（1991年获任命）	共和党
丁景安	联邦司法部移民局助理局长（1990年获任命）	共和党
林荣平	联邦卫生部公共卫生署助理署长（1992年至今）	共和党
朱戴维	国防部助理部长（1990年获任命）	共和党
莫大成	联邦财政部主计长（1985年获任命）	共和党

（续上表）

姓名	职位及任期	党派
梅冠方	联邦卫生部保健财政署预付保健部门主任（1990 年上任）	共和党
王佑曾	白宫科技政策办公室副主任（1990 年获任命）	共和党
陈达孚	联邦农林部农业融资管理总署副署长（1990 年获任命）	共和党
林桐初	全美小型商业管理局主任	
祝康彦	联邦教育部双语高等教育司司长	
姚李恕信（女）	联邦教育部双语教育司副司长（1990 年至 1991 年）	共和党
邝朝贤	白宫消费者事务办公室副主任（1991 年获任命）	共和党
杨彼得	全美图书馆及信息委员会行政主任（1991 年获任命）	共和党
俞蕙芳（女）	总统公共联络副助理（1991 年获任命）	共和党
周玲庄（女）	总统特别助理，负责国会议案事务（1993 年获任命）	民主党
卜瑞·李（Brant Lee）	总统特别助理（1993 年获任命）	民主党
余雪洁（女）（Melinda Yee）	联邦商业部部长特别助理（1993 年获任命）	民主党
梅珍珠（女）	1993 年至 1997 年任美国白宫公共联络室主任的行政助理，负责协调白宫的官方活动	民主党
黄佳佳（女）	白宫布什总统行政助理，在白宫幕僚秘书处从事法律顾问方面的工作	共和党
刘珍珠（女）（Ginger Lew）	1993 年至 1996 年任商务部总律师；1996 年至 1998 年任联邦小企业署副署长	民主党
彭福有（Frederick Pang）	国防部人力及后备军人事务助理部长（1993 年获任命）	民主党
刘秀璋	警察局局长、全美邮政部副部长	
曾庆弘	联邦劳工署退休金暨福利局特别助理（1993 年获任命）	民主党
曹文梅（女）	亚洲开发银行执行董事，职级相当于大使（1993 年获任命）	民主党
蔡汝霖	美国国营海外私人投资公司副总裁兼法律事务总参赞（1993 年获任命）	民主党
沈棠（女）	国防部助理副次长，主管各军种的环境健康（1993 年获任命）	民主党
孙远剑	教育部民权副部长特别助理（1990 年获任命）	共和党
林扶民	人事部国际事务主任（1990 年获任命）	共和党
赫雨·李	总统经济政策委员执行秘书（1990 年获任命）	共和党

（续上表）

姓名	职位及任期	党派
黄建南	美国商务部首席副助理部长（1992 年至今） 民主党财务委员会副主席（1993 年至 1996 年）	民主党
甄振文	美国新闻总署法律总顾问（1994 年获任命）	民主党
张秀贤（女）	移民总局政府关系司司长（1996 年至今）	民主党
谭彦新	移民法官	民主党
侯宋英	纽约住屋诉讼法官	民主党
凌德丽	纽约市民事法官	民主党
谭国桢	纽约州高等法院上诉庭法官（1994 年至今）	民主党
吴嵘珍	纽约东区联邦法官	民主党
刘国英	1997 年被任命为萨克拉门托空军后勤中心司令，官衔为空军上将	民主党
陈卓光	纽约南区联邦法官（1995 年至今）	民主党
方富宇	联邦司法助理副部长（1998 年至今）	民主党
田长霖	加州大学欧文分校执行副校长（1988 年至 1990 年） 加州大学伯克利分校校长（1990 年至 1997 年） 美国国家科学委员会委员（1998 年至今）	民主党
李亮畴（Bill Lann Lee）	1997 年 12 月 15 日任联邦政府代理主管民权事务助理司法部部长；2000 年 8 月 3 日至 2001 年 1 月 20 日为正式助理司法部部长	民主党
任筑山（Joseph Jen）	联邦农业部副部长（2001 年至今）	共和党
黄金玉	洛杉矶联邦检察院检察长（2002 年至今）	
莫天成	联邦财政部审计长（1985 年至今）；劳工部主管财务的副部长（2001 年至 2007 年）	共和党
钟希乃	联邦妇女局局长（2001 年至今）	共和党
董继玲（女）	联邦商业部少数族裔发展署副署长（2001 年至今）	共和党
张曼君（女）	联邦教育部助理部长（2001 年至今）	共和党
朱思久	美国国防部副部长（2001 年至今）	共和党
梅冠方（女）	白宫人事副主管（分管交通、国安、卫生与教育）（2001 年至 2008 年）	共和党

（续上表）

姓名	职位及任期	党派
王世清	美国志愿后备部队参谋长兼训练部总监，军衔为少将（2008年至今）	共和党
刘迈克	房屋及都市发展部助理部长（2001年至今）	共和党
严斯台	能源部原子废料局局长（2001年至今）	共和党
周启康	国务院巡回大使（2001年至今）	共和党
梅冠芳	联邦铸币局局长（2001年至今）	共和党
黄金玉	联邦检察官（2001年至今）	共和党
吴旭淳	商业部助理副部长（2001年至今）	共和党
梁必明	劳工部第10区部长代表（管理华盛顿州、奥瑞根州等6个州）（2001年至今）	共和党
谭安祺	劳工部第3区部长代表（2001年至今）	共和党
刘平中	美国环境保护署高级政策主任（2001年至今）	共和党

资料来源：1993年前的部分统计资料来自林启文：《美国华人政治参与活动之研究（1965—1993）》，（台湾）国立政治大学民族研究所硕士学位论文，1993年，第135～136、226～228页；其他部分和1993年后的统计资料是笔者根据中国香港《文汇报》、《地平线月刊》，美国《世界日报》、《侨报》、《国际日报》，中国台湾《中央日报》、《环球》，新加坡《联合早报》和中国新闻网等资料综合编写。

表3-6　历年来通过政治委任担任联邦政府专业委员会委员的美国华人精英统计表

姓名	地区	职位及任期	党派
胡国栋	加州洛杉矶市	联邦中小企业管理署全国顾问委员会委员	共和党
陈香梅（女）	华盛顿州	白宫出口委员会副主席、白宫学者委员会委员、内政部环保委员会委员	共和党
李松光	加州旧金山市	美国国家经济顾问委员会委员（1976年获任命）	共和党
甘敏才	华盛顿州	总统经济顾问委员会委员（1985年至今）	共和党
张静（女）	加州洛杉矶市	总统圆桌会议委员会委员	共和党
吴黎耀华（女）	加州洛杉矶市	总统图书馆事务顾问委员会委员	共和党
谭家谕（女）	德州休斯敦市	教育部总统顾问委员会委员（1991获任命）	共和党
苏丽凤（女）	宾州威廉波特市	联邦卫生与人力服务部全国顾问委员会委员	共和党

（续上表）

姓名	地区	职位及任期	党派
方李邦琴（女）	加州旧金山市	联邦商业部少数族裔企业委员会委员（1990年获任命）	共和党
杨雪阑（女）	华盛顿州	总统行政首长交流委员会委员	共和党
斯昌龄	加州洛杉矶市	高华德教育基金会委员	共和党
徐敏（女）	新泽西州	联邦航运委员会委员（1990年获任命）	共和党
程雄伟	夏威夷州	全国邮政管理局委员	共和党
沈式平	宾州	国家科学委员会委员（1990年获任命）	共和党
黄仲元	加州洛杉矶市	白宫国际商务条约顾问委员会委员（1985年获任命）	共和党
张文卫	加州旧金山市	白宫输出委员会委员	共和党
邓兆祥		联邦劳工部玻璃天花板委员会委员	共和党
余显利	加州洛杉矶市	全美成人教育委员会委员（1985获任命）	共和党
刘本杰	伊利诺伊州芝加哥市	国家图书信息委员会委员	共和党
林杰屏	加州圣荷西市	联邦中小企业发展委员会委员（1990获任命）	共和党
方光庆（女）	加州洛杉矶市	联邦商业部少数族裔企业委员会委员（1990年获任命）	共和党
林文杰	得州休斯敦市	美国国家艺术及人文委员会委员（1990年获任命）	共和党
王碚	纽约州纽约市	联邦民权委员会委员（1990年获任命）	民主党
张正权		联邦人权委员会委员	
陈天枢	加州洛杉矶市	联邦民权委员会委员（1988年至1989年）	共和党
陈少康		总统艺术咨询委员会委员（1991年获任命）	共和党
姚青云	伊利诺伊州	联邦贸易委员会委员（1991年获任命）	共和党
谷祖光	得州休斯敦市	联邦学校委员会委员（1991年获任命）	共和党
陈建兴		国家癌症顾问委员会委员（1991年获任命）	共和党
杨祖佑		总统技术顾问委员会委员（1991年获任命）	共和党
王雪芬（女） 谭家瑜（女）		教育部总统顾问委员会委员（1991年获任命）	共和党
杨彼得		全国图书信息委员会委员（1991年获任命）	共和党
张周育	加州沙加缅度市	交通部少数族裔商业资源中心顾问委员会委员	共和党

（续上表）

姓名	地区	职位及任期	党派
陈树柏		富布莱特奖学金委员会委员（1991 年获任命）	共和党
唐伟章	亚利桑那州	高华德教育基金会理事（1991 获任命）	共和党
祖炳民	加州旧金山市	白宫教育委员和白宫亚太裔事务顾问委员会主席（1969 年获任命） 总统办公室对外联络部共同主任；总统办公室亚裔联络委员会主席；总统当选人人事顾问委员会共同主席（1989 年获任命）	共和党
赵佩文（女）	加州旧金山市	全国教育委员会委员	
蒋一成	加州洛杉矶市	美国国会远东事务委员会主席	民主党
卓以玉（女）	加州圣地亚哥市	国家艺术委员会委员（1991 年至 1994 年）	共和党
倪文泂		富布莱特奖学金委员会委员	
张文华（女）	得州休斯敦市	联邦商业部少数族裔企业委员会委员（1990 年获任命）	共和党
赵小兰（女）	加州洛杉矶市	联邦航运委员会主席（1988 年至 1989 年）	共和党
王张容善（女）	华盛顿	联邦教育顾问委员会委员（1990 年获任命）	共和党
陈建兴		国家癌症委员会委员（1990 年至今）	共和党
傅履仁		联邦军事法庭总监（1990 年至今）	共和党
邝朝贤		白宫消费者事务委员会委员（1990 年至今）	共和党
杨自国		辅助医学顾问委员会委员（2001 年至今）	共和党

资料来源：参见林启文：《美国华人政治参与活动之研究（1965—1993）》，（台湾）国立政治大学民族研究所硕士学位论文，1993 年，第 229 ~ 231 页；陈本昌：《华人怎样向美国市场进军》，上海：上海文化出版社 1995 年版，第 65 ~ 66 页；［美］麦子编：《美国华人群英录》，广州：中山大学出版社 2009 年版，第 2 ~ 61 页。

表 3 – 7　历年来通过政治委任担任地方政府公职的美国华人精英统计表

姓名	职务
陆荣昌（Wing Chong Luke）	1857 年至 1962 年被委任为华盛顿州助理总检察长
黄锦绍（Delbert Wong）	1959 年被时任加州州长布朗委任为洛杉矶市法院法官；1962 年被委任为高等法院法官，是美国首位华裔法官
刘秀璋	1960 年代初被委任为檀香山市警察局局长
凌润和	1960 年代初被委任为檀香山市检察官

（续上表）

姓名	职务
李林攀（Lim Poon Lee）	1966 年被委任为旧金山市中国城邮政局局长，是美国历史上第一位华裔邮政局长
钱勇杰	1982 年被委任为海军少将；1988 年晋升为美国海军部总检察长
赵光华	1983 年被委任为纽约州财税厅厅长
莫虎（Hugh Mo）	1984 年至 1988 年被委任为纽约市警察总局副局长兼审判厅厅长
谭碧文（女）	1985 年被加州州长任命为法官；1993 年又被任命为洛杉矶高等法院法官
周雅定（女）	1985 年被委任为亚历桑那州凤凰城市法官
周雪清（女）	1986 年被任命为华盛顿州教育厅副厅长
何国杰	1988 年被旧金山市市长艾诺斯任命为副市长
雷连达	1988 年被任命为加州高等法院法官
陈绍章	1989 年被调升为陆军少将
刘儒岳	1990 年被任命为纽约市亚裔事务办公室主任
周英熊	1990 年担任西雅图市法官
周丽娴	1990 年担任得克萨斯州哈佛县法官
伍元天	1990 年担任纽约州高等法院法官
谭国桢	1990 年担任纽约州高等法院法官
邝杰灵	1991 年担任加州税务委员
刘百昌	1983 年被州长委任为旧金山高等法院法官；1992 年被委任为旧金山市警察委员会主席
刘玲玲（女）	1992 年担任华盛顿州西雅图市地方法官
谭如玉（女）	1992 年担任哥伦比亚特区亚太事务办公室副主任
利勇明	1992 年被委任为纽约州银行厅副厅长
王张令瑜（女）	1993 年被任命为纽约市职业局局长
温耀明	1994 年被任命为尔湾大学副校长
冯小冰（女）	1994 年晋升为助理市务卿；2004 年晋升为市务卿
刘百安	1996 年至 2002 年担任旧金山警察总局局长
黄碧文	1998 年被任命为休斯敦市警察总局副局长

（续上表）

姓名	职务
黄建帮	1998年12月被民主党州长戴维斯任命为加州职位任命部首席副部长
李昌钰	1998年7月被任命为康涅狄格州公共安全厅长
关玉霞	1998年4月被委任为加州高等法院法官
陈惠明	1998年被委任为加州高等法院法官
林秉军	1998年至2002年被委任为华盛顿州景县高等法官
周英	1998年至2002年被委任为华盛顿州景县地方法院法官
黎素贞（女）	1999年3月被委任为新泽西州泽西市荣誉副市长
方宇文（女）	1999年担任旧金山警察局副局长
林菲力士（有华裔血统）	2000年12月20日被纽约市警察总局局长任命为警察总局副局长，负责管理及经费事务
赖燕屏（女）	2000年12月被阿拉米达县参事会任命为县参事，任期2年
赵小美（女）	2002年1月被纽约州长任命为纽约州消费者保护厅厅长
伊丽莎白·黄（Elizabeth Huang）	2002年3月被委任为新泽西州高等教育学生行政厅厅长
陈愉（女）	2002年5月被任命为洛杉矶市副市长，2004年4月辞职
黄尤金	2002年被任命为弗吉尼亚州科技厅长
胡泽群	2003年8月被加州州长戴维斯委任为加州经济发展委员会委员
梅促明	2004年被任命为洛杉矶蒙特利公园市警察局局长
方宇文（女）	2004年被任命为旧金山警察总局局长
谢汉屏、司徒日、许行	2004年1月7日被加州参议会议长波顿任命为新设立的加州亚太裔事务委员会委员
关麦可（Michael Kwan）	2004年4月被提升为洛杉矶县警察局核桃分局局长
杨传秀、王秀文（女）	洛杉矶市副市长，分管公共安全、警察和消防
胡慧儿	2004年4月7日被旧金山市市长任命为旧金山人权委员
陈启辉	2004年4月20日被任命为旧金山市警察委员
余英华	2004年4月20日被加州州立大学董会任命为圣荷西州立大学校长，是该校首位少数族裔校长，也是加州州立大学首位华裔校长
孔柯（Kunkle）	2004年5月被达拉斯市政经理任命为警察局局长

（续上表）

姓名	职务
李孟贤	1991 年至 1996 年，获任旧金山市人权委员会主任 1996 年被布朗市长委任为旧金山市采购办公室主任 2000 年被委任为旧金山市工务局局长 2005 年至 2011 年被纽森市长委任为旧金山市府行政官
丁右立（Phil Ting）	2005 年至 2012 年被纽森市长委任为旧金山市估值官
刘熙	2007 年被华盛顿特区市长任命为首都建筑执照委员会委员
邓孟诗（Julie Tang）（女）	旧金山高等法院大法官
郭丽莲（Lillian K. Sing）（女）	1981 年被任命为旧金山市法院法官；2008 年担任旧金山高等法院法官
李明美（Cynthia Ming-Mei Lee）（女）	旧金山高等法院首席大法官
黄宏威（Garrett L. Wong）	旧金山高等法院大法官
周舜汝	旧金山高等法院大法官
陈启煌（Bruce Chan）	2005 年被委任为旧金山高等法院助理法官；2009 年被加州州长施瓦辛格委任为旧金山高等法院大法官
李季兰	圣马刁市高等法院法官
郑元松（Andrew Y. S. Cheng）	2009 被委任为旧金山高等法院法官
冯曙光（Samuel K. Feng ）	2009 被委任为旧金山高等法院法官

资料来源：［美］麦子编：《美国华人群英录》，广州：中山大学出版社 2009 年版，第2～61 页；笔者根据美国《世界日报》、《侨报》、《星岛日报》等综合编写。

据笔者观察，被委任的政府官员有一些共同特点。首先，该华裔必须是两党之一的坚定支持者，长期积极从事政党组织的活动，尤其是捐款和筹款活动，与政治领袖人物保持密切关系；其次，要有较高的学识水平，在其专业领域有较大影响；再次，要有担任某职位的主动要求，否则较难被委任。随着华人愈加积极地参与两党的政治活动，通过政治委任参与美国政治的方式会更加普遍。争取政治委任与其他参政方式一样，是华裔参与美国选举政治的重要方式之一。通过政治委任对政府决策产生的影响不亚于通过竞选方式对政府决策产生的影响。

据统计，小布什在 2001 年至 2004 年担任美国总统第一任期期间，委任了大约 75 名华裔官员。除赵小兰外，还有国防部副部长朱思久、农业部副部长任筑山、防务管理部助理副部长刘迈克、能源部原子废料局局长严斯台、劳工部财务长莫天成、国务院巡回大使周启康（主要负责艾滋病防疫和保健事业）、联邦检察官黄金玉、商业部助理副部长吴旭淳、副助理部长董继玲、教育部双语教育司副司长张曼君、劳工部第10区部长代表（管理华盛顿州等6个州）梁必明、劳工部第三区部长代表谭安祺、辅助医学顾问委员会委员杨自国、全美唯一一位华裔最高法院法官——加州最高法院法官陈惠明等。小布什时期委任的不少华裔官员的工作直接关系到全美的民生福祉，如住房和城市发展部助理部长刘美方督导全美公共房屋项目。有些华裔官员的工作甚至影响着美国的未来，如商务部助理部长吴淳旭管理着有4 000多名职员的技术管理局，掌握与经济增长相关的科技发展和创新方向，在全球各地协调美国与这些国的科技合作。[①]

综上所述，华人参与美国选举政治的方式是多样的，无论是参加选举登记与投票、政治捐款、竞选政府公职，还是争取政治委任等，都是参与美国选举政治的重要方式。从理论上来看，华人参与美国选举政治的这些方式没有优劣和主次之分，都是影响美国政治，为华人争取权益和提升华人形象的手段，它们可以优势互补，相得益彰。在实践中，既要鼓励普通华人公民积极参加选举登记与投票，提醒他们慎重考虑政治捐款的对象与数量，也要鼓励合格的华人精英直接参加竞选政府公职的活动与尝试，以及通过参与政党活动和捐款活动争取政治委任的方式，担任各级政府公职。这些参与选举政治的方式不仅是维护华人自身权益的重要手段，也是每个华裔公民的基本义务之一。

第二节　当代美国华人精英参政的四种模型

1960年代以来，美国华人人口迅速增长。1960年，美国华人人口为23.7万，1970年为43万，1980年为81万，1990年为164万，2000年增加到288万，2010年增加到402.5万[②]，增长了近20倍。美国华人人口的快速增长为他们参与选举政治奠定了群众基础。在美国政治选举中，为争取选票，政治家不惜做出任何政治许诺。美国华人人口的迅猛增长使得华人公民人数不断增加，公民人数增加意味着选票增加，这使美国政治家逐步认识到华人选票在政治选举中的价值。此外，近年来华人在教育与就业方面的成就，以及华人中产阶级人数的增

---

① ［美］伊铭：《美国华人在大选中的表现》，《联合早报》（新加坡），2004年11月8日。

② Race Reporting for the Asian Population by Selected Categories：2010. U.S. Census Bureau，Jan，2012，http://factfinder2.census.gov/faces/tableservices/jsf/pages/productview.xhtml? pid = DEC_10_SF1_QTP8&prodType = table.

加，改善了华人在美国公众心目中的形象。美国华人形象已从早期愚昧无知的“苦力”（coolie），或者拒绝被美国主流文化同化的“寄居者”（sojourner），逐步上升为教育程度高、经济能力强的“模范少数族裔”。①

随着社会经济地位的提升，美国华人逐渐对参与选举政治产生兴趣。但是参加选举和投票只是当代美国华人参政的一个最基本层面，要真正代表华人群体，反映华人政治诉求，还必须有华人精英进入政府决策层，参与政府政策的制定。据笔者初步统计，1965 年至今，有 250 多位华人精英当选为美国各级议会议员和政府官员，越来越多的华人精英被委任为美国联邦、州和县市政府官员，有些还曾多次连任。根据他们担任政府公职的方式和层级、选票的主要来源和是否代表华人利益，可以把他们参与美国选举政治的方式概括为四种模型：选举型和委任型、全国型与地方型、华人选票型和非华人选票型、象征型与实在型（参见表 3－8）。运用这四种参政模型对当代美国华人精英的参政情况进行阐释和分析，能够加深学界对华人精英参与选举政治的本质认识。

表 3－8　当代美国华人精英政治参与模型分类表

分类标准	四种华人精英参政模型
根据担任公职的方式	选举型和委任型
根据担任公职的层级	全国型和地方型
根据选票的主要来源	华人选票型和非华人选票型
根据是否代表华人或亚裔的利益	象征型和实在型

一、选举型和委任型

美国的政治制度是联邦制。宪法规定，立法、行政和司法三权分立，相互制衡。总统和副总统由选民间接选举产生；国会参众两院议员由选民直接选举产生；最高法院和联邦法院法官由总统委任、参议院批准；联邦内阁部长、副部长等主要成员都由总统委任。各州的州长、副州长、参议员、众议员、州务卿和主计长等公职通过选举产生，各县市镇议员和县市镇长也是通过选举产生。因此，根据担任政府公职的方式不同，可把在美国各级政府担任公职的华人精英分为选举型和委任型两类。

① ［美］令狐萍：《萍飘美国：新移民实录》，太原：北岳文艺出版社 2003 年版，第 279 页。

所谓“选举型”，就是指通过直接参加竞选担任某一政府职位或民意代表的华裔参政类型。如美国第一位华人市议员和州议员邓悦宁、第一位联邦参议员邝友良、第一位华人女市议员和市长陈李琬若、纽约州众议员孟广瑞、加州州务卿余江月桂、内华达州州务卿刘美莲、前特拉华州副州长吴仙标、华盛顿州州长骆家辉、俄勒冈州国会众议员吴振伟、加州国会众议员赵美心和纽约州国会众议员孟昭文等都是选举型华裔公职人员（参见表3－1、3－2、3－3和3－4）。据笔者初步统计，近50年来，通过选举方式成功担任各级政府公职和民意代表的华人精英共有250余人，其中，当选国会参众议员的有8人，州参众议员有56人，州长级政府官员6人，市镇长和县市镇议员有145人。从这些数据可以发现，过去50年美国华人在选举政治方面确实取得了长足进步，但缺陷也很明显，担任各级政府职位和民意代表的华人精英分布不均衡。当选的华人精英主要集中在州、市镇等地方层级，联邦层级的选举官员和民意代表仍然较少。曾先后担任国会参众议员的华人精英总共只有8人，现任的仅有4人，其中国会参议员只有混血华裔李硕1人，国会众议员只有赵美心、孟昭文和有一半华人血统的谭美3人。按2010年华人人口占美国总人口1.3%来计算，华裔国会众议员至少应有6人。通过选举担任州级政府要职的华人精英也较少，至今只有一位州长——骆家辉、两位副州长——李察臣和吴仙标、两位州务卿——余江月桂和刘美莲、一位州主计长——江俊辉。但可以预见，选举型的参政方式不仅是现在，也是未来华人精英参政的主要方式之一。

所谓“委任型”，是指通过与美国总统或其他联邦或地方官员的密切关系而被其在权限内委任为某一政府职位的参政类型。每次美国总统大选后，当选的总统都会论功行赏，任命在助选中立下汗马功劳的人员担任政府部长或其他重要职位，这在美国历史上似乎已形成惯例。例如，陈香梅在1970年代被尼克松总统委任为总统对外贸易代表；1989年张之香被委任为美国驻尼泊尔大使；1994年余江月桂被委任为美国驻密克罗尼西亚大使；1998年田长霖被克林顿委任为美国国家科学委员会委员；2001年赵小兰被小布什总统委任为联邦劳工部部长；2009年，卢沛宁被奥巴马总统委任为内阁秘书，陈远美被委任为白宫事务主任，负责总统与各行政部门的联络工作，骆家辉先后被委任为内阁商务部部长和美国驻中国大使，朱棣文被委任为联邦内阁能源部部长，方宇文被委任为国土安全部法律总顾问等。据美国《世界日报》报道，小布什政府委任的华裔高级官员在历史上最多的，其中居决策地位的多达89人。[①] 但从层级来看，奥巴马总统第一任期内委任的华人高级官员人数更多。现在，通过委任方式担任美国政府公职的

① 《布什政府华裔高官多》，http：//210.51.8.60/home/zhuanti/zongyi/200301/08/20157.html。

华人精英仍在不断增加。随着华人人口的持续增长，华裔在美国社会政治经济地位的不断提升，华人精英与两党高层领导关系的愈加紧密，这种政治参与方式将与选举型方式一样继续处于上升趋势，对扩大华人在美国社会的政治影响，改变华人在美国公众中的政治形象同样具有重要作用。这种参政模型有利于规避和弥补华人精英在国会选举和州政府要职选举上因选民认同难以争取而导致的劣势。

二、全国型和地方型

根据担任政府公职的层级，可以将当选和被委任的华人精英划分为全国型和地方型这两种类型。

所谓“全国型”，是指候选人参与竞争的职位属于联邦层级的政府公职，包括通过选举和委任方式步入政坛的华人精英。全国型的政府职位有美国总统和副总统、联邦政府的内阁成员及其他公职人员，代表各州利益的联邦国会参、众议员，最高法院和联邦法院法官等。据美国人口统计显示，2000 年美国华人人口为 288 万，不到美国总人口的 1%；2010 年超过 400 万，约占美国总人口的 1.3%。由于美国华人人口基数较小，分散居住在美国 48 个州，除了在加州、纽约州和夏威夷州相对集中外，在其他州都较为分散，因而在联邦层级的选举政治中较难获得成功。至今在联邦层级选举中获胜的华裔仍屈指可数，只有邝友良、李硕、吴振伟、赵美心、周永康、孟昭文和谭美等。严格地说，他们也不能算是真正的全国型，因为他们也是从各个州的不同选区选出来的，在国会中代表的也主要是州和选区的利益。但华人精英在全国型的委任政治中可以大有作为，因为这种参政方式可以不受族裔人口和选票的影响，只要凭他们个人的超凡能力和与政客的密切私人关系即可。实际上也是如此，根据表 3－1、表 3－5 和表 3－6 的统计数据可以发现，通过委任方式担任全国型职位的华人精英比通过选举方式的华裔精英人数多得多，如陈香梅、张之香、赵小兰、田长霖、骆家辉、朱棣文、卢沛宁、陈远美、方富宇、朱思久、任筑山、李亮畴和董继玲等。

所谓“地方型”，是指候选人参与竞争的职位属于州、县和市镇级别的政府公职，既包括选举型，也包括委任型的华人精英。地方型的政府职位主要有正副州长、州务卿、主计长、州参众议员、县长、县议员、市镇长、市镇议员、学区教育委员、水务局董事和社区大学董事等众多职位。根据表 3－2 的统计数据可以发现，20 世纪 60 年代以来，当选各州参众议员的华人精英不断涌现，总共有 56 人，其中很多人曾多次连任。再仔细观察可以发现，通过选举方式担任州参众议员的华人精英不断增多始于 20 世纪 80 年代，总共有 47 人，仅 2004 年当选州议员的华人精英就有 7 人，2008 年当选或连任州议员的华人精英至少有 8 位，

2012 年新当选或连任的华裔州众议员共有 12 人，增幅显著。但全州性的华裔民选官员相对较少，至今只有骆家辉、吴仙标、李日和、余江月桂、刘美莲、江俊辉、余良胤和刘醇逸等曾经当选过。相对而言，华人精英当选最多的还是县市镇层级的政府公职。据笔者不完全统计，自 20 世纪 60 年代以来，当选为县市镇议员的华人精英达 145 人，其中大部分人曾多次连任。在这些人当中，有近 80 人担任过市长、副市长或县长，有的还曾多次担任。担任学区教育委员的人数也在不断增加。据笔者初步统计，20 世纪 90 年代以来，有 33 位华人精英当选各级学区教育委员，这说明他们的参政意识增强，明白从基层做起的重要性。总体来看，华人精英政治影响力最强的仍在县市镇层级的选举政治，这在一定程度上反映了美国华人人口集中在县市镇层级的分布特点。地方型政府职位更具实在意义，因为能直接代表华人社区利益并为华人社区提供公共服务。20 世纪 60 年代以来，通过委任方式担任地方政府职位的华人精英人数越来越多，地位越来越高（参见表 3 -7），最典型的是李孟贤于 2012 年被委任为旧金山市首位华裔市长，对旧金山地区华人参政是一个重大鼓舞。在旧金山高等法院，现有 6 位华人精英被委任为高等法院法官。

三、华人选票型和非华人选票型

根据当选华裔候选人的选票来源，可以把他们的参政情况概括为华人选票型和非华人选票型这两种参政模型。所谓“华人选票型”，是指华裔候选人以华人选票为基础取得竞选某一政府职位胜利的参政类型。例如先后当选加州蒙特利公园市市长的陈李琬若、赵美心、刘达强、伍国庆等都是以华人选票为基础的典型案例。根据表 3 -1、表 3 -2 和表 3 -3 的统计数据可以发现，这种参政类型主要分布在层级较低的市镇选举政治中。从近年来华裔候选人参选的情况来看，只有在华人或亚裔人口聚居的选区，他们使用这种策略取得胜算的可能性才较大，否则胜算较小。例如，2010 年，在蒙特利公园市，亚裔人口占 66.9%，其中华人人口占 47.7%[①]。在该市，候选人只要能获得大多数华人选票的支持就能当选。早在 2000 年，在全美人口 10 万以下的城市中，就有 11 个城市的华人比例超过 20%，它们是阿卡迪亚、圣盖博、阿尔罕布拉、柔似密、罗兰岗、天普市、哈仙达岗、古帕蒂诺、旧金山和钻石吧。[②] 在投票率本来就不高的地方选举中，这些城市的华人和亚裔选票是华裔候选人成功当选的基础。表 3 -3 显示，在这些城

① Monterey Park, California, http://en.wikipedia.org/wiki/Monterey_Park, _California.

② ［美］周敏著，郭南审译：《美国华人社会的变迁》，上海：上海三联书店 2006 年版，第 17 ~ 18 页。

市都有华人精英先后当选市议员或市长。而且这种参与方式对维护美国华人和亚裔的利益更为有益，因为候选人代表的就是华人或亚裔的利益，一旦他们当选，华人和亚裔的合理政治诉求就能更容易实现，华人或亚裔的正当权益也会得到合理保护。这种参政策略在华人或亚裔人口集中的选区可以大力推广。但缺陷是，除了在加州、纽约州、夏威夷州和马州的一些城市或选区外，华人或亚裔人口占当地总人口超过20%的城市或选区很少。

所谓“非华人选票型”，是指华裔候选人不是以华人选票为基础，而是主要以非华人选票为基础而当选某一政府职位的参政类型。最典型的例子是吴仙标，他在华人人口仅占3%的特拉华州竞选副州长并成功当选，很显然主要依赖的并非华人选票。这种参政方式体现了华人精英在美国社会中的良好形象与才干，也是华人参与美国主流政治的一种重要方式。因为华人参与选举政治，纯粹依赖华人或亚裔等少数族裔的选票毕竟力量有限，想成功当选有相当大的难度，只有得到各族裔的普遍支持，才能增加获胜的机会。但有许多美国华人和研究美国华人的学者质疑此种参政类型。他们认为，以此参与方式成功当选的华裔公职人员在任职后并不能代表美国华人和亚裔的利益，对当地的华人社会没有什么实在的好处。笔者则认为这是未来美国华人参与选举政治的一个重要策略，因为民主社会总是少数服从多数。代表少数人利益的候选人意味着获胜的机会也少，只有尽可能代表大多数人的利益，不仅代表华人和亚裔，而且代表其他少数族裔和白人的利益时，候选人才有较大的胜算。即使华人精英以非华人选票为基础竞选成功，当选后也应代表全体选民的利益，包括华人的利益，而且因为族裔的关系，普通华人居民更容易接近他们并反映他们的诉求。另外，非华人选票型的华裔精英的增加更能体现华人精英融入当地社会的程度。在未来市镇层级的选举中，华人选票型的华人精英会继续增多，而在州和联邦层级的选举中，非华人选票型的华人精英占主流。

四、象征型和实在型

根据当选或被委任的华裔精英人士是否代表华人和亚裔的利益，可将他们分为象征型和实在型两种类型。所谓“象征型”，通常是指那些以非华人或亚裔选票为基础的各级华人议员和政府官员，或通过委任方式担任各级政府公职的华人精英。他们虽然是华裔，但并不代表华人或亚裔社区利益。他们的当选对华人和亚裔社区没有太大实际意义，但有助于改善华人在美国社会的公共政治形象，提高华人在美国的社会政治地位，激励更多华人参政议政，如吴仙标、余江月桂和刘美莲等。1984年，吴仙标在特拉华州竞选副州长。竞选期间，他曾到全美各地筹款，是全美华人的政治捐款使他在华人人口仅占3%的特拉华州成功当选为副州长，其象征意义大于实际意义。余江月桂也是一样，她自1974年当选加州州务卿，一直连任到1992年。她每次竞选连任，都得到全美华人的一致支持，如在纽约市及东部各州的美籍华人。他们虽然没有资格投票给她，但在精神上和竞选资金上给予了鼓励和支持。她的竞选经费主要来源于全美各地的华人社团和华人民众的捐款，但她当选后，只代表加州华人的利益，并且主管全州的选举事务，实权非常有限，因此她当选的象征意义大于实际意义。不过，他们的当选确实有助于改善华人在美国社会的公共政治形象。2001年，赵小兰被委任为劳工部部长，连任两届，任期长达8年。2009年，华裔卢沛宁、陈远美、方富宇、朱棣文和骆家辉先后被奥巴马委以重任。虽然他们并不代表华人社区的利益，但对提升华人的公共政治形象，激励华人新生代参与美国选举政治具有重要意义。

所谓"实在型"，通常是指那些以华人选票为基础当选为各级议员和政府官员的华人精英，或者主要靠华人社区的影响力被委任为各级政府职位的华人精英。虽然他们通过选举或委任方式担任的政府职位并不一定都很高，但他们当选或被委任后更能代表华人和亚裔社区的利益。他们在为整个社区服务的同时，也为华人或亚裔办实事，维护和增进当地华人和亚裔的权益。上述统计表中的华裔全国、州、县、市镇议员和各级民选官员大多数是实在型的政府官员，如邝友良、骆家辉、吴振伟、赵美心、郭丽莲、孟广瑞、陈李琬若、余胤良、江俊辉、孟昭文、刘醇逸、陈倩文等。例如，邝友良在担任联邦参议员的18年内，做了一些对亚裔移民帮助极大之事，分别是：修改移民法，使中国的移民配额从每年105人增至2万人；要求移民局允许由古巴逃到西班牙的中国侨民移居美国；废止歧视华人的《苦力交易法案》；促成稻米生产法；主张通过不可在租赁房屋时有种族歧视的人权法案等。①

1996年以高票当选旧金山市参事（即市议员）的余胤良担任旧金山联合小区教育委员达8年之久，他是一位儿童心理学家，有20余年的教育工作经验。他竞选市参事（议员）一职的目的是为华人权益进行抗争。在任教育委员的8年中，他积极推进在旧金山建立更多的高中，综合评定学生考试成绩，支持双语教育，保留学校青少年军事训练计划及众多有利于华裔学生的措施。② 在担任旧金山市参事期间，他积极维护和增进华人权益，以至在2002年的中期选举中顺利当选为旧金山市首位华裔州众议员。2004年选举，他轻松获得连任，2006年又当选为州参议员，连任至今。1999年5月27日，联邦国会众议员华裔吴振伟同

① 郑元庆：《园丁参议员：夏威夷的华人政商领袖邝友良》，《联合晚报》（新加坡），1989年6月23日。
② ［美］常虹：《高票当选旧金山市参事：余胤良重视华裔权益》，《侨报》（美国），1996年2月7日。

来自加州的众议员坎贝尔联合提出一项议案，对华裔和亚裔美国人因所谓“核间谍案”和“政治捐款案”而受到歧视表示不满，呼吁政府保护在美国的华裔和亚裔的合法权利。议案指出，由于所谓的“核间谍案”和“非法政治捐款案”的影响，“在美国，所有亚裔的诚实和正直都受到了怀疑”。议案强调，亚裔美国人拥有与其他美国人同样的权利。议案还要求美国司法部、能源部和就业机会均等委员会就“华裔和亚裔美国人在公开和私下场合受到歧视的现象进行调查”。① 2012 年，在华裔国会众议员赵美心女士的大力推动下，美国国会众议院就通过对排华法案对美国华人造成的伤害公开道歉。因此可以说，他们都是典型的实在型华人精英。

本节提出的四种参政模型只是对当代美国华人精英参政方式的概括与总结，如选举型和委任型反映的是华人精英通过选举和委任等不同方式参与政治；全国型和地方型反映的是华人精英参政的范围、层级与影响力；象征型和实在型反映的是华人精英是否能够更多代表华人社区的利益；华人选票型和非华人选票型反映的是华人选票在华人精英当选中的作用。通过上述分析，本书认为当代美国华人精英无论采取何种模型参与美国政治，只要能成功进入美国主流社会，对美国华人社会总是利大于弊。这四种参政模型并非绝对分离，而是在实践中相互交融，优势互补，对维护美国华人合法权利，改善华人在美国社会的公共政治形象以及提升他们的社会政治地位有极大帮助。同时，对美国华裔新生代积极参政也是一个激励。即使有些参政模型不能给华人社会带来眼前的实在利益也没有关系，随着他们政治参与程度的加深、政治实力的增强，他们在美国主流政治中的地位将会稳步提升，反过来，他们就逐渐会为维护和增进美国华人和其他少数族裔的权益做一些实在的事情，对美国华人社区融入主流社会的进程产生积极影响。无论是聚焦眼前，还是放眼长远，当代美国华人精英参政的四种模型都值得肯定。

第三节　骆家辉与赵小兰政治参与方式之比较

骆家辉与赵小兰都是美国华人精英参政的代表人物，在中国大陆报纸杂志上关于他们的报道非常多。绝大多数文章对他们的评价都非常高，但美国华人社会对他们二人的评价却泾渭分明，尤其是对赵小兰有较大争议。这可能是研究与观察的视角差异造成的，即中国学者还是从“效忠”的立场来研究美国华人，而

① 《美华裔议员提议案　吁政府保护亚裔人》，《侨报》（美国），1999 年 5 月 27 日。

美国华人学者是从“华人社区利益”的立场来观察，因此观点不同。从族裔政治参与的理论视角来分析，主要原因是他们在政治参与上属于两种不同的方式与模型。本节拟对他们各自的求学之路、从政经历、当选原因与意义进行比较，以增进学界对他们的参政方式的正确认识，给予他们公正合理的评价。

表 3－9　骆家辉与赵小兰的履历表

骆家辉（Gary Locke）履历	赵小兰（Elaine Chao）履历
1950 年 1 月 21 日出生于美国西雅图市华人洗衣馆家庭，祖籍广东台山，幼年只会说台山话，不会讲英语；其父骆荣硕曾参加第二次世界大战	1953 年 3 月 26 日出生于台湾，祖籍上海嘉定，1961 年随父母移民美国；1958 年，其父赵锡成受“船王”董浩云资助赴美留学，后在美国成立自己的航运公司，是著名的世界船王
自小帮助父亲经营杂货铺，曾参加最高级童子军，1968 年以优等成绩毕业于西雅图富兰克林高中	1971 年毕业于纽约赛奥斯特（Syosset）高中
1972 年毕业于耶鲁大学，取得政治学学士学位（靠打工、奖学金和贷款）	1975 年毕业于新英格兰曼荷莲（Mount Holyoke）女子学院，取得经济学学士学位
1975 年毕业于波士顿大学法学院，获法律博士学位（靠打工、奖学金和贷款）	1979 年毕业于哈佛大学商学院，获企业管理硕士学位，后任纽约花旗银行高级会计师
1975 年至 1981 年在华盛顿州景县担任副检察官，负责对抢劫和谋杀等重罪犯提出公诉	1983 年至 1984 年当选“白宫学者”，在政策发展办公室工作
1982 年至 1993 年担任华盛顿州州议会众议员，服务于司法和拨款委员会，其中 1988 年至 1993 年间兼任州议会拨款委员会主席	1984 年至 1986 年任旧金山美国商业银行国际金融副总裁，参与加州共和党政治候选人的筹款工作；1986 年弃商从政，任美国联邦政府交通部航运署副署长；1988 年至 1989 年任联邦海事委员会主席；1989 年至 1991 年任交通部副部长；1991 年至 1992 年任“和平工作团”团长
1993 年至 1996 年担任华盛顿州景县县长；1994 年与华盛顿州著名华裔电视记者李蒙结婚，现有 1 子 1 女	1992 年至 1996 年任美国联合慈善基金会总裁；1993 年与来自肯塔基州的国会资深共和党参议员米奇·麦康奈尔结婚

（续上表）

骆家辉（Gary Locke）履历	赵小兰（Elaine Chao）履历
1997 年 1 月至 2005 年 1 月担任华盛顿州州长，是美国本土选出的第一位亚裔和华裔州长；2002 年出任民主党州长协会主席；2003 年 1 月代表民主党向全国发表电视讲话，响应美国总统布什的国情咨文演讲；2003 年 7 月宣布不再竞选州长连任	1996 年至 2000 年任华盛顿保守派思想库“传统基金会”杰出学者；受小布什总统的委任，从 2001 年 1 月至 2009 年 1 月担任联邦劳工部第 24 任部长，是担任联邦内阁部长的第一位亚裔妇女和第一位美国华裔
2009 年 3 月至 2011 年 8 月被奥巴马总统委任为联邦内阁商务部部长；2011 年 8 月至今担任美国驻中国大使，是担任驻中国大使的第一位美国华人	2012 年 8 月，受共和党总统候选人罗姆尼邀请，担任他的亚太裔竞选团队全国主席

资料来源：骆家辉履历是笔者根据 Governor Gary Locke of Washington，http：//www. nga. org/governors/1，1169，c_governor_info%5ed_166，00. html；《南方日报》，2003 年 10 月 16 日；《华人月刊》（中国香港）1996 年第 12 期；《世界日报》（美国）；《侨报》（美国）等有关资料统计综合编写。赵小兰履历是笔者根据 Elaine Chao，http：//en. wikipedia. org/wiki/Elaine _ Chao；Elaine Chao：George W. Bush's secretary of Labor ，http：//www. infoplease. com/ipa/A0880279. html ；《世界日报》（美国）、《侨报》（美国）和美国中文网等有关资料综合编写。

一、骆家辉政治参与的经历

1996 年是美国大选年，美籍华人的公共政治形象因力宝集团的政治献金风波而遭受重大损害，美国华人的政治参与进程受到较大挫折。但祖籍广东台山县的华裔民主党人骆家辉却以 59% 的高票（比对手高出 18 个百分点）当选为人口（550 万）排名全美第 15、面积（7. 1 万平方英里）排名全美第 18 的华盛顿州州长。他是美国第一位华裔州长，也是美国本土第一位亚裔州长。在当时全美国社会风潮渐趋保守、反移民情绪高涨的氛围中，他的成功当选令深受政治献金丑闻困扰的华裔社区备受安慰与鼓舞。

（一）求学之路

骆家辉（Gary Locke）1950 年 1 月 21 日出生于西雅图，是第二代华裔。其祖父是中国广东省台山县人，年轻时移民美国，后返回中国娶妻生子。其父亲骆荣硕 13 岁时随家移民美国，成年后回香港，娶妻后再回美国，曾参加过诺曼底登陆战役，战后在西雅图经营杂货铺。住的是政府为安顿“二战”退伍军人所建的公寓，骆家辉幼年时期就在那里度过。骆家辉兄妹五人，他排行第二。五个兄妹中，只有一个妹妹与日本人结婚，其余都与华人通婚。[①]

骆家辉5岁时还不会讲英语，只会讲台山话，直到上学后才开始学习英语。他上的是公立学校，放学后就回到父亲的杂货铺中帮助打理。尽管如此，他成绩一直非常优异，还是最高级童子军成员。1968年他以优等成绩毕业于西雅图富兰克林高中。之后靠打工、奖学金和贷款，1972年从耶鲁大学毕业，获政治学学士学位；1975年从波士顿大学法学院毕业，取得法律博士学位。

（二）从政经历

骆家辉的从政道路可谓一帆风顺。1975年他大学毕业后进入政府部门，从事法律工作。1975年至1981年，他在华盛顿州景县担任副检察官，专门负责对抢劫和谋杀等重罪罪犯提出公诉。1982年至1993年担任华盛顿州州议会众议员，服务于司法和拨款委员会，其中1988年至1993年兼任州议会拨款委员会主席。1993年，他竞选景县县长成功。在担任县长的4年中，他积累了丰富的经验，为1996年成功竞选州长奠定了基础。1996年11月5日，他在华盛顿州州长选举中击败共和党对手克拉斯威尔，成为美国历史上第一位华裔州长，也是美国本土第一位亚裔州长。2000年11月的大选中，他以60%的选票战胜共和党候选人卡尔森，连任华盛顿州州长。2002年出任民主党州长协会主席，2003年1月，又代表民主党向全国发表电视讲话，响应美国总统布什的国情咨文演讲。为了让家人过正常生活，2003年7月21日，骆家辉宣布不再竞选连任[②]，这令美国华人社会十分惋惜。2008年美国大选，骆家辉力挺希拉里竞选美国总统，直到她宣布退选。但凭借他超强的个人能力和在民主党内的大佬地位，2009年奥巴马就职后仍委任他为内阁商务部部长，2011年至今又被委任为首位华裔美国驻华大使。

（三）当选原因

骆家辉之所以能在亚裔不到5%的华盛顿州当选州长，原因是多方面的：

第一，他个人踏实的学习经历和从政业绩为他累积了参政筹码。从学历来看，骆家辉出身于耶鲁大学法学院，获学士学位，后在波士顿大学获得法律博士学位。他在当选华盛顿州州长之前就有14年的参政经历，历任西雅图市人权部门法律顾问、州副检察官、州众议员；1993年，他以高票当选该州景县县长，

① 《骆家辉：海外华人的骄傲》，http：//www. tsinfo. com. cn/news2004/tsxw/local/20040115151554. htm。

② 《美首位华裔州长骆家辉为家庭考虑不再竞选连任》，http：//news. yn. cninfo. net/guoji/yaowen/2003/7/1059267134_ 4/。

该县名列全美第 13 大县，人口占全州 1/3，年出入预算达 20 亿美元。在 3 年县长任内他的口碑极佳，曾成功地和海鹰足球队谈判，使该队留在西雅图；西雅图水手棒球队曾想“出走”，也是由他主动出马谈判才得以留住，使华盛顿州居民大为感激。因此，他竞选州长时，华盛顿全州 24 家大、小报纸，包括《西雅图时报》在内，全部在社论中呼吁选民投票支持他，这是华盛顿州历史上任何州级或联邦级公职候选人首次获得全体报纸媒体的支持。这些都是他竞选州长的重要基础。他首先在民主党内战胜强劲对手、现任西雅图市市长非洲裔莱斯，赢得民主党州长参选人资格。其间，克林顿总统曾亲自到场为他站台助选。总的来说，骆家辉的成功应归之于他的温和立场得到了各族裔及主流社会的普遍认同。[①] 州长选举中，骆家辉所得选票高达 103 万张，得票率与他的共和党对手是 59% 比 41%。选后调查分析发现，他得到民主党选民 97% 的选票、共和党选民 19% 的选票，以及独立选民 67% 的选票，这些更可证明他的当选是超越了党派的支持。[②]

第二，骆家辉“发展经济，振兴教育，打击犯罪”的竞选政纲符合华盛顿州民众的利益和愿望，得到克林顿总统的支持，也得到前华盛顿州两位共和党主席以及华盛顿州商界、教育界和全州 24 家报纸的一致支持。

第三，骆家辉有坚实的草根基础、良好的竞选策略，因而能得到选民的拥戴，赢得胜利。在整个竞选过程中，骆家辉抛弃了狭隘的民族主义，一再表明他并不期望做亚裔唯一的代言人，但是血浓于水，他也的确希望为华人、为亚裔谋福祉、争权益。他说：“我决不会让父老乡亲失望。我出任州长以后，会把美国华裔所关切的问题提升到全国性的层面，通过州长会议与总统和国会讨论，在决策中代表亚裔发言，在移民、福利和平等法权议题上维护少数族裔的利益。”他还一再声言，当选后要推动美国与亚洲地区的经贸发展，他期望海峡两岸实现和平统一，赞成无条件给予中国最惠国待遇，坚决反对孤立中国。1995 年，他还亲自带领贸易代表团访问台湾海峡两岸。[③]

第四，全美华人和亚裔上下一心的鼎力支持。在骆家辉竞选期间，全美华人不分地域、不分党派、不分信仰，有钱出钱，有力出力，献计献策，助他选举。大选前夕，骆氏夫妇风尘仆仆，穿梭于洛杉矶、华盛顿、纽约等华人聚居地区筹

---

① 阮次山：《骆家辉缔造历史》，《星洲日报》（马来西亚）1996 年 11 月 12—13 日；冯志清：《美梦成真：骆家辉——华人心目中的英雄》，《中央日报》（中国台湾）1996 年 11 月 8 日。

② ［美］宗鹰：《美国首位华裔州长骆家辉脱颖而出》，《华人月刊》（中国香港），1996 年第 12 期，第 22 页。

③ ［美］麦子：《开创美国华人参政新历史：记美国首位华裔州长骆家辉》，《中华日报》（泰国），1996 年 11 月 8 日。

集竞选经费，结果共筹到70多万美元。在洛杉矶，出现了100多个社团参加筹款会的盛况；在纽约，人们纷纷打电话到华盛顿州，鼓励自己的亲友投票支持骆家辉；在华盛顿州，许多华裔青年主动充当义工，为骆家辉拉票筹款。①

骆家辉最能打动大家的、最值得华人及亚裔人士骄傲的是，他与许多亚裔政客不同，他不忘本，从不讳言自己的亚裔、华人身份，时时刻刻以自己的华裔血统为荣。他在任景县县长期间，任用了许多华裔及亚裔人士。1996年11月7日，他宣布的交接班的13人中就有2人是亚裔。事实上，在他参与公职的生涯中，也从来没有人责难他的亚裔、华裔身份。②

一些热衷于推动华人参政的人士看得更远，他们希望借骆家辉的当选带动更多优秀华裔青年参政，进而改变美国上流社会对华人的不当印象，所以，支持他的人遍及全美。大多数华裔虽然无法前往华盛顿州投他一票，但纷纷为他慷慨解囊，以解决他的竞选经费问题。华盛顿州的当地侨社为帮助他实现州长之梦，更是出钱出力，令人感动。其中在经费方面，据说大家联合各族裔的支持者，一举为他筹到20万美元。另有人则是放下身边的工作，以义工身份加入他的竞选总部。如华盛顿大学教授柯李保馨只与骆家辉见过一面，但对他印象深刻。当骆宣布竞选州长时，柯李保馨立即为他写了1 500封推荐信送给全校员工。③

第五，骆家辉个人除了口才极佳、头脑聪明、风度好，具备从政者的基本条件之外，也具备了美国人喜爱的“另一半”优越条件。其妻李蒙（Mona Lee）曾在1986年当选过全美亚裔小姐，在1994年与骆结婚前曾是西雅图第5电视台的新闻女主播。这样一位才貌双全的妻子更增加了骆家辉当选的机会。④

华盛顿州在他的领导下，失业率跌至历史最低点，工资和公司利润屡创新高。任期4年中，他政绩卓著，得到选民的普遍肯定，特别是教育团体以及华盛顿州的大企业，如波音公司和微软公司等，都是他的坚定支持者。在大选前两个月，美国第一大报《纽约时报》就预言骆家辉将连任，其依据是：在骆家辉的任期内，华盛顿州增加了25万个工作岗位。根据康奈尔大学的调查，位于美国西部的华盛顿州目前是美国4个“最适宜居住的州”之一。⑤ 这些突出的政绩使他在2000年州长竞选中以高达60%的支持率连任。

---

① ［美］麦子：《开创美国华人参政新历史：记美国首位华裔州长骆家辉》，《中华日报》（泰国），1996年11月8日。

② 阮次山：《骆家辉缔造历史》，《星洲日报》（马来西亚），1996年11月12—13日。

③ 冯志清：《美梦成真：骆家辉——华人心目中的英雄》，《中央日报》（中国台湾），1996年11月8日。

④ 阮次山：《骆家辉缔造历史》，《星洲日报》（马来西亚），1996年11月12－13日。

⑤ 伍文煦：《美国政坛的亚裔之雄：骆家辉》，http：//av. ewen. cc/music/bkview. asp？bkid = 7504&cid = 12589。

（四）当选意义

第一，扩大了华人成功的定义。美国华人第二代、第三代移民在教育上、经济上和专业上取得成功的人士不胜枚举，但在政治上取得成功的人士屈指可数，骆家辉的胜出即是此种成功的典型代表。第二，得到了主流社会的支持。亚裔选民在华盛顿州的比例只占4.5%，但骆家辉在全州得到59%的选票。这些数字证实了主流群体对他的认同。在种族歧视和族裔偏见随处可见的美国社会取得这样的成绩实属不易。第三，增强了亚裔的凝聚力，促进了亚裔族群意识的形成。当今亚裔的任何一个族裔，力量都很薄弱，要扩大亚裔的影响力，只有合作与团结，别无他途。骆家辉这次竞选的筹款活动和政治集会，不只在华盛顿州，在其他亚裔聚集较多的城市，都得到广泛的支持。在募款活动邀请卡上，骆家辉都不提隶属政党或两党各执一词的议题，他只写着“帮我们创造历史”。这个重大而深远的诉求令亚裔摒弃成见，打破藩篱。第四，骆家辉在各种竞选场合多次强调中国传统的美好之处，如重视教育、勤奋工作、重视家庭等。① 正如美华协会全国会长林敬忠所说：“骆家辉写下了华人参政最光辉的一页，并极大地提升了华人的自信心。”克林顿竞选办公室副主任余江月桂也认为，骆家辉开创了华人参政的新纪元，是华人参政的里程碑和表率，对华人突破“玻璃天花板”有着十分重要的意义。②

二、赵小兰政治参与的经历

2001年1月11日，美国候任总统小布什正式宣布提名赵小兰出任劳工部部长。1月29日，美国参议院听证会顺利通过这一提名，赵小兰成功进入小布什内阁，成为美国建国220多年来第一位华裔内阁部长，也是美国历史上担任最高行政职务的亚裔女性。有学者认为赵小兰是因小布什的提名而一鸣惊人；也有学者认为，是劳工部部长第一提名人查维斯的自动退出才使赵小兰有了挤进内阁的机会；更多学者认为是她的父亲、夫婿以及少数族裔、女性的背景使然。但你认真翻阅她的履历之后就会认为她出任此职是有道理的。她曾先后担任联邦政府交通部海运局副局长、联邦海事委员会主席、联邦政府交通部副部长、美国“和平工作团”团长等职。她曾主持处理过一些重大历史事件，如泛美航空公司客机被

---

① ［美］邱秀文：《骆家辉的胜选VS亚裔参政的觉醒》，《中央日报》（中国台湾），1996年11月21日。

② ［美］麦子：《开创美国华人参政新历史：记美国首位华裔州长骆家辉》，《中华日报》（泰国），1996年11月8日。

炸案及埃克森石油公司油轮触礁漏油案；旧金山大地震后，她主持公路修复工作；海湾战争期间，她负责大规模的海上运输调度，为军方提供后方运输支持。因此10年前她就被共和党认定是“党内不可多得的政坛新秀”。美国主流媒体评价她的人生历程是一部典型的美国个人奋斗成功史。

（一）求学之路

赵小兰（Elaine Chao），祖籍上海嘉定县，1953年3月26日出生于台湾，儿时就读于台北市再兴小学，八岁时（1961年）随父亲赵锡成、母亲朱木兰移居美国。刚到美国时，她对英文一无所知。在父亲的严格训练下，她很快克服语言难关，适应了新环境。1971年，她以优异成绩毕业于纽约赛奥斯特（Syosset）高中，1975年毕业于新英格兰地区的曼荷莲（Mount Holyoke）女子学院，取得经济学学士学位。毕业后，她先到父亲经营的福茂船运公司工作，经过2年基层工作的实际锻炼后，1977年又考入哈佛大学商学院深造，1979年以优异成绩获得企业管理硕士学位，并被选为当年的“美国杰出青年”。

从哈佛毕业后，赵小兰进入美国纽约花旗银行任职，担任融资部门高级会计师，主管欧美等地国际航运公司的贷款业务。1983年，在花旗银行总裁、哈佛大学商学院院长及华人知名人士陈香梅女士等人的共同推荐下，赵小兰角逐美国“白宫学者”（White House Scholar）① 取得成功。在白宫实习期间，她担任联邦政府政策发展办公室助理，主持交通和国际贸易工作，这对她是一个极好的锻炼机会，为她日后担任政府高级公职奠定了基础。

（二）政商经历

1984年至1986年，赵小兰担任旧金山美国商业银行国际金融副总裁，开始参与加州共和党政治候选人的筹款工作。1987年4月，她受里根总统委任，担任联邦政府交通部航运署副署长。不到一年，她升任联邦政府海事委员会主席，成为首位担任美国联邦政府部长级高职的华人。1989年老布什总统上任不久，就提名赵小兰为交通部副部长，这是20多年来交通部首次由航运专家出任此高级职务。交通部是一个庞大的机构，拥有10万名雇员，年预算300亿美元。1991年12月，经老布什总统提名、参议院批准，赵小兰出任第12任“和平工作团”

---

① “白宫学者计划”是一个培养领袖人物的计划，是美国总统约翰逊于1964年创立的，主要目的是每年挑选联邦政府以外的社会各阶层优秀青年人才1～19人进入政府机构，与政府官员一起工作。一方面吸收他们的专长和经验，另一方面通过他们加强政府与各界的沟通和了解，并训练他们，使他们成为美国青年的楷模和未来的领导者。具体做法是从全美学术界、工商界、军界遴选年龄在28～36岁、工作有成就、有培养前途的青年男女进入白宫担任总统或内阁成员的高级助理一年。

团长。①

1992 年 9 月到 1996 年 8 月，赵小兰受邀出任美国最大的私人慈善机构——联合基金会的主席。该基金会在美国拥有 1 400 个分支机构。在赵小兰接手时，联合基金会前任主席因私自动用善款用于豪华旅游及个人生活而被判入狱。受此丑闻影响，该基金会的一半会员退出了基金会，捐款数额由此大幅下滑。临危受命的赵小兰并没有畏惧，她凭借丰富的行政管理经验对基金会进行大胆改革。她首先把总部职员由 275 名裁至 187 名，重新设立财务管理控制系统，严格监管现金流动；其次，她主动把自己的年薪从 40 万美元减至 19 万美元。赵小兰的改革在第二年就收到明显效果，重新召回了老会员，捐款数字不仅止住了下滑趋势，而且比上一个财政年度增加 4 700 万美元。联合基金会在她的领导下，彻底摆脱贪污丑闻的阴影，重新获得公众的信任。因而，她被外界称为“挽救了已撞上冰山的泰坦尼克号”。

1993 年 4 月，赵小兰与肯塔基州共和党国会参议员麦康奈尔结为伉俪。1996 年 8 月，她被聘为保守派思想库“传统基金会”杰出学者。1998 年 4 月，她成为该组织亚洲研究中心顾问委员会主席。

2000 年，小布什参加美国总统竞选，赵小兰全力支持。竞选期间，她在肯塔基州为小布什募集竞选经费达 10 万美元。2000 年 7 月 31 日晚，她应邀在费城举行的共和党全国代表大会上发表演说，详细阐述共和党在本次大选中的形势，以及她对小布什个人的看法，赢得在场听众的热烈掌声。赵小兰作为超级捐款人和拉票高手，在小布什当选后理应得到回报。但小布什凭最高法院的最终裁决入主白宫后，为缓和与民主党的对立关系，便于新政府运作，决定把内阁中的几个部长职位让给民主党，最适合赵小兰的交通部被委任给日裔民主党人峰田，这使赵小兰的入阁希望变得渺茫。

好在政坛多变，被提名为劳工部部长的民主党人查维斯因受到劳工组织的强烈反对，于 2001 年 1 月 8 日宣布退出小布什提名。《华盛顿邮报》、《纽约时报》、《华尔街日报》等美国主流媒体再次掀起赵小兰入阁的呼声。其中《华尔街日报》在 1 月 10 日的社论中建议：“当选总统乔治·布什应考虑曾任和平团团长，并在老布什政府中担任过交通部副部长的华裔赵小兰出任劳工部部长。”1 月 11 日，小布什正式宣布提名赵小兰担任劳工部部长。小布什对赵小兰的评价是：“有丰富的行政经验、强烈的同情心，以及致力于协助人们过更好生活的决心。”

赵小兰获提名后，社会各界的舆论反映良好，普遍认为这一提名应该获得国

① 和平工作团是由约翰逊总统于 1961 年创立的外事机构，现有 6 000 名职员，以年轻人为主，使命是增进美国和其他国家人民之间的相互了解。

会通过，同时也认为她能胜任这一职位。在参议院举行的听证会上，赵小兰受到卫生、教育、劳工和养老福利委员会的热烈欢迎。参议院于1月29日最终通过对赵小兰的任命，赵小兰成功出任美国第24任劳工部部长，也是第一位华裔和亚裔女部长。

（三）当选原因

赵小兰被成功委任为联邦劳工部部长的原因相对较为复杂。首先，赵小兰良好的个人素质与能力是被成功委任的前提。除了她自身的才华和勤奋努力外，中西两种不同文化对她的影响也非常重要。她在总结自己的成功之路时说："美国人精益求精的态度加上中国人平稳和谐的能力是最大的竞争本钱。"[①] 第二，作为小布什竞选中的超级捐款人和拉票高手，赵小兰完全有资格得到应有的回报，笔者以为这是她被成功委任的最重要原因。第三，赵小兰家族与布什家族之间的密切关系也有一定影响。赵小兰的父亲赵锡成与老布什的关系非常密切。另外，赵小兰的丈夫米奇·麦康奈尔与布什家族的关系也不一般。麦康奈尔是来自肯塔基州的资深共和党国会参议员，长期担任参议院拨款委员会主席，是历次大选中共和党党内筹款的高手，与布什父子关系甚笃。第四，作为女性和少数族裔的赵小兰如能进入内阁，会使小布什政府更具有合法性。第五，小布什提名的劳工部部长第一候选人查维斯因受到劳工界的抵制，加上曾收容过非法移民在家中充当女佣，成为众矢之的，而不得不自动放弃提名，也为赵小兰入阁提供了难得的机会。[②] 可谓"实力加机遇"，促成了赵小兰的成功。

（四）当选意义

第一，赵小兰入阁确实为美国华人参政树立了新的丰碑，对提高华人在美国的政治地位、改善华人公共政治形象有重大意义。正如共和党前加州财务部部长邝杰灵所说，几代以前的华裔移民被迫做"苦力"，今天华人却成为劳工部部长。从"苦力"到"部长"，这条路虽然走了150多年，但它象征着华人地位的提高和形象的改善，对华裔参政产生了极大的鼓舞作用。当时正在角逐纽约市议员的刘醇逸说，赵小兰被任命为劳工部部长，等于给关心政治的第二代亚裔打了一剂强心针。他说，赵小兰是亚裔参政的模范，也说明亚裔是美国政治不容忽视的一部分。共和党亚裔主席陈本昌是向布什大力推荐赵小兰入阁的人士之一，他

---

① 万晓宏：《"白宫学者"华裔明星：记美国首位华裔部长赵小兰》，《人物》2002年第3期，第78页。

② ［美］伊铭：《美国首位华裔部长 赵小兰为美国华人争光》，《联合早报》（新加坡），2001年2月2日。

表示，赵小兰是开创历史新篇章的人，对提高华人的政治地位、改善华人形象具有重大意义。① 他还指出，美国为政党政治国家，既重视民意，也重视党意，任何个人只有努力为国家服务，积极参与政党政治，长期服务社区，才能成功。②

第二，对美国华人社会是一个重大鼓舞。近年来，由于吴振伟当选联邦国会众议员，骆家辉当选华盛顿州州长，华人在民选职位上有了重大突破，但在内阁部长任命上还没有重大进展。前加州大学伯克利分校校长田长霖在克林顿第二任期内曾是能源部部长的热门人选，但由于 1996 年大选中亚裔政治献金案的影响而最终与之失之交臂。赵小兰的成功入阁给华裔参政带来了希望，对消除“政治献金案”、李文和事件和《考克斯报告》带来的消极影响，激励华人积极参与美国政治具有重大的推动作用。

第三，对少数族裔和妇女参政也是一个重大鼓舞。美国是一个竞争激烈的社会，政坛一向是男性主宰的领域，华人和亚裔在美国作为少数民族，能在政坛一展风采者，为数不多。然而赵小兰作为一名华裔女性，却能突破性别和种族的障碍，接连出任联邦政府中的高级官员，对广大妇女和少数族裔来说确实是一个鼓励。

赵小兰成功出任美国首位华裔劳工部部长是美国华人参政的又一重要里程碑。赵小兰的人生历程是美国典型的个人奋斗成功史，对当时的 288 万和现在的近 400 万美国华人是既是一种激励，也是一种启示。

三、二者政治参与的异同

首先，从他们二位的出身与求学经历来看，骆家辉来自普通华人劳工移民家庭，靠打工、奖学金和贷款完成学业，相对比较辛苦；相比之下，赵小兰来自技术移民家庭，条件优越，非常顺利地完成学业，相对比较轻松。他们的共同之处是都非常勤奋，都毕业于美国的常春藤大学。笔者以为，他们学业上的辉煌成就主要归功于华人传统价值观中重视教育的美德，尽管他们来自背景差异巨大的两个华人家庭。在美国社会，人们更欣赏、佩服那些白手起家，靠自身努力实现“美国梦”的成功人士。因此，骆家辉的出身与求学经历更容易让人产生共鸣。不同的家庭背景和求学经历也决定了他们以后参与美国政治的不同途径。

第二，他们走的都是精英政治参与之路，但采用的方式不同，华人社会的反

① ［美］伊铭：《美国首位华裔部长 赵小兰为美国华人争光》，《联合早报》（新加坡），2001 年 2 月 2 日。

② 《美国华人高度评价赵小兰入选布什内阁》，中新社，2001 年 1 月 13 日。

应也不同。骆家辉是通过参加政治选举的方式一步步踏上美国政坛的顶峰，而赵小兰是通过政治委任的方式在美国政坛稳步攀升，其中都有颇多艰辛。博士毕业后，骆家辉从华盛顿州景县的副检察官做起，凭其多年坚决打击犯罪的记录，于1982年当选为该州州众议员，1993年竞选景县县长成功，1996年成功当选华盛顿州州长，其参政历程可谓稳扎稳打，步步高升。赵小兰从哈佛商学院毕业后，先进入商海锻炼，在纽约花旗银行担任高级会计师，然后又被遴选到白宫实习一年，培养了其从政兴趣与经验。后加入共和党，积极参与总统候选人的筹款与拉票工作。1987年开始先后被委任为联邦交通部海运署副署长、联邦海事委员会主席、联邦交通部副部长、和平工作团团长等高级政府职位。2000年美国总统大选后，她几经曲折才被委任为劳工部部长，实为不易。

总体上看，华人社会都以他们为骄傲，因为他们的成功参政大大改善了美国华人的公共政治形象，为华人参与美国政治树立了榜样，增强了未来美国华人和亚裔参政的信心。但不同阶层的美国华人对他们的评价也有较大不同。骆家辉可以说是"美国梦"的典范，令各个阶层的美国华人和亚裔都非常敬佩和骄傲，白人主流社会也是心服口服，以至克林顿总统在1997年的国情咨文中特地提到的名字。克林顿说，当选为华盛顿州州长的骆家辉是"数百万美国亚裔移民所养育的值得骄傲的儿子。这些亚裔移民用他们的辛勤劳动、他们的家庭价值观和他们作为公民的良好表现增强了美国的力量。他代表着我们大家都能够实现的未来"[①]。2009年骆家辉被委任为联邦商务部部长，2011年又被委任为首位华裔驻华大使，既是他个人能力使然，也是美国社会众望所归，是美国华人参政的新篇章。

而对赵小兰的成功入阁，华人社会的反应则褒贬不一。持肯定意见的此处不复赘言，有异议的美国华人，尤其是笔者访问的学者大多认为，赵小兰的成功入阁取决于几个条件：其一，是她的家族与布什家族之间的密切关系；其二，靠她丈夫米奇·麦康奈尔的影响，麦康奈尔是来自肯塔基州的共和党国会参议员，长期担任参议院拨款委员会主席，是共和党内竞选筹款的高手之一，与布什父子关系甚笃；其三，是沾了女性和少数族裔的光。[②] 因此她的成功在大多普通美国华人眼中并不值得特别敬佩，而且多有非议。

第三，根据本章第二节当代美国华人精英参政的四种模型来观察，骆家辉主要属于"选举型"和"实在型"，而赵小兰主要属于"委任型"和"象征型"。

---

① 伍文煦：《美国政坛的亚裔之雄：骆家辉》，http://av.ewen.cc/music/bkview.asp?bkid=7504&cid=12589。

② 笔者对从事华人问题研究的中美华人学者的访谈资料。

骆家辉作为一个民选的"实在型"官员，能够代表全体选民的利益，同时也能较好地代表美国华人和亚裔及其他少数族裔的利益，敢于为美国华人和其他少数族裔说话，为他们争取权益。如在骆家辉担任州长期间（2002 年 4 月），他签署了一项法案，规定华盛顿州各级政府的官方档案自 7 月起禁止使用含种族歧视意味的"Oriental"（"东方人"）这一字眼，全面改用"Asian"（"亚裔"）；在移民政策方面，骆家辉反对削减移民配额，肯定移民给美国带来的人口资源和财富。① 他公开支持家庭团聚优先的移民政策保持不变。

而赵小兰作为一名"委任型"和"象征型"华裔官员，首先要对总统负责，代表美国政府，为全体美国人民服务，只有在适当的时候并有正当的理由，才可以为华人及亚裔适当争取一些权益，同时还要担心受到主流社会的指责。实际上，自从被委任为交通部副部长以来，赵小兰也一直在努力成为华裔最有力的政治代言人之一。例如，她强烈反对当时盛行于政府机构与高等教育制度中的雇佣与录取的配额制度。她指出，这种配额制度违反美国宪法的基本原则，只能制造一种虚假的平等现象。有资格、有能力的妇女与少数族裔专门职业者不需要这种配额制度的保护。②

在帮助美国亚裔方面，赵小兰也是不遗余力。她曾拨款 900 万美元帮助亚裔小企业主获得创业资本。她在任期内建立联邦健康计划协会，使亚裔小企业主和雇员可以获得合理的健康保险。"9·11"事件后，劳工部拨款 2.49 亿美元紧急救援纽约人，其中 100 万美元用来帮助纽约中国城的复苏。在她的领导下，从 2003 年起，美国劳工部的月失业报表首次包含了亚裔的就业情况。劳工部网站和出版物有关健康、安全、公平付酬等的重要内容都被译成多种文字，其中包括中文。劳工部还设有翻译，负责接听不会说英语的人的电话。③ 可见象征型也在逐渐向实在型转化。

第四，不同地区的华人对他们的评价也有所不同。对于他们二人的参政成就，中国大陆、香港和台湾及其他海外华人社会基本上是异口同声地表示肯定，几乎没有批评和质疑。骆家辉上任后，从不讳言自己的华裔背景，而且以此为荣。他曾多次亲自回台山老家寻根问祖，多次率领经贸代表团到中国访问，促进中美经济文化交流，在美国社会敢于公开表达对海峡两岸统一的支持，主张美国

---

① 《骆家辉：海外华人的骄傲》，http://www.tsinfo.com.cn/news2004/tsxw/local/20040115151554.htm；《华盛顿州长骆家辉：亚裔美人影响总统选举》（对骆家辉的专访），http://news.21cn.com/renwu/zjrw/2004/07/07/1641194.shtml。

② 万晓宏：《"白宫学者"华裔明星：记美国首位华裔部长赵小兰》，《人物》2002 年第 3 期，第 79 页。

③ 《赵小兰：美国亚裔小区永远在我心中——劳工部长赵小兰在芝加哥演讲》，http://www.peopledaily.co.jp/GB/guoji/14553/2339322.html。

政府给予中国贸易最惠国待遇。2009 年担任商务部部长后，他更是大力推动美国对华贸易，尽力使两国互惠互利。2011 年转任驻华大使后，他在加强中美两国经贸文化交流、改善和稳定中美关系方面做出了不懈努力，尤其在中日钓鱼岛主权争议问题上，敢于在公开场合重申美国政府的中立立场，得到美国华人社会的一致称赞。

赵小兰也是一样，她与海峡两岸都保持密切联系，时时强调自己的族裔背景。她对海峡两岸的接触对话也发挥了一定作用。由于出生于台湾，赵小兰和她的家人与历任台湾驻美代表均保持良好关系。1983 年她获选为白宫学者后，就前往台湾探亲观光。1993 年 4 月她在纽约举行的婚宴既有台湾驻美代表丁懋时参加，也有中国驻美大使李道豫在座。另外，赵小兰还与中国大陆高层保持良好关系。江泽民总书记和朱镕基总理访美期间，都曾抽时间与赵小兰及其丈夫会面。[①] 而吴振伟则令中国大陆失望，他在国会中曾投票反对给予中国大陆最惠国待遇，但中国方面只是表示遗憾，并未过多指责，因为他是美国公民，代表的是美国和美国选民的利益。但在美国华人社会，对他们的评价标准不只取决于他们是否有助于华人公众政治形象的改善，更多的是现实利益考虑，即他们能否代表华人和少数族裔的利益，为华人社会办实事，这导致中国大陆和美国华人社会对他们的参政成就褒贬不一。

如何评价这两种不同的参政模型？通过本章第一、二节对当代美国华人参与选举政治的方式和当代美国华人精英参政模型的理性分析，笔者以为，从政治参与方式来看，他们走上美国政坛的途径都无可非议。美国华人政治参与的方式和其他美国公民参与政治的方式一样，应该采取多元化的战略，无论是通过参加竞选走上美国政坛，还是通过委任得到某一政府职位，都是合理合法的。值得强调的是，美国总统成功当选后，有权利论功行赏，对竞选中立下了汗马功劳的人士给予政治任命。赵小兰作为共和党的拉票高手和超级政治捐款人[②]，进入内阁是理所当然的事情。从政治参与模型来看，实在型的政治参与确实能更好地维护美国华人的权益，但象征型的政治参与也不是除了象征意义之外一点作用都没有。虽然赵小兰并非靠华人选票支持而当选，但她被委任为内阁劳工部部长之后，也为华人做了一些实事，如她上任后，适逢“9·11”事件发生，纽约华埠受到较大影响，劳工部也专门分配 20 万美元进行救援，只是不如华人社区期望的那么

① 万晓宏：《“白宫学者”华裔明星：记美国首位华裔部长赵小兰》，《人物》2002 年第 3 期，第 79 页。

② 2000 年美国总统大选期间，赵小兰曾是布什竞选的筹款先锋之一。她领导的筹款机构在布什每一次竞选活动中每次至少提供 10 万美元。在 2000 年共和党全国代表大会上，赵小兰是受邀发表演讲的少数几个人之一，为布什争取少数族裔的支持立下了汗马功劳。参见《赵小兰父母成功家教的秘诀》，http://www.sina-qd.com/2004-03-12/edu_82.shtml。

多。如果从改善美国华人公共政治形象、提升华人在美国社会中的地位的角度来看，他们这两种不同的参政方式和参政模型都具有积极意义。

小　结

当代美国华人参与选举政治的方式是多元的，主要有参加选举登记和投票、政治捐款、竞选各级议员和政府公职，以及争取政治委任等。这些参与方式都是影响美国政府决策、维护华人权益和提升华人形象的正确路径，没有优劣之分。普通华人公民可以通过积极参加选举登记和投票、进行政治捐款和为候选人助选等方式参与选举政治。华人精英应积极参加竞选或通过政治委任等方式参与选举过程，从而发挥其政治影响力。当代美国华人精英参与选举政治的方式可以概括为选举型和委任型、全国型和地方型、华人选票型和非华人选票型、象征型和实在型这四种模型。其中，选举型和委任型反映的是华人精英通过选举和委任等不同方式参与政治；全国型和地方型反映的是华人精英参政的范围、层级与影响力；华人选票型和非华人选票型反映的是华人选票在华人精英当选过程中的作用；象征型和实在型反映的是华人精英是否能够更多地代表华人社区的利益。这些有助于加深学界对当代美国华人参与选举政治的方式和华人精英参政情况的认识。以骆家辉和赵小兰的参政经历为例进行比较分析，可以进一步说明当代美国华人精英无论采取何种方式、何种模型参与美国政治，只要积极参与，只要能成功进入主流社会，对美国华人社会都是百利而无一害。对骆家辉和赵小兰这两种政治参与方式和模型都应该积极支持和鼓励，因为这符合美国华人政治参与的本质，也符合美国选举政治的本质。

第四章　当代美国华人参政团体的政治参与

有阳光的地方就有华人，有华人的地方就有华人社团。华人社团、华文报刊网站和中文学校是当代海外华人社会的三大支柱。海外华人社团是指生活在中国本土之外的华侨、华人和华裔，为达到一定目标，按一定原则自行组织起来的，以非营利为主要目的的合法团体，包括以华人为主体的社团或分支组织。[①] 海外华人社团的历史源远流长，几乎与华人移民海外同步。作为海外华人社会最重要的支柱和动力，华人社团对海外华人社会的延续和发展作用巨大。早期华人社团主要承担联络情谊、协调关系和举办公益的责任。当代海外华人社团已发生巨大变化，具有动态化、专业化和多元化等特点。社团的分类标准亦多种多样，如按成员联系纽带可分为血缘、地缘、业缘、文缘和神缘等团体；按组织规模可分为地区性、全国性和世界性团体；按成员特点可分为青年、老年、妇女、工人、商人、留学生和专业人士等团体；按社团的主要功能可分为政治、经济、文教、联谊和服务等团体。本章探讨的主要对象是当代美国华人参政团体的政治参与。

在探讨当代美国华人参政团体的政治参与之前，首先要厘清“族裔参政团体”与“政党”的区别与联系。族裔参政团体是政治性社团的一种，指一个族裔为了维护自身利益，组织起来参政议政，影响政府决策的政治性团体。而政党是代表一个阶级、阶层或集团并维护其利益的特殊政治性团体，以参政议政为手段，最终目标是夺取政权并长期执政。二者之间存在着密切关系。在美国的政治体制下，政党的各项决策及其实施都希望得到各族裔参政团体的支持，而族裔参政团体同样也希望自身的利益诉求能引起有关政党，尤其是执政党的重视与支持。族裔参政团体不是政党，决定其不能直接参与执政，但族裔参政团体可以在组织本族裔民众参政议政方面发挥特殊作用。族裔参政团体的主要目标是参政议政，而非夺取政权。本章首先论述当代美国华人参政团体的沿革、类型和参政方式，然后通过案例分析诠释他们在华人政治参与中的重要地位和作用，最后总结他们在发展中存在的问题与障碍。

---

① 李明欢：《当代海外华人社团研究》，厦门：厦门大学出版社 1995 年版，第 4 页。

第一节　当代美国华人参政团体的沿革、类型和参政方式

在美国华人社会有句俗语，“一人社团，百年会长”，意指当代美国华人社团数量众多，甚至泛滥。由于社团的规模大小不一，成员不定，有时一人可同时加入几个社团，而且有的社团是为某一目的临时组建，事后就自行解散，所以给社团数量的统计带来较大困难，即使在美国的华人问题专家也无法给出确切的数字。据“台湾侨务委员会”统计，截止 1998 年底，全球海外华侨、华人社团总数为 9 328 个，美洲地区侨团数超过 1/4，共有 2 344 个。① 但据美国亚裔参政问题研究著名学者连培德教授估计，当代美国华人社团有 6 000 余个，其中参政团体的数量难以确定。②

一、当代美国华人参政团体的沿革

美国华人参政团体的沿革可追溯到 19 世纪末的华人平等权利联盟和同源会，他们是美国华人参政团体的先驱③，他们的参政活动在第一章已有较详细的叙述，此处不复赘言。20 世纪初，美国华人参政团体的数量十分有限，因为在排华时期，华人移民长期遭受种族歧视和美国政府排华立法的双重压制，被拒绝加入美国国籍，无法参与美国当地的选举政治活动。到 20 世纪 30 年代，能参与美国当地政治活动的仍然仅限于一些土生华人参政团体。“二战”爆发后及“二战”期间美国华人社团都不同程度地参与了美国政治，但他们的参政活动主要是关心和支援祖籍国政治，同时争取在美国的公民权利等。由于关注点在祖籍国政治，对美国当地政治活动的态度相对冷漠，因此当时的美国华人参政团体不能有效利用华人社区的政治资源，把华人社区整体带入美国政治选举的进程，发挥集体的政治力量。④ 典型案例有 20 世纪 30 年代至 40 年代美国纽约华人衣馆联合会

---

① 陈鸿瑜主编：《中华民国之侨务政策》，台北：“中华民国”海外华人研究学会 1999 年版，第 16 页。

② 2004 年 4 月 7 日对时任美国犹他大学政治学系教授连培德博士的访谈资料。

③ 其实，早期的美国华人传统社团，如中华会馆、中华公所及其下属的堂、房等分支机构除了主要承担联络情谊、协调关系和举办公益的功能外，也具有一定的政治功能。如在华人商业精英领导下，这些社团代表华人社区与美国政府打交道，维护在美华人的权益。但这些社团当时只是在华人权益被损害的情况下被动地参与美国政治，并不主动参与为在美国的华人争取平等权利，从不鼓励在美华人参加选举政治活动。

④ 林启文：《华裔美人参与政治活动之研究（1965—1993）》，（台湾）国立政治大学民族研究所硕士学位论文，1993 年，第 137 页。

和美国华人海员工会的政治活动。

美国华人参政团体的发展与繁荣是在民权运动之后，尤其是在20世纪70年代至80年代以来（参见表4-1）。1982年发生的“陈果仁事件”震惊了美国华人社会，促使美国华人开始反思他们在美国主流社会中的角色与处境。在华人社区精英人士的呼吁下，美国华人及华人社团开始把注意力从原来关心祖籍地政治（包括大陆与台湾，尤其是台湾）转向关注美国政治事务、关心自身社会地位与权益上来。30多年来，美国华人参政团体无论从数量上，还是从实力上都有显著提升。方雄普与许振礼先生在《海外侨团寻踪》一书中称，1990年代初，美国华人社团有800余个，其中以参政和维护华人权益为主要宗旨的不到10个。[①]但据笔者初步统计，当代美国华人参政团体的数量远不止这些，目前至少有60多个（参见表4-1）。如果包括跨族裔参政团体就更多，总共有近90个（参见表4-2）。由于无法进行全面统计，实际的华人参政团体数量可能会更大。

现在，鼓励和支持华人参政已不再是华人参政团体的专职工作。当代美国华人社团的发展趋势具有泛政治化的特色，即鼓励和支持参政已成为大多数华人社团日常工作的一个重要部分。例如，自1983年起，全美各地的中华公所或中华会馆[②]都成立办公室，专门负责动员当地华人公民参加选举登记和投票。每逢选举前夕，有影响力的华人社团都会举办选民教育培训班，帮助选民进行选举登记，与候选人直接交流，为候选人举办筹款会及助选拉票，甚至向候选人提出支持条件。本节的叙述主要集中于“华人参政团体”的政治参与，他们是由美国华人公民组成或以美国华人公民为主体的参政团体，他们的参政活动更具有代表性，对他们参政活动的探讨包含了对其他华人社团参政活动的探讨。

随着华人参政团体数量的增加与实力的壮大，它们开始积极介入美国政治。华人精英型参政团体一方面鼓励本族裔候选人出来竞选美国各级政府公职，为华人社区谋利益；另一方面，他们要求当选者委任有能力的华裔担任一定级别的政府职位，提高华人在美国政治中的地位。其中典型案例之一是全美各地华人社团捐款支持吴仙标竞选特拉华州副州长，并取得胜利。他的成功当选确实对改善美国华人形象产生积极影响，但也令许多美国华人失望，因为他并不代表美国华人的利益。有美国华裔学者指出，他利用的是全美华人的政治捐款而在华人人口较少的特拉华州当选，对在美华人的权益提升没有什么影响，充其量只是给美国华人的“形象工程”带来了一些改善。

---

① 方雄普、许振礼编著：《海外侨团寻踪》，北京：中国华侨出版社1995年版，第154页。

② 中华会馆（公所）成立于19世纪中期，在势力全盛时期，是华人的非官方代言人，近年来逐渐走向衰落。其宗旨是促进华埠福利，调解华埠纠纷，提供华人子女中文教育等。早期还担负华埠的治安和诉讼。

起初，美国华人参政团体大多是临时性的参政团体，选举之后即宣告解散，对于维护和促进美国华人权益难以发挥重大作用。自 20 世纪 80 年代以来，美国华人社区也组建了许多常设性华人草根型参政团体，主要从事选民教育、为普通华人民众争取权益的工作。这些新成立的草根型参政团体的成员不仅有服务社区的意愿，而且具有较高的知识水平，对美国政治理解较深，具有一定的组织、动员与策划能力。它们通过把华人社区的政治资源进行重新整合与运作，使华裔候选人在地方选举中胜出的机会大大增加，更有意义的是使当地的各级民选官员和其他族裔的候选人不敢再忽视华人社区这股新生的政治力量，开始对来自华人社区的权益诉求表示前所未有的关切。这样的参政团体越来越多，其中影响较大的精英型华人参政团体有华裔政治委员会、百人会、美华协会和 80/20 促进会等。草根型华人参政团体更多，有华人权益促进会、波士顿华人前进会、华人选民教育委员会和华人参政促进会等。

二、当代美国华人参政团体的类型

根据运作时间的长短，可以把当代美国华人参政团体划分为临时性参政团体和常设性参政团体；根据政党认同差异，可以把他们划分为党派参政团体和超党派参政团体；根据会员的组成不同，可以把他们划分为华人精英型参政团体和华人草根型参政团体。这些分类有助于从不同视角探讨当代美国华人参政团体性质与作用。例如，临时性参政团体与常设性参政团体二者不仅在运作的时间长短上有差异，而且在参政的目标、成员、组织、策划和动员能力上有较大不同。

（一）临时性参政团体

临时性参政团体通常是为支持特定或适当候选人竞选某一政治职位，由社区知名人士、党员或社团，在选举投票之前成立的参政团体。目的是帮助候选人在社区中进行助选活动，主要方式有捐款、餐会募款、为选民提供候选人基本资料等，以寻求华裔选民及社区在选票和钞票上的支持。选举结束后该参政团体的运作便停止或不久后自动解散。

临时性参政团体又可分为党派参政团体和超党派参政团体。如 1960—1970 年代尼克松竞选总统期间，加州洛杉矶华裔就曾组成“华裔支持尼克松竞选委员会”为其助选，委员会的成员大部分由共和党华裔担任；1980 年，纽约市共和党华裔成立“亚裔支持里根竞选总统委员会”，无条件地出钱出力为时任加州州长的里根助选；1989 年，纽约市华裔民主党成立“亚裔支持丁勤时市长连任委员会”，为黑人市长候选人丁勤时助选；1993 年底举行纽约市长选举期间，民主党华裔成立“华裔友人支持丁勤时市长连任委员会”，共和党华裔亦成立“华裔支持朱利安尼竞选市长委员会”，各自为其政党候选人助选。[①] 这些由两党华裔各自组成的临时性党派参政团体在选举政治中发挥的影响逐渐受到主流政治人物的重视，无形中提升了华裔在两党中的政治地位。

有时候，华裔社区的民众或参政团体还会超越党派界线组成支持某一候选人的临时性超党派参政团体，帮其进行助选活动。这种现象在华裔社区中较为普遍，尤其是当候选人是华裔时。如加州州务卿余江月桂女士自1974年当选以后，多次连任，她每次竞选连任都得到全美华裔社区和社团的一致支持，不分党派，投票、募捐或给予精神支持。另一典型案例是1984年吴仙标在美国东北部的特拉华州当选为副州长，他在竞选期间，曾到各地华人社区募捐，在旧金山王灵智教授发动华人社团为他募捐了3万多美元。[②] 1988年吴仙标竞选联邦参议员职位及1992年竞选联邦众议员，都得到全美各地华裔社区和社团不分党派的全力支持。近年来，每逢有选举活动，华裔社区纷纷组成各种临时性超党派参政团体，支持他们信任的候选人。

1986年12月，美国华裔知名人士陈香梅、吴仙标、许卓云、杨振宁等40位著名学者以“华裔美国公民临时协调委员会”的名义发表《华裔公民关于1988年大选政治宣言》，同时在美国10多个大城市的华裔社区公布。这是美国华人第一次组建全美华裔临时性超党派参政团体，扮演与美国两大政党总统候选人进行对话和沟通的角色。该宣言要求任何打算在1988年竞选美国总统的人士承诺，在当选后第一个任期内，至少任命3位合格的华裔公民担任下列职位：助理部长级或以上的行政职位；国家科学委员会、民权委员会或平等就业委员会委员；移民局、小型商业贷款局或少数族裔企业局中带决策性的职位或联邦法官。宣言强调“任何一位候选人未作上述承诺以前，我们华裔公民，不分党派，都保留捐款，不提供助选经费”[③]。

一向非常重视少数民族权益的民主党候选人，对该宣言反应热烈。当时争取民主党总统候选人提名的有马萨诸塞州州长杜凯吉斯、伊利诺伊州参议员赛门、田纳西州参议员高尔及黑人牧师杰西·杰克逊，他们都欣然同意当选后优先任用华裔，其中赛门承诺将任命华裔在美国联邦行政及司法部门担任决策性工作。[④]

① 林启文：《华裔美人参与政治活动之研究（1965—1993）》，（台湾）国立政治大学民族研究所硕士学位论文，1993年，第139～140页。

② 笔者于2003年10月30日对美国加州大学伯克利分校民族学系王灵智教授的访谈资料。

③ 《华侨华人百科全书·社团政党卷》，北京：中国华侨出版社1998年版，第315页。

④ 林启文：《华裔美人参与政治活动之研究（1965—1993）》，（台湾）国立政治大学民族研究所硕士学位论文，1993年，第143页。

与以往组建的华裔临时性超党派参政团体对政治捐献极其大方，有求必应，不求回报相比，“华裔美国公民临时协调委员会”的宣言把捐款与争取政治权利相挂钩，这是华裔政治参与的一个巨大进步，对1990年代以后美国华人在政治参与过程中组建的临时性超党派参政团体的运作方式产生重大影响。

为了团结所有亚裔参政团体的力量，以更大更响亮的声音去反映亚裔的所想所需，美国国会日裔众议员本田和华盛顿州华裔州长骆家辉于2004年5月发起成立“全国亚太裔领袖支持克里组织”，在支持克里的同时为亚裔争取更多的权益。该组织是一个支持民主党的临时性参政团体，首要目的是协助民主党总统候选人克里当选，同时加强亚太裔在政策上的影响力，让亚太裔的声音得到重视。本田强调，除支持克里外，该组织最重要的工作是把全国各地的亚太裔参政团体联合起来，加强亚裔的领导，让政府能够明白亚太裔的需要，并且学习从其他角度去看世界。①

2008年美国总统初选期间，华人吴宗锦发起成立南加州第一个精英型临时性参政团体“美国华裔希拉里之友会”，呼吁华人全力支持希拉里进军白宫，准备为她筹款200万美元。参与第一次筹备会议的华裔民选官员和华商有赵美心、李栾复青、方孝伟、黄国梁等。② 早在2006年，华人葛怀中就组建草根型临时性参政团体“美籍亚裔支持奥巴马（AAFO）”，为奥巴马助选。该团体的核心团队只有七八个人，次级团队大约有20~30人。通过互联网，该团体不断发展壮大，动员各州各地的美国亚裔以各种形式为奥巴马拉票。比如发动各地亚裔挨家挨户敲门，打电话拉票，发布各种语言的宣传手册，鼓励选民参加选举登记，帮助他们了解奥巴马的主张。同时还在网络社区 Facebook 上组成团体，鼓励网民在 Youtube 网站上发布奥巴马的拉票视频短片。③

2008年美国总统大选期间，华裔选民成为两党候选人争相拉拢的对象。共和党总统候选人麦凯恩竞选总部聘请华裔苏思睿担任亚太裔方面的总协调人，并成立“亚太裔支持麦凯恩联盟”、“全美华裔支持麦凯恩联盟”和“旧金山华裔支持麦凯恩联盟”等临时性参政团体，造势频频。民主党方面也有奥巴马的支持者成立临时性参政团体“亚太裔进步组织”，在初选之后为奥巴马争取原来支持希拉里的亚裔选民，8月21日还举办茶会让双方互相认识，希望在丹佛举行的民主党全国代表大会上成功弥合初选造成的裂痕。④ 2012年美国总统大选期间，

---

① 《骆家辉发起成立全美亚太裔领袖支持克里组织》，《华声报》，2004年5月31日。

② 《国际妇女节表达心意 美国华裔希拉里之友会成立》，《世界日报》（美国），2008年3月8日。

③ 谢来：《美国大选华裔助选》，《新京报》，2008年11月2日。

④ ［美］容易：《麦凯恩和奥巴马各自争取华裔选民》，http：//www. voanews. com/chinese/w2008 - 08 - 06 - voa118. cfm。

赵美心与美国前华裔劳工部部长赵小兰，分别应邀出任“奥巴马竞选委员会”全国共同主席和“全国亚太裔辅选罗姆尼委员会”主席，领衔两党的亚裔辅选团队。

（二）常设性参政团体

以上叙述的都是当代美国华人临时性参政团体的参政活动。其实，在美国华人政治参与过程中发挥更重要作用的是那些常设性参政团体，是他们长期不懈的努力使美国华人的权益得到维护与增进。所谓“常设性参政团体”是指由华人社区精英或党员组织成立的一种具有长期存在性质的参政团体，为支持特定或适当候选人竞选某一政治职位而进行各项助选活动，或从事选民教育活动。与临时性参政团体一样，常设性参政团体也可以分为常设性的党派参政团体和常设性的超党派参政团体两种。

常设性的党派参政团体是由积极参与政党活动的华人所成立的政党次级组织，主要从事草根性的基层党务工作。在选举期间，则为所属政党候选人在华埠或华人社区中推动选民登记，推荐候选人给选民及动员选民前往投票站投票；在平时，则主要从事维持与党员之间的联系工作，并负责华人青年参政人才培训和吸收新党员等事务。

1980 年代以前，华裔加入政党者不多，除纽约、旧金山、洛杉矶地区因华裔党员较多而成立常设性的党派参政团体外，美国本土其他各地的华裔党员较少，仅适合成立临时性的党派参政团体。如 1960 年代末在加州旧金山地区成立的“旧金山华裔共和党协会”、在洛杉矶地区成立的“美国华裔民主党联盟”等，至今仍在地方选举中发挥重要作用。

1980 年代以来，越来越多的华人加入美国的两大政党，不少华人常设性的党派参政团体纷纷成立，如 1981 年在纽约以华人为主成立“共和党亚裔总部”，在美国东部地区开展党务工作，其下设有 63 个分部①；1983 年在美国南部各州华裔及亚裔人口最多的得州休斯敦成立“得州亚裔共和党”，其下设 5 个亚裔支部；1984 年以华裔共和党员为主成立“纽约市史坦顿岛亚裔共和党分部”；同年在加州橙县成立“橙县亚裔共和党委员会”；1991 年在密苏里州的圣路易地区成立“亚裔共和党”，是当地第一个华裔常设性党派参政团体；1992 年大选前以中国大陆新移民为主的华裔民主党人在华盛顿成立“大陆华裔民主党全国联盟”，并在纽约、洛杉矶、旧金山、芝加哥、休斯敦等地区设立分部。近年来，这些团

① 1996 年，在庆祝总部成立 15 周年之际，印制纪念特刊，记述华人参政的成果与总部的历年活动，被认为是极有价值华人参政的重要文献。当时总部的负责人有陈本昌等 10 位华人。

体积极参与美国大选和各级地方选举，充分发挥组织动员、沟通合作与团结力量的功能，提升了华裔党员在次级政党中的地位，也使华裔党员在两党中逐渐获得应有的发言权和代表性。①

常设性的超党派参政团体是由积极参与政治活动的华裔成立的具有草根性质的参政团体，旨在维护华裔权益、鼓励华裔参政及扩大华裔的政治影响力。在选举期间，代表该团体或华裔社区与各政党的候选人接触，选择适当候选人予以支持。其主要工作包括推动选民登记、举办候选人政见发表会、推荐候选人给选民、举行募款餐会及动员选民投票等。在平时，则有计划地长期培养华裔参政人才，提高华裔参政意识，其工作包括推广选民教育、鼓励华裔竞选公职或争取政治委任、举办参政实务研讨会或青少年政治实习计划等。

早在 1980 年以前就有华人常设性的超党派参政团体参与地方选举活动，但在美华人由于来源地不同、在美居住时间长短不同、语言不同、社会经济地位差异、政党认同不一样等原因，导致其在美国很难结成超党派联盟，从而未能带动整个华人社区参与政治选举，发挥集体政治力量。从历史上看，美国华人只有在面临巨大挑战或有重大历史事件推动的时候才能够团结起来，如 1905 年的抵制美货运动，1937 年至 1945 年祖籍国中国遭受日本侵略期间。

1982 年的陈果仁事件和 1984 年吴仙标当选特拉华州副州长这两件事对美国各地华人社区产生很大冲击。前者使美国华裔体会到自身在主流社会中的角色和处境。在华裔精英人士的呼吁下，华裔及华人社区逐渐将关心祖籍国政治发展的注意力转移到美国本地的政治事务。争取民权、争取公平就业权益及参政成为华裔社区政治活动的几项重点。后者鼓舞更多华裔参政人士勇于竞选公职，提高华裔选民的投票兴趣，拉开了美国华人参政运动的序幕，对后来华人常设性参政团体的发展也产生重大影响。如 1983 年第一个华人政治行动委员会在洛杉矶成立；同年，全美华人选民联盟在华盛顿成立。②

1987 年 3 月 22 日，吴仙标、陈香梅、吴家玮等近百名美国著名华裔人士在洛杉矶蒙特利公园市发起成立常设性超党派参政团体“华裔政治委员会”。该委员会宗旨是凝聚华人政治力量，促成华人出任美国联邦决策层要职，提升华人地位。会议达成了三项决议：第一，征集 10 万人签名，以支持华人参与美国高层政治；第二，成立游说团体，接触有意角逐总统的候选人，表达华人对政治权益的关心；第三，募集基金，推动会务的开展。该会的活动取得一定的效果，1988

---

① 林启文：《华裔美人参与政治活动之研究（1965—1993）》，（台湾）国立政治大学民族研究所硕士学位论文，1993 年，第 144～146 页。

② 林启文：《华裔美人参与政治活动之研究（1965—1993）》，（台湾）国立政治大学民族研究所硕士学位论文，1993 年，第 146～147 页。

年美国各党派的竞选人都做出承诺，表示当选后任用华裔出任美国政府高层职务。当年，当选总统布什任命华裔祖炳民为“亚裔联络委员会主席”，负责向总统推荐亚裔人士出任美国各级公职。①

1990年代，华裔参政的积极性愈加高涨，成立的常设性超党派参政团体数量明显增多，如密苏里州圣路易市姚武铨、吴征等创立“华人参政促进委员会”；旧金山华裔社区领袖伍璇灿创立“华人领袖委员会”、祖炳民创立全加州性的“亚美政治教育基金会”；洛杉矶地区吴沣培创立“台美政治协会”、林中山创立“台美参政推动会”、翁家伦和徐惠诚等共同成立“圣马利诺—南巴沙迪那政治行动委员会”、南加州数个华裔社团共同发起的“华美选民教育基金会”、纽约华裔参政人士罗其福等成立“布碌仑华人选民协会”。这些常设性超党派参政团体鼓励合格华裔公民竞选公职或争取政治任命、推动选民登记、举办候选人政见发表会、举行募款餐会或代表华裔选民向其他族裔候选人表达华裔社区的需求，在华人参政运动上发挥了重大作用。②

1996年的亚裔政治献金案使美国华人参政的积极性遭遇重大挫折，但也给他们一个深刻教训，令华人社区进行反思。1999年李文和事件发生后，再次激起美国华人参政的热情，他们意识到只有积极参政才能维护自身的权益。他们纷纷成立各种常设性参政性团体参与政治，原来的一般性华人社团也开始逐渐走向政治化，鼓励和支持当地华人公民积极参与美国政治。例如，1998年正式成立的80/20促进会是一个由华人主导的常设性的超党派亚裔参政团体。该团体的首要目标直接针对美国总统大选，呼吁所有亚裔选民在2000年美国总统大选中，把80%的选票集中起来投给同一个候选人以发挥亚裔的“集团”政治影响力。该团体以互联网为纽带，现有支持者超过70万人。

在2000年美国大选中，民主党总统候选人戈尔向80/20促进会许诺，如能得到该团体的授权支持，当选后将签署执行1126号行政命令，落实反对在就业和教育领域内对广大华裔和亚裔的歧视，同时许诺在内阁中将任命更多华裔、亚裔担任决策官员。在此条件下，该团体授权支持戈尔并为其开展助选活动。在2004年、2008年和2012年的美国总统大选中该团体又三次授权支持民主党总统候选人克里和奥巴马。据亚太裔法律中心选后统计，在2004年总统大选中华裔选民61%支持克里，38%支持布什；③ 据CNN和《纽约时报》的出口民调显示，

① 《华侨华人百科全书·社团政党卷》，北京：中国华侨出版社1998年版，第184~185页。

② 林启文：《华裔美人参与政治活动之研究（1965—1993）》，（台湾）国立政治大学民族研究所硕士学位论文，1993年，第147~148页。

③ 参见笔者与“80/20促进会”创始人吴仙标博士的E-mail交流资料。

在2008年总统大选中亚裔选民62%支持奥巴马，35%支持麦凯恩；[①] 据《纽约时报》的出口民调显示，在2012年总统大选中，亚裔选民73%支持奥巴马，26%支持罗姆尼。[②] 与1996年和2000年相比，亚裔选民的集团投票率有显著提高，正在向80/20促进会倡导的目标迈进，可见该团体在其中发挥的重要作用。

在平时，80/20促进会代表华人和其他亚裔表达政治诉求，敦促各级政府保证亚裔的平等就业机会，反对种族歧视，增加亚裔在各级法院中的法官名额，实施选民教育等，在美国主流社会产生了重大影响。类似的常设性超党派华人参政团体非常多，如美国华人权益促进会、全美华人选民联盟、百人会、华人前进会、全美华人协会、全美华裔青年协会、华人参政促进会、越柬寮华人政治联盟等。现在，全美各地华人社区的选票和钞票通过各地华人参政团体的整合与运作，不仅使华裔候选人参与地方选举成功的机会大增，也使当政官员和其他族裔候选人不敢再忽视华人的政治力量，因而比以前更加关切华人社区的权益诉求。

表4-1　当代美国华人常设性超党派参政团体统计表

名称	地点	成立时间和宗旨
美国华人平等权利联盟（Chinese Equal Rights League of America）*	纽约、芝加哥	1892年成立，发起人是黄清福，目的是为美国华人争取平等权利，包括公民权和选举权，要求美国政府废除排华法案，是美国华人历史上第一个参政团体。
美洲同源总会（Chinese American Citizens Alliance）*	旧金山	1895年成立，原名金山土生子弟会，1912年改为现名。宗旨是保持友爱互助精神，以良好公民自励，致力于改善移民条例，争取公民之平等待遇，兼及慈善公益及社会服务。下辖15个分会，是华人争取平等政治权益的先驱者。
纽约崇正会*	纽约	1918年成立，1990年有会员4 000多名。宗旨是联络客属乡亲感情，为会员谋求福利和提供服务，争取合法权利，支持华人参政。

① How Asian Ams Voted & How 80-20 works，http：//www.80-20initiative.net/news/preselect2008.asp.

② Presidential Election 2012，http：//www.80-20initiative.net/news/preselect2012_ apavote.asp.

（续上表）

名称	地点	成立时间和宗旨
取消排华律公民委员会＊	纽约	1933 年 5 月 25 日成立。发起人有赛珍珠、周以德等 11 位社会名流。宗旨是取消排华法案，给予华人移民配额，准许华人入籍。在 1943 年美国政府废除排华法案过程中发挥重要作用。
美国华裔民主俱乐部（Chinese American Democratic Club）	旧金山	1958 年成立，主要宗旨是从事选民教育。
华人策划协会＊（Chinese – American Planning Council）	纽约	1965 年成立，是最大的美国亚裔教育、社会和社区服务非营利团体之一，宗旨是提高纽约华人生活质量，尽早融入主流社会。
美国华人权益促进会＊（CAA – Chinese for Affirmative Action）	旧金山	成立于 1972 年，宗旨是在推动美国多元种族民主的内涵和利益下，维护及促进华裔与亚裔的公民及政治权利。
美华协会＊（Organization of Chinese American）	全国性	1973 年成立，总部在华盛顿，目前 25 个州有 45 个分会，9 000 余名会员。其宗旨是鼓励和推动华人参加美国各层次的政治及社会活动，争取华人的平等权益和机会，消除美国人对华人及中国文化的无知和歧视，树立华裔在美国人心目中的正确形象。
美国华裔选民教育委员会＊（Chinese American Voters Education Committee）	旧金山	1976 年成立，是一个非营利非党派的公民教育团体，主要目的是鼓励和帮助亚裔移民积极参政，融入当地社会。
波士顿华人前进会＊（CPA）	波士顿	1977 年成立，是一个草根性社区组织，宗旨是为大波士顿地区的华人争取正义、民主和平等。现有全职工作人员 7 名，会员 1 000 名。
华裔选民教育委员会（Chinese American Voters Education Committee）	旧金山	1978 年成立，举办筹款会餐及推动选民登记和教育。
全美华裔青年协会	全国性	1980 年成立，全美有 10 个分会，含夏威夷分会。宗旨是鼓励华裔青年参政，以提高华人在美国的地位。

（续上表）

名称	地点	成立时间和宗旨
休斯敦华裔选民协会*	休斯敦	1981年成立，宗旨是鼓励华人积极参与政治和选举活动，集合大家的力量，提高华人的社会地位，争取和维护华人的利益。
美国台湾人公共事务会*	华盛顿	1982年成立，宗旨是为台湾人争取“自决”权利，促进台湾民主化，争取和维护海外台湾人的权益。会长彭明敏。
华埠选民教育联会	纽约	1983年8月由华埠28个团体组成的超党派参政团体，主要从事选民教育。
洛杉矶华人参政促进会（Chinese Political Action Committee）*	洛杉矶	1983年10月15日成立，是华人第一个政治行动委员会，以跻身美国政坛为宗旨。主要目的是促进选民登记，训练公职领袖人才，并建立档案制度，对政界人士的背景、动向及立场深入了解，促进他们融入美国政治主流，为华人争取权益与福利；结合华人的智慧与经济力量，发挥最大的政治力量。首届会长陈李琬若。
全美华人选民联盟	全国性	1983年11月在美国华盛顿成立。
大华府区华裔选民协会	华盛顿	1983年5月成立。
纽约皇后区华人选民协会*（Chinese American Voters Association of Queens）	纽约	1983年成立，1994年有会员约800人，宗旨是鼓励华人参政，支持华人竞选，维护华人政治权利，推动华人选民教育，为华人选民服务。
南加州华美协会	洛杉矶	1984年成立，以推动和教育华人参与公共事务及选举活动为宗旨。
皇后区华人妇女会	纽约	1984年成立，1987年设立政治小组，鼓励妇女参政，争取妇女权益。
美华参政协会（CAPA）*	旧金山东湾	1984年成立，主要宗旨是从事选民教育，提高华人参政意识，鼓励华人参政。
东湾美华参政协会（CAPA）	旧金山湾区	1984年成立，长期致力于选民教育和选民登记服务。

（续上表）

名称	地点	成立时间和宗旨
达拉斯华人选民协会＊	达拉斯	成立于1985年3月17日，前身是达拉斯华人政治联盟，以争取和维护华人的政治权益，提高华人的政治地位为宗旨。
台美公民协会＊（Taiwan American Citizens League）	洛杉矶	1985年成立，目前全美有15个分会，主要由第二代管理，目标之一是促进台湾裔美国人参与美国民主进程。
中美协会	全国性	1986年6月成立，总部设在华盛顿。旨在鼓励华人参与美国立法及行政决策过程，支持和培养华人问鼎联邦公职。
华裔政治委员会＊	全国性	1987年3月22日成立于蒙特利公园市，由吴仙标、陈香梅、吴家伟等创立。宗旨是凝聚华人政治力量，促成华人担任美国联邦决策阶层要职，提升华人地位。曾积极介入1988年总统选举。
法拉盛华人参政促进会＊	纽约	1988年4月成立，宗旨是鼓励华人参政，担任公职，融入美国主流社会，切实为华人服务。
北美华裔学人协会＊	全国性	1989年成立，由吴健雄等15位科学家发起，致力于积极参加美国主流社会的草根层和决策层的活动是其工作内容之一。
百人会（Committee of 100）＊	全国性	1990年由贝聿铭发起并于纽约成立。截止1996年有会员89人。宗旨是维护华人权益，促进中美关系。
华美公民协会＊	旧金山	1990年3月初成立，由李锦华等人发起，宗旨是鼓励和支持华人参政。
南培城华人参政集思会＊	帕萨迪纳	1991年成立。会员多是香港、台湾地区移民。宗旨是组织华人参政。工作目标包括：鼓励华人投票与协助华人选民登记；对外表达华人社区对市政建设工作的具体意见和关切；推选华人代表参加选举或支持与华人政见相同的其他族裔人士参选，作为实现关切市政的具体方法。

（续上表）

名称	地点	成立时间和宗旨
台美参政推动会（Taiwanese American Political Action Alliance）	洛杉矶	1992年6月成立，以推动、鼓励和教育台湾裔美国人参与美国地方政治事务为宗旨。
台美政治协会（Taiwan American Political Action Committee）	洛杉矶	1992年8月成立，是台湾裔美国人第一个政治行动委员会。
南巴市市民参政会（C. C. S. P.）	洛杉矶	宗旨是在政治上为华人争取权益。
华人领袖委员会（Chinese Leadership Council）	旧金山	1992年6月成立，鼓励华人竞选公职及推动选民登记。
华美选民教育基金会	洛杉矶	1992年10月成立，宗旨是教育华人如何登记及投票。
胡桃市华人协会	洛杉矶	宗旨是积极鼓励华人参政。
南加州美华选民联盟	洛杉矶	宗旨是鼓励华人参加选举登记和投票。
旧金山选民联盟	旧金山	宗旨是鼓励华人参加选举登记和投票。
中美华人选举协进会	纽约	宗旨是积极鼓励华人参政。
华裔选民联盟	休斯敦	宗旨是鼓励华人参加选举登记和投票。
华人参政促进委员会	圣路易	1992年3月成立，宗旨是鼓励华人参加选举登记和投票。
亚美政治教育基金会（AAPEF）	加州	1992年7月成立，宗旨是从事选民教育，会长为祖炳民。
圣玛利诺—南巴沙迪那政治行动委员会（PAC）	洛杉矶	1992年11月成立，由圣市翁家伦、南巴市徐惠诚等人共同发起。

（续上表）

名称	地点	成立时间和宗旨
南加州肯县华美协会 *	肯县	1992 年成立，宗旨是增进团结与友谊，为社区内的侨胞提供各种服务，维护正当华人权益，促进华人参政。首任会长邱振明。
北得州中华妇女会 *	布蓝诺	1992 年 3 月 29 日成立，宗旨是促进中美文化交流，鼓励华裔妇女参与学区及社区活动；提高华裔妇女地位，争取华裔妇女权益，促进华裔妇女团结与联谊。
布碌仑华人选民协会	纽约	1993 年 3 月成立，宗旨是鼓励华人参加选举登记和投票。
全美政治领袖基金（Foundation for National Political Leadership）	全国性	1993 年成立，总部设在华盛顿，预定在全国 14 个大城市成立分会。
华裔民权联盟 *	加州	美国华人民权组织，成立于 1994 年年底。宗旨是促进华人与主流社会间的文化、语言的了解，协调对民权的歧见，在华人民权受到侵犯时提供协助。
华人参政促进总会 *	洛杉矶	美国华人民权组织。1996 年 6 月 13 日成立，由张启智等发起。宗旨是促进华人参政，争取华人权益和平等地位，繁荣华人社区。
布碌仑华人制衣业商会 *	纽约	1996 年成立，宗旨是加强华人制衣业的团结，争取合法待遇，维护正当权益。
华裔民选官员协会或华裔民选公职人员联谊会 *（CEO：Chinese American Elected Officials）	南加州	1996 年 2 月 4 日成立，由徐惠诚、赵黄企晨等人发起。宗旨是加强华裔民选公职人员的联系和沟通，鼓励和支持华裔参政，培养参政人才，就华裔社区所关切的事务表达立场。
美国南湾华美协会 *	南湾	有 250 多名会员，宗旨是鼓励华裔美国人积极参与南湾社区各项政治事务及文化活动；全面参与美国民主进程的主流；增进华人教育及参政机会，提醒和维护华人应有之权利义务，促进中西文化交流。

（续上表）

名称	地点	成立时间和宗旨
美华公民互助会＊	芝加哥	1996年8月27日成立，成立初有会员200多人，都是已加入美国籍的台湾退伍军人。宗旨是提高美国华人政治地位，保障退伍军人在台湾与美国的权利。
美籍华人政治行动委员会＊	费城	1996年成立，宗旨是团结全美华人，协调华人的政治诉求。目标之一是帮助各地华人社团参与政治选举，为华人选民提供准确的信息，为华人候选人的竞选筹措基金，并根据多数会员的意愿，以政治捐款方式参与美国总统选举。
巴尔的摩华人协会＊	巴尔的摩	1997年6月4日成立，宗旨是加强巴尔的摩华人的联系与团结，维护华人正当权益及兴办福利，提供服务。首届会长曹先亭。
佛利蒙华人权益服务社（CBC）	旧金山湾区	与80/20促进会的宗旨一样，副主席周明飞。
矽谷选民教育服务中心	旧金山湾区	致力于选民登记服务，主席龚行宪。
华美政联（CAUAE）	洛杉矶	教育选民和协助选民登记，进行选后抽查，主席胡泽群。
世纪展望（Vision21）	洛杉矶	教育选民和协助选民登记，进行选后抽查，主席徐惠诚。
越柬寮华人政治联盟＊（IAPAC）	洛杉矶	2000年成立，宗旨是整合越柬寮华人的政治力量，为华人争取权益及政治地位。
美国华裔选民协会＊（American Chinese Voters Alliance Corp.）	纽约曼哈顿	2004年1月28日成立，目标是在“教育、帮助、团结、争取”宗旨下，宣传投票的重要性、帮助华裔行使公民权、团结华裔投票，进而争取提升华人社会与法律地位。

（续上表）

名称	地点	成立时间和宗旨
美国华人全国委员会＊（NCCA—National Council of Chinese Americans）	华盛顿	2010年成立，是一个非政治性、非营利性NGO组织。其宗旨是为所有美国华人华侨服务；促进和保障华人华侨的政治权益、社会福利和经济利益；认同、保护、传承并发扬光大中华文化和精神遗产以及人文价值；增进与美国所有人民之间的了解和友谊，遵从民主原则，并致力于世界和平；为加强中美两国之间在教育、文化、科技、经济等方面的民间交流，起到桥梁和纽带作用。

资料来源：林启文：《华裔美人参与政治活动之研究（1965—1993）》，（台湾）国立政治大学民族研究所硕士学位论文，1993年，第180～182页。“＊”表示笔者自己根据有关资料统计的美国华人参政团体，如张庆松：《美国百年排华内幕》，上海：上海人民出版社1998年版，第271～275页；《华侨华人百科全书·社团政党卷》，北京：中国华侨出版社1998年版；美国《世界日报》、《国际日报》、《侨报》，美国世界新闻网，中新网，新华网，中国侨网等。

表4－2　当代美国亚裔常设性超党派参政团体统计表

名称	地点	成立时间和宗旨
亚裔美国人平等会＊（Asian Americans for Equality）	纽约	1974年成立的非营利团体，宗旨是为亚裔争取平等权益，鼓励华人和亚裔参政，现已转型为住房供给、社区服务与发展团体。
全美亚裔选民联盟（Asian American Voters Coalition）	全国性	1983年成立，拥有16个亚裔社团会员的联合组织，总部设在马里兰州。
亚太裔法律中心＊（Asian Pacific American Legal Centre）	洛杉矶	1983年成立，是全美最大的亚裔法律和民权组织，每年为15 000个组织和个人提供法律服务。使命是促进民权，提供法律服务和教育，建立联盟积极影响亚太裔和创建更加公平和谐的社区。
美国亚裔联盟＊	洛杉矶	有不少华人社团参加。宗旨是加强亚裔的团结，积极参与美国主流社会的政治，提升亚裔在美国的政治地位。
莲花基金会（Lotus Fund）	加州	为有志竞选的合格亚裔候选人筹募基金。

（续上表）

名称	地点	成立时间和宗旨
波士顿彩虹亚裔委员会（Asian Council of Boston Rainbow Coalition）	波士顿	提高公众对政治问题的认识，鼓励亚裔组成投票集团，发挥政治影响力。
纽约亚裔美国人联盟 *（Asian American Federation of New York）	纽约	1989 年成立，是一个泛亚裔非营利团体，宗旨是促进美国亚裔的公民权利和福利。
亚美政治教育基金会（AAPEF）	全国性	1989 年成立，主要任务是加强亚裔的政治力量，总部设在华盛顿。
亚美联盟（Asian American Federation）*	纽约	1989 年成立，是一个泛亚裔非营利组织，有一系列社区服务机构，主要从事健康、社会服务、教育、经济发展、公民参与和社会正义方面的工作。
亚太裔联盟（Asian Pacific Island American Coalition）	洛杉矶	1991 年 6 月成立，争取亚太裔权益，并加强与主流政治人物的沟通。
亚太裔选区公平重划联盟（CAPAFR）	洛杉矶	1991 年成立，主张公平划分选区，以便在亚裔人口集中的地区能选出自己的代表或发挥关键政治影响力。
美国亚裔联盟委员会 *（AACC—Asian American Coalition Committee）	芝加哥	1991 年成立，主要目标是为广大亚裔谋取政治利益，创办亚裔研究项目。
亚美政联 *（CAUSE—Center for Asian Americans United for Self Empowerment）	洛杉矶	1993 年成立，长期从事选民教育，推动亚裔选民参加登记与投票，支持华裔和亚裔参选。现任主席为华裔胡泽群。
国会亚太裔党团 *（Congressional Asian Pacific American Caucus）	华盛顿	1994 年成立，是由国会议员组成的一个跨党派团体，目的是保证亚太裔能全面参与国会立法，并反映他们的关切和需要。2011 年至今由赵美心担任主席。

（续上表）

名称	地点	成立时间和宗旨
美国全国亚太裔委员会（NCAPA）＊	华盛顿	1996年成立，由29个全国亚太裔组织共同组成，宗旨是扩大亚太裔在立法和法律领域的影响。为支持克林顿任命华人律师李亮畴为助理司法部长，抗议共和党保守派歧视亚裔人士的偏见，曾于1997年12月9日在全美各地举行示威活动。
80/20促进会＊（80/20 Initiative）	全国性	1998年成立，宗旨是为全体亚裔争取平等的工作、生存及参政权。针对美国总统大选呼吁包括华人在内的所有亚裔选民团结起来，集中80%的选票投给同一个总统候选人，显示亚裔的“集团”政治力量，并要求支持的候选人胜选后承诺让合格的亚裔出任内阁要员及其他政府要职，重视亚裔的声音。
国际领袖基金会＊（ILF—International Leadership Foundation）	全国性，总部设华盛顿	2000年成立，目的是培养美国下一代的亚裔青年领袖，让他们了解美国政治、经济等方面的运作情况，希望他们能争取自身应有的权益，日后进入美国主流政经界。
亚美参政协会＊（APAPA）	全国性	2001年成立，主张不分党籍全力支持亚裔特别是华裔参政，创始人与现任主席尹集成。
美国亚裔选举联盟＊	华盛顿	宗旨是在选举前鼓励和协助华裔选民做好选民登记，在选举日参与选举，用选票维护自身权益。
亚裔参政联盟＊（Asian Americans for Political Participation）	纽约	宗旨是培养更多亚裔杰出人士，走进美国各级政府，发挥亚裔参政力量。
美国亚太裔投票联盟＊（Asian & Pacific Islander American Vote）	全国性	2005年成立，是全国性非党派参政团体，致力于选民动员，推动亚太裔参与选举政治。
布碌仑亚裔联盟＊（Brooklyn Asian Voice Organization，简称BRAVO）	纽约	2008年成立，是一批具有共同理念的专业人士为骨干，宗旨是“声音、发展、力量”。鼓励青少年关心政治、参与选举是其工作之一。

资料来源：林启文：《华裔美人参与政治活动之研究（1965—1993）》，（台湾）国立政治大学民族研究所硕士学位论文，1993年，第187～188页。“＊”表示笔者自己根据有关资料统计的美国华人参政团体，如《华侨华人百科全书·社团政党卷》，北京：中国华侨出版社1998年版；美国《侨报》、《星岛日报》、《国际日报》，中新网，中国侨网，新华网等；Congressional Asian Pacific American Caucus，http：//capac－chu. house. gov/。

表 4-3　当代美国华人或亚裔常设性的党派参政团体统计表

名称	地点	成立时间和宗旨
旧金山华裔共和党协会 *	旧金山	1960 年代末成立，宗旨是支持共和党候选人，积极推动选民宣传工作，现任主席邵以强。
加州华裔共和党协会 *	旧金山	1971 年成立，目的是组织党员参加活动，争取发展更多党员。
美国共和党亚裔总党部	纽约	1981 年成立，是以美国华人为主的亚裔参政团体，党部除组织亚裔共和党党员的党务活动外，主要动员和支持亚裔人士参政。主席先后为陈香梅、陈本昌和刘熙。
得州亚裔共和党	休斯敦	1983 年成立，下设 5 个分部。
史坦顿岛亚裔共和党分部	纽约	1984 年成立，以华裔共和党党员为主成立。
橙县亚裔共和党委员会	加州橙县	1984 年成立。
共和党亚裔联盟	华盛顿	1987 年 6 月 14 日成立，由陈香梅创建，宗旨是加强亚裔共和党人的团结，通过组织功能，发挥效率和力量，使亚裔融入美国政治主流，显示亚裔的真正力量。
纽约法拉盛共和党部	纽约	1991 年 10 月 31 日成立于美国纽约。目的是要集中法拉盛区内华人党员的力量，本着共和党党纲的精神、服务群众，领导群众，为党员、社区及华裔团体争取最大权益。
大陆华裔民主党全国联盟	华盛顿	1992 年总统大选前成立，在纽约、洛杉矶、旧金山、芝加哥、休斯敦等地区设有分部。
美国共和党亚裔顾问委员会	华盛顿	1992 年由美国共和党设立。成员有 31 人，分布在美国 13 个州，包括华、日、越、柬、老、菲、韩、印度、伊朗、巴基斯坦等族裔。华人委员有赵小兰、陈耀东、董继玲等。
芝加哥华裔民主党联盟 *	芝加哥	1996 年 8 月成立，宗旨是鼓励华裔民主党成员参与主流社会的有关活动。

（续上表）

名称	地点	成立时间和宗旨
皇后区传统共和党俱乐部＊	纽约皇后区	1997年成立，以美国华人为主的参政团体，目的是团结少数族裔共和党员，强化少数族群在政治及民众事务议题上的声音，并通过党员俱乐部方式，吸引未入党的新选民。
旧金山西部华裔民主党俱乐部＊	旧金山	2001年正式成立，宗旨是招募党员，扩大声望，鼓励民众参与投票，帮助党员竞选。
亚太裔民主党干部会议＊（Asian Pacific American Democratic Caucus）	加州阿拉米达县	2005年正式成立，主要目标有招募和登记亚太裔民主党党员；制定和影响对亚太裔社区重要的政策；支持亚太裔竞选民主党各层级政府公职；为关键职位的候选人提供支持。
纽约州亚裔共和党联盟＊	纽约	2005年成立，目标是让包括韩裔、菲律宾裔和华裔等在内的所有亚裔选民联合发出自己的声音，以加强他们的政治影响力。
维州华裔共和党协会＊	大华盛顿地区	2009年成立，由两岸三地华人移民组成，包括各种服务性社团的中坚干部，目的是为了凸显华人移民积极参政，鼓励更多认同共和党核心价值与理念者加入。

资料来源：林启文：《华裔美人参与政治活动之研究（1965—1993）》，（台湾）国立政治大学民族研究所硕士学位论文，1993年，第144～146页。“＊”表示笔者自己根据有关资料统计的美国华人参政团体，如《华侨华人百科全书·社团政党卷》，北京：中国华侨出版社1998年版；美国《侨报》、《世界日报》、《国际日报》，中国侨网，中新网，新华网等。

三、当代美国华人参政团体的参政方式

“二战”后初期在美华人人口较少，具有公民权的人数更少，加上主流社会对华人的歧视，华人社区与外界几乎处于隔离状态。大多华人忙于生计，对美国政治事务比较冷漠，即使参与政治活动也主要是从事争取民权的活动。除了一些土生华裔外，参与选举政治的美国华人人数很少。由于各地参与投票的华人人数少，华人社区的权益一直为当地官员或议员所忽视。1965年新移民法通过后，美国华人人口迅速增长，几乎每10年增长一倍，有公民权的华人人数也有显著增加。据初步估算，截至2007年，美国华人公民中有投票权的人数超过220万，加上各地华人参政团体的相继成立及运作，华人社区的政治力量日益壮大，促使各级官员和议员不得不关切华人社区的诉求。

当代美国华人参政团体一直在努力整合华人社区的各种政治资源，增加华人权益。据笔者观察，他们的参政方式通常有以下几种：筹募竞选经费、举办政见发表会、提供选民登记及投票服务、从事选民教育等。华人参政团体希望通过这些参政方式让华人社区参与到美国政治选举的过程，以维护和增进他们的合法权益。

（一）筹募竞选经费

经济能力改善后，华人开始逐渐成为政客争取捐款的对象之一。政客喜欢到华人社区筹款，主要原因是华人热衷于政治捐款，而且不讨价还价或要求附带任何政治条件。据1984年《世界日报》报道，历次美国总统大选的经费总额中，有15%来自亚裔社区。平均每名亚裔捐款2美元，而白人公民平均每人只捐0.3美元。另据1988年《世界日报》报道，亚裔在竞选中的捐款仅次于犹太裔，其中华裔平均个人对民主党的捐款仅次于犹太裔。[①]

1981年6月，加州州众议员艾诺斯参加由旧金山华人社团举办的筹款餐会，一次就获得4万美元的政治捐款，创加州众议员在餐会上获捐款最多的新纪录。1988年8月，纽约皇后区的“法拉盛华人参政促进会”为黑人总统候选人杰西·杰克逊筹得捐款3万余元。1992年克林顿竞选总统期间，在一次由南加州800多位华裔举办的筹款会中仅停留近1小时，就筹到25万美元的竞选经费，可见华人选民财政实力之雄厚，[②] 也显示华人参政团体在整合华人政治捐款中的积极作用。

但在1996年的总统大选中，由于亚裔中个别人使用不正当手段进行政治献金，从而损害了美国华人及其社团的整体形象，使华人选民及其社团的捐款热情有所消退。但从现在看来，影响并不是很大。据美国华人参政问题专家连培德教授分析，因为两大政党如果这样互相攻击下去，未来没有华人敢给他们当中任何一个捐款，到头来受损失的是他们，所以双方都低调处理。[③] 在2000年、2004年、2008年和2012年总统大选，2002年、2006年和2010年中期选举中，各级候选人都非常重视华人社区的捐款能力。例如，在2004年大选前，小布什曾亲赴加州华人社区参加筹款活动。2008年和2012年总统大选期间，奥巴马阵营再次争取到80/20促进会的授权，为其筹款并提供选票支持。

---

① 林启文：《华裔美人参与政治活动之研究（1965—1993）》，（台湾）国立政治大学民族研究所硕士学位论文，1993年，第149～150页。

② 林启文：《华裔美人参与政治活动之研究（1965—1993）》，（台湾）国立政治大学民族研究所硕士学位论文，1993年，第150页。

③ 笔者于2003年4月7日对时任美国犹他大学政治学系副教授连培德博士的访谈资料。

在华人参政团体的积极运作之下，当代美国华人的参政意识有较大提高，许多原来以联谊、交流、互助为主的亲缘、地缘、业缘和文缘性华人社团也改变原来不参与政治的立场，开始为候选人筹募政治捐款作为竞选经费。这些不仅增强了华裔候选人的获胜几率，也使当政官员和其他族裔候选人对华人参政团体的力量更加重视。

（二）举办政见发表会

据美国人口普查资料显示，1960 年华人人口约为 24 万，1970 年为 43 万，1980 年猛增到 83 万。随着华人人口的快速增长，有投票权的公民人数相应增加，加上经济实力的日渐雄厚，各族裔候选人相继到华人社区从事竞选活动，如筹款、举行政见发表会或说明会。这其中全美各地的中华会馆和中华公所在中间扮演重要的桥梁角色。1980 年代中期以后，各地华裔参政团体的相继成立及运作，逐渐代替传统的中华会馆与中华公所，成为华裔选民与候选人沟通的桥梁。据美国人口统计显示，1990 年华裔人口增加到 164 万，2000 年为 288 万，2010 年又增加到 403 万，而且大多集中居住在加州、纽约州、新泽西州、得州和马州等地，因而对当地的选举政治有一定影响，有时甚至是决定性影响。因此，各级候选人也分外重视，纷纷委托华人参政团体在华人社区进行政见宣传，以求得华人选民的支持。2000 年以来，无论是联邦、州，还是地方的候选人都要专门到各地华埠发表政见宣传，争取华裔政治捐款，这些更推动了华人参政团体在华人社区的政治宣传活动的兴盛。

（三）提供选民登记和投票服务

美国是一个特别难获得选民资格的国家，再加上居住期限和选民登记的限制，选民一旦迁居就难以保持选民登记资格。选民登记的各种条件，从某种程度上说，正是美国比欧洲国家投票率更低的原因之一。① 现今美国公民在投票之前要提前一个月进行选民登记，如不登记就没有资格投票。因而选民登记是公民参与选举政治的基础，对少数族裔来说更是发挥其政治与社会影响力的重要工作之一。华裔参与美国选举政治的第一步就是选民登记。虽然早在 20 世纪 60 年代至 70 年代华人社区的少数积极参政人士，如陈香梅等，就在各种场合强调华人参政的重要性，但由于种种原因，尤其是因为英语能力不足，导致许多早期移民和新移民无法投票，因此华人难以发挥集体的政治力量，无法对美国政治过程产生

① ［美］加布里埃尔·A. 阿尔蒙德、小 G. 宾厄姆·鲍威尔著，曹沛霖等译：《比较政治学：体系、过程和政策》，上海：上海译文出版社 1987 年版，第 137 页。

较大影响。

1982 年的陈果仁事件对华人社会造成强烈冲击，使全美华人认识到参政的重要性。在政治态度上，不论早期移民、新移民或土生华裔日趋一致，愿意为华人社区的整体利益团结起来，争取和维护自身权益。但在实际政治行动上，华人选民参与的比例仍然很低。究其原因，大多选民由于语言沟通与阅读的障碍，无法为争取族裔权益而参加投票，令人惋惜。从这看来，华人参政团体帮助适龄选民提供选民登记与投票服务显得非常有意义。1990 年以来美国华人投票率相对有所上升，与华人参政团体的服务工作是分不开的。

1980 年以来，为华人社区提供选民登记与投票服务的华人参政团体越来越多，临时性和常设性的都有。另外，也有许多非政治性的华人社团认识到参政的重要性，亦转被动为主动，担任起推动选民登记的工作，并将其视为提升华人参政力量的第一步。如 1983 年 11 月 12 日，“全美华人选民联盟”在华盛顿成立。全美的中华公所或中华会馆也成立办公室，专门负责动员华裔选民登记和投票。这些组织成立的目的都是要将华人团结起来，使华人在政治上成为一个有竞争力的团体。①

常设性华人参政团体组织动员能力较强，为扩大华裔参政，不仅经常与其他华人社团合作，共同推动选民登记工作，专门提供申请缺席投票、投票站译员或免费投票专车等服务，使早期华人移民和华人新移民的主要投票障碍得以扫除，提高了他们的投票率。1991 年，纽约华埠选民教育联会发动 40 多位义工协助近千名华人完成了选民登记工作；1992 年，该会帮助登记的新选民达 3 000 多人；1992 年总统大选期间，旧金山华裔选民教育委员会协助登记的新选民比 1991 年多 2 200 人。②

1992 年美国总统大选结束，统计显示，华人参加投票的人数创历届新高。纽约华埠 6 个主要投票站共有 4 600 名华人参加投票，占该地区投票总数的 45%。1988 年大选时，该地区华人投票总数只有 3 000 张，1984 年只有 1 500 张。新移民聚居的皇后区、上州与长岛，也都出现了华人选民积极投票的场面。皇后区华人选民协会所设的选民热线及三个地区投票站设置的华裔译员都表示，询问和投票人数的增加是 10 年来极少见的。此外，旧金山华埠也出现排队投票的现象。费城华埠华裔投票 361 张，而以往很少超过 100 张；波士顿华埠华人投

① 葛永光：《族裔团体的政治团结：美国华人政治参与的分析》，《美国月刊》1988 年第 1 卷第 4 期，第 77 页，转引自林启文：《华裔美人参与政治活动之研究（1965—1993）》，（台湾）国立政治大学民族研究所硕士学位论文，1993 年，第 156 页。

② 林启文：《华裔美人参与政治活动之研究（1965—1993）》，（台湾）国立政治大学民族研究所硕士学位论文，1993 年，第 156 ~ 157 页。

票达400多张，较初选时的120多张高出3倍。① 当然此次华人投票率高涨的原因是多方面的，除了总统大选年投票率一般都会有所提高外，华裔居住集中的社区首次使用中文选票以及华裔参政团体提供选民登记、投票服务，也是原因之一。

2004年美国总统大选中，华裔选民投票热情高涨。所有统计数据都显示，这次美国大选的华人投票人数远超过前几次，尤其是华人新移民，投票踊跃。在纽约市各个华人密集的投票站，从法拉盛、曼哈顿到布鲁克林，华裔选民投票人数空前。在华裔人口较多的美国首都华盛顿、马里兰州的蒙县、新泽西州的爱迪生市和西温市，华人投票人数是以往的几倍。纽约民权人士指出，选战激烈，媒体报道密集，法拉盛有华人参选，以及选前华人参政团体密集动员和推动选民登记，起了很大作用。② 2008年总统大选期间，在华人参政团体的推动下，华人选民的投票意识大大提高，纽约市曼哈顿华埠孔子大厦投票站的华人选民投票人数达1 400人，打破历史记录。③

2012年总统大选期间，华人参政团体积极提供选民登记和投票服务，使华人选民的投票率大幅提高。在曼哈顿华埠的多个投票站，投票人数超出以往，孔子大厦投票站全天有1 000多人投票。拥有八个选区的130小学投票站有近5 000人投票，连平时投票人数仅有数百甚至数十的中央街法院投票站都有近1 000人投票。在靠近东百老汇的第一小学投票站，到下午1时已有350多人投票，70%是华人选民。在布鲁克林华埠，一位投票站工作人员表示，平常选举每个投票站的华人最多也就30多人，这次到下午5时左右，在105小学、310小学、176小学、97小学等投票站华人投票者都超过300人。在第8大道附近的105小学投票站共有580名华人投票，创历史新高。④ 目前，华人参政团体都把选民登记与投票服务视为华人团体发挥政治与社会影响力最重要的工作来做。

（四）从事选民教育

如果说，选民登记工作是华人参政的基础，实施完整的选民教育计划则是华人参政的成功保证。在历年华人参与选举政治的过程中，选民登记一直是华人参政团体的主要活动之一。但如果仅限于此，没有一套完整的选民教育计划，无法

---

① 《香港时报》，1992年11月6日，转引自林启文：《华裔美人与政治活动之研究（1965—1993）》，（台湾）国立政治大学民族研究硕士学位论文，1993年，第157页。

② 《2004 美国大选 华裔选民热情高涨》，http：//www.chinaqw.com.cn/node2/node116/node275/node1839/userobject6ai203625.html。

③ 《华人热议奥巴马胜出 盼新总统振兴经济安定民心》，《侨报》（美国），2008年11月7日。

④ 吕贤修等：《纽约华人投票率增多为选总统 桑迪抬高奥巴马人气》，http：//www.chinanews.com/hr/2012/11－08/4311806.shtml。

把华人短暂的参政热情培养转化为持久的政治参与习惯，那么年复一年的选民登记与投票服务仍将是“瞎子点灯白费蜡”或“事倍功半”，不能真正实现提高华人整体政治参与意识的初衷。

虽然自1980年代以来，在华人参政团体提供的选民登记与投票服务推动之下，华人社区的登记率和投票率都有明显提高，但与其他族裔相比，华人的登记率和投票率还非常低。提供选民登记与投票服务，只能帮华人选民克服政治参与形式上的障碍，要克服华人选民主观上的障碍，如对美国民主制度及其运作过程缺乏具体了解，对参与美国政治的重要性认识不够等，这只能通过选民教育来改变他们的政治态度。但选民教育是一项长期的工作，不仅需要有明确的教育计划，而且要有充足的经费，因此只有常设性华人参政团体在这方面可以做大量的工作。如旧金山的华裔选民教育委员会、波士顿华人前进会、全美华人协会、80/20促进会等自成立以来，一直通过各种方式鼓励华人选民参加投票，并有针对性地对青年、妇女和新移民进行宣传教育，取得一定成效。

据美国人口普查显示，1990年美国华人人口有164万，其中只有30%是在美国出生的，其余的都是第一代移民；2000年全美华人人口达到288万，其中美国出生的华人约有102万，占全美华人人口的1/3。其余2/3出生于美国以外的第一代移民主要来自中国大陆、台湾地区、香港地区和东南亚以及世界其他各地。[①] 另据马里兰大学最新公布的美国华人人口调查结果，2006年美国华人人口已达到350万，其中只有29.4%是在美国出生的。[②] 2010年美国人口最新统计显示，华人总人口为403万，其中只有39%在美国出生。[③] 鉴于当代美国华人人口近2/3为第一代外国出生的移民，因此，华人参政团体通过选民教育增进华人移民，特别是新移民对美国民主政治制度的了解，提高他们参与当地选举政治，维护自身权益的积极性非常重要。

① 《华人人口》，《海外华人美国篇》，台北：“中华民国”侨务委员会2002年版。

② ［美］李珍玉：《华裔成为亚裔人口增长最快的族群》，《侨报》（美国），2008年11月12日。

③ ［美］余东晖：《美国华人人口突破400万 全美会讲中文华人238万》，《侨报》（美国），2011年10月26日。

第二节　当代美国华人精英型参政团体的政治参与
——以80/20促进会的参政新策略和主要成就为例

根据会员的组成不同，当代美国华人参政团体可以分为精英型参政团体和草根型参政团体。精英型参政团体在号召华人参政议政，维护华人合法权益，为各级政府输送参政人才，以及改善华人形象方面发挥重要作用。1965年移民法改革之后，美国华人人口猛增，但大多数华人仍然埋头经济，视政治为畏途，不参加选举登记和投票，导致权益得不到维护。为了改变华人的政治冷漠，1987年，陈香梅和吴家伟等人率先组建华人精英型参政团体“华裔政治委员会”，号召华人积极参政。之后美国华人社会涌现了一大批华人精英型参政团体，如北美华裔学人协会、百人会、华人领袖委员会、美国华人政治行动委员会、80/20促进会和美国华人全国委员会等。在本节中，笔者以近年来活跃在美国华人精英阶层，具有较高知名度的参政团体——80/20促进会为例，对该团体成立的原因、目标、宗旨和特点，总统候选人的确定、行动和争议，成立初期面临的主要挑战，在历届大选中发挥的影响力，成立15年来取得的主要成就和华人精英在该团体中的作用等进行分析，并对该团体的参政新策略进行思考。

一、成立的原因、目标、宗旨和特点

2000年美国总统选举的结果至今仍存争议，但在其戏剧性的选举过程中，华人社区出现了一个以华人精英为主导的常设性超党派参政团体——80/20促进会，成为华人关心选举之外的又一热门话题。该团体是以华人社会的几位精英人物为主导，针对2000年美国总统大选发起，呼吁所有亚裔选民在2000年美国总统大选中，把80%的选票集中起来投给该团体推荐的候选人以发挥亚裔的“集团”政治影响力，从而为华人和亚裔争取平等机会与权益。[①] 这一参政新策略在美国华人社会中引起极大争议和反响。

与百人会（Committee of 100）[②] 不同，80/20促进会（80/20 Initiative）是专门针对2000年美国总统大选成立的一个选举促进团体，由华人社区的精英人士

---

① 80/20 Initiative，http：//www. amazon. com/wiki/80 -20_ Initiative.

② 百人会由贝聿铭发起，1990年5月在纽约成立。宗旨是凭借会员在各领域所扮演的领导角色，去改善华人权益，提升华人地位，促进中美关系的新发展。

发起，1998 年 9 月正式成立时还联合了其他亚裔如印度裔、韩裔、越南裔、日裔等团体加入。该团体的执行委员共有 18 人，其中华裔委员占总人数的一半，他们是克隆泰克实验室（Clontech Laboratories）公司执行长方瑞贤、洛杉矶 80/20 促进会行政主任房兆棠、哈佛大学应用数学工程系教授何毓琦、新泽西亚美政治联盟创立人柯守魁、美华协会前主席林敬忠、百人会前主席邓兆祥、加州大学伯克利分校前校长田长霖、加州大学洛杉矶分校物理系教授王隆华、特拉华州前副州长吴仙标（他也是 80/20 促进会的发起人之一）；执行委员中其他亚裔占一半，其中印度裔、韩裔和越南裔各 2 人，日裔、菲裔和巴基斯坦裔各 1 人。

（一）成立的原因

华人在美国定居已有 160 多年的历史，但由于文化和种族背景的影响，华人和其他亚裔一样很难介入美国政治。虽然近 30 年来，华人及其他亚裔在美国社会的许多方面都取得巨大成功，尤其是在教育、科技和金融等方面成就突出，但总的来看，他们对政治相对冷漠，缺乏热情。他们在美国各级政府机构中所占比例远低于他们在美国人口中所占的比例。例如，亚裔是美国少数族裔中人口增长最快的族群，1980 年，亚裔人口为 350 万；到 1993 年该数字增长了 99%，达到 690 万；2000 年人口统计显示，亚太裔人口总数超过 1 060 万，占美国总人口的 3.5%，但他们在各级政府机构中的代表人数远低于 3.5%。①

亚裔领袖们对此都深表忧虑，认为亟须改变这种状况，而改变的唯一办法是动员亚裔社区参与政治过程。他们号召社区运用"美国方式"，像几十年前的其他移民群体所做的一样，集体去参加投票以取得亚裔应有的权利。很久以前，当爱尔兰、波兰和意大利移民初到美国时，他们受到的歧视非常严重。爱尔兰人尝试用集体投票支持帮助爱尔兰人获得好的工作机会的政客并取得成功。那以后，波兰人和意大利人也使用同样的方法取得平等地位。20 世纪中期，犹太人和黑人采取同样的方式取得了平等机会。更近的例子是美国妇女和拉美裔移民利用他们的集体政治力量消除他们各自头顶的"玻璃天花板"。现在，是亚裔采取同样方式的时候了。

亚裔领袖们认为亚裔在 20 世纪末应团结起来形成一个政治群体。于是，一个重要的华人精英型参政团体——80/20 促进会在 1998 年正式成立。80/20 促进会是一个全国性的、泛亚裔的非党派参政团体，已在联邦选举委员会注册。该团体的指导思想是，利用大部分亚裔都集中居住在加州的优势，占拥有 54 张选举人票的加州登记选民的 7% 的优势，在 2000 年总统大选中采取集团投票使美国两

① Kan Liang，Making of History：The 80 – 20 Initiative and the Role of the Chinese Americans，张存武、汤熙勇主编：《海外华族研究论集·妇女、参政与地区研究》，台北：华侨协会总会 2002 年版，第 118 页。

大政党都努力为亚裔争取享有平等的机会。80/20 促进会认为，如果 80% 的亚裔投票者支持这个方案，那么他们将成为一股强大的投票影响力，从而获得一等公民的地位。该策略是他们从黑人和犹太裔的经验中总结出来的。在以往的选举中，90% 在城市居住的黑人把票投给民主党总统候选人。这是民主党总是站在黑人社区利益的立场上讲话的主要原因。犹太裔的政治凝聚力更强，尽管他们主要投民主党，但他们凭借总是集中 80% 的选票给两党候选人之一而产生巨大影响力。

80/20 促进会的领袖们对把全美亚裔团结起来形成一股强大的政治力量来影响美国政治充满信心。他们认为，既然美国 600 万犹太裔能团结一致显示其强大的政治影响力，亚裔同样也能做到。他们认为，政治家是实用主义者，他们需要在许多竞争性的利益间选择。80/20 促进会相信，动员亚太裔美国人把 80% 的捐款和选票投给该组织推荐的候选人，那么，民主党和共和党将在以后的选举中竞相争取得到该团体的授权。

这是一个非凡的策略。研究表明，犹太裔选民在总统选举中总是一边倒地支持某一候选人。以 1992 年总统大选为例，85% 的犹太裔选民投票支持克林顿，10% 支持老布什，5% 支持佩罗。虽然当时犹太裔只占美国总人口的 2.5%，但他们却构成选举人团的 4%。这是因为他们参与投票的人数比其他美国族裔人数更多。犹太裔的团结对他们竞选政府职位产生重大影响。1930 年代至 1940 年代，犹太人占美国人口的 3.7%，但在国会众议院中的席位只占 1.4%，在参议院中为零。1992 年，在国会众议院中有 33 位犹太人，占 7.5%。1992 年大选后，国会参议院中有 10 位犹太人。在美国第 106 届国会中，有 11 位犹太人参议员和 23 位众议员。[①] 而 2000 年，国会参众两院总共才有 5 名亚裔，其中只有 1 名华裔众议员吴振伟和有一半华人血统的夏威夷联邦参议员李硕。与犹太人相比，亚裔尚有很长的路要走。

亚裔一直积极利用高等教育作为政治动员的方式。据 1990 年美国人口统计显示，38% 的亚裔受过大学教育，相比之下美国总人口中只有 20% 接受过大学教育。在著名大学中亚裔学生的比率更高。例如，在加州大学洛杉矶分校，1999 年入学的新生中亚裔占 42.3%，而白人只占 33.5%；在伯克利分校亚裔占 38.3%，而白人只占 31.3%。亚裔占美国最具竞争性大学学生的 14%，其中 8% 在法学院学习。[②] 亚裔领袖们深知受过良好教育的一代更有可能参加投票，因此

---

① Kan Liang，Making of History：The 80 – 20 Initiative and the Role of the Chinese Americans，张存武、汤熙勇主编：《海外华族研究论集·妇女、参政与地区研究》，台北：华侨协会总会 2002 年版，第 118 ~ 119 页。

② Kan Liang，Making of History：The 80 – 20 Initiative and the Role of the Chinese Americans，张存武、汤熙勇主编：《海外华族研究论集·妇女、参政与地区研究》，台北：华侨协会总会 2002 年版，第 119 页。

动员他们参与政治是切实可行的。同时，亚裔平均拥有的家用计算机也比其他族裔多，这使80/20促进会把电子邮件作为主要联系方式成为可能。

前加州大学伯克利分校校长田长霖也指出，过去的纪录显示，亚裔选票非常分散，在大选时对民主、共和两党总统候选人的投票率，或是60%对40%，或是50%对50%，这种情况使亚裔的选票变得可有可无。反观美国黑人有90%投民主党，而美国南部基督教保守派亦有90%的人投保守共和党。这种集团力量，使他们变成总统候选人必须拉拢的一群。而候选人对他们的承诺也因而更可信。因此，亚裔要打破目前的困境，成为总统候选人眼中不能忽视的一群。因此亚裔必须团结起来，集中80%的选票投给同一个总统候选人，从而显示亚裔的力量，扭转过去票源“五五分”的局面。[①] 吴仙标也这样认为，并呼吁华裔选民积极行动起来，以集中票数寻求一位支持、关心自己族裔的候选人，这样才能从本质上改变自己的命运。

美国公众都知道亚裔是勤劳、守法的族群，他们重视教育并获得成功。然而，“模范少数族裔”的称号与他们在工作机会上受到的待遇并不一致。研究显示，亚裔在学术界、企业界和联邦政府层次达到事业顶峰的机会只有其他美国人的1/3。例如，在全美国范围内的大学管理层，其行政人员和教授的比例分布如下：黑人为21%，白人为16%，西裔为15%，而亚裔只有6%。在商界，在拥有2.9万名高级管理人员的最大美国商务公司中，亚裔只占0.5%。亚太裔领袖们认为改变这种状况的唯一办法是加强亚太裔社区的团结。因此，“我们共同克服”成为80/20促进会的口号。[②]

80/20促进会于1996年筹建，但一直到美国总统大选前两年（1998年）才正式成立。当时，媒体的炒作使华人政治献金案的丑闻达到最高峰，几乎是亚裔在美国政坛上形象最低迷的时期，亚裔的声望因为少数几个人的丑闻而急剧下降，使许多有从政愿望的华裔对今后亚裔，特别是华裔在美国社会的前途感到悲观。前特拉华州副州长、特拉华州立大学物理学教授、80/20促进会发起人之一吴仙标说：“为扭转这些不良现象，一些有志之士登高一呼，觉得是站起来组织一股力量的时候。”[③]

另外，1999年发生的所谓“李文和间谍案”等一系列种族歧视事件更使广

① 《华裔发动参政革命：盼聚集八成亚裔选票左右总统选举》，《星州日报》（马来西亚），1999年12月22日。

② Kan Liang, Making of History: The 80－20 Initiative and the Role of the Chinese Americans，张存武、汤熙勇主编：《海外华族研究论集·妇女、参政与地区研究》，台北：华侨协会总会2002年版，第119～120页。

③ 《80/20促进会是热情还是少数人的游戏?》，《世界日报·世界周刊》（美国），2001年11月26日。

大亚裔感到，在白人至上的美国社会亚裔虽然受教育程度高，却普遍受到“玻璃天花板”的限制，无法在高级管理层及政治上享有平等待遇。亚裔别无选择，只有将原来只团结华裔的策略扩大到全美，把亚裔 6.5% 注册选民中的 80% 拧成一股绳，来影响总统大选的结果，从而维护和增进亚裔的权益。[①] 可见 80/20 促进会成立的根本原因是为了唤醒华人参政意识，发挥集团政治影响力，维护华人权益。

（二）目标、宗旨和特点

80/20 促进会成立的目标是扭转华裔形象，争取平权，说服、动员和集中华裔乃至亚裔选民 80% 的选票和钞票来影响总统大选的结果。筹组初期，田长霖、吴仙标、陈香梅等许多在华人社会具有很高声誉的人士都曾参与筹划，经过一年多的认真讨论、征求各亚裔社区领袖的意见后，制定了阶段性奋斗目标，并联合各亚裔社区共同筹组，经过两年的准备，80/20 促进会于 1998 年 9 月 26 日正式在加州洛杉矶成立。

成立初期，80/20 促进会只有 18 名华人精英执行委员和 300 多名电子邮件支持者。随着许多华人的加入，80/20 促进会先后在洛杉矶、休斯敦、新泽西和纽约四个城市成立分会。2000 年 11 月，电子邮件支持者快速增加到 43 万人，2013 年又增加到 70 万人，创造历史纪录。据笔者统计，现在该团体有执行委员及顾问 22 人，终身会员 232 人，普通会员 2 400 多人。[②] 其中加州和纽约由于华人较集中，因而成为行动最快、运作最活跃的地区。同时，因为该促进会是由华人发起，所以在华人社区的宣传活动也最频繁。

80/20 促进会是针对 2000 年美国总统大选成立的全国性组织，其宗旨是为全体亚裔争取平等的工作、生存及参政权。争取平权的最佳途径之一是充分利用选举中的选票来发挥影响力，所以该组织主张在这次美国总统大选中采用新策略，呼吁包括华人在内的所有亚裔选民团结起来，集中 80% 的选票投给同一个总统候选人，以此显示亚裔的“集团”政治力量。该组织要求所支持的候选人须签署该促进会制定的政治宣言，以便在该候选人当选后可以实现其承诺，让合格的亚裔出任内阁要员及其他政府要职，并重视亚裔的声音。

80/20 促进会与其他亚裔参政团体相比有以下两个特点：

第一，80/20 促进会是一个超党派参政团体，而大部分传统亚裔参政团体都是党派性参政团体，认为民主党和共和党的重要差异在于意识形态。该团体宣

① 郑泰和：《用选票让美国政界听到华裔的声音》，《地平线月刊》（中国香港），2000 年第 12 期，第 25 页。

② Membership，http：//www. 80 –20initiative. net/about/membership. asp. 但据维基百科的统计，2009 年该团体大约有会员 3 150 人。

称，与为亚裔及其子女争取一等公民的权利相比，意识形态的差异是次要的。该团体的领袖当中既有民主党员，也有共和党员。这可能是该团体取得成功的一个主要因素，因为以意识形态和政党取向来划分亚裔过于宽泛。总的来看，日裔大多加入民主党，韩裔和越裔通常加入共和党，而华人几乎一半对一半。80/20 促进会认为，两党对亚裔都不好，该团体的工作是使两党都为亚裔服务，否则他们必须付出代价。实践证明这一特点对亚裔社区具有吸引力。

第二，80/20 促进会的组织结构分为执行委员会成员、终身会员、普通会员和电子邮件支持者，是精英和草根的结合，规模大，人数多，支持者更加具体，而传统亚裔参政团体的结构单一，规模小，成员少，支持者不清晰。现代科技和互联网的广泛使用，让该团体能够通过电子邮件系统来征集支持者。尽管大部分传统亚裔团体仍然保持几百人会员的规模，但 80/20 促进会在大约 6 年的时间内成功获得 70 多万电子邮件支持者。像其他亚太裔组织一样，80/20 促进会领导权可能仍然掌握在富有者和政治精英的手中，但在某种程度上，亚裔精英阶层必须向草根阶层做出承诺。但同时，80/20 促进会无法把电子邮件名单作为一个制度化的组织确实也是事实，因此很难判定他们当中有多少人是该组织的积极参与者。① 笔者以为，称他们是可能接受该团体参政理念的公众更加准确。

二、总统候选人的确定、行动和争议

（一）总统候选人的确定

不像马来西亚华人那样势力强大，有自己的参政党，华人在美国是少数民族，尚无足够能力组织一股能与美国两大政党相抗衡的政治力量，因此，只有充分利用现有的政治资源，积极参与两党政治，为本族裔谋取最大限度的利益。在 2000 年美国总统大选中，80/20 促进会主张支持的是过去两年来照顾亚裔较多，并且承诺未来将重视亚裔在政界、商界平等发展的总统候选人。经过向民主党和共和党两党阵营发出四点政治宣言并要求回应后，该组织于 2000 年 8 月 27 日正式宣布支持民主党总统候选人戈尔，并在电视宣传广告上打出“谁帮我们，我们就帮谁；谁不帮助我们，我们就不帮助谁!”的口号。②

80/20 促进会选择支持戈尔作为支持人选是经过一个非常严谨的会议过程才

---

① Kan Liang, Making of History: The 80 – 20 Initiative and the Role of the Chinese Americans，张存武、汤熙勇主编：《海外华族研究论集·妇女、参政与地区研究》，台北：华侨协会总会 2002 年版，第 120 ~ 121 页。

② 《美华人参政热情比往年明显提高》，《国际日报》（美国），2000 年 11 月 6 日。

决定的。首先，该组织在2000年8月8日由参与投票的600人，经电脑网络投票选出共和党、民主党和无党派代表各11人，组成一个由33人构成的“推荐委员会”，其中包括菲律宾裔、日裔、印度裔及越南裔人士，然后于2000年8月26日至27日在洛杉矶举行推荐委员会会议，并邀请民主党和共和党全国委员会代表与会，并向大会分别说明两党对亚裔的贡献。为了表明推荐委员会的公正，该促进会创会人之一、前特拉华州副州长吴仙标未被列入推荐委员会名单，这和他几个月前退出民主党的初衷一样，以示公正。①

80/20促进会的33位推荐委员在推荐会议上，就同样的问题要求民主、共和两党的代表回答，推荐委员们所提的问题异常尖锐激烈，包括质询有关两党对李文和案的看法和做法等，两党代表虽均未能提供令人满意的回答，但戈尔的代表提出了过去民主党的移民政策，以及辅选华盛顿州州长华裔骆家辉、俄勒冈州国会众议员吴振伟等所做的努力。反观小布什阵营的代表却是一问三不知，而且小布什阵营在后来回复的信上强调“不相信配额制度”，等于间接拒绝签署80/20促进会的要求。②

当天应邀出席的两党代表如何表现也是决定的重点，尽管两党都没有派出高层次官员参加，但民主党派出了三位亚裔事务专员，共和党只派出了一位政治顾问（并非党务官员），相比之下更显得其不重视80/20促进会。此外，80/20促进会推荐委员会议也对过去民主党的政绩中对亚裔的具体表现加以分析，认为民主党近期所做的几件事情值得肯定，包括2000年7月任命日裔峰田为内阁商务部部长，给22位在二战中有军功的亚裔退伍军人颁发国会荣誉勋章，在移民及反仇恨的努力上贡献较多等。③ 经过两天推荐委员会会议并经全体33位推荐委员的投票表决，戈尔以26票对7票获压倒性多数的选票。因此，拥有43万电子邮件支持者的80/20促进会在2000年8月27日正式宣布支持戈尔竞选美国总统。④推委会投票结果也显示，自从80/20促进会在1998年成立后，两年来，民主党为亚裔社区争取平等机会做出了较多努力。从统计数据看，克林顿政府任命的亚裔官员，比老布什政府任命的亚裔官员多出三倍，有更多的亚裔出任联邦官员。据《今日美国报》抽查，民主党在任命少数族裔及妇女上有较佳的历史；在移民议题上，克林顿政府保障合法残障移民的健康和社会福利。⑤

80/20推荐委员会主席田长霖说：“80/20促进会创立亚太裔集体投票对亚太

① 《80/20促进会是热情还是少数人的游戏?》，《世界日报·世界周刊》（美国），2001年11月26日。

② 《80/20促进会是热情还是少数人的游戏?》，《世界日报·世界周刊》（美国），2001年11月26日。

③ 《80/20促进会是热情还是少数人的游戏?》，《世界日报·世界周刊》（美国），2001年11月26日。

④ 《80/20议决支持戈尔选总统》，《世界日报》（美国），2000年8月26日。

⑤ 《田长霖发动美华人支持戈尔》，《太阳报》（美国），2000年10月30日。

裔来说是一个历史性的事件。像几十年前的爱尔兰裔、波兰裔、意大利裔和犹太裔移民一样，亚太裔正在运用政治过程争取在美国社会享有平等的工作机会。我们为我们的努力而骄傲。当我们成功时，我们深爱的国家将成为更加完美的联邦。”考虑到亚太裔的政党取向比较分散的特点，做出这样的决定确实不容易。80/20 促进会推荐委员会副主席方瑞贤是共和党的长期支持者，他认为跨党派投民主党的票对他确实是一个挑战，但他表示，“为了追求亚太裔社区的整体目标，我放弃个人利益。这次民主党以绝对多数赢得推荐资格，我希望将来能有共和党总统候选人获得推荐”①。

（二）助选行动和引发的争议

2000 年的支持决定做出之后，80/20 促进会的具体行动：一是推动选票，号召亚太裔集中他们各自社区 80% 的选票投给戈尔，以便成为影响总统选举结果的一支重要力量；二是筹款，以此来支持戈尔。

80/20 促进会的领袖们确定推荐的总统候选人是艰难的工作，但把决定传达下去并让其变成数以万计亚裔选民的选票更加困难。从确定总统候选人到 11 月的大选只剩下短短两个月的时间让该团体深入亚太裔社区发起大规模的助选活动。最大的挑战是运用有限的经费把推荐的决定传达下去，到 2000 年夏季，该组织共筹款 35 万美元。通过电子邮件传达是最有效和最节约的方法。该组织鼓励其支持者给亚裔朋友发邮件，要他们支持戈尔。在选举即将来临时这是一个非常有效的手段。1998 年 9 月至 2000 年 11 月，邮件名单从 300 人迅速增加到 43 万人。邮件名单上的那些人被认为是 80/20 促进会目标的支持者。②

对那些收不到邮件的人们，使用别的媒介是必要的。80/20 促进会的策略体现在两个方面：第一，找到让媒体传播该组织及其思想的手段，特别是通过主流报纸和全国电视网；第二，在亚太裔居住高度集中的地区做电视广告。这些策略起了良好的作用，大部分全国性的媒体都对该组织及其理念进行了报道。居住在加州的亚太裔比居住在其他地区的人们对 80/20 促进会的了解更多。③

为什么要选择戈尔？亚太裔领袖们认为民主党和共和党对待亚太裔都有不好，但最后选择支持戈尔是出于下列因素的考虑：第一，与共和党相比，民主党在帮助亚裔获得机会方面做得较多。主要事例如克林顿于 2000 年 7 月任命日裔

---

① 80 - 20 Initiative Endorses Al Gore for President，http：//www. 80 - 20. to/2000endorsement. html.

② Kan Liang，Making of History：The 80 - 20 Initiative and the Role of the Chinese Americans，张存武、汤熙勇主编：《海外华族研究论集・妇女、参政与地区研究》，台北：华侨协会总会 2002 年版，第 123 页。

③ Kan Liang，Making of History：The 80 - 20 Initiative and the Role of the Chinese Americans，张存武、汤熙勇主编：《海外华族研究论集・妇女、参政与地区研究》，台北：华侨协会总会 2002 年版，第 123 页。

峰田为联邦商务部部长，是第一位亚裔内阁成员；1997 年 12 月任命李亮畴为联邦司法部助理部长；授予在“二战”中有英雄表现的 22 位亚裔士兵荣誉勋章。第二，戈尔是愿意和 80/20 促进会对话的总统候选人，他对该组织提出的在工作场所享有平等机会的四项要求做了郑重承诺，而布什拒绝与 80/20 促进会直接对话，这使许多亚太裔共和党成员感到沮丧。第三，亚裔领袖们也认为民主党的政策与他们的主张更接近，如关于移民和禁止仇恨的立法等。有清晰迹象表明民主党更重视该组织，当 80/20 促进会要求与两党的代表召开一个关于讨论亚太裔重要问题的会议时，民主党全国委员会迅速回应并派出 3 位熟悉亚太裔问题的亚太裔事务专员，而共和党全国委员会只派出 1 位非亚裔，其对与亚太裔有关的问题又不太熟悉。田长霖指出，“亚太裔理解亚太裔问题是不必要的，但我们确实期望两党代表明白这些问题”①。

然而 80/20 促进会支持戈尔的决定一做出，便立即出现来自华人社区团体及个人的异议。首先，有人质疑民主党在过去八年的执政期间，发生了诸如华裔“政治献金案”、李文和事件等一系列歧视华人的事件，说明其对亚裔并不友善，最后却选择支持戈尔，是否因为戈尔阵营最快回应了促进会的要求，并同时提出保证，从而变成促进会“没有选择下的选择”？其次，80/20 促进会的成员几乎都是民主党党员，发起人吴仙标更曾受民主党征召参选公职等。虽然吴仙标为了表示客观公正，决定不参选推荐委员会，但 80/20 促进会仍无法消除民主党色彩浓厚的嫌疑。再次，80/20 促进会的主张也引起争议，如纽约皇后区共和党副主席谢美琳认为 80/20 促进会一面倒地支持民主党总统候选人戈尔的理由不但牵强，而且本质上破坏了民主制度，正确的做法应该是鼓励华裔选民参与投票，而不是“一面倒”地左右华裔选民的选择。除了来自社区团体的反对声浪之外，华人社区也有人针对 80/20 促进会的背后目的大加挞伐。多次在媒体投稿的劳伦斯伯克利国家实验室材料科学部的科学家余健文指出，他不愿猜测 80/20 促进会成立的实际动机，但其所主张的理念是错误的，同时可能隐藏着“企图利用多数人的选票，实践少数人的主张”的政治利益交换目的。他认为，80/20 促进会是由一群华人精英带头的组织，欲挟华人选民的选票，满足会内成员的私心，有政治投机的意味。②

虽然在这次总统大选中，一些华裔选民表示因为认同 80/20 促进会的主张，所以投票支持戈尔。然而美国纽约州共和党州党部亚太联盟主席莫伯光认为，80/20 促进会鼓励华裔选民踊跃投票的出发点值得肯定，但主张选民跟随一个意

① 80－20 Initiative Endorses Al Gore for President, http: //www. 80－20. to/2000endorsement. html.

② 《80/20 促进会是热情还是少数人的游戏?》，《世界日报・世界周刊》（美国），2001 年 11 月 26 日。

见领袖的指示投票的做法，容易造成群众盲从，并非是一种聪明的投票方式，支持的选民容易变成不知为何投票，不了解所支持的候选人有何政见，反而容易放弃自己的思考模式，盲目跟随。同时，这种主张在全美亚裔中根本行不通。他也表示，即使80/20促进会最后支持的是共和党总统候选人小布什，他也一样会反对。他认为，正确的做法应该是鼓励华裔选民在参与投票时要独立思考，投给自己认同的候选人。另外，外界还曾批评80/20促进会政治宣言的“利益交换”说，并指出以后美国总统大选时，可能有候选人想利用80/20促进会所动员的力量，提出利诱，以换取选票支持，80/20促进会是否会变成被利用的工具?①

针对这些质疑和批评，吴仙标一一做了耐心解释和答复，首先，他承认由于戈尔阵营对80/20促进会的要求先回应并郑重承诺，而小布什阵营在多次催促后仍没有回应，所以最后选择支持戈尔。但他也同时强调，所谓的民主，实际上是懂得利用选举的现实，达到最大的边际效益，而不见得是进入核心内。针对被批评有利益交换之嫌，吴仙标解释道，80/20促进会的宗旨已写明是集中亚裔力量，在政治上形成一股影响力，在被批评有“利益交换”的四项承诺条件中，只有一条与政治有关，那就是要求新上任的总统应提名合格的亚裔，进入联邦政府行政和司法的决策层，其他三项实际上都是为草根阶层的亚裔服务。他同时指出，“政治本来就是一种利益交换，但它是良性的利益交换，即使被批评为完全的利益交换，我们也不觉得可耻，我们的目的是要让不重视亚裔心声的政党及候选人知道，不为亚裔服务，我们就要把票投给你的敌人”。吴仙标恳请批评者应该先认清该组织的真正目的是集中亚裔的团结力量以及显示亚裔的政治影响力，也是使华裔未来获得关注的有力手段。他还表示，有人批评的现象值得高兴，因为这表示人们开始重视该组织的影响力。即使将来有其他热心人士筹组类似的组织而有不同的见解和主张也没有关系。同时他希望认同该组织的人加入进来并继续推进该组织的进一步发展。②

三、成立初期面临的主要挑战

成立15年来，80/20促进会在推动亚裔集团投票发挥政治影响力，为亚裔争取平等的就业机会和反歧视方面取得许多历史性成就。该组织是一个十分有效的亚太裔参政团体，它深入亚裔社区的尝试改变了美国的政治风景线。80/20促进会在2000年美国总统大选中取得初次胜利，但这只是“万里长征”第一步，80/

① 《80/20促进会是热情还是少数人的游戏?》，《世界日报·世界周刊》（美国），2001年11月26日。
② 《80/20促进会是热情还是少数人的游戏?》，《世界日报·世界周刊》（美国），2001年11月26日。

20促进会尚处在形成阶段。幸运的是，其领导者们明白亚裔在美国社会要享有平等的就业机会和赢得一等公民的社会地位还有很长的一段路要走。

成立初期80/20促进会面临着诸多挑战。

2000年总统大选后，该组织面临的第一个挑战是使其制度化，使它变得更加民主和透明。80/20促进会的现行结构仍然是个问题。亚太裔领导者们看到该组织在大选中取得的成绩，特别是快速增长的电子邮件支持者名单和来自社区的积极反应。但电子邮件支持者名单仍是个松散的组织结构，在多数情况下，该组织不能依赖名单做任何事情。没有注册、没有会员，当然没有义务。该组织的支持者在做决定的程序中没有发言权。最终，这种结构将在各个方面损害该组织，导致支持者和领导者之间因缺乏实际联系而分离。该组织也不能得到财务和人力资源方面的实在支持。要使该组织更强大，唯一的选择是使其制度化。大选之后，该组织进行了如下改革：第一，起草规章制度使该组织更加民主和透明。该组织提出，所有领导都要通过选举，所有的决策过程和财务必须公开透明。第二，决定实行付费会员制。这是使该组织财务健康的手段，也是让所有成员享有权利和义务的方式。该组织期望在第一年招收至少5 000名付费成员。当其达到一定规模，该组织将成立董事会代替执行委员会。2001年10月20日至21日，执行委员会在华盛顿召开会议，宣布起草规章制度，其制度化过程将在一年内完成。[①]

该组织面临的第二个挑战是如何提高知名度。80/20促进会已向亚太裔社区和美国社会发布了许多关于该团体的信息，但声音尚未强大到让整个亚太裔社区听到。许多人，包括亚太裔和其他美国族裔，还没有听说过该组织。这需要时间，但最重要的是需要更多的亚太裔的支持。该组织自称，与其他传统亚太裔政治组织相比，它的精英成分更加淡化。由于拥有40多万电子邮件支持者，因此，该组织认为其成员是精英阶层与草根阶层的混合，其比例是1∶250。[②] 真实的情况尚不清楚，但从执行委员会来看，该组织有强烈的精英主义印象，几乎每个执行委员都有学士、硕士或博士学位，大部分来自知名大学或拥有高级管理职位。人们受到良好教育并获得成功没有错，问题是领导层的过度精英化可能对亚太裔中大多数普通成员有副作用。

该组织面临的第三个挑战是亚裔的政治基础远比其他少数族裔弱。不只是在国会，在各个层次的公共职位都是这样。几年前一位洛杉矶郊区的市长告诉《纽约时报》记者："全美黑人骨干会议在其成员代表大会上总有数以千计的代表；

① Kan Liang, Making of History: The 80 – 20 Initiative and the Role of the Chinese Americans，张存武、汤熙勇主编：《海外华族研究论集·妇女、参政与地区研究》，台北：华侨协会总会2002年版，第128页。

② Kan Liang, Making of History: The 80 – 20 Initiative and the Role of the Chinese Americans，张存武、汤熙勇主编：《海外华族研究论集·妇女、参政与地区研究》，台北：华侨协会总会2002年版，第128页。

当选政府官员的西裔要少一些，但他们仍然有好几百人；当亚裔集中在一起时，只有 15 人，因为全美国只有 60～70 位亚裔民选官员。”① 虽然这种情况最近有所改变，但还不够快。尽管 80/20 促进会的制度化是加强该组织的一个必要步骤，但这也可能产生负面影响。负面影响之一便是该组织能否继续扩展到非华裔。如前所述，80/20 促进会几乎是一个纯粹由华人操纵的参政团体，华人和其他亚太裔在其领导层和支持者构成上的不平衡非常明显。80/20 促进会的制度化是否能改变这一不平衡以便更多的亚太裔参与，目前尚无证据可持乐观态度。毕竟，华人只占美国亚太裔人口的 1/4 左右。如果 80/20 促进会不能在包容性上取得重大进展，那么其目标将难以实现。

该组织面临的第四个挑战是参政策略遭到很多人的质疑和否定。例如王灵智认为，“该组织根本不起作用，是有人让你以为你可以坐在计算机前操纵人们怎么投票”。他提醒人们，回顾美国历史与政治，无论是爱尔兰裔、波兰裔、意大利裔还是希腊裔，都是白人城市政治。民权运动之前的旧金山是意大利裔的天下，意大利裔占据了所有的消防员职位，而爱尔兰裔占据了大多数警察职位。黑人总是围绕着民权和社会福利两个问题而团结起来。他们集中黑人选民进行集团投票，从而控制政客。一旦他们支持的政客当选，他们就能获得民权和福利。美国的犹太裔虽然没有像黑人和其他白人那样人数众多，没有能力动员那么多人，但他们通过捐款方式参与美国政治。1996 年亚裔政治献金就是一次想用金钱影响美国政治的尝试，不仅失败而且造成很大的负面影响。相对来说，犹太裔运用捐款方式影响美国政治的策略更加有效。在任何与以色列有关的问题上，犹太裔社区都能在美国参议院获取 2/3 的多数支持。反思华裔应该如何影响美国政治，维护自身权益？在华裔人口集中居住的城市理论上可以形成集团投票，发挥政治影响力，但常常由于美国华人社区严重分裂而失败。②

孙中山先生曾说，“华人是一盘散沙”，确实有一定道理。以旧金山的选民登记为例，1/3 为民主党，1/3 为共和党，1/3 为无党派。但这些只是从登记的选民中统计出来的，实际上华人中最大的党派是非选民党派。华裔的表现只是美国选民总体对政治冷漠的一个侧面。因此王灵智主张进行竞选捐款改革，他认为美国人民已对美国的民主失去信心，所以不登记不投票。他认为 1996 年的亚裔政治献金案表明，亚裔想走捷径影响美国政治的做法是短视的，吴仙标的行动也是一样。他表示期望看到在亚裔集中居住的地区能形成集团投票，而不是某人坐

---

① Kan Liang, Making of History: The 80 - 20 Initiative and the Role of the Chinese Americans，张存武、汤熙勇主编：《海外华族研究论集·妇女、参政与地区研究》，台北：华侨协会总会 2002 年版，第 129 页。

② Carrie Chang, Striking a High Note at the Asian American Pulpit: A Talk with Political Visionary Ling-chi Wang, *Monolid Magazine*, 2003, Vol. 3, No. 1, pp. 20 - 21.

在计算机前点击鼠标告诉另外43万人如何投票。选举不只是选举总统，还有地方校董和当地市政委员会，那才是最重要的。他赞同用公共资金进行选举，反对用筹款方式进行选举，并强烈反对动员非公民捐款。① 他指责80/20促进会是少数华人精英想利用华人选票达到其个人目的。

经过10多年的实践，80/20促进会已经克服了这些挑战。首先该团体在2004年完成了制度化进程，先后成立80/20政治行动委员会（80/20 PAC）和80/20全国亚裔教育基金会（80/20 NAAEF），使其分工更加明确，管理更加民主透明。现在该团体在美国华人社区的知名度非常高，在亚裔社区和主流社会也有重要影响。该团体的政治基础正在逐步扩大，得到越来越多的华人及亚裔的支持与合作。美国华人社会和亚裔社区已接受该团体提出的集团投票发挥政治影响力的参政理念，把其作为美国华人参政方式多元化的一种重要方式。

四、在历届美国大选中发挥的影响力

从上面的质疑和批评，可以发现80/20促进会的主张和助选活动在华人社会引起很大争议，但关注美国华人参政的学者最想知道的是80/20促进会到底有没有在这次总统选举中发挥影响，究竟发挥了多大影响。从社会学的研究方法来看，调查统计数据应该是最具有说服力的，但根据这次大选前后各媒体和民调机构提供的统计数据进行分析，得出的结论不一，有的肯定，有的否定，还有人怀疑其抽样的科学性。吴仙标在出席2000年3月11日的一个座谈会时说，《洛杉矶时报》日前公布了一个统计数据，1996年，亚裔选民中支持共和党的占43%，支持民主党的只有36%；而到2000年初选时，民主党支持者上升到45%，而投票支持共和党的只有35%。他特别强调，考虑到近年来不少对不起亚裔的事件都与民主党相关，这一统计结果可以说明80/20促进会所起的作用。②

---

① Carrie Chang, Striking a High Note at the Asian American Pulpit: A Talk with Political Visionary Ling-chi Wang, *Monolid Magazine*, 2003, Vol. 3, No. 1, p. 21.

② 《吴仙标谈促进美亚裔地位》，《世界日报》（美国），2000年3月14日。

表 4-4　2000 年美国总统大选后 CNN 和《纽约时报》关于亚太裔投票全国抽样调查表

年度	民主党	共和党	独立候选人
1992	31%（克林顿）	54%（布什）	15%（佩罗）
1996	43%（克林顿）	48%（朵尔）	8%（佩罗）
2000（CNN）	54%（戈尔）	41%（小布什）	4%（纳德）
2000（《纽约时报》）	54%（戈尔）	41%（小布什）	4%（纳德）

资料来源：Kan Liang，Making of History：The 80－20 Initiative and the Role of the Chinese Americans，张存武、汤熙勇主编：《海外华族研究论集·妇女、参政与地区研究》，台北：华侨协会总会 2002 年版，第 124 页。

只要把 2000 年美国总统大选亚太裔的投票率与 1992 年和 1996 年大选亚太裔的投票率进行比较，我们就可以发现亚太裔渐渐倾向于支持民主党。亚太裔对民主党的支持率从 1992 年的 31% 上升到 2000 年的 54%，增加了 23%；而对共和党的支持率从 1992 年的 54% 下降到 2000 年的 41%，下降了 13%。（参见表 4-4）这个变化强有力地显示了 80/20 促进会的影响力。但以亚裔选民人数最多的加州地区为例，根据美国有线电视新闻网 CNN 公布的统计调查显示，加州亚裔选民占所有选票的 10%，但参与投票的选民只有 5% 左右，其中有 49% 的选票投给小布什，48% 投向戈尔，因此，反对 80/20 促进会的人指出“这个组织根本没有发挥作用”。①

表 4-5　2000 年大选美国各地区亚裔或亚太裔选民抽样调查表

美国各地区选民抽样调查	北加州亚裔选民	南加州亚裔选民	纽约地区亚太裔选民
抽样人数	1 247 人	5 000 人	5 000 多人
华裔美人占抽样比率	15.4%（华裔美人）	40%（亚太裔美人）	69%
戈尔得票率	82%	62.6%	78%
小布什得票率	16%	34.7%	20%
听过“80/20 促进会”者	41%	24%	未统计
统计单位	亚美选民教育委员会（旧金山）	南加州亚太裔法律中心（洛杉矶）	亚美法律援助处（纽约）

资料来源：《80/20 促进会是热情还是少数人的游戏?》，《世界日报·世界周刊》（美国），2001 年 11 月 26 日。

① 《80/20 促进会是热情还是少数人的游戏?》，《世界日报·世界周刊》（美国），2001 年 11 月 26 日。

根据80/20促进会在2000年总统大选第二天公布的统计数据（参见表4-5），以及北加州由多年在大选中担任统计工作的亚美选民教育委员会所作的抽样统计显示，小布什与戈尔在加州亚裔中的得票比率是16%比82%，另外41%的受访者听说过80/20促进会。南加州亚太裔法律中心2000年11月7日在南加州的16个城市、57个投票站所做的2000年总统大选亚太裔投票“出口民意调查”显示，小布什与戈尔的得票率为34.7%比62.6%，受访者中听过80/20促进会的选民有24%。除加州外，大纽约地区2000年亚太裔的投票人数也从历年平均2 000人增加到近8 000人。纽约亚美法律援助处在大选当天根据5 000多份亚太裔选民调查显示，戈尔以78%的亚太裔得票率明显高出小布什的20%。在这5 000份抽样调查中，华裔选民占69%，其次为南亚裔、韩裔和菲裔等。这三个抽样调查表明80/20促进会的影响力与选票之间的线性关系。第一个和第二个抽样调查显示知道80/20促进会的人越多，投票支持戈尔（民主党）的人就越多。这些数据也显示华人受80/20促进会的影响比其他亚太裔更大。可见80/20促进会在本次总统大选中发挥了相当大的影响。

但共和党纽约皇后区副主席谢美琳却认为，这份抽样是以地铁沿线的居民为主，偏向蓝领阶层，白领阶层的选民反而被忽略，其抽样的选择又值得怀疑。还有批评者表示，纽约的选民本来就较偏向民主党，所以这项统计是否真能反映80/20促进会的影响力值得深思。然而吴仙标对这些数据则持肯定的看法，他认为80/20促进会已经发挥了影响力，不然怎么会有这个结果。但对“听过并不等于照指示投票”的质疑，吴仙标乐观地表示，数字虽然无法说明80/20促进会的真正影响力，但80/20促进会要引起注意的初期目标已经达到。[①]

小布什入主白宫后，80/20促进会组织亚太裔向布什—切尼过渡班子发了大量的电子邮件，要求共和党吸收亚裔进入新内阁。2001年1月，小布什提名日裔峰田为交通部部长，他曾是克林顿时期的内阁成员，也是小布什内阁中唯一的亚裔和民主党阁员。小布什的第一个劳工部部长候选人由于涉及非法移民问题而被迫放弃后，华裔赵小兰被提名担任劳工部部长，并顺利得到参议院的认可。一届内阁中有两位亚裔担任部长职务，这的确是亚太裔参政的里程碑。如果说小布什选择赵小兰和峰田在某种程度上受到亚裔舆论的影响，那么我们看到80/20促进会的双赢策略已取得初步成效——即使小布什知道大多数亚太裔选民没有投他的票，就像大多数黑人和拉美裔投票支持民主党，共和党同样不敢忽视这些族裔。正如80/20促进会的组织者们所认为的，“只要我们在投票箱前团结一致并显示

① 《80/20促进会是热情还是少数人的游戏?》，《世界日报·世界周刊》（美国），2001年11月26日。

力量，不管哪位候选人当选亚太裔都将是赢家”①。

在2004年的总统大选中，80/20促进会继续从事推动亚裔选民通过集团投票影响美国政治的参与活动，同时也大力开展为亚裔争取民权的政治活动。与2000年的操作程序一样，经过投票表决，80/20促进会于10月3日宣布支持民主党总统候选人克里。11月5日，大选后三天，根据《洛杉矶时报》的出口民调，在这次总统大选中，亚裔有64%的选民支持民主党候选人克里，支持布什的只占34%。吴仙标在公告中表示，通过这两次大选，两党都应该看到80/20发动选民的力量，尤其是共和党，应该了解失去80/20的损失。吴仙标说：“我们并非要求优惠待遇，我们要求的只是公正待遇。”吴仙标指出，这份民调将2004年选举结果与2000年的比较，发现拉丁裔投给布什的选票增加4个百分点，黑人增加9个百分点，犹太人增加7个百分点，白人增加4个百分点，在全部种族都比2000年更多支持布什的大环境下，亚裔却从布什阵营倒退5个百分点，与全国总趋势相反。吴仙标认为这样的结果表明亚裔社区内部在政治上更加团结。他再次强调，在网络社会的今天，拥有亚裔选民70%以上的电子邮件地址的80/20促进会在选前发出的8封支持克里的邮件，起到了相当于投入百万美金的宣传效果。②

表4－6　2000年至2012年80/20促进会倡导亚裔在美国总统大选中集团投票情况调查表

年　份	民主党	共和党	民主党的优势
2000	戈尔（54%）	布什（41%）	+13%
2004	克里（53%）	布什（44%）	+9%
2008	奥巴马（62%）	麦凯恩（35%）	+27%
2012	奥巴马（73%）	罗姆尼（26%）	+47%

资料来源：Presidential Election 2012，http：//www.80－20initiative.net/news/preselect2012_apavote.asp. The data above was gathered from *The New York Times*.

根据《纽约时报》的出口民调（参见表4－6），在2004年美国总统大选中，亚裔有53%的选民投票支持克里，支持布什的只占44%，相差9个百分点。在2008年的美国总统大选中，80/20促进会在初选中授权支持希拉里，在决选中授权支持奥巴马。在该团体的大力推动下，在2008年美国总统大选中，亚裔有62%投票支持奥巴马，支持麦凯恩的只占35%，相差27个百分点。在2012年的

① Two APA Cabinet Appointments，email from S. B. Woo，January 17，2001.

② 《洛杉矶时报公布民调　64%的亚裔选民支持克里》，http：//www.chinesetoday.com/Detail.cfm？c＝news&s＝n_ america&d＝11－6－04&n＝DD。

美国总统大选中，奥巴马对80/20促进会寄给他的六项涉及亚裔和华裔权益的问题都做了承诺并且签名，而共和党总统候选人罗姆尼一直没有回音。奥巴马同意当选后在一些联邦重要职务和大法官席位上，给予包括华裔在内的亚裔公平任用的机会，还同意成立一个部门来倾听亚裔和华裔的诉求，并帮助杰出华裔年轻人到美国政坛接受历练。因此，80/20促进会号召所有亚裔支持奥巴马。在财政方面，80/20促进会尝试发动1万名华人每人捐5美元支持奥巴马的竞选活动。① 在80/20促进会和其他华人参政团体的共同推动下，2012年美国华人及亚裔有73%投票支持奥巴马，支持罗姆尼的只有26%，在多个摇摆州的大选中发挥关键作用。

早在2000年大选后，时任华盛顿州州长骆家辉就认为80/20促进会是最有效的亚裔政治团体；诺贝尔奖金获得者、著名美籍华人学者杨振宁教授称赞该团体的建议非常好，他表示100%支持；在美国雪城大学，在由三位学者撰写的《点击民主》一书中该团体被评选为“最有效率的网络政治团体”②。笔者在美国的实地考查也发现，大多数华人精英和知识分子都知道80/20促进会这一以华人为主的亚裔参政团体及其政治理念，姑且不论他们对该团体的态度，仅此而言，该团体在美国华人社会及亚裔社区都有一定影响。虽然现在该团体对美国总统大选的影响仍然难以判断，但其集团投票的参政理念逐渐深入人心，对亚裔在未来走向团结确实能够发挥建设性作用。笔者对该团体的参政新策略和长期努力持肯定态度。

五、成立15年来取得的主要成就

自1998年成立至今，80/20促进会在推动美国华人参政，提升华人形象，维护华人权益，争取公平正义方面取得许多重要成就。这里总结为10项主要成就：

第一，成功阻止歧视亚裔的“雏菊广告”。80/20促进会积极参与各种社会活动，致力于维护全体亚裔的利益。2000年美国大选期间，得克萨斯州一个非营利团体使用1964年“雏菊广告”的手法攻击民主党总统候选人戈尔。该广告特别指出，“克林顿和戈尔政府把核子技术转给中国，而中国就用政治献金来酬报。现在，中国已获得用远程核弹威胁美国的能力”。广告的画面随后出现一个女孩，她用手一片片地掰下手中的花瓣，最后，画面上出现核子爆炸，并打出大字幕“不能冒险，应把选票投给共和党”。洛杉矶80/20促进会于2000年9月28

① 尹晓琳：《在美华人选票添分量》，《法制晚报》，2012年10月28日。

② Organization，http：//www. 80－20initiative. net/about/organization. asp.

日举行记者会提出强烈抗议。该会指出，“雏菊广告”伤害的不只是民主党的候选人戈尔，还包括所有亚裔。在该组织的强烈抗议下，在民主党和共和党的共同谴责下，该广告被迫于 10 月 28 日停播。80/20 促进会在声明中指出，只有美国公民与永久居民可以政治捐款，在政治捐款中，违法捐款的毕竟只是少数，大部分捐款都是合法的。①

第二，在 3 个小时内说服 A&F 公司撤下其 T 恤衫。2002 年，A&F 公司制作了 4 件诋毁亚裔形象的 T 恤衫。例如，用讽刺性漫画把华人的脸描绘成眼睛倾斜、头戴斗笠的负面形象。斗笠上写着：“黄氏兄弟洗衣店：两个姓黄的能变成白的。”愤怒的亚裔学生向 80/20 促进会求助。吴仙标亲自给 A&F 公司的总经理打电话，建议他们努力创造一个双赢的商业环境，放弃这样的做法，否则将诉诸法律。3 个小时之后，A&F 公司总经理回电话同意取消当天下午在新产品新闻发布会上展出那 4 件 T 恤衫。80/20 促进会对 A&F 公司的表现表示满意并称赞他们的积极行动。

第三，第一次运用集团投票为亚裔争取到第一位内阁部长职位。2000 年 5 月，戈尔向 80/20 促进会承诺帮助亚裔，但遭到小布什拒绝，因此 80/20 促进会号召全体亚裔集团投票支持戈尔，但最终小布什赢得总统大选。许多亚裔担心 80/20 促进会把所有的鸡蛋放在同一个篮子里，因此会失去新总统对亚裔社区精英的政治委任机会。结果恰恰相反，小布什首先委任日裔民主党人峰田为内阁商务部部长，之后又委任华裔共和党人赵小兰为联邦劳工部部长。此前在克林顿时期仅有一位亚裔内阁部长。80/20 促进会认为这是该组织的重大贡献，因为一旦华人及亚裔社区实现集团投票，两党都会重视亚裔，亚裔的集团投票能帮助两党之一赢得下一届选举。

第四，永久地阻止对亚裔政治候选人的种族主义攻击。对亚裔政治候选人的种族主义攻击在过去的美国各级选举中司空见惯。2002 年 5 月 1 日，80/20 促进会郑重地向美国政界宣布，该组织在现在和未来的各级选举中将竭尽所能击败对亚裔候选人进行种族主义攻击的任何政客，并建议从事种族主义攻击的那些政治顾问们不要再接受或从事这样的业务。从那以后的三次美国大选和两次中期选举都没有再出现对亚裔候选人的种族主义政治攻击，匿名的攻击或因亚裔自身过失被本党剥夺其候选人资格的情况除外。

第五，用广告宣传手段突破亚裔头顶上的“玻璃天花板”。自 1965 年以来，关于亚裔在就业场所遭遇“玻璃天花板”的讨论已经有几十年了，但亚裔团体一直没有全面的资料来证明这一现象。亚裔团体也一直没有强烈要求联邦政府帮

① 《80/20 促进会抗议美得州“雏菊广告”伤害亚裔》，《世界日报》（美国），2000 年 10 月 30 日。

助亚裔消除他们在就业上的“玻璃天花板”。80/20 促进会是第一个全面收集这方面资料和让人关注这一现象的亚裔团体，该团体努力协助联邦平等就业机会委员会证明这一事实并出版相关资料。80/20 促进会曾在所有美国亚裔的主要报纸上购买整版广告宣传这些资料，还在主流报纸《华盛顿邮报》上购买整版广告，并把那些整版广告的电子版邮寄给参选总统的所有候选人，要求他们承诺当选后努力消除亚裔头顶上的“玻璃天花板”。除了布什和麦凯恩之外，其他候选人都做了承诺。奥巴马总统领导下的联邦劳工部在美国历史上第一次为亚裔消除“玻璃天花板”采取行动。

第六，在 2006 年中期选举中亚裔运用集团投票成功地奖励民主党，惩罚共和党。小布什拒绝回应 80/20 促进会 2000 年和 2004 年的问卷；他的劳工部部长赵小兰也拒绝实施 11246 号行政命令帮助亚裔争取平等的就业机会。在 2006 年中期选举中，80/20 促进会决定奖励民主党，惩罚共和党。这是 80/20 促进会第一次在中期选举中授权所有民主党候选人。结果帮助民主党人杰姆·韦伯（Jim Webb）在弗吉尼亚州顺利当选联邦参议员，打破了共和党在参议院占有多数席位的局面。没有亚裔的集团投票支持，韦伯可能就不会赢。由于韦伯的当选，民主党在参议院拥有 51 个席位，夺得了领导权，直到现在。一些共和党候选人了解到这些信息，开始对 80/20 促进会的问卷进行回应并承诺。

第七，80/20 促进会已成功进行 4 次集团投票。自 1998 年 80/20 促进会成立并第一次授权支持 2000 年美国总统候选人戈尔，亚裔已经从 1996 年近五五分成投票支持民主党和共和党的情况（43% 和 48%），开始向民主党这边倾斜。根据《纽约时报》进行的出口民意调查，2000 年亚裔投票支持民主党和共和党的比例分别为 54% 和 41%，相差 13 个百分点；2004 年分别为 53% 和 44%，相差 9 个百分点；2008 年美国总统大选中，亚裔投票支持两党的比例分别为 62% 和 35%，相差 27 个百分点；2012 年美国总统大选中，亚裔投票支持两党的比例分别为 73% 和 26%，相差 47 个百分点。这些数据说明亚裔集团投票的参政意识有显著提高，对两党候选人的影响力也在不断增强。

第八，2008 年 1 月，民主党总统候选人奥巴马对 80/20 促进会的所有要求都做了肯定的承诺并签字。其一，如果当选，将指导劳工部就亚裔在就业场所遭遇歧视的情况举行听证会；其二，签署并执行 11246 号行政命令，消除亚裔在就业场所遭遇的歧视；其三，签署该命令 2 年后与亚裔团体见面，包括 80/20 促进会和劳工部，共同评估为亚裔争取平等机会取得的进展；其四，有空缺时优先提名合格的亚裔担任联邦地方法院和巡回法院的终身法官；其五，有空缺时优先提名合格的亚裔担任最高法院法官，并在担任总统 2 年后评估执行情况。

第九，六年之内担任联邦法院法官的亚裔人数增加了两倍多。2006 年 80/20

促进会开始推动亚裔联邦法官项目，当时全美只有6名亚裔法官，而且都在地区法院层次。此后这一数据在80/20促进会的推动下逐年增长，2008年担任联邦法官的亚裔人数增加到8人，2012年增至19人，是原来的3倍。[①] 80/20促进会一直在为亚裔努力争取平等的就业机会。奥巴马总统在80/20促进会的协助下正在实现他对亚裔的承诺。

第十，奥巴马总统正在实现他对亚裔的承诺，为他们在工作场所争取平等机会。联邦劳工部部长索利斯（Solis）和联邦合同情况执行办公室主任帕特里夏（Patricia）于2010年2月10日联合回应80/20促进会的要求，并承诺执行11246号行政决议，保护亚太裔的平等就业机会。但赵小兰在担任劳工部部长期间一直拒绝执行11246号行政决议。在80/20促进会等一大批华人和亚裔精英的努力和协调下，11246号行政决议的执行是有保证的。80/20促进会知道什么重要以及怎样达到该目标[②]。

六、华人精英在该团体中的作用

毫无疑问，华人在80/20促进会的活动和领导中发挥着主导作用。首先，该组织是由华人精英发起，财政上由华人支持。从该组织的捐款名单上可以看出，所有重要的捐款人都是华人。根据吴仙标所说，他自己因向该组织捐款5 000美元而只能担任执行委员会副主席，同时向该组织捐款的大约50人成为该组织的执行委员会委员。[③] 与此相反，在捐款名单上没有一位非华裔执行委员会成员。唯一的解释是，该组织是由华人精英主导的参政团体，来自其他族裔的成员只是被邀请加入的。其次，华人是该组织的主要力量。成立之初，该组织的18名执行委员中有9名是华裔。其他成员分别来自印度裔、日裔、韩裔和越南裔。2012年，该参政团体的20名执行委员中有10名华裔，其他族裔的执行委员总共才10名。

该团体中的最热衷者是吴仙标。他是一位物理学家，还是前特拉华州副州长和1990年代初成立的美华协会主席。吴仙标出生于上海，18岁来美，在肯塔基州乔治城大学攻读物理，1964年在华盛顿大学圣路易分校获博士学位。1984年，他当选为特拉华州副州长，是当时大陆亚裔在美国政府中取得的最高职位。吴仙标的人生信条是帮助广大亚裔实现“美国梦”。吴仙标是该组织发展的主要人

---

① 尹晓琳：《在美华人选票添分量》，《法制晚报》，2012年10月28日。

② 80－20's Top 10 Achievements，http：//www. 80－20initiative. net/#.

③ Kan Liang，Making of History：The 80－20 Initiative and the Role of the Chinese Americans，张存武、汤熙勇主编：《海外华族研究论集·妇女、参政与地区研究》，台北：华侨协会总会2002年版，第125页。

物，正如他自己所说，在执行委员会中，他花费的时间和精力最多。① 他不仅是该组织的发起人，也是该组织的实际操作者。实际上，该组织发给所有支持者的电子邮件都是吴仙标亲自发送的。吴仙标是该组织中最受欢迎的人之一，他的名字与80/20促进会是等同的。

该团体中的另一位重要华人领袖是田长霖，前加州大学伯克利分校校长，美国华人社会中最具影响力的人物之一。田长霖出生于武汉，在上海和台湾接受中学教育，1956年赴美留学，在普林斯顿大学获机械工程博士学位。他一直在加州大学伯克利分校从事教学与研究工作，并担任伯克利分校第七任校长长达7年，是在美国主要研究型大学中的第一位华人校长和亚裔校长。他在担任校长期间采取的重要政策之一是支持高等教育中的“肯定性行动”计划（平权计划）。1996年加州大学董事会投票决定结束肯定性行动入学政策，田长霖在《纽约时报》上发表文章表达他关于“多元化”的观点和信念。

一个非常有趣的现象是，80/20促进会中最重要的领导人和最热心的人物是学者。实际上该组织首先是由吴仙标和田长霖领导的一群学者发起并成立的。这一事实告诉我们海外华人的文化传统仍然是学者精英领导社会。虽然该团体现在拥有70多万电子邮件支持者，但真正发挥领导作用的还是少数华人精英。与“百人会”一样，80/20促进会本质上也是一个典型的由华人精英主导的参政团体。

七、对80/20促进会参政新策略的思考

美国华人精英参政迄今为止最大胆的尝试，就是发起华人精英型参政团体80/20促进会，并公开号召全体亚裔选民投票支持2000年民主党总统候选人戈尔。尽管80/20促进会的动机与策略备受争议，在大选中的作用亦很难解读，但是他们集中选票来展示亚裔集体力量的参政策略和勇气已愈来愈得到亚裔社区的认同和赞许，可见符合整个亚裔社会的根本利益。姑且不论其策略是否奏效，华裔社区对美国选举政治的认识已经超越盲目及无所作为的阶段，参政意识正开始趋于成熟与理性化。

事实上，少数族裔试图组成投票联盟在美国历史上并非不寻常之事，从19世纪波士顿爱尔兰裔采取集体行动投票的著名例子以来，几乎每一代移民都这么

① Kan Liang, Making of History: The 80 – 20 Initiative and the Role of the Chinese Americans，张存武、汤熙勇主编：《海外华族研究论集·妇女、参政与地区研究》，台北：华侨协会总会2002年版，第126页。

做。问题不在于“押宝”准确与否，而在于显示集体力量。[①]就像多年来占全美人口12%的黑人，为维护和争取其权益如今已集中起80%至90%的选票左右大局，让政客们不敢怠慢；而犹太裔一直保持把80%的选票投给支持以色列的总统候选人；波兰裔和意大利裔也都曾多次这样努力过。今天亚裔的集团投票策略行动只要持之以恒，便有希望像黑人那样提升自己的地位。

现在，80/20促进会已经从当初的300多名支持者发展到拥有2 700多名注册会员和70多万电子邮件支持者的全国型参政团体，为亚裔参政迈出了至关重要的一步，同时也使两党政客刮目相看。正如吴仙标所说，选票与钞票是对美国政客最有说服力的东西，这正是两大政党愈来愈重视80/20促进会的原因所在。虽然每次大选80/20促进会的最终目标不一定能实现，如2000年授权支持戈尔，结果戈尔却败选；2004年授权支持克里，结果克里却败选；2008年支持希拉里，结果希拉里却败选，但这些对80/20促进会来说并非是失败。正如吴仙标所说，无论谁当选，其实都没有太大影响，关键是通过选举展现华人的集团政治影响力。对80/20促进会而言，没有“押”错宝的遗憾，因为美国是一个讲究实际而非交情的国家，政党中没有永远的朋友，也没有永远的敌人，谁给亚裔的好处多，他们就支持谁，主要还是要看总统当选人接下来四年对亚裔的表现，重要的是展现亚裔的选票实力与影响力，而不是选择谁。因此，80/20促进会的出现至少让华人多了一个思考方向，提醒每个华人重视自己的选票，提高公民意识，重新审视自己是把自己当成所身处的国家的一个过客，还是应该积极参与该有的权利。如果每个组织的出现能对唤醒华人选民的投票意识有正面作用，那么未来任何类似团体的出现都有值得重视的意义。

近年来多名亚裔候选人“同室操戈”（同一选区同时有两名或两名以上的亚裔竞选同一职位）的情况不仅在洛杉矶地区出现，而且在旧金山、纽约等亚裔人数众多的城市也愈加普遍。在全美多个大城市亚裔社团领袖的要求下，80/20促进会于2001年7月12日发表一份建议，主张以“团结筹款”的方式集中支持一位候选人，旨在提高亚裔候选人竞选的胜算，避免两败俱伤的结果再次出现。[②]如在2002年美国中期选举前夕，有意竞选加州第12选区众议员的华裔有三位——邓式美、余良胤和郭丽莲。在郭因健康原因退出后，仍有两位华裔竞争。在80/20促进会的号召下，邓式美主动宣布放弃竞选州众议员而参选旧金山市估值官，受到美国华人社会的高度赞扬，后二人都分别竞选成功。[③]

① 《华人在美大选中的态势》，《联合早报》（新加坡），2000年11月8日。
② 《80/20促进会提出“团结筹款”方式建议》，《世界日报》（美国），2001年7月14日。
③ 《华裔从政为社区谋福祉》，广东侨网，2002年3月4日。

虽然80/20促进会自2000年以来在美国总统大选中支持的候选人未能全部当选新一届美国总统，其目标和宗旨也未能完全实现，但该组织的成立、发展和参政活动不仅结束了美国华人社会一盘散沙的状况，而且第一次正式把共有1 700多万、占美国人口5%的所有亚裔作为团结和争取的对象，号召他们共同参与美国政治，争取用一个声音说话，把80%的选票集中投给同一个对亚裔利益更关心的候选人以发挥其影响力，并要求候选人必须先承诺当选后让亚裔出任内阁要员及其他政府要职。这是亚裔人士争取在美国参政的最具体行动。这一新策略不仅是美国华人参政方式的重大突破，同时也给广大亚裔参政提供了一个思考的新方向，提高了亚裔的整体参政意识，应该说亚裔参政已迈出历史性步伐。

客观地说，2000年戈尔的败选、2004年克里的败选和2008年希拉里在初选中输给奥巴马，这对支持他们的大多数美国华裔是一个打击，但2000年以来美国大批华裔成功参政对广大华裔积极参政是一个鼓励。如吴振伟连任俄勒冈州国会众议员，赵小兰被小布什政府任命为联邦政府劳工部部长，朱棣文被委任为能源部部长，卢沛宁被委任为内阁秘书，骆家辉先被委任为商务部部长、后转任驻华大使，还有许多华裔通过竞选担任州务卿、州议员、市长、市议员、联邦法官和检察官等公职。从中可看到华裔对美国政治的参与更加积极，影响更大。这些成绩的取得与美国社会中各华裔参政团体的努力密不可分，同时也与美国华人的经济、社会地位以及参政意识的提高密不可分。不可否认，2000年美国总统大选是华裔参政团体发展史上的一个重要里程碑。

但同时应清楚地知道，华裔、亚裔在美国社会中的总体政治参与程度与其他族裔相比还非常低，特别是近年来大量涌入美国的亚裔新移民，包括华人新移民，他们大多忙于生计，对政治态度冷漠。即使有些人对参政充满热情，却不熟悉美国的政治运作规则，并常带有亚洲传统的精英政治观念，这种观念上的差别造成的不理解可能会影响他们接受80/20促进会把“精英阶层”和“草根阶层”联合起来展示集团政治影响力的参政理念，而转变这种观念需要相当长的时间，而且需要付出巨大努力。同时，从80/20促进会的参政新策略在美国华人社会引起的争议中，可以清楚地看到美国华人社会的复杂性，美国华人社会走向团结还有相当长的路要走。

另外，华裔及亚裔在美国遇到种族歧视可以说是司空见惯，在融入主流政治的过程中还有相当多的障碍，广大华裔、亚裔不应妄自菲薄，要积极参政，使他们在美国成为事实上平等的民族。同时，也不应因为现已取得的一些成绩而得意忘形，应看到前进的道路上鲜花与荆棘同在。应认识到华人及亚裔参政对于他们在美国落地生根与就地发展，对消除美国社会对他们的种族歧视，对促进中美关系的友好与发展，以及对美国民主政治的健全发展都发挥着十分重要的作用。期待80/20促进会这一新型亚裔参政团体能够肩负起团结美国华人及亚裔的艰巨使命，继续运用集团投票的新策略，在以后的美国总统选举中组织更加严密，规模更加壮大，发挥更大影响。也期待在未来美国社会有更多像80/20促进会这样的华裔或亚裔参政团体出现，去唤醒有选举权的亚裔团结一致，运用手中的选票来发挥其应有的政治影响力，以维护和增进全体亚裔的权益。

第三节　当代美国华人草根型参政团体的政治参与
——以波士顿华人前进会的参政活动为例

1965年美国移民法改革之后，赴美的华人新移民日益增多。由于语言障碍和职业限制，他们大多数只能聚居在各地的唐人街，导致华埠本就存在的社会问题更加严重。在20世纪60年代席卷全美的“民权运动”和约翰逊总统提出建立“伟大社会”的施政纲领影响下，华人新移民中的积极分子组建了许多草根型参政团体，一方面努力帮助华埠新老移民尽快融入美国社会，另一方面积极引导他们维护和争取合法权益。这样的华人草根型参政团体主要分布在美国各地的唐人街。据笔者实地考察，在纽约、旧金山、洛杉矶、波士顿、华盛顿和费城的唐人街都有许多这样的华人草根型参政团体。

波士顿唐人街是美国东部四大华埠之一。[①] 在这里除了大量传统华人社团之外，还有很多由华人新移民组建的草根型参政团体，如华人前进会、华美福利会、华埠居民会、亚太裔青少年联盟等。他们一方面为华人社区提供各项社会服务，帮助他们尽快融入当地社会；另一方面领导华人社区民众维护和争取合法权益，并教育和鼓励他们如何通过参政议政保护自身权益，防止各种形式的种族歧视。本节以较为典型的华人草根型参政团体波士顿华人前进会为例，通过剖析该组织成立的背景、目的、宗旨和任务，介绍成立30多年来的主要工作和成就，面临的挑战和发展前景，说明华人草根型参政团体在华人社区基层扮演的积极角色，以及在华人参政进程中发挥的重要作用。

一、成立的背景、目的、宗旨与任务

波士顿华人前进会（Chinese Progressive Association），简称前进会（CPA），

① “华埠”（Chinatown）是指海外华人长期聚居的地区，也叫“唐人街”或“中国城”，三者在本书中可以通用；美东四大华埠分别指位于纽约、华盛顿、波士顿和费城的四大唐人街。

是美国华人新移民草根型参政团体的典型代表，成立于1977年7月17日，由一群关心社区的义工发起组成。前进会现任主席、昆士（Quincy）小学校长李素影女士就是其中一位。当时前进会是波士顿华埠第一个、也是唯一一个社区积极分子的组织。①

作为美国马萨诸塞州大波士顿地区（Greater Boston）的一个社区基层参政团体，自成立以来，华人前进会一直致力于为华人争取平等权益，协助华人移民认识和参与社区，实践公民权利。该组织的活动以改善华人工作条件和提高华人生活水平为目的，并组织华人社区成员争取决策权。② 当然在不同时期有不同的具体目标，如在成立之初，前进会的工作目标之一是争取中美两国的友好关系，但当前的主要目标是争取改变波士顿市政府的政策以更好地保护华埠。

华人前进会的会员来自美国各基层，有工人、长者、青年和新移民，他们当中许多人从事低收入工作，主要来自工薪家庭。该组织是非营利机构，经费主要来自筹款、会员捐款和政府项目的配套拨款等。前进会的组织宗旨是团结广大华人，为华人社区争取权益，发展与其他族裔工人的友爱关系。前进会的组织任务是争取改善美国华人的工作条件，提高他们的生活水平，并为当地华人争取政治权益。③

二、30多年来的主要工作与成就

成立30多年来，华人前进会主要从教育、保护华埠、工人互助中心、会员服务、社区参与计划等方面推进其工作，具体服务项目有成人教育课程、倡导华埠保护运动、青年动力培训、一般服务、会员活动、居民组织及倡议、选民登记和教育活动、工人互助中心和中国文件服务等，并取得许多成就。

（1）长期开设成人教育课程，创办华裔青年动力培训。

前进会的教育项目主要包括开设成人教育课程和创办华裔青年动力培训两个方面：

第一，开设成人教育课程。由于语言障碍，华人新移民初到美国一般都是从事简单体力劳动，工资低微，生活困难，而且社交范围狭窄，仅限于华人圈。近年来，由于华人社区内登记做选民的居民呈下降趋势，在政治上缺乏表达的声音，因此华人社区居民的需要被政客们视而不见。前进会开设成人教育课程的目

① ［美］史亚当、杨阳：《华人前进会三十年风雨》，《波士顿舢板双周刊》，2007年6月15日。

② 《达宏愿　展新图：置业基金筹款晚会》，波士顿华人前进会2006年版，第12页。

③ CPA Major Mission，http：//www.cpaboston.org/mission.html.

的是为了帮助华人新移民学习英语、职业知识和美国文化，早日成为美国公民，改善他们的生活条件，提高他们的社会经济地位以及加强其对美国主流社会的政治参与。①

1978 年，前进会举办第一个英文班，为初学者提供学习英语的课程。英文班根据学员的不同英语水平因材施教，开设三种级别的课程，由美国本地教师执教。英文班的课程尽量为学员设置使用英语的多种场景，如模拟秘书参加用英语主持的会议等。英文班一直长年举办，一学期开两个班，为方便学员，一个班排在周二和周四，另一个班排在周三和周五。1981 年，前进会首次举办电脑班和粤语班，教新移民掌握基本的电脑技能和粤语，以适应职场上的需要。②

针对大多数新移民在申请加入美国国籍过程中存在的困难，前进会开办入籍班，组织准备入籍的华人移民一起学习美国历史和公民知识，锻炼基本的英语会话能力。入籍班也是长年举办，一年两期，每个周六上课。前进会还为成年学员提供家庭教师和其他语言学习服务。这些不仅帮助学员学会简单实用的英语，也为学员学习参政理论和实践提供了机会。这些成人教育课程一直持续至今，为华人新移民适应在美生活、积极融入美国社会做出了重大贡献，深受华人新移民欢迎。

第二，创办华裔青年动力培训。自 1994 年以来，前进会每年暑假都主办华裔青年社会实践活动，其中青年动力培训最受欢迎。该项目通过讨论和组织工作实践，为华裔青年提供发展领袖才能的平台。项目每年挑选六名华裔高中生，培训内容包括七周的实习和全年的青年委员会活动。这些年来，青年动力培训通过研习、讨论、观看录像、嘉宾演讲及考察旅行，使华裔青年的人际交往能力和调研分析能力得到提高，同时让他们对当地华人社区和华埠的历史有更深入的了解，增强了他们对华人社区的归属感。③

（2）倡导华埠保护运动，确保华埠是华人新移民的扎根地和家庭社区的中心。

波士顿市是大波士顿地区的中心，又是马萨诸塞州的州政府所在地。这里高楼林立，交通拥挤，可供开发的空间越来越小。波士顿华埠正好位于繁华的市中心地带，四周被高楼包围，与市政府办公大楼仅数街之隔，早已没有拓展的空间。过去 50 年来，华埠的土地不仅没有扩展，反而被波士顿市政部门以改善城市中心交通为由不断侵占。还有许多大地产商一直虎视眈眈，垂涎此地。邻近的

---

① CPA Adult Education Program, http: //www. cpaboston. org/adulteducation. html.

② 《华人前进会三十周年志庆》，波士顿：波士顿华人前进会 2007 年版，第 14 页。

③ CPA Chinese Youth Initiative, http: //www. cpaboston. org/cyi. html.

塔夫兹（Tufts）大学医学院不断扩建，也占用了华埠大量土地，波士顿华埠的生存受到直接威胁。

波士顿华埠的规模仅次于纽约，是新英格兰地区唯一保存完整的唐人街。波士顿华埠不但是新英格兰华人社区的居住中心，更是华人社交、文化、政治和经济中心。因此，保护波士顿华埠的生存意义重大。由于华埠土地被当地政府征收使用已有50年的历史，这里住房拥挤，交通阻塞，整个华埠的未来因为过度开发而令人忧虑。然而，在保存和扩展华埠的抗争中，各个社区因为不同的利益而分裂，缺乏团结的精神。前进会发起保护华埠的活动就是为了表达居民的心声，团结并领导广大社区居民，共同决定华埠的将来。

前进会倡导华埠保护运动的主要目的是通过组织居民参与社区民主决策，保护住客权益，增强社区政治力量以及推进全市政策改革运动，确保华埠是华人社区劳工的扎根地，家庭社区的社会、政治、经济和文化中心。前进会在保护华埠方面的主要工作包括：建立居民草根团体和决策程序，完善社区权力平衡机制；培养发展社区新领导阶层，代表大多数社区成员的利益；教育和组织居民建设一个健康的城市居住环境；团结广大社区成员共同规划华埠的未来发展。①

早在1978年，前进会就成为华埠房屋与土地开发工作小组的成员，并组织反对纽英仑医院的扩建，支持兴建更多民居。1985年，前进会发起取缔华埠红灯区巡行大会，以改善华埠形象。1993年，波士顿市政部门开始在华埠中心居住地区C地段兴建大型停车库，直接影响华埠居民的权益，前进会与其他华埠团体及美国之友服务会合作，把华埠居民和社区活跃分子组织起来，形成一个以社区为主的全民投票，以此决定是否保留C地段作为华埠社区中心用地，结果有1 700多人投票要求政府停止在此兴建停车库。后来政府做出让步，把C地段划为社区发展用地。在这个为期18个月的运动中，华人前进会以领导的角色，促成了市政府的这一决定。② 这是他们第一次运用投票表达自己的诉求并取得成功。

1997年，前进会加入华埠社区联盟，敦促中央干线将建在华埠居民区和街道的临时和永久出口通道改道，并获得成功。2002年，前进会与华埠居民会合作赞助在8月2日至3日举行的全民投票活动，规定凡年满16岁的华埠居民，不论其有无美国公民身份，都可以投票决定自由广场计划，以及是否将红灯区逐出华埠和为建设华埠而成立一个永久性的居民审查委员会。同年，在前进会的努力下，波士顿市政府承认华埠居民会是一个社区委员会，有权对社区发展规划进

① CPA Campaign to Protect Chinatown，http：//www.cpaboston.org/cpc.html.

②《华人前进会三十周年志庆》，波士顿：波士顿华人前进会2007年版，第12～17页。

行审查并提出改进意见。①

2004 年，前进会与位于乞臣街（Hudson Street）的华埠联盟合作，确保把中央干线上的 24 地段留给社区发展使用，还指导社区联盟征集周边居民的意见，如在哈佛街南面兴建小型建筑、更多可负担住房和优先考虑较大家庭单位等。2005 年，前进会与亚美社区发展协会、华埠居民会和南湾规划小组的成员发起成立华埠牌楼联盟，共同保护华埠的生存与发展。2006 年，前进会支持由华裔青年领导的运动，为重建波士顿公共图书馆华埠分馆争取到 3.5 万美元的可行性研究和座位调查经费。②

自 2005 年以来，前进会一直在协助市政府调查可负担房屋变得不可负担的问题。2006 年，前进会与在唐人街 10 个发展工程中受影响的 700 户居民一起努力，争取保留家园，改善他们的生活质量，以及在楼宇管理方面的发言权。同时，加强与其他有色人种社区、住客组织以及住房促进会的联系，确保波士顿市的包含性发展政策和可负担房屋定义是以稳定波士顿社区和家庭为本。同年，前进会在华埠牌楼联盟中通过社区推动的计划和组织，在争取华埠牌楼发展地带的行动上扮演更重要角色。③

（3）维护社会公平正义，争取华人正当权益。

华人前进会成立的目的是为华人争取平等权益，协助华人移民认识和参与社区，实践公民权利。30 多年来，前进会在维护社会公平正义、争取华人正当权益上取得了许多成就。早在 1979 年，前进会就开始支持华伦街（Warrenton Street）居民的反逼迁行动。在前进会的帮助和鼓励下，经过 5 年的漫长斗争，华伦街居民终于在 1984 年获得迁徙赔偿和安置。1984 年，前进会与昆士学校社区委员会、华美福利会、房屋小组以及华职英语训练班联合，成立“华埠职业与就业训练委员会联盟”，并要求当时即将在华埠中城开张的拉菲逸酒店向华人移民提供就业机会。1985 年，前进会协助移民黄龙光在无故被警察殴打及召妓一案中讨回公道，并获市政府赔款 8.5 万美元。1986 年，前进会组织反对修改双语教育法案取得成功。1987 年，前进会为工人争取权益的工人互助中心正式成立。④

1990 年，前进会团结失业的车衣业及电子业工友，向就业培训局争取设立中文翻译服务，在听证会上提供免费翻译和多语言的书面资料等。同年，前进会与国际女服工会合作，组织纳艾特（Knight）药厂工友反对厂内的不平等待遇，

① 《华人前进会三十周年志庆》，波士顿：波士顿华人前进会 2007 年版，第 12～17 页。
② 《华人前进会三十周年志庆》，波士顿：波士顿华人前进会 2007 年版，第 12～17 页。
③ 《华人前进会三十周年志庆》，波士顿：波士顿华人前进会 2007 年版，第 12～17 页。
④ 《华人前进会三十周年志庆》，波士顿：波士顿华人前进会 2007 年版，第 12～17 页。

后来资方聘回3名被解雇的工人。1991年，前进会在华埠组织第一次劳工游行活动，并为腾皇阁酒楼员工讨回1.4万美元欠薪。同年，前进会与全民保健合作，为失业和没有健康保险的工人增加获得健康护理的途径，以及增加健康保险计划的登记人数。1992年，前进会与女服工会以及移民难民教育组织合作，协助一家鲜花批发公司的华工及拉美裔女工开展要求公司停止使用计件工资的行动。①

1994年，前进会协助组织华人小学的学生家长，反对与南湾小学合并，保留社区内唯一的中英文双语小学，并在学校内建立一个强大的家长委员会。前进会还与妇女经济合作社合作，协助一些失业及工资低微的移民工人成立一家小型邮政公司。1997年，前进会与其他移民社区的积极分子合作，为因社会福利改革而失去联邦援助资格的移民争取州政府的拨款。1999年，前进会协助华埠居民创立华埠全体居民协会，向3个联邦屋宇争取保留其可负担计划的修订活动。同年，前进会举办第二届华人劳工日以普及工人对失业权益的了解，并表扬27个支持并赞助社区劳工标准的企业和公司。同年还结束持续2年与君悦酒楼工友一起争取权益的行动，为工友赢得总数共2.5万美元的欠薪及6%的利息。②

2001年，前进会把电力一公司（Power One）的200位失业工人组织起来，要求解决遣散费问题，并尽量争取职业培训的机会。结果工友们赢得一项由联邦政府提供、数额超过100万美元的职业培训基金，用于创办英文班和职业培训班。2002年至2005年，先锋电子厂相继解雇71位工友，只发给每人4天的遣散费，而在2000年以前被解雇的工友所获取的遣散费是按年工资计算的，一年给一个星期的遣散费，前后对比非常悬殊。前进会根据该厂华裔工人提供的资料，领导、团结工友，增强凝聚力，向有关部门反映情况，结果得到40万美元的遣散费补偿，改善了工人处境，维护了工人权益。③

2006年，前进会组织住客与市政府合作，使三座面临加租威胁的新大厦的住客保留可负担租金，并在市政府的包含性发展政策以及可负担房屋定义上赢得改变。同年，前进会还组织3间制造业工厂的失业工人获得40多万美元的遣散费，并要求联邦政府提供增加职业培训的经费。2008年，前进会帮助大波士顿地区索格斯镇金亚大酒店的80多名华人员工讨回欠薪11万美元。④ 同年4月30日深夜，4名亚裔青年在昆士市八八超市前遭警察无故殴打，并被控拒捕、扰乱秩序和袭警等刑事罪名。一旦罪名成立，他们将面对最高入狱2年半等处罚。针对警察滥用暴力的行为，华人前进会联合华埠居民会和亚太裔青少年联盟，组织

① 《华人前进会三十周年志庆》，波士顿：波士顿华人前进会2007年版，第12~17页。

② 《华人前进会三十周年志庆》，波士顿：波士顿华人前进会2007年版，第12~17页。

③ 《华人前进会三十周年志庆》，波士顿：波士顿华人前进会2007年版，第12~17页。

④ Mission and Accomplishments，http：//www. cpaboston. org/mission. html.

数百名社区居民聚集在昆士市市政府门前抗议，并呼吁社区人士出席法庭聆讯，支持4位在昆士市被警察殴打的亚裔青年。①

（4）从事选民登记和教育活动，推动双语选票立法，以提高华埠选民的投票率。

为了增加华埠社区的民主参与和政治影响力，前进会的策略是通过日常组织事务进行广泛的选民登记和教育活动，扩大该组织在全市的政治根基，并与其他被割裂的社区结盟。

1983年，前进会与其他社区活跃人士组织首次选民登记运动，并首次在华埠举行市长候选人论坛。同年，成立"妇女会"，旨在鼓励更多妇女加入前进会并参加选民登记活动，同时突出移民妇女问题，以引起主流社会重视。1984年，前进会组织反对里根成为美国总统的大游行，还与非洲裔及拉美裔社区代表一起争取重新规划选区，将华埠、南湾（South End）及美顺山（Mission Hill）划在同一选区内。1992年，前进会专门为成人教育班编写了一本《认识你的投票权》的教材，并发起一个基层选举的投票活动。②

2000年，前进会举办了一次广泛的选民登记和教育活动，为总共409位选民办理选民登记，并在华埠举办了7次选民教育讲座。2001年，前进会与华埠居民会及其他人士合作，收集了1 042个签名，支持保留社区法令投票运动，以此增强华埠选民的政治参与热情。同年，前进会与其他移民社区合作，发起一个多语言选举权益联盟，要求波士顿市政府拨款在选举中提供多语言服务。市长曼宁诺（Menino）接受建议，并于2001年10月购买同步翻译器材，使政府举办的听证会都能使用同声传译设备。当年的华埠选民投票率比上一年市长选举增加了180%，是波士顿社区内增长最高的一个。此后华埠选民的投票率一直呈上升趋势，在2003年的市议员选举中，又比上一年增加了274%。2005年，更有第一位亚裔候选人韩裔尹常贤（Sam Yoon）参选波士顿市不分区议员并取得成功。③

2003年，波士顿市举行议员选举，由于只提供英语选票，导致许多华人，特别是英语水平不好的华人在投票时均需要工作人员的帮助。很多华人在获得工作人员给予的协助时感到有压力，因为很多工作人员有威逼和选举不当的行为，有意左右选民的意愿。该事件后来被联邦政府调查，由联邦司法部提出诉讼，控告波士顿市政府侵犯选民权利。前进会团结广大选民，向联邦司法部门作证，提供从2001年开始收集得到的证据。由于行动积极，证据充分，最后法庭判决，

① ［美］菊子：《华人前进会吁请社区要求昆士警察撤销控诉》，《星岛日报》（波士顿版），2006年6月26日。

② 《华人前进会三十周年志庆》，波士顿：波士顿华人前进会2007年版，第14~15页。

③ 《华人前进会三十周年志庆》，波士顿：波士顿华人前进会2007年版，第14~15页。

强令从2004年开始要有完整翻译的中文选票，并从2006年开始增加投票站的双语工作人员，防止歧视和不当的选举行为再度发生。[①] 该判决使华人不用再等10年或更长的时间才能立法要求强制施行双语选票。

在2007年11月6日举行的波士顿地方选举中，总投票率相当低，但华人选民的投票率异乎寻常地高，其中华人社团发挥了重要推动作用。华人前进会为鼓励更多华人选民投票，在选举之前，举办了13场选民教育讲座，内容涉及市议员的责任、华人如何扩大社区的政治力量和得到政客对社区的承诺、参选的候选人以及他们的政纲、认识选民权益、如何使用选票以及改革选举条例等。在选举日，华人前进会有专门的工作人员在去投票站必经的路口为华人选民分析各位候选人的背景、政治主张，并把各位候选人对与华人权益相关的议题的态度列成表，用中英文双语打印，发给他们作为投票时的参考。前进会在选前还制作了“为什么我们必须在11月6日投票”的传单，提醒广大华人选民出来投票，以维护和增进自身权益。[②] 结果，在这次选举中亚裔选民的投票率第一次超过该市选民的平均投票率。

（5）组建工人互助中心，帮助华裔工人认识和维护自身权利。

华人移民工人主要从事服务业和轻工制造业，这些行业普遍工资低，工作条件恶劣且缺少工会代表。联邦发展和选举委员会官员都在吹捧华埠快速发展的商业，但华人却只分享到少量发展成果。1987年前进会成立工人互助中心，其目标是帮助华裔工人认识和维护自身权利，将不同社区和族裔的工人联合起来。工人互助中心的主要任务包括：提高工人权利意识；为工人集体行动提供帮助；在政策领域表达华裔工人的声音；在社区中建立华裔工人的领导层；组织失业华裔工人参加工人运动争取权益。

工人互助中心每月都有一个“星期六咖啡”时间，举办研讨活动，帮助华裔工人熟悉美国社会，学习《劳工法》，具体学习内容主要包括社区劳动的规章、薪酬、工作时间、工作安全和工人保障等。该中心还多次组织请愿活动，要求市政府在发展项目上给予华裔工人更多的就业机会。工人互助中心结合工人权益教育、领袖才能发展训练以及支持集体行动，去培养移民工人在工作地点、在前进会以及在社区内的领导地位。工人互助中心设有专门委员会，帮助制定长期运动计划、策略和工人互助活动。[③]

1986年，工人互助中心组织前PL和Beverly Rose两间制衣厂的400名制衣

① 《亚裔选民赢得双语选票　华埠居民会前进会庆功》，《波士顿舢板双周刊》，2005年12月16日。

② 笔者于2007年11月6日在波士顿中国城投票站的实地调查资料。

③ CPA Workers Center，http：//www. cpaboston. org/workerscenter. html.

工人，经过18个月的努力争取，终于获得首个中英双语职业再培训课程服务。1991年，工人互助中心在马萨诸塞州用中英双语出版第一本工人权益小册子，教育工人认识自己的权益。1996年，马萨诸塞州开始施行用电话申请失业金，工人互助中心组织失业工人要求州政府提供5种主要语言的失业服务，并取得成功。1997年，中心开始为失业工人提供多语言服务，并争取全州15个地区的失业办公室重新开放。1998年，中心组织首届华埠劳工平等日，并提出社区劳工工资最低标准，有2 000多人参加了这次以推广工人权益为主题的文化教育活动。同年，中心还收集了463份基层工人调查问卷，记录他们在工作场所遇到的问题和职业培训方面的需要。①

大多数前进会会员是下层的移民工人，他们通常对自身的权利不是很了解，因此很多人成为不良企业和用人单位的受害者。为了维护华裔工人会员的正当权利，工人互助中心为他们提供关于工人权利的信息咨询服务。该服务与其他代理机构的服务不同，不仅致力于服务的完善，还帮助华裔工人会员认识自身的权利和义务。该服务项目在2005年共为726名华人会员建立档案，为128名会员提供法律咨询，为121名会员提供翻译帮助，为100名会员提供信息咨询，为89名会员解决消费权益问题，为55名会员解决工人权利问题。②

（6）增进各族裔之间的理解与合作，为华人争取更多权益。

除了组建工人互助中心，继续提供会员服务之外，前进会还支持华人社会与其他少数族裔之间的交往，以增加相互理解与合作。例如，1987年，前进会协助堡垒村的黑人和华人居民成立居民联谊会；2006年，工人互助中心还发起并参与组建一个移民工人合作中心，建立移民工人组织以团结华人、巴西裔和拉美裔社区。前进会还协助建立并参与多个全市或地区联盟，如亚太裔议程联盟、亚太裔运动建设小组、波士顿居民联盟、移民工人合作中心等，目的都是为了更好地参与全市工作，为华人移民工人争取更多权益。③

（7）促进美中关系，积极参与祖籍国事务。

华人前进会在成立之初就建立了与祖籍国的联系。1978年，也就是在该组织成立的第二年，前进会第一次组织了祖国观光团，到中国参观访问，积极促进美中建交正常化。1984年，中国国务院邀请前进会已故会长黄耀敏先生及李素影主席前往北京参加“中华人民共和国成立35周年大典”。1997年新英格兰地区庆祝香港回归活动，华人前进会是筹委之一，并协助组织千人宴及其他庆祝活

① 《华人前进会三十周年志庆》，波士顿：波士顿华人前进会2007年版，第12~16页。

② CPA Community Service Program，http：//www. cpaboston. org/community service program. html.

③ 《华人前进会三十周年志庆》，波士顿：波士顿华人前进会2007年版，第10~14页。

动。李素影主席还应中国国务院之邀，代表前进会专程赴港参加香港回归庆典。2007 年 10 月 1 日，大波士顿地区多个华人团体在波士顿市政府广场举行升中华人民共和国国旗、庆祝中华人民共和国国庆的活动，前进会是主要筹办方之一。2008 年中国四川“5·12”汶川大地震发生后，大波士顿地区的各华人团体纷纷捐款救灾，华人前进会积极参加，捐款超过 1 万美元。[①]

（8）购置永久会址，扎根社区服务。

华人前进会在 1977 年刚成立时，只是一个在华埠破旧大楼里的全义工团体。随着该组织的不断发展壮大，1996 年，前进会迁到华埠夏里臣街（Harrison Street）33 号的联合大厦。此后又经过 10 年的努力，到 2006 年，该组织筹款 150 万美元，实现在华埠 C 地段信义大厦购置永久会址的宏愿。2006 年 6 月，前进会搬进新址，并于 9 月份正式开始为华人社区提供服务。到 2007 年春天，该组织已向银行还清所有按揭贷款。老社团在华埠拥有房产或永久活动中心属正常现象，但作为一个新移民社团能在地价昂贵的波士顿华埠拥有自己的永久办公室实为不易。而且，早在 1985 年，该组织就聘请了第一位全职工作人员黄夏仪，现为前进会副主席。发展至今，该组织已有 7 名全职工作人员，年度预算为 45 万美元，[②] 这在华人社区是非常少见的。笔者在波士顿华埠的访谈中发现，即使是在波士顿中国城影响力最大的传统社团纽英仑中华公所，也没有全职工作人员，包括中华公所主席在内都是兼职。

三、挑战与发展前景

成立 30 多年来，前进会在为波士顿华人争取平等权益、协助华人移民认识和参与社区、实践公民权利等方面取得了许多实实在在的成就。而同期美国华人精英型参政团体通过各级选举政治活动，有力提升了美国华人形象，二者互为补充，相得益彰。鉴于前进会在波士顿华人社区的巨大影响力，在 1985 年，波士顿市长就委任前进会主席李素影为华埠社区议会成员，其也当选为共同主席之一。由于前进会帮助华人争取正当权益，协助他们解决如工作、教育、消除歧视和改善生活环境等问题，所以越来越多的华人主动加入该组织以解决社区中存在的问题。

华人前进会的发展也面临着诸多挑战：第一，正如前进会主席李素影所说，

① 大波士顿地区华人社团援助四川地震灾区联合会：《波士顿华人支援四川地震灾区》，http：//www. bostonaidsichuan. org。

② Organizational Information，http：//www. cpaboston. org/organization. html.

创业容易守业难。创立一个组织比积极工作并取得持续进展容易一倍，而要维持一个日益庞大的职员队伍是困难的，当组织的预算增加，要筹得足够的款项去平衡开支更难。当然，这不只是华人前进会面临的重要挑战，也是所有华人社团在发展过程中面临的主要问题之一。第二，实现社区对华人前进会的期望是该组织面对的又一挑战，而且是最大的挑战。该组织某专职工作人员认为，前进会面临的最大挑战是不能及时了解当地华人具体需要哪些方面的服务。

虽然面临诸多挑战，但前进会也有很多发展优势：第一，该组织有一群热忱的核心会员，他们具有神圣的使命感，认为他们所做的事情是正确的。第二，他们深信该组织的工作会给华人社区带来真正的改变，事实证明也是如此。第三，作为一个进步的基层组织，前进会自成立至今已扎根华人社区 36 年，在华人社区有良好的群众基础。第四，前进会现已认识到，不能只是抗议，他们正在学习如何将草根性组织、进行抗议活动和找出解决办法三方面结合在一起。

30 多年来，前进会一直在努力改变美国主流社会视移民为“问题”的固有看法——认为既没有受过良好教育又没有雄厚资本的非英语移民，只会是社会的负担，而不会有什么积极作用可言。由于华埠社区仍面临许多恶劣环境，华人前进会将继续为华人新老移民争取各项权益，尤其是在波士顿继续帮助华埠民众争取在华埠社区未来发展决策中的发言权，为维护华人权益及追求正义而努力。笔者以为，既有坚定的信念，又有广泛的群众基础，还有稳健的实际行动和灵活的策略变化，看好华人前进会的发展前景。

小　结

总之，华人社团，尤其是参政团体在美国华人参政中的作用举足轻重。如美国南加州以 1 000 多个华人社团而闻名全美，这些社团在参政中正在扮演越来越重要的角色。如今华裔候选人筹款、背书和造势都离不开社团的支持，甚至“老外”也想方设法争取华人社团的“青睐”。正如洛杉矶中华会馆主席刘健民所说，华人精英从政必须先得到华人社团支持，似乎已成为一个不成文的“规定”，连主流社会的“老外”也不敢小看社团的作用。如今华人社团已经具备“选票”和“钞票”。时任加州州众议员的赵美心表示，在过去的 10 多年里，她每次竞选筹款的首场晚会，都是从华埠中华会馆开始。她认为老侨社团对华人参政功不可没，而近年来新侨社团的影响力也越来越大。①

① 邹晓舟：《华人社团在华裔参政中的角色及作用》，《中国日报》（美国），2004 年 3 月 10 日。

当前，美国华人社团普遍呈泛政治化的发展趋势。如在2000年美国大选中，休斯敦侨界17个社团联合发起“团结就是力量”大会，邀请华裔参政精英人士发表演讲，推动华人参政，并分工协作，在各自选区进行选民教育和选民登记活动。[①] 这是令人高兴与值得关注的现象。过去的传统华人社团大多以联络乡谊、协调关系和举办公益为宗旨。但随着时代的发展和美国华人社会结构的变化，传统华人社团的内部结构也在不断更新，在加强联系、互相扶持和互通信息的同时，都开始间接或直接支持华人参政。如旧金山中华总会馆、旧金山华人进步会、纽约华人进步会、全美华人协会、犹他华人联合会等华人社团在承担其他功能的同时，也在拓展在政治方面的作用。由于这些社团的主要功能是经济和文化上的，所以在本章第一节的统计表中没有将它们列入。

在华人参与美国政治的过程中，各地华人参政团体的运作对促进华人参与当地政治做出了巨大贡献，发挥着核心作用。自20世纪80年代以来，华人参政团体通过对华人社区“选票”和“钞票”的整合与运作，使不少华人精英在地方选举中获胜或被委任为地方各级政府公职，提升了华人对美国地方政治的影响。在华人参政团体的支持和推动下，华人精英在全州性和全国性的选举政治中，也取得了一定成绩，如骆家辉于1996年当选为华盛顿州州长，2000年成功取得连任；吴振伟自1996年在俄勒冈州当选为国会众议员，一直连任到2011年；赵小兰在2001年被小布什政府委任为联邦劳工部部长，2005年再次连任等。在华人参政团体的教育和激励下，普通华人的参政积极性确实有较大的提高。但华人参政团体在新时期仍面临诸多挑战，如华人参政团体的老化和僵化、发掘与培养全国型参政人才难、各华人参政团体之间的整合存在障碍，以及寻求与其他亚裔共建新型参政团体进行合作仍然任重道远等问题。

一、华人参政团体的老化和僵化问题

时代在发展，华人参政团体理应与时俱进。但许多华人参政团体仍在原来的小圈子里打转，不敢越雷池一步。美国华人社会杰出民权活动家王灵智曾尖锐地指出，华人政治性社团陈规陋习很多，如同源会，至今仍限制会员资格，规定只有土生华裔美国公民才能参加等苛刻条件。说到底，是利益之争。同源会有很多资产，如果让别的华人公民随便加入，其资产和利益就会被分享，这是该团体难以革新的根本原因。2002年12月底，美国华人问题学者赵小健女士在暨南大学华侨华人研究所举办的学术交流会上也指出，有些传统华人社团相当保守，要加

① 《团结就是力量》，《中央日报》（中国台湾），2000年8月12日。

入这些社团非常困难，特别是公所等宗亲组织。

另外，有相当多的华人参政团体只注重保护在美华人利益，主张“两岸放两边，主流放中间”，明确宣布不介入中美关系和台海问题。他们的考虑可以理解，但必须认识到，在美华人的利益与中美关系、台美关系、海峡两岸关系密不可分，逃避总不是办法，需要改变思维，探索解决路径。虽然近年来许多传统的华人社团，包括参政团体都进行了一些改革，如通过举行定期内部选举实现民主管理，但改革步伐不够大，取得的效果仍然不够理想。还有，华人参政团体不是政党，通常不能直接参与政党政治活动，限制了他们的政治影响力。而且华人参政团体中有很多是非党派、非营利性质，受法律限制，在政治参与过程中只能举办候选人论坛，进行选民教育，推动选民登记，鼓励选民参加投票，而一般不能直接授权支持某个党派或候选人。

二、发掘与培养全国型参政人才难的问题

华人参政团体培养参政型人才的方式有很多，如通过举办类似“市政府、市议会、市法庭模拟操作研习营”、“政府事务讲习会”等活动，吸引华裔青少年或大学生参加，使他们在寓教于乐的课程中培养参与公共事务的兴趣与能力，并提供“参政实习奖学金”，鼓励和推荐对参政有兴趣并具有发展潜力的华裔青年前往美国各级政府部门或民意代表的办公室实习，以拓展他们的视野，为将来参政打下坚实基础。[①] 1997 年，时任库柏蒂诺市市长和市议员的华裔张锡宏创办了“美国亚太裔领袖学校”，至今已培养出数以百计的亚裔青年才俊，他们不少已在美国各行业崭露头角，其中南湾的 2 名华裔现任市议员——坎贝尔市议员罗达伦和库柏蒂诺市议员黄少雄，就是该所学校早期的毕业生。[②]

虽然华人参政团体付出了巨大努力，培养了一大批地方型华人参政人才，但在全国层级并不乐观，全国型的华人参政人才非常少，培养难。回顾过去 50 年，华人全国型参政精英确实不多。如代表夏威夷州的前联邦参议员邝友良是美国华人史上首位联邦参议员，但自他之后，近 20 年时间国会中没有华裔的身影，直到 1996 年吴振伟在俄勒冈州当选为国会众议员，才再次打破零纪录。2011 年吴振伟竞选连任失利后，华裔国会议员只剩下赵美心 1 人，2012 年美国大选后也才增加到 2 人。在全国型的华裔委任官员中，前有赵小兰在 2001 年至 2009 年担任

① 林启文：《华裔美人参与政治活动之研究（1965—1993）》，（台湾）国立政治大学民族研究所硕士学位论文，1993 年，第 164 页。

② ［美］陆杰夫：《美南湾前华裔市长的平民生活：培养亚裔青年领袖》，http：//www. chinaqw. com/hqhr/hrdt/200803/14/110125. shtml，2008 年 3 月 14 日。

联邦劳工部部长，确实值得华人骄傲，后有骆家辉、朱棣文和卢沛宁三人在2009年被奥巴马总统委任为联邦部长级高官，负责内政和外交事务。但展望未来，能竞争全国型政府公职和民意代表的华人参政人才依然缺乏。未来华人要将参政层次大规模提升到国会参众两院、内阁部长和州长层次，应首先克服族裔本身缺乏全国型参政人才的问题。

三、各华人参政团体之间的整合存在障碍

孙中山曾指出，美国华人就像一盘散沙。“缺乏团结精神”是导致华人参与美国政治失败仅次于种族歧视的第二大因素。美国政治是典型的两党政治。不像黑人和拉美裔都一边倒地支持民主党，华人参与民主党和共和党的比例相差不大，力量抵消，很难形成一股强大的合力影响美国政治，要组成跨党派联盟更是难上加难。即使组成了跨党派联盟，也只是暂时的，如1986年12月由在美华人知名人士成立的“华裔美国公民临时协调委员会”，试图整合全美华裔社区的政治资源，作为与1988年总统选举候选人谈判的筹码，以期争取更多族裔权益。该委员会是华人第一次成立具有全国性、超党派的临时参政团体，且一反过去“施恩不求回报”的态度，通过技巧性及策略性的谈判方式与主流政治人物接触，获得不错的成效。但该委员会属于临时性质，并非一个常设性参政团体，而且由于会中华人领导欲强，以及各参政团体的“山头主义”和“来源地情结”的作祟，在1988年总统大选结束后，该组织逐渐停止了运作，最终销声匿迹，非常可惜。①

1992年，全国性民权组织“美华协会”主动向共和党与民主党各提出一份问卷，主要内容是该会认为关切华人民权的议题或事务，希望两党总统候选人回答，陈述他们对这些问题的看法，作为大选日华人投票的重要参考。在问卷提出后的相当时间内，布什与克林顿都有回应，并允诺任命更多的亚裔或华裔，显示华人在两大竞选阵营中，也被视为争取的重要对象。但“美华协会”在代表全美华人与两党总统候选人接触的运作过程中，并未得到各地华人参政团体的支持，无形中削弱了华人整体的参政声势，也显示出全美各地的华人参政团体之间缺少“横向沟通”，尚未完全建立参政团体之间的“整体参政共识”。② 百人会是典型的美国华人精英型参政团体，会员仅限于华人精英，自1990年成立至今只

① 林启文：《华裔美人参与政治活动之研究（1965—1993）》，（台湾）国立政治大学民族研究所硕士学位论文，1993年，第167～168页。

② 林启文：《华裔美人参与政治活动之研究（1965—1993）》，（台湾）国立政治大学民族研究所硕士学位论文，1993年，第167～168页。

有 154 名会员，会员少，规模小，虽然影响较大，但把广大普通华人排斥在外，缺乏团结合作精神，不利于华人参政团体及力量的整合。80/20 促进会成立 15 年来在整合各华人参政团体方面付出巨大努力，取得一定成效，但其集团投票的参政理念很难得到党派性华人参政团体的认同。

另外，美国华人社团内部有新老之分、来源地之分、专业之分和阶层之分等差异，导致不同的华人社团代表的利益主体也不一样，以致难以合作。如各地的中华会馆、中华公所等地缘性和亲缘性老社团，长期由华人商界精英人士主导，主要代表华人商业阶层的商业利益，而新社团大多是由华人社区服务精英主导，更重视华人社区的整体福利，但二者都愿意并宣称代表整个华人社区。因此，两类社团在华人社区的政治代表和政治权力上有冲突，合作困难。但新老华人社团在政治参与上各有优势，如老社团，尤其是亲缘性社团，在通过政治捐款支持想竞选政府公职的华人精英取得竞选胜利上处于优势地位，而新社团长期致力于深耕华人社区，提高华人参政意识，在鼓励广大华人选民参加选举和投票方面有优势。因此，二者可以互补，共同推进美国华人的政治参与，增强华人在美国政坛的影响，但如何协调并整合他们各自拥有的政治资源仍是一个难题。

四、寻求与其他亚裔共建新型参政团体进行合作仍然任重道远

从理论上看，华人参政团体与其他亚裔参政团体合作的途径有两条：就某一具体议题展开合作和共同组建新型亚裔参政团体。1980 年代以来，由于一系列歧视和排斥亚裔的重大历史事件的推动，华人参政团体与其他亚裔参政团体在该议题上达成共识并开展合作，就像国与国之间的关系一样，“没有永久的朋友，也没有永久的敌人，只有永久的利益”。华人参政团体和其他亚裔参政团体彼此之间终于找到了利益的交汇点。如 1982 年的“陈果仁事件”使亚裔认识到他们在美国共同的命运，从而开始紧密地团结在一起，泛亚裔的“族裔意识”就是在此事件之后开始形成并逐渐强化的。1983 年加州的越南华裔“黄熙聪命案”、1986 年亚特兰大的韩裔“李永命案”、1989 年北卡罗来纳州的华裔“卢明希命案”、1992 年加州的日裔“加藤命案”和佛罗里达州的越裔“阮伦凡命案”及 4 月底在加州洛杉矶大暴动中亚裔生命和财产的损失，都显示亚裔美国人的地位并不稳固，他们在美国依然受到歧视与排斥。反亚裔暴力事件的增加，使亚裔认识到只有团结起来参与美国政治，才能维护自身权益。全美最大的华裔民权组织“美华协会”和日裔最大的社团组织“日美公民联盟”经常联合其他亚裔参政团体，为争取政治权益而团结在一起。1992 年“投票权语言辅助法案”在国会通过，有助于亚裔选民登记及投票，增加了亚裔的政治力量。以美华协会为首的几

个华裔参政团体联合日美公民联盟及其他亚裔参政团体不断向国会议员游说，最终促使此法通过。[①]

在1996年美国亚裔“政治献金案”、1999年《考克斯报告》和李文和间谍案、2003年余百康案及2011年陈宇晖被虐致死案等一系列歧视亚裔的重大历史事件刺激下，亚裔的团结参政意识进一步增强。在参与美国选举政治时，华人参政团体与其他亚裔参政团体加强合作已开始成为常态。例如，1991年南加州15个亚太裔社团联合举办“向布什总统致敬”的首次大集会，由华裔参政团体联合其他的亚太裔参政团体共同筹办，约有4万多亚裔参加，除提升华裔及其他亚裔的政治地位外，也展现了华裔参政人士在亚裔政治集团中扮演的重要角色。华人参政团体还与其他亚裔参政团体合作推动合格的亚裔候选人参与各级竞选。例如，1992年韩裔金昌准（Jay Kim）在加州第41选区经过初选和决选后脱颖而出，当选联邦国会众议员，这是华人参政团体和其他亚裔参政团体共同合作助选的典型成功案例。[②] 2005年11月，美国马萨诸塞州举行地方选举，在波士顿华人前进会和其他亚裔参政团体的合作推动之下，韩裔尹常贤（Sam Yoon）成功当选波士顿市第一位亚裔市议员，2007年11月又顺利获得连任。[③] 2012年美国大选期间，华裔女性赵美心和孟昭文分别在加州和纽约州当选联邦国会众议员，这些都是华人社团和其他亚裔社团大力合作推动的结果。可见在具体议题上加强华人参政团体与其他亚裔参政团体的合作是可行的，并取得了一定成效。

华人参政团体与其他亚裔参政团体合作的又一途径是共建新型亚裔参政团体。近年来，华人参政团体除了呼吁加强内部团结外，还把与其他亚裔参政团体整合起来共同参与美国政治作为自己的责任。理论上没有错。当前在美华人人口只有403万，仅占美国总人口的1.3%，势单力薄，如果把其他亚裔加在一起，人口共有1 700多万，占全美人口的5.8%，能形成一个强大的压力集团，在实行民主政治的美国可以发挥一定影响，甚至关键作用。自1980年代初开始，就有华人参政人士使用亚裔名义成立永久性参政团体，希望吸引其他亚裔加入，以扩大华人和亚裔的政治影响力。但实际上，这些冠以亚裔之名的参政团体本质上只是华人参政团体，因为成员基本上都是华人，没有其他亚裔参加，即使有其他亚裔参加也是形式上的，华人在其中起着核心作用。笔者以为，与其他亚裔通过

---

① 林启文：《华裔美人参与政治活动之研究（1965—1993）》，（台湾）国立政治大学民族研究所硕士学位论文，1993年，第170～171页。

② 林启文：《华裔美人参与政治活动之研究（1965—1993）》，（台湾）国立政治大学民族研究所硕士学位论文，1993年，第171页。

③ 万晓宏：《美国亚裔参政分析：以2007年马州地方选举为例》，《世界民族》2010年第2期，第64页。

这条途径进行合作行不通，一方面可能是华人的领导欲太强，另一方面亚裔来自亚洲各地近 30 个不同的国家和地区，除了肤色一样，历史上都曾受到西方殖民统治之外，没有其他太多共同点。相反，不同点相对而言却非常多，如他们来源地不同、赴美先后不同、人口规模不同、语言不同、宗教信仰不同、在美国当地的利益不同，加上历史上有些亚裔的祖籍国之间还发生过残酷的战争，结下了较深仇恨等，因此要把所有亚裔参政团体团结起来谈何容易。实践中，华人参政团体也确实努力过。例如，由吴仙标领导在 1998 年成立的亚裔参政团体——80/20 促进会就是一个典型的例证，虽然该组织是一个亚裔政治行动委员会，其中有一半执行委员是其他亚裔，但真正发挥核心作用的是华人，其他亚裔大多是捧场而已。因此，华人参政团体与其他亚裔参政团体通过共建新型亚裔参政团体进行合作仍然任重道远。

第五章　当代美国华人政治参与方式的多元化

——以美国华人民权活动家王灵智政治参与活动的方式为例

据笔者统计，近20年来国内学界有关当代美国华人政治参与的专著尚未出现，相关论文已有数十篇，但大多有一个共同的缺陷——即对当代美国华人政治参与方式的理解过于狭隘，以为当代美国华人参政就是指华人通过竞选或委任方式在美国政府机构中担任某职位。其实，美国的政治参与方式有多种，除了通过参与选举政治，如参加选举登记和投票、政治竞选、争取政治委任、政治捐款和助选活动等方式之外，还有其他一些重要的、间接的非选举政治参与方式，如通过个人接触（游说）、法律诉讼、请愿、抵制、不合作、参加民权组织（加入参政团体）、利用大众媒体进行政治表达、举行抗议和示威等。① 这些非选举政治参与方式在实践中甚至更加有效，但在研究中往往被国内学者所忽视。在本章中笔者尝试从当代美国华人非选举政治参与方式来分析，阐述这些政治参与方式的重要性和必要性。由于非选举政治参与方式的多样性和复杂性，在此仅以华人民权活动家王灵智在美国的政治参与活动为例进行详细分析，以说明当代美国华人政治参与方式应该走多元化道路。

本章所探讨的政治参与方式“多元化”是指除了前几章谈到的参与选举政治之外的其他参与方式。实际上，这些“多元化”方式有的是对1965年以前美国华人争取平等权利主要方式的继承，如诉讼、抵制、不合作等；有的是对美国历史上，尤其是民权运动时期黑人争取平等权利方式的借鉴，如抵制、抗议、示威等；有的是根据当代美国政治参与发展的现实对其他少数族裔争取政治影响力方式的发展，如犹太人大量采用的个人接触、组建参政团体等参与方式。在此单独安排一章进行分析的目的是为了强调，虽然自1965年以来，美国华人政治参与方式的主要特点是大规模参与选举政治，但通过非选举方式参与政治的作用仍然非常重要，甚至比参加选举政治产生的效果更佳，可谓不可或缺。这些“多元

---

① Pei-te Lien, Comparing the Voting Participation of Chinese to Other Asian Americans in Recent U. S. Elections，张存武、汤熙勇主编：《海外华族研究论集·妇女、参政与地区研究》，台北：华侨协会总会2002年版，第91页。

化”的政治参与方式是对当代美国华人积极参与选举政治的有益补充，与参与选举政治的各种方式相辅相成，相得益彰，为华人在美争取平等权益、改善华人形象、提升华人在美政治地位服务。

在美国，个人接触是指公民个人或团体通过与议员或政府官员的接触，表达自己对某人某事的态度，从而影响该议员或政府官员的态度，最终影响美国国会或州县市议会的立法、政府的政策制定以及对某些委任官员的最后任命。个人接触的方式也是多样的，如面谈、写信、打电话、发传真和写电子邮件等。从美国的政治参与实践来看，这也是一种非常有效的参与方式，特别是对少数族裔的华人来说是一种特殊的参与方式，同时也是一条政治参与的有效捷径，因为，华人作为美国的少数族裔，人口较少，现在仅占美国总人口的 1.3%，而且居住相对分散，两极分化较严重，因此很难像黑人那样通过集团投票的方式发挥其影响力。但在美国的华人精英人物非常多，相对而言，他们在美国社会中的影响力非常大，如果他们能充分利用手中掌握的政治资源，多与美国的各级议员和政府官员接触，表达华人社会的政治诉求，往往能起到事半功倍的效果。这种参与方式是美国华人参政方式多元化的重要表现之一。但笔者以为，该参与方式有一个特点，即一般情况下，参与者在美国社会的知名度越高，对美国政府决策的影响力就越大，普通公民使用这种参政方式的影响力相对较小。

同样，通过参加民权组织、利用大众媒体进行政治表达、诉讼，甚至抗议和示威等方式向当局施加压力，争取和维护自身或本族裔的权益也是一系列非常有效的非选举政治参与方式，而且成本较低。只要回顾美国历史，就可发现示威抗议在美国政治参与中有不可忽视的效果，如 1960 年代初的民权运动为黑人和其他少数族裔争取到了民权；1960 年代末的反越战运动迫使美国政府最终下定决心结束在越南的战争；1970 年代末的反核和农业以及一直持续不歇的堕胎合法化（或反堕胎）运动都有相当的效果；1982 年陈果仁事件引起的亚裔争取民权，反对歧视的运动；1996 年的亚裔“政治献金案”和 1999 年李文和间谍案引发的抗议运动；2003 年的余百康案和 2011 年华裔士兵陈宇晖在军中被虐致死引发的抗议运动对唤醒广大华人和亚裔的参政意识产生重要作用。

在传统的美国华人政治参与研究过程中，大多数国内学者更注重对美国华人参加竞选公职和参加选举登记与投票的研究，而不太重视对通过个人接触、利用民权组织和大众媒介、诉讼、抗议和示威等非选举政治参与方式的研究。其实，在美国很多华人精英人士并非通过选举和投票、竞选和委任的方式来参与美国政治，他们对政治参与有自己独特的理解，他们认为登记投票的作用不如非选举方式来得快和实在。他们熟悉美国的政治体制，凭借自身在某一领域中的影响力积极参与美国社会的民权活动以影响美国政治，维护和增进美国华人和其他少数族裔的权益，并取得显著成绩，如早期为在美华人争取平等权利的民权活动家黄清福、李恩富、伍盘照等，在当代有陈香梅、杨振宁、田长霖和王灵智等。

由于大众媒体的长期关注，陈香梅、杨振宁、田长霖、陈李琬若等人的政治参与活动不仅在美国华人社会几乎家喻户晓，在中国大陆学界也是众所周知，但在美国亚裔社区有“亚裔中的马丁·路德·金”（Asian Martin Luther King）之称的华人民权活动家、加州大学伯克利分校的王灵智教授多年来一直为美国华人争取平等权益的社会活动在中国大陆却鲜有人知。2003 年 10 月 24 日至 11 月 22 日，王灵智教授应邀到暨南大学华侨华人研究所讲学，笔者对他进行了详细访谈。本章试图以他的亲身经历为例，解释当代美国华人政治参与方式的多元化，如使用个人接触、组建民权组织、利用大众媒体、通过法律诉讼、发起抗议和示威等非选举政治参与方式。需要指出的是，在此以王灵智的民权活动为例，笔者的意图并非是为他个人歌功颂德，而是希望通过以他的政治参与方式为例，反映当代美国华人政治参与方式除了进一步扩大对选举政治的参与之外，应该走而且必须走多元化道路，即同时使用非选举政治参与方式。

第一节　王灵智赴美求学与从事海外华人研究的经历

王灵智的父亲出生在隶属于福建省的金门岛，年轻时毕业于上海圣约翰大学经济管理系，毕业后在香港从事过教师工作，后下海经商。他的母亲祖籍福建泉州，是菲律宾土生华裔。他的祖父王敬祥曾是清末民初日本神户“南北行”的华侨商人，与中国革命的先行者孙中山是好朋友，曾为孙中山从事革命活动捐赠大量金钱，被孙中山委任为“神户中华总商会会长”，他逝世死后孙中山曾亲自送礼（钱）以表吊唁。现在日本的神户还有许多王家的后裔，他们坚持保留中国传统文化，拒不加入日本国籍，所以至今仍然是日本华侨。他的堂弟王柏林现任日本神户华侨历史学会会长。他的叔叔王英来早年留学英国，在剑桥大学获生物化学博士学位，解放后曾担任上海社会科学院院长，于 2001 年逝世。笔者以为，在分析王灵智在美国的政治参与活动之前，有必要先简要介绍他的求学之路、从事海外华人研究的经历和取得的成就，这些有助于学界理解他在美国与众不同的政治参与方式。

一、赴美留学　取得学位

王灵智（Ling-chi Wang），祖籍福建金门，1938 年出生在福建厦门美丽的小岛鼓浪屿，在这里他度过了美好而难忘的童年，并在此上小学。虽然鼓浪屿的蓝天碧海曾给他留下难忘的记忆，但给他印象最深的是日本人对中国的野蛮侵略和残暴统治。据王灵智回忆，当时厦门正处在日本侵略军的控制之下，百姓生活在恐慌之中，日本侵略军利用台湾人（因为台湾与福建同属闽南语系）控制厦门，对当地的老百姓进行统治，虐待平民的事件时有发生。他知道他的很多同学、朋友和许多普通市民被日本人活活打死。这些给王灵智幼小的心灵留下极深的印象，也在他的心中埋下“不平则鸣”的抵抗种子，为他以后在大洋彼岸的美国积极投身少数族裔民权活动打下基础。

1949 年 5 月，王灵智随母亲迁居香港，当时他的父亲已在香港一家贸易公司经商，他在香港完成了小学和中学教育。1957 年，年仅 18 岁的他横渡太平洋，赴美留学。也许是从小生长于浪漫迷人的鼓浪屿之故，他对音乐有一种神奇的迷恋，因此他去了当时位于密歇根州的霍普学院（Hope College），主修音乐，辅修哲学。经过 4 年的勤奋学习他获得了音乐学士学位。至今他最喜欢的作曲家仍然是德国的“古典音乐之父”巴赫，业余时间他仍喜欢弹奏和欣赏古典音乐，并能做一桌正宗的法国菜肴。①

早在霍普学院学习音乐时，王灵智就对西方古典文化、语言、作曲和古希腊哲学产生了兴趣。尤其是他对自由派艺术的兴趣最终发展成对神学的热爱。因此，从 1961 年到 1970 年，王灵智先后在普林斯顿大学神学院（Princeton Seminary）、芝加哥大学（Chicago University）和加州大学伯克利分校（UC Berkley）攻读博士学位，其研究方向为古代中东语言与文学。古代中东语言与文学是一门非常复杂的学问，需精通多种语言，因此必须花大量的时间学习，一般读完该专业需要 12 年的时间。所以，王灵智教授除精通英语、普通话、粤语、闽南语之外，还熟练掌握多种外语，如德语、法语、希腊语、希伯来语、腓尼基语、巴比伦语、赫梯语等十多种古代中东语言和文字。② 他先后在普林斯顿大学神学院取得旧约学士学位，在加州大学伯克利分校取得古代中东语言与文学硕士学位。为了深入华人社区参加并领导华人民权运动，他放弃了还有 2 年就能拿到的古代中东语言与文学博士学位。

二、走出象牙塔　参加民权运动

王灵智表示，当时如果没有他的未婚妻缪少莹（Linda Leong）的影响，他可

① Dan Stober, Activist Involved in Asian Issues Since 60s', *San Jose Mercury News*, March 17, 2002.

② ［美］于仁秋：《研究美国华人社区问题的著名学者：王灵智教授》，《华侨史论文集》（第四辑），广州：暨南大学华侨研究所 1984 年版，第 301 页。

能永远不会投身于美国的少数族裔民权运动。1965 年他正在芝加哥大学攻读旧约和古代中东语言与文学博士学位，这时他认识了现在的夫人——缪少莹女士。缪少莹是旧金山土生华裔，当时在芝加哥大学社会福利系攻读硕士学位，[①] 是缪少莹把王灵智从书海中拉出来，使他注意到当时美国社会严重的种族问题。1966 年暑假王灵智与缪少莹一起去旧金山，当时缪少莹的家已不在唐人街，但他们经常去唐人街做社会调查，这是王灵智第一次亲身在唐人街体验生活。当时美国国内黑人争取民权的运动和反越战运动正风起云涌，唐人街的情况使王灵智亲身体会并认识到黑人争取民权的运动与华人的利益直接相关。当时美国华人仍然受到主流社会的歧视，华人很难打入美国社会的主流。特别是 1965 年美国颁布新移民法，取消原来的国籍配额限制，允许家庭团聚，华人也获得每年 2 万个移民名额。该法案的通过导致大批华人新移民涌入美国华人社区，使唐人街人口猛增。除了原先已存在的自杀率最高、肺病比率最高、住房条件最差等问题之外，还出现了许多新的问题，如失业、青少年犯罪等，其中，最具典型的是青少年的失学问题。这些都引起了王灵智这位充满激情的年轻学子的深深思考，他开始渐渐明白黑人民权领袖马尔科姆·艾克斯（Malcolm X.）的那句话——“白人的天堂就是黑人的地狱”[②]。唐人街恶劣的居住环境以及 1960 年代马丁·路德·金（Martin Luther King）和马尔科姆·艾克斯倡导的黑人民权运动的思想点燃了王灵智的政治热情，他决定为美国华人争取民权，改变唐人街现状。

暑假结束后，缪少莹要返回芝加哥大学继续学业，这时王灵智提出要单独留下来。说到做到，他立刻向加州大学伯克利分校提出申请，要求从芝加哥大学转到伯克利分校。由于伯克利分校的几位导师都是王灵智在芝加哥大学的指导老师的学生，所以他的转学非常顺利。当年 9 月份他就开始在加州大学伯克利分校学习，继续研究古代中东语言与文学。他一边不放弃本专业的学习与研究，一边积极参加当地华人社区的民权活动，同时他如饥似渴地寻找并阅读有关美国华人历史的资料。王灵智从小就养成了喜欢刨根问底的习惯，他的座右铭之一是“凡事必细查其纹理”，即碰到问题就要想方设法弄清楚，哪怕是非常细微之处。在这种良好的习惯驱使下，他开始对美国华人历史进行研究和探索。

在对王灵智教授的专访中，他告诉笔者，有两位黑人民权活动家曾对他后来世界观的形成和积极参与少数族裔的民权活动产生重大影响。一位是当时著名的黑人回教领袖马尔科姆·艾克斯。他是当时民权活动家中思想较激进的一位，他

---

① K. Conniekang, A Civil Rights Leader for Asian Americans, *Los Angeles Times*, July 6, 2001.

② Carrie Chang, Striking a High Note at the Asian American Pulpit: A Talk with Political Visionary Ling-chi Wang, *Monolid Magazine*, 2003, Vol. 3, No. 1, p. 18.

主张用“以暴力对付暴力，以眼还眼，以牙还牙”的方式来争取实现黑人的民权。同时他坚持文化民族主义，要求黑人不仅要获得解放，而且要在美国取得独立。另一位是大家熟知的美国著名黑人民权领袖马丁·路德·金，他主张用非暴力的、温和的方式来实现黑人的民权地位。这两位黑人领袖的行为方式完全不同，甚至相互矛盾，但他们的目标是一致的，都是为了实现黑人的民权。王灵智认为他在思想上更倾向于支持马尔科姆的主张。

影响王灵智教授积极参与华人争取民权运动的另一重要原因是中国文化中的激进方面。王灵智说，从上小学时一直到现在，他仍深深记得“不平则鸣”这一成语。这是王灵智的另一个座右铭，也是他行动的指南。后来，他在美国社会中采取那些激进的斗争形式为美国华人及其他少数族裔争取民权，让许多美国华人和他的许多白人同事大为吃惊。他们说：“你们中国人是没有这种传统的!”但王灵智坚持认为，他是从“不平则鸣”这一中国成语中领悟到的。他认为美国华人的历史应该是一部“抵抗的历史”，他是最早提出并主张这一观点的华人学者之一。笔者认为，如果读者了解王灵智成长中的上述经历，对他在美国社会活动中所采取的激进政治参与方式就更容易理解。

在上述思想的引导下，王灵智积极投身到当时在美国正进行得轰轰烈烈的反越战运动和少数族裔争取民权的运动。在参与这些活动的过程中，王灵智越来越感觉到他正在攻读的古代中东语言与文学专业与他从事的社会活动不一致。为了研究工作与社会政治活动相一致，他最后决定放弃还剩 2 年就能拿到的古代中东语言与文学博士学位，专门从事对美国华人历史与现状的研究和为华人争取民权的社会活动。回首这段往事，王灵智说他并不后悔。他向笔者解释他之所以放弃即将拿到的博士学位是为了使自己的研究与社会活动相结合。他说，在当时的少数族裔民权运动中有一个重要的主张，那就是坚持向政府要求在美国的所有大学中建立少数族裔研究系，以研究美国各少数族裔的历史。当时加州大学当局不同意，大学生们进行了长达 8 周的罢课，王灵智的许多同学被抓，甚至被开除学籍。经过学生们长期坚持不懈的斗争，最后，学校当局同意设立少数民族研究系。

王灵智指出，在美国大学中创立少数族裔研究系的主要目标是为了在种族歧视严重的美国社会，通过对少数族裔历史的研究，抵制主流意识中的种族主义。当时学生的要求不是在一所或两所美国大学中建立少数族裔研究系，而是要在所有的美国大学中建立少数民族裔究系，让美国人都知道美国少数族裔的历史，明白少数族裔对美国历史发展的重大贡献。现在美国大约有 130 多所大学设置了少数族裔研究系。这些研究系的创立不仅丰富了美国少数族裔的历史，同时也为从事少数族裔研究的大学毕业生创造了相当多的就业机会。大家都知道，在美国以盎格鲁撒克逊白人清教徒（WASP）为主的主流社会中，少数族裔出生的文科大学毕业生就业非常困难，即使他们的成绩非常优秀。而白人大多对少数族裔研究不感兴趣，同时也没有语言等方面的背景优势，这样从事少数民族研究的少数民族大学生更易于在该领域找到工作。2002 年底，在北美华人问题研究博士团与暨南大学华侨华人研究所师生进行的学术交流会上，一些年轻华人研究学者对美国华人问题研究老一辈学者的批评和不满确实值得反思。正如王灵智所说，他们应该“饮水思源”。没有老一辈华人学者的斗争与争取，他们现在怎能进入美国大学这些少数族裔研究的岗位？

据王灵智说，有许多美国本土出生的华裔（ABC）对美国华人研究非常感兴趣，但他们最大的缺陷是不懂汉语，不能熟练地运用中文资料研究美国华人的历史。而主流社会的学校当局也非常愿意聘请那些在中国大陆或港澳台地区获得博士学位、又在美国获得博士学位的华人学者，因为他们不仅能用双语进行研究，而且一般不会反抗，因为他们通常不参加反对种族主义的社会活动，与其他少数族裔没有联系、感情与合作。但如果聘用的是土生的美国华裔学者，他们很可能会把学术研究和社会实践相结合。像王灵智这样总是给美国主流社会“制造麻烦”，这对美国主流社会是非常不利的，也是他们不愿意看到的。在此值得一提的是，王灵智和麦礼谦是美国华人学者中第一批开始用中文资料研究美国华人历史的学者。他们对美国华人史研究的开拓性贡献有目共睹，与史长存。

三、重回校园　推动海外华人研究

在参加华人社区民权运动的同时，王灵智开始对美国亚裔研究和华人研究产生兴趣。1960 年代黑人争取民权的斗争和大学生反对越战的运动对他产生了很大影响，更加深了他对美国社会的了解。基于种族隔离和歧视的经历弥漫在整个华人社区，他开始明白越战的种族含义。他到处搜集那些能帮他理解种族主义在美国华人历史中的作用和为什么华埠作为贫民窟存在的书籍和期刊来阅读。他尽力纠正他所看到的错误。他努力阅读用中文和英文记录的有关美国华人的文献。他同时开始关注唐人街的青年问题、双语教育、媒体中和就业市场上的种族主义。不久他发现，公开出版的有关美国华人的中文文献和英文文献既不足又不准确，它们对美国华人历史的解释互相矛盾，在美国华人社区里讲中文的人和讲英语的人之间也有重大的分歧。①

---

① L. Ling-chi Wang, The Structure of Dual Domination: Toward a Paradigm for the Study of the Chinese Diaspora in the United States, *Amerasia Journal*, 1995, Vol. 21, No. 1 – 2, pp. 149 – 150.

在1968年秋和1969年冬，旧金山州立大学和加州大学伯克利分校成立的第三世界解放战线（TWLF）要求在各族裔研究的背景下建立亚裔研究中心，王灵智立即在这场运动中找到他对政治和知识兴趣的交汇点。他积极参与1969年冬季学期在加州大学伯克利分校第一次开设的亚裔历史课的教学工作，教授“美国亚裔史”和“美国华人史”两门课（旧金山州立大学同时也开设了这两门课，由麦礼谦和胡垣坤等人教授）。这是在美国高校中开设的第一批亚裔史和华人史课程。保尔·塔卡基（Paul Takagi）教授是该课程的发起人，后来该课程改名为“亚裔研究100X”（当时这门课还是试验课，X表示“Experience”，即“经历”的意思），他们当中的大多数教员都参加了这场运动。最后在1970年，像他的许多同事一样，王灵智也放弃了他原来计划从事的古代中东语言与文学教学和研究工作，深入社区参加社会活动。1972年，母校伯克利分校给王灵智提供一个机会，邀请他到亚裔研究中心从事亚裔研究的教学与研究工作，他终于回到正在兴起的亚裔和其他少数族裔研究领域。从那以后，一方面，他开始参加就亚裔研究的本质和任务与种族主义学术主流有关的族裔研究的经常性辩论；另一方面，就其与从哪些领域开展研究、为亚裔社区服务的关系进行探讨。[①]

在此特别值得一提的是，王灵智坦然告诉笔者，他是加州大学伯克利分校少有的几位没有博士学位、但于1978年获得终身教职的教师。这是伯克利分校校长在授予王灵智终身教职证书时告诉他的。这可以体现美国大学以才取人，而不是以文凭取人的用人办法。当时学术界内部也有人以此诽谤他，但这反而成为他没有博士学位也能取得终身教职的荣誉象征。从1981年起，他一直担任加州大学伯克利分校少数族裔研究系主任和亚裔研究中心主任，长达20余年。可想而知，王灵智作为一个华人，在那个年代的美国取得如此巨大的成就，曾付出多少常人难以想象的艰辛与努力。

1989年，东欧剧变；1990年，两德统一；1991年，苏联解体，冷战结束；世界变得动荡无序，同时也提供了一个特殊的机会，使人重新反思全球化背景下的美国华人历史。在之后的10年中，在美国一些一流的研究型大学中有关亚裔研究的课程和项目如雨后春笋般涌现。许多课程和项目与原来设想的几乎没有关系。同样也出现了一些让人深思的问题，如亚裔研究向何处去？亚裔研究是否仍然是族裔研究的一个重要组成部分？美国华人的历史与其他130多个国家的华人历史在何种程度上类似与不同？劳动力和资本跨国快速流动对美国古老的华人社区的结构和福利有何影响？大陆和台湾关系的缓和对美国华人的政治合作影响如

① L. Ling-chi Wang, The Structure of Dual Domination: Toward a Paradigm for the Study of the Chinese Diaspora in the United States, *Amerasia Journal* , 1995, Vol. 21, No. 1 - 2, p. 150.

何？便捷的全球通信带来的中国大陆、台湾和香港的流行文化对美国华人的身份、生活方式和政治活动产生哪些方面的影响？亚裔研究与正在兴起的其他研究领域，如多元文化教育、文化研究、移民研究的关系如何？这些问题与美国华人研究和亚裔研究的关系如何？①

为了更好地理解因东西方冲突以及大陆和台湾之间的敌视造成海外华人社区几十年分离的状况，王灵智从1990年代初就开始筹划第一次海外华人国际学术研讨会。在他的努力之下，“落地生根：国际华人学术研讨会”于1992年11月24日至27日在旧金山加州大学伯克利分校召开，出席会议的有来自全世界40多个国家的将近300名学者，提交论文约200篇。会议使学者们第一次有机会分享和比较不同文化、政治和经济背景下不同国家的华人历史。在会上，来自中国政府的总领事和台湾驻美机构负责人第一次坐到一起。会后在加州大学伯克利分校成立了世界海外华人研究学会（ISSCO），以协调和增进现在的跨国学术交流工作，王灵智担任秘书长，王赓武为会长。②

王灵智在海外华人研究方面，特别是美国华人研究方面做了许多有价值、有意义的工作，被称为美国的“亚裔研究之父”。③ 例如，他在对美国华人历史与现状进行长期观察、思考和研究的基础上，总结提出了美国华人研究的新范式——“双重统治范式”。据他观察，研究美国华人的视角有四个：美国华人社区、美国主流社会、中国大陆和台湾当局。他分析指出，以往主导美国华人研究的主要范式有两种：第一种，主导着美国政府对华人少数民族的政策并指导着美国主流社会的历史学家和社会科学家对华人研究所采用的“同化范式”。在实际生活中，美国主流社会要求华人同化于美国社会，一旦发现不能同化，就进行排斥，因此主流社会对美国华人社区长期实行的是种族压迫和种族歧视，只要回顾一下美国华人160多年的历史就可理解。第二种，主导中国大陆学者和官员以及台湾当局研究的散居于世界各地的华人（包括美国华人）时所采取的“效忠范式”。该范式认为美国华人以及其他国家的华人在某种程度上仍然忠诚于他们在故乡的亲属、他们的家乡、中华文化、地理意义上的中国，以及中国大陆政府或台湾当局。在实际生活中，中国大陆要求美国华人在政治上支持中国的统一大业，在经济上援助中国的四个现代化建设，同时希望他们在融入美国主流社会的

① L. Ling-chi Wang, The Structure of Dual Domination: Toward a Paradigm for the Study of the Chinese Diaspora in the United States, *Amerasia Journal*, 1995, Vol. 21, No. 1–2, pp. 150–151.

② L. Ling-chi Wang, The Structure of Dual Domination: Toward a Paradigm for the Study of the Chinese Diaspora in the United States, *Amerasia Journal*, 1995, Vol. 21, No. 1–2, p. 151；方雄普、许振礼编著：《海外侨团寻踪》，北京：中国华侨出版社1995年版，第326页。

③ 万晓宏：《美国的亚裔研究之父》，《地平线月刊》（中国香港）2004年第8期，第48页。

同时不忘中华文化。而台湾当局不仅要求美国华人社会对其效忠，而且通过控制唐人街传统侨社对美国华人社会长期实行治外法权统治，只要回顾一下“江南事件”就可体会。而美中关系又是美国华人社会的重要推动力量，其好坏对美国华人社会具有重大影响，即美中关系交好，美国华人相安无事，一旦美中关系恶化，美国华人就会成为替罪羊。李文和事件就是典型。王灵智认为这两种范式都是单向思维，有偏见而且不全面。这两种范式的出发点都排除了美国华人社会的看法、利益、权力和福利的观念，忽视了其对立面提出的课题和问题。他总结提出的“双重统治范式”不是“同化范式”和“效忠范式”的简单糅合，而是将其重新定义为美国主流社会对华人社区的长期“种族压迫与歧视”和来自祖籍地的“治外法权统治”，渗透到美国华人社会的各个方面，包括政治、经济和文化。判断一种研究范式是否正确，最重要的标准就是验证其是否具有解释力。王灵智用“双重统治范式”理论几乎可以解释冷战期间美国华人社会发生的一切，其正确性和可信度毫无疑问。但是王灵智的研究并不只停留在解释上，他在“双重统治范式”的基础上进一步指出，研究美国华人应以美国华人社区为中心和出发点，并进一步提出“解放理论”，主张美国华人社会应冲破这两种范式的束缚，最终获得完全的自由发展，所以他坚决反对“双重统治范式”，主张改善美中关系，重塑美国华人认同，重建美国华人社区，为美国华人的未来发展指明方向。但他也认为解放的前景任重道远。[①] 他总结提出的研究美国华人的“双重统治范式”及其“解放理论”具有较强的解释力，得到越来越多从事美国华人及其他亚裔问题研究学者的肯定与接受，客观地说，理解并掌握这一研究范式是从事美国华人问题研究的基础。

四、领导民权运动　维护和增进华人权益

“不平则鸣”这个中国成语一直是指导王灵智投身于美国亚裔民权运动的座右铭，是他还在厦门读小学时学到的。如今，年近 75 岁的王灵智已投身美国亚裔民权运动和美国华人研究 50 余年，在美国社会中一直被称作“亚裔中的马丁·路德·金”和亚裔研究之父（The Grandfather of Asian-American Studies）。[②] 他是学者、斗士、先知与和平的使者。[③]

---

① 有关“双重统治范式”的详细论述请参见［美］王灵智著，陈欣译：《美国华人研究的新模式》，《华侨华人历史研究》1994 年第 4 期，第 13～31 页。

② Sam McManis, Activist Fights for Asian Americans at U. S. Labs, *San Francisco Chronicle*, March 27, 2002; Joan Walsh, The Education of Ling-chi Wang, *San Francisco Focus*, 1996, Vol. 43, No. 3, p. 66.

③ Joan Walsh, The Education of Ling-chi Wang, *San Francisco Focus*, 1996, Vol. 43, No. 3, p. 64.

50多年来，王灵智为了维护和增进美国华人和其他亚裔的正当权益，与美国各级政府机构进行坚决的、有理有利有节的抗争。1968年他发动伯克利分校亚裔大学生组成纠察队，包围旧金山唐人街那些利用出租房屋牟取暴利的房东，以抗议唐人街恶劣的居住环境，包括由于国际旅馆拆迁引起的住房问题。1969年他刚到旧金山不久就组建的美国华人权益促进会（CAA），是“二战”后在美国旧金山华人社区具有较大影响力的华人民权活动组织之一。作为该组织的创始人之一，他一直致力于为华人在工资、福利较好的建筑、媒体、政府机构中争取就业职位。他还发起组织“华埠青年服务中心”，帮助新移民青年提高英语水平，组织他们学习各种谋生技术，为他们提供咨询服务，并帮助他们解决各种法律问题。1970年代，他在旧金山为新移民不懂英语的子女争取获得双语教育的权利，与地方政府进行交涉，向加州议会提案为不懂英语的美国华人公民争取获得双语投票的权利，都取得成功。这些提案都已成为法律，受益的不仅是华人，还有其他少数族裔，特别是西裔受益最多。他还代表加州大学9个分校与全美大学学会谈判，要求他们把汉语、日语和韩语列入大学标准语言测试的外语考核项目，并亲自主持美国大学学会的第一次标准汉语测试的命题工作，帮其建立题库。在他的领导和争取之下，旧金山市警察局和消防局修改了原先对当警察和消防员的苛刻条件，使华人等少数族裔可以从事这些原先都由白人垄断的职业，以至于有学者称他是美国华人地方政治的“后台”。

1980年代，王灵智在教学与研究中发现，伯克利分校在多年的招生中对亚裔实行种族歧视，普通公民根本看不出其中的“猫腻”。王灵智动员各种力量与学校当局进行长达5年的斗争，最后迫使加州大学校长取消招生中对亚裔的歧视，并向亚裔社区道歉。1984年，美国华人作家江南被台湾国民党政府派人杀害，他冒生命危险担任江南事件委员会主席，为江南向美国政府寻求正义。1995年，他在旧金山市的各小学中发起汉语教学项目，受到那些希望自己小孩接受汉语教育的非亚裔父母的欢迎。1996年，他为了维护美国华人的利益，公开谴责黄健南等少数亚裔向克林顿政府进行非法政治献金，但又不代表亚裔的利益，同时揭露美国民主制度的腐败。

1999年3月李文和事件发生后，为了抗议美国政府对李文和博士的不公正对待和非人折磨，抗议存在于美国国家核实验室中对亚裔的种族歧视，王灵智在2000年3月11日举行的亚太裔高等教育会议上说服亚太裔高等教育协会与亚裔研究学会通过决议，发动在美国的亚裔科学家拒绝申请到美国国家实验室去工作，直到美国政府释放李文和，并取消对美国华人科学家在雇用、晋升和待遇不平等方面的歧视为止。[①] 经过 2 年的抵制，美国的三大国家实验室——洛斯阿拉莫斯国家实验室、劳伦斯利物莫国家实验室和桑迪亚国家实验室都相继改善亚裔科学家的待遇。这时王灵智不仅宣布结束抵制，还呼吁亚裔科学家积极参与实验室的招聘活动。王灵智发动的抵制行动在美国社会引起了较大争议，但他表示并不后悔，他相信向公众指出实验室存在的问题是学者的责任。[②]

2001 年 4 月 1 日中美撞机事件发生后，王灵智教授呼吁美国公众保持冷静，并建议美国总统布什向中国道歉，认为这是最好的解决办法。2003 年 5 月 SARS 流行期间，美国加州大学伯克利分校校长罗伯特·勃达尔宣布禁止来自中国大陆、香港、台湾和新加坡等地区和国家数千名赴伯克利的留学生进入加州伯克利校园参加夏季学期的学习，理由是这些地方是 SARS 疫区。当天，王灵智教授就在学校的集会上批评和抗议加州大学伯克利分校校长的决定，指出该决定对亚裔学生有种族偏见。[③] 在王灵智教授的批评之下，校长最后撤销了上述决定。

为了亚裔的整体利益，王灵智敢于持与大多数亚裔不同的意见。例如，旧金山的亚裔人口现已超过其总人口的 40%。洛威尔中学（Lowell High School）是该市最著名的公立中学，其学生中的亚裔，主要是华人，几乎占全部学生的 70%。因为亚裔学生的比例过高，学校决定通过提高亚裔学生的入学标准进行限制。亚裔父母于是向学区教育委员会控诉该校对亚裔学生的高标准入学要求是种族歧视。王灵智教授认为亚裔父母的行为是短视的，易引起别的少数族裔的不满，造成种族关系紧张。他认为与其拼命要让自己的孩子进入这所名牌中学，为何不想办法提高旧金山其他 15 所中学的教学质量，提升它们的知名度？他后来说服旧金山市教育局，让他负责改组该市伽利略中学的总课程，打造另一知名中学，以缓和日益紧张的种族关系。[④]

当其他美国华人把他比作“亚裔中的马丁·路德·金”时，王灵智表示他不关心虚名。他总是穿着西装、牛仔裤和运动鞋，把头发理得很短，他说这样可以不用浪费时间去梳理和擦鞋。王灵智在 1960 年代至 1980 年代帮助亚裔创立的许多组织至今仍然存在，他们为美国亚裔社区的形成奠定了基础。加州公共事务指导中心副主任亨利·德（Henry Der）称，“王灵智现已为美国的亚裔民权运动奠定了基础”。一位认识王灵智 30 多年的旧金山市法官朱利·唐（Julie Tang）

---

① James Glanz, Weapons Labs Close to Settling a Bias Boycott, *The New York Times*, March 26, 2002.

② ［美］黄芷蘅：《王灵智呼吁结束杯葛行动》，《星岛日报》（美国），2002 年 3 月 19 日；Dan Stober, Boycott Ending at U. S. Labs & Boycott Activist Now Aiding Labs, *San Jose Mercury News*, March 17, 2002.

③ L. Ling-Chi Wang, Cal' SARS Ban Is Biased, *Pacific News Service*, May8, 2003, http://www.alternet.org/story.html? storyID =15852.

④ K. Conniekang, A Civil Rights Leader for Asian Americans, *Los Angeles Times*, July 6, 2001.

说：“王灵智是一位有着菩萨心肠的复活人。”[①]

五、为维护美国华人权益遭到暗杀威胁

1965年美国颁布新移民法之后，赴美华人新移民的数量日益增多，唐人街变得愈加拥挤。新移民的到来使唐人街的就业、卫生和住房问题变得更加严重。1968年，王灵智一边在伯克利分校从事教学和研究，一边在唐人街组织亚裔大学生替新移民争取平等权利。当时，唐人街的工人工资水平大大低于美国社会的正常水平，几乎不到美国正常工人工资水平的一半。唐人街的楼盘大多是在中华会馆的控制之下，那些房子不仅矮小，不符合美国的建筑标准，而且安全隐患也非常多。王灵智说他们当时的立场非常明确，他们认为导致这种情况的原因有两个：第一，白人主流社会长期对华人的种族歧视具有不可推卸的责任；第二，是由唐人街仍然存在的剥削现象所造成的。他们严厉批评当时的唐人街侨领不代表美国华人的利益[②]，而是受台湾国民党政府的指使，充当其走狗，长期对美国华人社会进行“治外法权”统治。王灵智教授说当时他还非常年轻，与青年学生们一样激进。他清晰记得，他们当时提出的口号是“如果你是侨领，你就是饭桶”。王灵智领导的这些为新移民争取民权的运动威胁了长期在唐人街处于半官方统治地位的唐人街侨领的利益，使他们非常恼怒，并派人威胁他说，如果他再继续这样说或做，将杀死他。

王灵智自己从来没有政治私利，他的一切活动都是为了维护美国华人和其他少数民族的利益，因此他不怕树敌。但由于他领导的民权活动损害了一些人的利益，因而招致一些人的憎恨。1984年，他做“江南事件”委员会主席，再次接到将被暗杀的威胁，但他并没有因此而退缩，他以美国法律为武器与台湾当局斗智斗勇，最终为江南事件的妥善解决尽了最大努力。1996年，他因谴责克林顿总统和在民主党政治献金丑闻中的非法政治献金者亚裔黄健南等而得罪一些自由派亚裔人士。[③] 尤其让人觉得惋惜的是，他为了参加民权运动放弃了即将拿到的博士学位；为了维护广大亚裔的民权得罪校方，在伯克利分校长达30多年的教学和研究生涯中失去晋升机会。

---

① K. Conniekang, A Civil Rights Leader for Asian Americans, *Los Angeles Times*, July 6, 2001.

② 这里的“唐人街侨领”实际上指的就是当时的中华会馆。

③ L. Ling-chi Wang, Foreign Money is No Friend of Ours, in Timothy P. Fong and Larry H. Shinagawa eds., *Asian Americans: Experiences and Perspectives*, Englewood Wood: Prentice Hall, Inc., 2000, pp. 401–403.

六、提携后起华人青年学者

加州大学伯克利分校在全美公立大学中排名第一，与哈佛大学、耶鲁大学、普林斯顿大学等常春藤私立大学齐名。作为美国一流大学的教授兼系主任，许多别的大学的亚裔学者与华人研究有关的学术成果在出版前都要请王灵智做成果评议，这对一个学者的前途非常重要。这些亚裔学者在其任职的大学取得终身教职聘书前，大都要请王灵智写推荐书或担任评审委员。王灵智对后起的华裔中青年学者所取得的成就进行充分肯定并大力推荐，虽然有些年轻学者的观点与他的观点并不相同。如用民族聚集区经济理论写成的专著《唐人街——深具社会经济潜质的华人社区》的作者周敏女士[①]（现任教于加州大学洛杉矶分校社会学系）、从政治学的视角来研究美国亚裔和华人政治的青年学者连培德女士（现任教于加州大学圣塔芭芭拉分校政治学系）、在美国第一个写海外华人与中国侨乡关系的《梦到金山，梦回故乡：美国和中国华南地区之间的跨国主义与移民（1882—1943）》的作者许元音（Madeline Y. Hsu）女士[②]（现任教于得克萨斯州立大学奥斯汀分校）等都曾受到王灵智的大力提携。

七、弘扬中华文化传统　重视子女教育

华人在美国被称为“模范少数民族”，因为他们大多有一个共同的特点，那就是孝敬老人、重视子女教育，王灵智的家庭也不例外。王灵智夫妇上有年近90岁的老母亲，至今仍与他们住在一起；下有一子两女，儿子王为民（意为“为人民服务”），毕业于美国一流的私立大学，现从事美国研究；他的两个女儿王为邻（意为“为社区服务”）和王为莹（为满足妻子缪少莹女士还想要一个孩子的愿望而生）都毕业于当时全美排名第四的私立大学——韦斯里安学院，宋庆龄和宋美龄都曾在此就读，她们俩后来都从事妇女研究工作。当初他的三个孩子在申请大学的时候都只申请了一家，而且一次就取得成功。听了王灵智的介绍，笔者不禁惊叹和疑惑，于是请他谈谈有关教育子女方面的成功经验。王灵智说，第一，与他们交朋友；第二，业余时间尽量多陪他们，和他们一起玩耍、学习和讨论。王灵智说，孩子们小时候他总是陪着他们，直到他们都睡着了才继续做自

---

① ［美］周敏著，鲍霭斌译，叶振猷校：《唐人街——深具社会经济潜质的华人社区》，北京：商务印书馆1995年版。

② Madeline Y. Hsu, *Dreaming of Gold*, *Dreaming of Home*: *Transnationalism and Migration Between the U. S. and South China*, 1882－1943, Stanford: Stanford University Press, 2000.

己的研究工作，非常辛苦。但他从那时起就养成了一个习惯，每天只睡四个半小时，从晚上十一点半到早上四点，中午从不休息，这种习惯一直保持到现在，2003 年 10 月至 11 月在暨南大学华侨华人研究所讲学期间也一直是这样。王灵智旺盛的精力确实让人佩服。

八、充当美中学术交流的桥梁

第一代中国海外移民，大都有较强烈的爱国心，也就是我们通常所说的“中国情结”。虽然他们自幼离开中国，如今早已加入美国国籍，并成功融入美国主流社会，成为美国华人社会的精英，但他们的内心深处仍保留着一份对中国的认同，他们期望中国统一和富强。正如王灵智教授情真意切对笔者所说：“虽然中国国内目前还存在许多问题，有些做法常常令我失望，但我的心中并没有绝望，总对她充满着期望，期望祖国有一天能真正民主富强。”可以说这真实地代表着广大海外华人的心声。

笔者访谈王灵智时，他已经快 75 岁，但他仍然“老骥伏枥，志在千里。烈士暮年，壮心不已”。他一边在加州大学伯克利分校从事华人和亚裔方面的研究工作，一边积极从事为维护和增进美国华人及其他少数民族民权的社会活动。他还利用学术假期（2003 年 7 月至 2004 年 7 月），飞越太平洋，分别到暨南大学（2003 年 10 月至 11 月）和北京大学（2004 年 5 月至 6 月）进行短期讲学，为加强美中文化交流，改善美中关系，促进海峡两岸的和平发展尽心尽力。

第二节　王灵智政治参与活动的方式及其影响

王灵智不仅是老一辈美国华人问题研究的著名学者之一，而且自 1960 年代起就亲身参与为美国华人争取平等权利的民权活动，是美国华人社会著名的民权活动家。他的名字在美国亚裔社区中几乎是家喻户晓，他参与的美国华人政治活动不胜枚举。王灵智在政党认同上倾向于支持民主党，但他并未加入民主党，也未参加共和党，那他是如何参与美国政治，为华人和其他少数族裔争取权益的呢？通过对王灵智的访谈，笔者了解到，王灵智主要是通过个人接触、利用大众媒体、组建民权组织、发起诉讼、采取抵制、抗议和示威等非选举政治参与方式来为美国华人争取平等的政治权利，反对美国社会一切形式的种族歧视。针对美国社会对华人的歧视，他主张首先用政治手段去解决，最后用法律的手段来解决。王灵智在美国社会的政治参与方式非常独特，常人思维难以理解。但如果了解美国的非选举政治参与方式，就很容易理解，而且你会发觉这些参与方式更能为少数族裔争取实实在在的权益。本节中，笔者尝试从非选举政治参与的视角，对王灵智的政治参与活动进行分类分析，以佐证美国华人政治参与的方式应该走多元化道路，不要仅限于通常的投票和竞选等选举政治参与方式。同时强调，在当代美国社会，仅参与选举政治活动是不够的，大量的非选举政治参与方式依然是美国华人政治参与的有效和重要手段，与积极参与选举政治一样甚至更加重要。

一、与民权组织合作参与美国政治

利益集团对美国政治的影响众所周知，甚至有学者认为，美国的政治在某种程度上就是利益集团政治。美国的利益集团种类繁多，如工会、种族团体、民权组织、工商业联合会等，但他们都有一个共同目标，那就是影响美国政府的决策，维护和增进自身或集团内所有人的权益。因此，在多元化的当代美国社会，加入民权组织是一种重要而且有效的政治参与方式。

1968 年至 1970 年，王灵智在旧金山唐人街发起并组织“华埠青年协进会”和“华埠青年中心”，热心帮助华人新移民提高英语能力和各种技术能力，以利于求职谋生；帮助他们解答各种法律问题，受到华人尤其是新移民的热烈欢迎。1969 年他参与发起组织“华人就业协进会”，协助待业华人找工作。1970 年他参与“华人广播协进会”，在电视和电台创办华语节目。不久，他又参与“旧金山中华文化中心”、“华人民主党协进会”和“三藩市法律援助会”等民权组织的成立工作。[①] 由于他参与组建的民权组织众多，在此无法一一列举，仅选取两个较具代表性的例子，解说他如何与民权组织合作参与美国政治，为少数族裔（主要是华裔和亚裔）争取平等权利。

如前所述，为了替美国华人争取民权，改变唐人街落后状况，1966 年王灵智转学到加州大学伯克利分校。1969 年他与其他几个社区民权活动积极分子在旧金山唐人街共同组建华人民权组织“美国华人权益促进会”（CAA）[②]，并担任多届会长，至今他还是美国华人权益促进会的董事，是唯一从该会创立至今一直担任董事的成员。该组织曾在王灵智的亲自领导下开展争取华人民权的运动，现

---

① 黄昆章：《热心推动国际华人问题的研究：访王灵智教授》，《华人月刊》1993 年第 2 期，第 30 页。

② 美国华人权益促进会（Chinese for Affirmative Action），简称华促会（CAA），是美国华人非营利民权组织，1969 年初由一些为争取华裔就业及教育平等机会的青年人发起创建，会址设在旧金山唐人街。该组织现有专职会务（工作）人员 11 人，会员 1 500 多人，其中多数是华裔青年知识分子。

在亦经常接受他的建议和指导。华促会是一个不分党派的民权团体，其组织宗旨是，在推动美国多元种族民主的内涵和利益下维护及促进华裔与亚裔公民的政治权利。[①] 该组织有五项主要任务：第一，为华人就业提供服务；第二，为不懂英语的华裔和亚裔提供服务；第三，为华人争取平等的教育权利；第四，为华人争取平等的选举权利；第五，反对一切种族歧视。[②]

据王灵智介绍，该组织成立之初的目标是在就业上创造平等途径，为美国华人争取更多的就业机会。争取平等的就业机会被看作是为亚裔社区扩大权利的一个重要部分。通过对劳动力和就业歧视的初步分析，华促会确定五个特殊行业作为具体目标并立即采取行动，因为这五个行业是旧金山的主要就业领域，而当时在这些行业中没有一个华人。这五个行业分别是建筑业、服务业、大众媒体、金融业和保险业，以及地方、州和联邦政府机构的公务人员。

第一个目标是要想办法让华人进入美国的主流媒体工作。王灵智通过长期观察，发现美国的媒体，如广播电台、电视台、报纸和广告这些行业里没有一个华人。而媒体对美国公众的影响是众所周知的，被人们喻为“第四种权力”。如果华人能够进入主流媒体工作，他们不仅能够获得较好待遇，而且能够通过新闻报道，改变华人在美国媒体中的负面形象。大家如果看过胡垣坤、曾露凌和谭雅伦著的《早期美国漫画中的华人》[③] 一书，就应该清晰地记得华人在美国人心目中的形象。美国主流媒体对华人的报道通常是好的不报道，有了坏事时才报道，而且常常是负面的，如“堂斗”、“赌博”、“吸毒”和“妓女”等。如果华人能进入主流媒体从事记者和编辑等工作，就不会只在有了坏事才报道，而且也能使丑化华人的节目不准播放。在王灵智的带领下，经过与旧金山市主流媒体的广泛接触和谈判，大多数主流媒体都同意雇用华人。

第二个目标是要让华人打入建筑业中去。王灵智通过调查发现当时的旧金山建筑业有 56 000 个职位，但这些职位里没有一个华人。而当时的美国建筑商和工会都不接受华人进入建筑业，因为建筑业虽然是体力活，辛苦劳累，但工资高，福利好。在王灵智和华人权益促进会的努力协调下，建筑商和工会都表示愿意接受华人进入建筑行业工作。

第三个目标是要让华人进入美国政府的公务人员队伍中去。当时在旧金山地区乃至全美国的联邦、州和地方政府机构中都极少雇用华人。1969 年，王灵智

---

① Chinese for Affirmative Action，http：//www. caasf. org/.

② 王鸿礼：《投入新的事业：“华人权益促进会”》，《一个在太平洋两岸撒播着爱的人：记王氏基金会董事长王德威博士》（四），http：//www. wangfs. com/ztbd/ztbd5. htm。

③ ［美］胡垣坤、曾露凌、谭雅伦：《美国早期漫画中的华人》，香港：三联书店（香港）有限公司1994 年版。

决定首先从警察和消防两个部门开始。经过调查他发现旧金山市的 1 800 名警察队伍中只有 1 名华人，1 700 名消防员中只有 1 名华人。而且旧金山市政府规定："只有身高达到 5 英尺 11 英寸才能担任旧金山市警察。" 华人很难达到这个高度，这是明显的种族歧视。正好当时有一位叫 Fraw Liu 的华裔青年因为身高差 1/4 英寸而被警察局拒绝。在王灵智和华促会的帮助下，这位青年向旧金山市法院提出上诉，最终获胜。旧金山市政府现在还规定，旧金山市警察局中少数族裔的比例必须占 1/3。①

第四个目标是要让华人打入金融保险行业。当时美国的银行、证券公司和保险公司都不雇用华人。王灵智带领华人权益促进会的成员向这些部门提出雇用华人的要求，迫于压力这些部门答应了他们的要求，开始试用华人。结果令他们非常吃惊，雇用华人后，银行的存款大幅度上升，证券的销售量也显著增加，保险的营业额亦直线增长。这时白人才发现华人积聚钱财的能力。从这件事也可看出当时美国社会对华人的种族歧视。后来美国的各大银行都纷纷跑到唐人街来设立分行，雇用华人做员工和经纪人。现在，美国的各大银行、证券公司和保险公司的各个管理层，从低到高都找华人经纪帮忙招揽生意。美国最大的银行美国银行的副总裁也是华人。可见王灵智和华促会在其中所发挥的作用。

第五个目标是让华人打入主流的服务行业（Service Industry）。旧金山市是个国际会议城，每年在这里召开的国际会议非常之多，所以主流的宾馆服务行业非常发达，但主流的宾馆服务行业从不雇用华人。为了帮助不懂英语的华人有更多的就业机会和较好的工资待遇，王灵智领导华人权益促进会向旧金山市各大宾馆提出平等雇用华人的要求。在轰轰烈烈的民权运动影响下，主流的宾馆服务行业接受了该组织的要求，华人从此开始进入主流的宾馆服务行业工作。

从王灵智和华人权益促进会合作这一案例我们可以发现当代美国华人参与政治的方式有多种，不一定非要参加投票不可，通过参与民权组织发挥作用同样可以达到争取平等权利的目的，而且更加实在。当然，首先还是要用政治手段，法律手段是最后的选择。

美国华人权益促进会的成员并不太多，现有 1 500 多名成员，日常工作人员只有 11 人，在北加州地区设有两个分部，但在当地华人社区却得到广泛的支持，因为大家都知道它代表的是美国华人及亚裔的利益。华人权益促进会在旧金山华人社区每年举办两次筹款活动，一次是在 4 月至 5 月，另一次是在 11 月至 12 月，每年都能筹到 70～80 万美元，捐款的都是华人，可见该组织在美国当地华

① 2002 年 12 月 8 日笔者在珠海参加海外华人国际学术研讨会期间对王灵智教授进行个人访谈获得的资料。

人社区的影响。另外，该组织还能申请到一些基金会的资助和政府的补助。近年来，华人权益促进会为美国华人争取平等权利的斗争主要以支持李文和无罪释放为目的，已取得胜利。现在该组织正在与其他亚太裔合作，反对禁止大部分的州和当地政府机构收集或使用有关种族、族裔和原国籍资料的54号提案[①]。

王灵智与民权组织合作参与美国政治的另一典型案例是为“余百康事件”争取平反的活动。余百康（James Yu）是美军关塔那摩基地的华裔随军牧师，因其华裔与伊斯兰教背景在2003年9月10日被美国军方逮捕，并被指控从事间谍活动。但由于军方根本就找不到他从事间谍活动的证据，加上在美国华人社区成立的“为余百康争取正义委员会”（王灵智是成员之一）努力下，余百康于2004年3月19日被悄无声息地宣布无罪释放。[②] 王灵智表示，撤销控罪不够，美国政府和军方必须向余百康道歉、赔偿律师费用、补发遭扣工资，并举办国会听证，调查余案的来龙去脉。[③] 2004年4月，时任美国犹他大学政治学系副教授连培德博士来暨南大学访问期间，笔者与她谈起王灵智教授，她称，王灵智精力过人，兴趣广泛，在美国华人社会有“杰西·杰克逊”（Jesse Jackson）之称。她认为王灵智“不是常人”，不仅是因为他有过人的精力，还有他在政治上的超人眼界。如在“余百康事件”中，他首先提出为他争取无罪释放；无罪释放后，他又提出要求美国政府道歉；美国政府道歉之后，他又进一步提出要求美国政府赔偿其工资损失。一般华人觉得能争取到无罪释放就已经不错了，多一事不如少一事，但王灵智认为还不够，所以在政治上他总比别人看得更远一步。连培德教授称在美国华人社会像王灵智这样的民权斗士是“前无古人，后无来者”。[④]

2005年初，在小布什总统就职前夕，美国联邦调查局（FBI）与国土安全部仅根据未经证实的消息，就将多名华裔嫌犯冠上“恐怖分子”之称，并向全国公布他们的姓名和照片。旧金山地区多个民权组织指此举是因对华人的族裔偏见所致，要求政府道歉。王灵智表示，以往美国遇到类似的恐怖警讯时，都是以颜色来标明警戒，从来没有公布可疑人士的姓名及照片。但这次司法部联邦检察官在事件尚未经证实之时，就直接公布这批华人的姓名及照片，完全是歧视。旧金山地区的亚洲法律联谊会、美国华人权益促进会、华人进步会、新美国人权益会表示，这起事件就如同华裔科学家李文和案件一样，都是因华人黑头发、黄皮

① 54号提案的主要内容是禁止大部分的州和本地政府机构收集或使用有关种族、族裔和原国籍的资料。该提案如果通过将使防止歧视更加困难，并会使州政府无法收集保证健康、安全和对付罪案的重要资料。CAA Voice Fall 2003，http：//www.caasf.org/PDFs/CAA%20Newsletter%20Fall%202003.pdf.

② 详细叙述请参见《余百康：“间谍”牧师?》，《世界知识》2004年第11期，第19页。

③ 《华裔余百康控罪撤销　华人社区要美政府道歉》，http：//www.gxnews.com.cn/news/20040324/gjxw/201408.htm.

④ 2004年4月8日笔者对连培德博士进行访谈时的口述资料。

肤，才会因种族歧视而蒙上不白之冤，并直接对美国华人社会造成重大伤害。这些民权团体希望加州国会众议员迈克·本田（Mike Honda）和南希·佩洛西（Nancy Pelosi）能一起联署抗议书，要求联邦调查局及国土安全部郑重道歉，以防类似事件重演。①

二、运用诉讼方式参与美国政治

如第一章所述，诉讼方式是1965年以前美国华人政治参与的重要方式之一。1965年之后，由于美国对华移民政策渐趋平等，加上华人参与选举政治的热情日益高涨，以诉讼这种非选举方式参与政治比以前有所减少，不再占主要地位，但在种族歧视依然严重的美国，诉讼实际上一直是一种重要而有效的方式。诉讼是非选举政治参与方式的一种，是在政治解决无望情况下的一种法律解决途径。下面以王灵智运用诉讼方式在旧金山推行“双语教育”和“双语投票”，之后扩展到整个加州乃至全国为例，来说明该方式的有效性。

1965年美国新移民法颁布后，美国政府给予各国平等的移民配额，规定每个国家每年移民人数不超过2万人，包括中国在内。新移民法的实施使华人新移民大批涌入美国，大多定居在唐人街。由于新移民的子女大多不懂英语，而美国的公立学校都用全英语教学，因此他们在学校的学习没办法跟上。为了让这些学生的学习能够跟上，王灵智从1967年就开始要求旧金山市教育局在公立学校推行双语教育，到1970年一直遭到公立学校当局的拒绝。在政治解决途径无法达到目的的情况下，王灵智于1970年发动一批新移民家长，代表3 000名学生家长向旧金山地方法院控告旧金山市教育局“语言歧视”，遭到驳回。王灵智毫不气馁，代表新移民家长继续上诉，1974年上诉到联邦最高法院，最高法院以9票对0票的表决结果，裁定旧金山市教育局不为新移民学生提供双语教育为歧视行为，新移民子女在英语水平跟上之前有权利接受双语教育，享有“平等教育权利”。②

该案件的胜诉为旧金山中英双语教育开启了大门，如今，旧金山学区有中英双语小学两所、初中中英双语学校两所、高中中英双语学校一所。这一案件胜诉后，不仅旧金山学区开始推广双语教育，全美各学区也群起仿效。由于联邦最高法院的判决具有法律意义，因此加州其他公立学校不得不立即开始执行。王灵智致力于推动加州双语教育终于取得胜利，这不仅对华人新移民子女有益，而且惠

① 《美民权组织指责FBI歧视华人》，《参考消息》，2005年2月5日。
② 2003年11月11日对王灵智教授的访谈材料。

及全美国其他少数族裔，如其他亚裔和拉美裔，因为最高法院的判决在全国有效。2004 年 2 月 5 日在新墨西哥州召开的第 33 届全美双语教育协会年会上，该协会将其最高荣誉的“年会荣誉奖”颁发给王灵智，以表彰与感谢他 30 年来对双语教育的重要贡献。①

加州是美国第一大州，现有人口 3 500 多万，其中少数族裔所占的比例已超过一半。根据 2000 年美国人口普查资料显示，全加州人口中，有 40% 的人在家中用非英语交谈，全加州有 20% 的人这样做是因为英语能力有限或英语讲得不够流利。这些人当中包括 430 万拉美裔和 150 万亚裔。② 但长期以来，美国选举投票中所使用的语言都是英语，这对许多第一代不会讲英语或英语讲得不流利的少数族裔公民来说非常不方便。王灵智认为，要参加竞选或选举，如果不懂选票的内容就没办法参加。所有的少数族裔公民都有权利参与美国政治，所以少数族裔有权利使用西班牙语或汉语投票。王灵智于 1976 年向加州州议会提案要求使用双语投票，获得加州州议会通过。在王灵智教授的大力推动下，加州政府决定在少数族裔人口超过 5% 的选区实行双语投票。但在执行过程中，有一位州政府华人官员（专门负责加州选举的州务卿余江月桂）竟然说这样政府投入的资金太多，是一种浪费。王灵智反驳说：“要这样最好是废除选举！美国的选举每次都要浪费数十亿美元。既然投票选举是美国民主的最典型和集中表现，那么为民主花再多的钱也值得。”结果弄得那位政府官员哑口无言。双语投票的议案在加州议会通过并终于得到执行。③

王灵智运用诉讼方式参与美国政治的又一典型案例是他为亚裔学生免受加州大学入学歧视政策的影响而斗争。王灵智一直在加州大学伯克利分校任教，在长期的教学和研究工作中，他偶然发现加州大学在每年招生时，对少数族裔中的亚裔学生入学政策有许多的限制，都属于违法的歧视行为。于是他决定控告加州大学，维护广大亚裔学生的权益。为了搜集证据，王灵智花了整整 6 个月的时间对加州大学的招生政策与历年的招生数字进行了仔细研究，最后写了一个报告递交给校长，要求加州大学纠正错误，并向亚裔社区道歉，遭到校长拒绝。

开始的时候，在加州大学没有一个华人教授支持王灵智的做法，但随着王灵智的坚决斗争，引起了媒体的广泛关注。各大媒体的关注和报道引起了民众的重视，加上王灵智教授要求举行公开听证会，加州大学的其他教授也开始质询加州

---

① 《王灵智：获得美双语教育协会的最高荣誉》，http：//www. usdragon. com/Europe-madrid/search-Chineseduxin. asp？field + ID&keyword + 682&CategoryID + 11。

② Executive Summary，http：//www. caasf. org/PDFs/The% 20Language% 20of% 20Business% 20-% 20Summary% 20% 5BCAA% 5D. pdf。

③ 2003 年 10 月 29 日和 2003 年 11 月 11 日对王灵智教授访谈获得的材料。

大学当局。在舆论的压力之下，加州众议院对此案进行了立法调查，并成立一个专门调查委员会，把加州大学当时近 10 年的招生数据拿去进行详细分析，总共花费 30 万美元，最后写了一个调查报告，但从报告的内容仍然无法判断谁对谁错，谁都可以从中找到有利于自己的内容。

结果，加州大学当局委任了一个委员会，该委员会由 7 名加大教授组成（包括田长霖），进行独立调查，最后写出报告。但不久王灵智发现，该委员会一次会议都没有召开，可加大的一位校长却公布了该委员会的一份报告。王灵智教授立刻向该委员会和媒体进行了通告。该委员会的 7 名教授得知这一情况，马上集体向加大当局提出辞职以示抗议。然后他们自己组织了一个独立的调查委员会进行独立调查。这时，加州大学当局知道自己理亏，加州大学总校校长不得不承认长期以来加州大学的错误招生政策，答应王灵智提出的两个条件：第一，取消非法歧视亚裔学生的入学政策；第二，向亚裔社区道歉。加州大学总校校长一共道歉两次，该事件才算处理结束。

从 1984 年到 1989 年，为了纠正加州大学当局对亚裔入学的歧视政策，王灵智教授与加州大学当局进行了长达 5 年的针锋相对的斗争。最终，王灵智所代表的正义一方取得胜利。①该事件使王灵智更深刻地认识到学术研究和社会活动相结合的重要性。

三、通过个人接触方式参与美国政治

个人接触既可以以个人为主体，也可以以团体为主体；既可以是为个人、部分人的利益，也可以是为某一团体、社会大众和国家的利益；既可以是非正式的、私下的活动，也可以是通过一定的程序和机构进行的正式活动。②

在美国，个人接触的政治参与方式包括为个人利益而与政府官员接触和为某一团体的利益而与政府决策机构接触，表达自己或其利益集团的愿望和要求，后者也叫游说活动，这是对美国政治能产生重大影响的一种政治参与活动。笔者此处强调的是后者。在本部分，笔者仅以王灵智在 2000 年为阻止联邦参议院对内阁司法部长的任命而进行的个人接触活动来说明该方式对美国华人政治参与的重要性。

美国国会由参众两院组成，其中参议院由 100 名参议员组成，每个州有 2 名代表。加州的两名现任民主党参议员分别是巴布拉·鲍克斯（Barbra Boxer）和

① 2003 年 11 月 17 日对王灵智教授进行访谈时获得的资料。

② 施雪华主编：《政治科学原理》，广州：中山大学出版社 2001 年版，第 770 页。

第安·范恩斯坦（Diane Feinstein），他们与王灵智教授早就相识，特别是第安·范恩斯坦女士与王灵智教授自1970年就相识，而且他们一直都是好朋友。每当加州有什么重要的立法举措或在国会中要进行某一重要提案的表决，他们都会打电话咨询王灵智的意见，因为他们知道王灵智代表的是广大少数族裔的利益。

2000年小布什当选为美国总统，提名有严重法西斯主义倾向的约翰·阿什克·罗福特为新一届美国内阁的司法部长，正要经过参议院的最后听证和任命。王灵智得知这一消息之后，立即给这两位参议员打电话，要求他们在参议院阻止对约翰·阿什克·罗福特的任命。当时范恩斯坦参议员是参议院司法委员会的主席，负责主持对小布什提名的新任司法部长的听证会工作。当王灵智给她打电话要求她在参议院投票反对时，范恩斯坦表示，她还未做最后决定，但她非常愿意听王灵智反对的原因。

在对约翰·阿什克·罗福特的任命听证会上，范恩斯坦参议员站起来发表演讲，一一列举约翰·阿什克·罗福特严重的法西斯言行，要求听证会对他的任命进行否决。来自加州的第安·范恩斯坦和巴布拉·鲍克斯两位参议员在表决中都投了反对票，但由于总的反对票数未超过2/3，参议院对约翰·阿什克·罗福特的任命获得通过。①

政治参与的关键是参与的过程，至于参与的结果如何并不是最重要的。虽然王灵智教授试图阻止参议院对司法部长任命的努力最终没有取得成功，但他的这种通过个人接触的政治参与方式在美国的政治体制框架范围内是非常恰当的。而且他的这种政治参与方式是非常直接的，见效快，值得提倡。

四、运用抵制和抗议方式参与美国政治

抵制和抗议是政治参与过程中较为激烈的一种参与方式，最激烈的政治参与方式是暴动。在美国社会，抵制和抗议也是一种合法的政治参与方式，因此，在某些情况下可以适当使用。此处以王灵智在为争取李文和事件的公正解决过程中而采取这种激进的参与方式为例来说明该方式的有效性。

众所周知，华裔科学家在美国科学界的地位举足轻重，全美共有15万华裔工程师，其中1/10在国防部门工作。他们之中有6位诺贝尔奖金获得者。在硅谷，1/3的工程师是亚裔，华裔占其中相当一部分。在全美国家实验室工作的华裔科学家占研究人员总数的8%。此外，中国在美留学生仅在1998—1999学年就有5.1万人，另外还有1.2万名学者在美国学术机构进行研究、学术访问或任

① 2003年10月30日对王灵智教授进行访谈时获得的记录。

教，攻读理科学位的研究生中，华裔和华人留学生占总数的1/4，许多理科院系中华裔师生已成为所在系的顶梁柱。[①]

1999年3月，李文和事件发生后，王灵智坚持要求美国政府无条件释放李文和，实现公平与正义，遭到美国政府拒绝。王灵智在李文和事件发生后，也曾向亚裔各民权组织发出倡议，呼吁他们给克林顿总统写信，要求无条件释放李文和，并向李文和公开道歉。在一切政治手段都无法起作用之后，王灵智决定在报纸上发表文章，发动美国的亚裔科学家拒绝到美国的核实验室去上班。王灵智表示，亚裔科学家对美国的国家武器实验室的抗议和抵制运动将持续到整个李文和案件结束，或者到美国政府同意他提出的条件为止。王灵智提出的条件是：一是无条件释放李文和；二是恢复李文和的职位和补偿他被关押期间的薪金；三是李文和所在的实验室主任和美国能源部部长必须公开道歉；四是取消所有歧视华人的政策。在接下来的两个星期中，王灵智教授发起全体加州大学教授开展一项签名运动，以强烈表达他们对于美国政府处理李文和事件手法的不满。王灵智表示，他是以美国公民的身份来推动这项支持李文和的运动，这是“美国内部的事情，应该由美国人自己解决”，因此“不需要，也不愿意中国政府给予任何援助”。他强调，他之所以会站出来，就是要呼吁华裔美国公民了解并争取自己应有的权利。[②] 据悉，由于每年在美国获得科学技术博士学位的人当中有1/4以上是亚裔，这项抵制运动对美国科学界的影响很大。以李文和原来所在的洛斯阿拉莫斯实验室为例，1998年和1999年两年，应征的亚裔平均为28人，但2000年上半年，急降至3人。[③] 《纽约时报》两次对王灵智教授的活动进行长篇报道，在美国社会引起巨大轰动，美国政府能源部和核实验室对此非常担心，因为在美国的能源部和核试验室工作的亚裔占其总数的一半以上，于是他们都来找王灵智，向王灵智征求解决的意见。

在美国社会各界的舆论压力之下，在各亚裔和华裔民权组织与团体的坚决要求和抗议之下，美国政府不得不决定释放李文和，但又不得不寻找一个合适的理由给自己台阶下。于是，2000年9月13日，李文和以承认一项不适当下载机密核武器资料的轻罪而被判监禁9个月，与其被关押的时间一样长，然后由美国最高法院宣布当庭释放李文和。

在李文和事件的解决过程中，王灵智的活动起了非常重要的作用。王灵智在采取政治手段无效的情况下，才采取抵制的手段，终于发挥作用。王灵智谈到他

---

① 《李文和案掀起新麦卡锡主义》，《远东经济评论》，2000年1月13日。

② 《王灵智将发动美亚裔科学家声援李文和》，中央社（新加坡），2000年9月3日。

③ 洪艺青：《王灵智教授：将带动全加大教授签名声援李文和》，《联合早报》（新加坡），2000年3月9日。

的这种参政方式时坦然承认他受到黑人参政方式的影响。但这种方式在华人社会现已很少被使用，而且大多数人对王灵智的这种政治参与方式表示惊讶和不解，这的确令人深思。

王灵智采取抗议方式参与美国政治的又一典型案例是在2003年5月SARS期间，抗议加州大学校长歧视亚裔留学生的决定。2003年5月SARS流行期间，加州大学伯克利分校校长罗伯特·勃达尔宣布禁止来自中国大陆、香港和台湾地区以及新加坡的数千名赴伯克利的留学生进入加州伯克利校园参加夏季学期的学习，理由是这些地方是SARS疫区。当天，王灵智就在学校的集会上批评和抗议加州大学伯克利分校校长的决定，指出该决定对亚裔学生有种族偏见。

王灵智进一步分析指出：

"从表面上看，校长的决定似乎是预防性的和公正的。大学将禁止来自新加坡、香港、台湾和中国大陆的留学生参加夏季学期（从5月到7月）的学习。实际上，该决定是笼统的、不合适的和武断的。校长采取必要的预防措施保护本校学生健康具有积极意义，任何大学校园都应最优先考虑，SARS不应被轻视，但该决定存在几个严重的问题。首先，为什么选择这几个禁止国家和地区的原因不清晰。校长引用美国疾病控制中心和世界卫生组织规定作为其决定的基础。但我们知道，根据世界卫生组织的报告，越南、新加坡、中国香港、中国大陆、中国台湾和加拿大都是重灾区。我们也知道SARS只是在这些国家和地区的某些城市流行，如河内、北京、台北和多伦多等。问题是，为什么规定只适用于华人为主的国家，而不包括加拿大和越南？

第二，校长禁止那些留学生于5月27日开始的夏季学期的学习具有非常明确的意义，因为他们不能满足世界卫生组织和美国疾病控制中心规定的两周自我隔离期（假设校长公布时他们还不在美国）。但已注册的学生至少有两周时间证明他们是否携带SARS病毒。在隔离期结束时他们的检测如果是阴性，那就没有理由排斥他们。

第三，该决定特别令人讨厌的是，事实上美国疾病控制中心并没有禁止美国与以上国家的旅游和贸易。旅游者、商人、外交人员和学生同样仍然在飞来飞去。他们在被传染国家的进出港口接受了严密的检查，所有游客都须经过两周隔离。但如果美国政府允许该地区的人们进入美国，为什么伯克利分校不允许这些学生入校学习，如果他们符合美国疾病控制中心和世界卫生组织的规定？

美国政府并未禁止美国公民到校长列出的这些国家旅行。实际上，助理国务卿凯利和他的助手上周还赴北京与朝鲜外交官进行了三天的会谈。另外，世卫组织宣布越南的疫情已得到完全控制，而新加坡、香港和多伦多正处在高峰期。据报道，从纽约到夏威夷的亚裔餐馆客人直线下降，唐人街的游客迅速减少，这样笼统和武断的决定此时不应做出。在多种族的加州以亚裔为主的校园里，该决定可能特别具有分裂性，会导致现在影响全世界30多个国家的公众健康问题出现歇斯底里、种族化和政治化倾向。”①

在王灵智教授的批评和抗议之下，校长最后撤销了上述决定。

五、利用大众媒体参与美国政治

媒体是政治社会化的一种重要手段，在政治参与过程中能发挥动员、产生巨大舆论压力的作用。例如，为了帮助华人新移民更多地了解美国华人的历史、现状和美国的政治生态，王灵智从1968年到1974年担任由华人创办的英文周刊《东西报》的编辑与主要撰稿人；1971年到1972年，担任《旧金山周报》的专栏作家。在此期间，他撰写了大量文章，分析讨论美国华人社会的政治、移民、就业、教育、医疗保健等社会问题。② 他通过在这些媒体上的宣传为推进美国华人的政治社会化进程奠定基础。

在李文和事件中，华人权益促进会在王灵智的主持下，从华人社区募捐5万美元，在《纽约时报》等多份全国性报纸上刊登“因身是华裔，所以被检控”的大幅广告并发表其他声援李文和的文章，列出李文和在案件中受到的种种不公平待遇，让美国人知道李文和至今受到的不人道及被歧视的对待，同时在广告上呼吁所有美国人写信到联邦政府支持李文和，促请联邦政府撤销对李文和提出的刑事控罪。③ 这种利用大众媒体向美国政府施加压力的方式在李文和的无罪释放过程中也发挥了重要作用。

王灵智利用大众媒体参与美国政治的又一典型案例是2001年4月1日中美撞机事件发生后他呼吁美国民众保持冷静。2001年4月1日中美南海撞机事件发生后，美国国内掀起一股强烈的反华浪潮，有的舆论甚至要求“把所有的美国华侨华人作为人质关押起来”。美国社会还掀起抵制美国华人餐馆的运动，不去中餐馆吃饭，给美国华人社会造成重大经济损失。针对这种情况，王灵智教授在美国媒体上发表公开讲话，“如果中国的间谍飞机飞到美国的领空或美国本土，美国人民将会如何反应，美国政府将采取什么样的措施？很可能已经把它打下来

① L. Ling-Chi Wang, Cal' SARS Ban Is Biased, *Pacific News Service*, May 8, 2003, http://www.alternet.org/story.html?storyID=15852.

② 符瑜：《王灵智教授》，《地平线月刊》（中国香港），1982年第22期，第8页。

③ 《旧金山华促会筹款登广告声援李文和》，《华声报》，2000年7月27日。

了”！他呼吁美国政府要冷静下来，认真处理这件事情。他同时向大众媒体澄清中美南海撞机事件是偶发性事件，与美国华人无关。他还提醒美国大众，要防止美国华人因此事而再次受到歧视，特别要防止“二战”期间在美国和加拿大的10万多日裔被无理投入集中营的悲剧重演。王灵智在中美双方僵持时期就预测到解决的办法只有一个，那就是由布什总统向中国道歉。[①]

利用大众媒体影响美国政治的另一案例是王灵智透过媒体要求美国司法部保证陈文英在宪法下的权利，在处理与该案有关的人员时能公平对待，防止对华人的种族歧视故伎重演。2003年4月初，南加州华人社区活跃人士陈文英被联邦调查局以“双重间谍”的罪名逮捕，美国各大主流媒体都作了大量的报道，尤其是《纽约时报》、《洛杉矶时报》和《旧金山时报》等所作的报道，其详尽性和深入性要远远超过中文媒体，在美国华人社区造成极大影响，给美国各大华人侨社也带来巨大震荡。

针对这一事件，王灵智在2003年4月16日表示，尽管现在还无法肯定陈文英是否是双面间谍，但事实已经表明美国司法部、联邦调查局和主流媒体又在进行舆论误导、舆论定罪。王灵智认为，至少在三个方面可以显示美国司法部在处理陈文英一案中的不公正：第一，4月15日，在洛杉矶联邦地方法院举行的保释听证会中，再次拒绝对陈文英的保释请求，理由是陈在海外有数目巨大的存款，有逃跑的潜在危险。而法庭已在此之前扣押了陈的护照，陈并无可能离开美国。与此同时，与陈案直接相关并同时被捕的美国联邦调查局（FBI）特工史密斯却以20万美元得以保释。第二，如果陈文英果真犯罪，她的所有资料也是由史密斯和另一位相关人员、同属FBI的特工克里夫兰提供的，但是克里夫兰并没有遭到逮捕。第三，陈文英来自中国大陆，因此理所当然地被认为是中共派来从事间谍活动的，但陈在1963年仅8岁时就移民美国，完全是在美国受教育成长的。

王灵智引用《纽约时报》和《洛杉矶时报》的报道说，FBI在陈文英家中搜查到一些类似“美国空军”、“军事双间谍”字样的中文文件，因此认为陈的确是在从事间谍活动，这样的结论很不负责任。媒体在所有的证据都还没有被证实之前，就已经对陈的案子定了性。王灵智对FBI一贯对待华裔的立场也颇有看法。他认为，早在1996年的黄健南政治献金案与几年前的李文和间谍案以及最近的韩斌案就充分表明FBI刚愎自用、无知无能的主观作风。现在，FBI又在利用法庭和媒体对陈文英先行定案，舆论定罪。

---

① Ji Hyun Lim and Associated, America Offers Partial Apology for Spy Plane Incident, *Asian Week*, April 13－19, 2001, http://www.asianweek.com/2001_04_13/news1_spyplane.html.

王灵智也对陈文英一案将对华裔产生的冲击表示担忧。他说，作为华裔，不应该因为陈文英一案而有犯罪感，也不应因此而觉得惭愧。但是他最担心的是当初李文和案中所有华裔都被怀疑有间谍倾向、对美国政府不忠的现象会不会再次发生。目前，华人社区可以做的只能是希望美国司法部能保证陈文英在宪法之下的权利。同时，希望司法部在处理与该案有关的人员时能公平对待。[①] 经过一年多的调查，2005 年 1 月，洛杉矶联邦地区法官库帕宣布撤销对陈文英的指控。[②]

六、综合运用各种非选举政治参与方式

非选举政治参与的方式是多种多样的，如上所述，有与民权组织合作、利用大众媒体、个人接触、诉讼、抵制与抗议等。有时可以单独使用，有时也可以综合运用，视不同情况而定。此处仅以王灵智为“江南命案”向美国政府寻求正义为例说明如何综合运用各种非选举方式影响美国政府决策的政治参与方式。

1984 年 10 月 15 日，美籍华人作家江南（Henry Liu）在自己的家里遭到暗杀，在美国华人社会引起重大反响。江南被杀的真相是因为他写了一本《蒋经国传》，里面反映台湾当局内部的腐败现象，引起国民党政府的不满。国民党在美国的联络处劝他不要出版，如果出版就杀掉他，但遭到他的拒绝。《蒋经国传》出版一个月后，台湾国民党政府收买台湾黑社会组织——竹联帮暗杀了江南，然后，几个凶手逃回台湾。从该事件可以看出国民党政府对当时美国华人社会的“治外法权”统治。

江南是美国公民，应该受到美国法律的保护。但事件发生后，美国政府竟然保持沉默，任两位凶手逍遥法外。当时，作为江南事件委员会（Committee to Attain Justice for Henry Liu）的主席，王灵智号召并发动民权组织，向美国国会递交提案，要求国会立案，支持召开公听会，彻底调查此事。同时要求美国政府对台湾国民党政府施加压力，引渡两位杀人凶手到美国接受审判。在王灵智教授的努力争取下，美国国会通过了该提案——要求美国政府把暗杀江南的两位凶手引渡到美国接受审判。这是第一个在美国国会被通过的反对国民党的提案。王灵智还亲自写信给当时的美国总统罗纳德·里根，要求他执行美国国会通过的议案，引渡两位凶手到美国接受审判，但遭到里根政府的拒绝。在里根政府看来，美台关系比江南命案更加重要，美国政府不愿意因为江南事件损害美台关系以及美国在

① ［美］刘昱：《著名学者王灵智认为美国司法不公：在陈文英案上进行舆论误导舆论定罪》，《侨报》（美国），2003 年 4 月 18 日。

② 《陈文英间谍案再经法官确定撤销》，《世界日报》（美国），2005 年 3 月 21 日。

台湾的长期利益。

江南事件委员会向联邦地方法院提起诉讼，地方法院判台湾胜诉。江南事件委员会又向联邦上诉法院提出上诉，上诉法院判江南事件委员会获胜。最后，台湾国民党政府决定不再上诉，转而寻求私下解决，结果通过赔款200万美元结案。虽然江南事件委员会没有达到惩办杀人凶手的最终目的，但王灵智不顾个人安危，带头维护美国华人利益的动机和行为令美国华人社会非常尊重和敬佩，大家都知道他在媒体或公众场合的讲话或言论不是为他自己，而是代表整个华人社会的利益。因此，他不仅是一位华人问题研究的著名学者，更是一位令人尊敬的少数族裔民权活动家。

从“江南命案”我们可以看出，美国政府之所以保持沉默，拒绝引渡杀害江南的凶手到美国接受审判，是因为美国政府认为美国与台湾的关系更加重要。江南虽然是美国公民，但由于他是华人，由于他的种族身份，便遭到如此的不公正对待，可见美国政府和社会对华人的歧视。同时，我们也可以看到，台湾国民党政府对美国华人社会的长期“治外法权”统治，亦可看到美台关系、美中关系、海峡两岸的关系对美国华人社会的影响非常重大。王灵智教授提出的研究美国华人问题的“双重统治范式”在江南事件中再次得到清晰的证明。王灵智不仅一针见血地指出美国华人社会的真谛，同时希望美国华人社会能从“双重统治范式”中得到解放。虽然失败了，但王灵智依然在不断地付出努力。

通过江南事件，王灵智教授对美国华人研究的认识更加深入了，他提出的研究美国华人的“双重统治模式”理论就是从江南事件的认识中产生的。这也说明，研究与社会活动结合起来的重要性。

在江南事件中，王灵智既运用了利用临时性民权组织“江南事件委员会”为江南伸张正义的政治参与方式，同时又运用了个人接触的政治参与方式，如给里根总统写信寻求支持，另外，还运用诉讼的参与方式来寻求江南事件的公正解决。在这些非选举政治参与方式的综合运用下，达到了一定的效果。

第三节　为美国华人利益积极推动美中关系

早在1970年代初，王灵智在教学与研究中就发现，美中关系对美国华人的影响非常重大。美中关系交好，美国华人平安无事，一旦美中关系交恶，美国华人就会成为替罪羊。所以，为了美国华人的利益，当时王灵智教授就极力主张美中关系正常化。

1971年初在基辛格宣布尼克松总统访华前，美国国会参议院外交事务委员会的三位参议员在国会中召开美中关系研讨会，邀请21位美国学者参加，王灵智就是其中的一位。当时王灵智还不是美国公民，只是美国永久居民。第一天开完会，大家在宾馆王灵智的房间边休息边看电视，这时他们从电视节目中了解到美国空军正在把大批作战部队空运到柬埔寨和老挝。这些学者们立即讨论是否应利用此机会在国会抗议美国政府扩大越战。甚至有学者主张用不合法的方式进行抗议，但王灵智主张通过合法方式在国会中发表反对扩大越战的宣言，最后得到大家的赞同。第二天，王灵智等在会上发表宣言，反对美国扩大越战。

这次会议使王灵智敏锐地感觉到美中两国建交的日子越来越近。回到旧金山后，他在《东西报》上发表文章，预测美中之间的关系很快将有重大变化，并主张美中关系正常化。果然，时隔不久，尼克松总统宣布访问中国。王灵智得知此消息后非常兴奋，立即于1972年1月与旧金山社区其他“左”派人士周锐、刘贵明和黄德庆（Ernest Wong）共同组建了“中美邦交协进会”（Chinese Americans for Better U. S. – China Relations Committee），发动社区人士在请愿书上签名，要求尽快改善美中关系，在尼克松总统访问中国之前呈交给白宫。[①] 据王灵智回忆，当时唐人街有1万多人签名主张美中立即建交。1971年9月22日联合国召开大会，王灵智公开在报纸上发表文章，要求美国政府支持中国恢复在联合国的合法席位。而且称，“只要联合国同意，美国就不要否决”。王灵智的主张惹怒了台湾当局，因而国民党方面派人到美国威胁要暗杀他。面对来自台湾当局的恐吓，王灵智教授并未屈服，而是巧妙地运用美国的政治手段保护自己的安全。第一，他向旧金山市警察局报告，有人要暗杀他，引起警方的注意和重视；第二，在电视上公开有人要暗杀他的原因，因而使美国公众谴责台湾当局，这给台湾国民党政府造成巨大压力，使其不敢轻举妄动。但由于他的名字已上了台湾国民党政府的黑名单，从那以后，他很长一段时间未再去过台湾。

可见，王灵智为美国华人的整体利益，不畏惧唐人街强大的传统势力，不畏惧歧视亚裔的加州大学伯克利分校当局，不畏惧台湾国民党政府的威胁和恫吓，敢于上书时任美国总统里根，要求公正处理“江南事件”，可谓维护美国华人民权的斗士，是亚裔中的“马尔科姆·艾克斯”、“马丁·路德·金”和“杰西·杰克逊”。笔者以为，如果美国华人社会像王灵智这样的人能更多一些，那么美国华人的民权地位一定会有更加明显的提高和改善。华人在美国就不会再轻易受到歧视。

1996年亚裔“政治献金案”、1999年《考克斯报告》和李文和事件，使王

① ［美］麦礼谦：《从华侨到华人——二十世纪美国华人社会发展史》，香港：三联书店（香港）有限公司1992年版，第506页。

灵智更加深刻地认识到美中关系对美国华人的重要性。2000 年 5 月 21 日，时任加州大学伯克利分校少数族裔研究系主任的他再次呼吁美籍华裔公民关心和影响美国对华政策，他表示在华裔忠诚仍受主流社会怀疑的情况下，在美华人的地位与美国和祖籍国的关系息息相关。这是王灵智在东湾美华公共事务教育基金年度筹款会上演说时提出的。

东湾美华公共事务教育基金与东湾美华参政协会是姐妹组织，其宗旨是教育华裔积极参与公共事务，具体实施计划包括选民教育、参政研讨会、青年实习生计划等。王灵智在演讲中指出，美华参政协会和美华基金大部分成员均拥有博士学位，学有专长，是典型的“模范少数族裔”代表，难能可贵的是这些医生、律师、科学家、工程师等能够看到华裔参政的重要性而组织起来。他说，华裔从淘金时代开始移民来美到今天，已经六七代人了，但是 100 多年后还是被看成“外国人”，华人对美国的忠诚一直受到怀疑，最典型的例子莫过于李文和案。他指出，李文和把自己的全部都献给了美国国防事业，却因为“黄面孔”受到怀疑，并在没有证据的情况下遭到逮捕，受到比一般杀人犯还苛刻的不人道、不公平对待。他说，李文和也是典型的模范少数族裔，他只埋头科研，与政治离得远远的，但最后却被如此深地卷进政治漩涡。王灵智表示，亚裔在美国的地位与美国和祖籍国的关系息息相关，美中、美日关系时好时坏，当关系不好时，华裔和日裔就会受到影响，如 1941 年日本侨民被怀疑为间谍，1971 年出于有人认为华裔个个都有间谍嫌疑的原因，国会曾提出要对华裔进行监视。王灵智强调说，身为美国公民，华裔应该更多地关心美国事务，特别要关心美国对中国的外交政策，因为在美华裔的利益和美国与中国的关系有直接关系，华裔应该在帮助促成美国与祖籍国加深了解、理解和建立友好关系方面做出努力。[①]

王灵智教授表示，他支持海峡两岸统一，因为台湾在历史上一直是中国不可分割的一部分。只是在冷战期间由于美国的干涉，如派海陆空三军在台湾建立军事基地，与台湾当局签订《美台共同防御条约》（1954 年）等阻止了中国统一，才导致现在的状况。从美国华人的整体利益考虑，他更加支持中国的统一大业，因为台湾问题是影响美中关系的决定性因素，而美国华人的利益又深受美中关系的影响，此处不再赘述。谈到中国大陆与台湾的统一问题，王灵智给笔者打了一个生动的比喻。他说：“中国大陆与台湾的关系就像是男人与其睾丸之间的关系，睾丸虽游离在身体之外，但不可分离。”他建议中国政府应用大国的宽容风度对待台湾，但必须划定底线。

① 《王灵智吁美华裔关心和影响美对华关系》，《世界日报》（美国），2003 年 5 月 21 日。

小　结

美国的政治参与方式是个多元化的体系，除了选举、罢免①、创制、复决、组党结社等正式的参与方式之外，还有许多非正式的政治参与方式。它们包括通过个人接触（游说）、诉讼、请愿、抵制、不合作、参加民权组织（加入参政团体）、利用大众媒体进行政治表达、举行抗议和示威、向政府官员表达意见等。如给议员和政府官员投书，表达自己的政治诉求；发动舆论力量，造成大众注意的“议题”，对政府的政策形成一定压力等，这些都是政治参与的有效渠道。美国华人在陈果仁案、罗明海案②、李文和案的审理过程中证明了抗议、示威游行、抵制等非正式参与方式的巨大力量。总的来看，虽然华人采取这些非选举政治参与方式介入当代美国政治的频度不如通过参与选举政治的正式参政方式高，但其效果相当明显，可谓立竿见影。如果广大华人在日常生活中能对美国政治体制有更多了解，那么除了运用正式的选举方式参与美国政治外，其他非正式的多元化参与方式也是美国华人在未来政治参与过程中应该加强的方式。其实，在1965年以前的美国华人政治参与过程中，主要的方式就是非选举政治参与。本章的写作目的就是要强调华人参与美国政治的方式是多样的，除了积极参与美国主流的选举政治以外，只要是能维护和增进美国华人权益，不违反美国现行法律的参政方式都应该被采纳；在加强参与选举政治的同时，也不应忽视或忘记非选举政治参与方式的重要性和有效性，特别是在美国华人当前社会政治地位还不足够高的时候。

通过对王灵智教授年轻时赴美求学到从事美国华人问题研究与教学经历的讲述，以及对他在美国社会长期从事华人民权活动的众多案例进行的分类分析，我

---

① 参加选举投票是华人易于接受的政治参与方式，但罢免方式华人很少用。1987年，加州蒙特利公园市有议员在市议会中提出强制规定店铺招牌等一律须有英文的议案，引起华人反感，结果有人发动联署签名对其中两名议员提出罢免案。姑且不论这种做法对否，从政治参与方式来看是合理合法的，既表达了华人的强烈不满，同时也是种警告，使人知道任何提及华人权益的言行，可能要冒政治风险，或付出一定的政治代价。笔者以为值得其他华人社会参考。参见蚁小明：《美国华人的政治文化》，《明报月刊》1987年第8期，第41页。

② 1989年10月，华人学生罗明海在北卡罗来纳州的一家俱乐部遭到两名白人兄弟的侮辱和威胁。俱乐部老板把肇事的兄弟俩赶走，但二人在外面等到罗明海出来后进行突袭，并用枪击打其头部当场致死。华人组织吸取陈果仁案的教训，在案发后迅速行动，通过舆论宣传和游行示威向社会表达他们的关注和抗议。州法院的判决有些轻描淡写。在华人社团的吁求下，联邦政府再度介入，以种族仇恨罪在联邦法庭起诉凶手罗德·皮奇，判处他四年徒刑，外加28 000美元的赔偿。参见［美］张哲瑞律师事务所编著：《百年沧桑——移民美国史画》，北京：中央编译出版社2004年版，第158页。

们可以更清晰地看到，当代美国华人政治参与的方式有多种。参加竞选和选举投票是参政议政的一条重要途径，通过委任走上美国政坛是另一条重要途径，通过参加政党、参政团体或民权组织为本人和本族裔争取平权的活动也是参政。哪一种政治参与方式更有效？从王灵智通过个人接触、利用民权组织和大众媒体、诉讼、抵制和抗议等方式积极参与美国政治，维护美国华人权益的活动来看，运用政治和法律手段为华人和其他少数民族争取民权的活动比通过登记投票和参加竞选来得更加有效和直接。

通过写信、打电话、游说等个人接触手段参与美国政治的方式并非对任何美国华人公民都能发生作用。笔者认为，要想产生较大影响，运用该方式参与美国政治的个人最好具备如下条件：第一，要积极深入华人社区，对美国华人社会的现状和存在的问题应有清楚的了解，并有为美国华人社会服务的强烈愿望和行动；第二，要熟悉美国社会政治运作的特点和规律；第三，参与者个人在美国社会需具有较大的影响力，要么在学术界，要么在科技界，要么在商界或金融界等。这三个条件必具其一。但为什么在美国华人社会像王灵智教授这样的人这么少，的确令人深思。笔者认为，除了华人在美国的社会经济地位的因素影响外，华人传统文化中的消极因素的影响也不容忽视。在美国华人社会，如果像王灵智教授这样的人能更多一些，美国华人的公民权利和政治权利会有更进一步的彰显。

据王灵智观察，在美华人取得成功的领域大多分布在经济、科技和文化等领域。这些华人往往在自己的研究领域埋头苦干，取得重大成就，产生巨大的社会影响。这样的华人精英众多，如经济界的王嘉联、杨致远、杨雪兰；科技界的杨振宁、李政道、田长霖、吴家玮；文化界的马友友、贝聿铭等。但他们大多不关心政治，李文和就是一个典型的案例。如果能把他们动员起来，接触并参与美国政治，必定能对美国政治产生一定影响，为华人争取到更多权益。王灵智认为，从事人文方面研究的华人不多也是美国华人参政水平不高的一个重要原因。他希望今后从事人文社会科学工作的华人精英人数能更多些，特别是从事政治和法律方面的华裔人才。

综上所述，通过个人接触是公民影响政府决策，维护个人利益的基本手段；通过大众媒体和民权组织组建强大的压力集团，积极介入美国政治，也是一种有效的政治参与方式；通过诉讼的手段更是一种运用法律方式争取华人合法权利的重要途径；通过举行抗议、示威和抵制的方式是政治参与中较激烈方式之一，也是一种非常有效的方式。笔者以为，只要不违背现行美国法律的政治参与方式和方法都值得提倡。作为少数族裔的美国华人，仅积极参与选举政治是不够的。当代美国华人政治参与的方式应该走多元化道路，既包括参与选举政治，也包括参与非选举政治。

结　论

1965年以降，美国华人政治参与的历程充满坎坷和艰辛，但一直在曲折中向前发展。1980年代初，美国华人基本实现了从“落叶归根”向“落地生根”的认同转变，参政意识开始觉醒。经历10余年的实践，1990年代美国华人的参政意识和参政能力已有显著提高。2000年以来，随着美国华人的人口数量、受教育程度、经济实力、就业率和住房拥有率的显著提升，他们逐渐奠定了积极参与选举政治的坚实基础，并取得一系列重大进展。华人精英通过竞选和委任在各级政府和议会都有自己的代言人；华人参政团体长期从事选民教育，进行选民动员，增强了华人的凝聚力；普通华人公民的参政意识显著提高，积极参加各级选举和各种非选举政治活动。上述五章通过纵向分析与横向分析相结合、历史分析与现状分析相结合、理论分析与实证分析相结合对当代美国华人政治参与进行综合分析，可以发现，当代美国华人政治参与确实取得重大进展，但在实践过程中尚存在一些障碍和问题。本章尝试从少数族裔政治参与的理论视角对当代美国华人参政过程中存在的障碍与问题进行客观分析，并为他们未来参与政治的路径提出一些合理建议。

一、当代美国华人政治参与存在的障碍和问题

1965年以前，美国华人政治参与的主要特点是在华人传统社团的领导下，充分利用美国政治体制中的司法、外交、立法和行政手段为在美华人争取移民权利和公民权利。相对而言，通过参与选举政治方式维护和增进华人权益的广度和深度由于当时美国社会的制度化歧视的影响而相当有限。美国华人通过大规模介入选举政治维护自身权益和提升他们在主流社会中的影响是在1960年代美国通过《民权法案》和《投票权利法案》之后。此后，美国华人开始大规模介入选举政治至今大约50年，已取得一系列重大成就，但由于美国华人社会内部复杂，差异显著，使华人在参与美国政治的过程中尚存在以下障碍和问题。

第一，人口数量与结构方面：当代美国华人人口增长速度快，但构成日益复杂，造成异质性高，加上分布不均衡，导致整体参政水平短期内难以提升；另外，华人在美国各级政府和议会中的代表人数与其人口规模不成比例，差距

甚大。

虽然2010年美国华人人口已超过400万，但只占全美总人口的1.3%，主要分布在加州、纽约、夏威夷州和得克萨斯州等，而且分布又不平衡，导致整体参政水平短期内难以提升。正如吴仙标指出，当前亚裔投身政治仍困难重重，最大的阻碍就是美国人口结构的分布。据美国一项调查显示，少数族裔要想竞选成功必须有5%的选民支持基础，在亚裔选民超过5%的加州（8%）、夏威夷州（11%）、华盛顿州（6%），新泽西州（6%）、纽约州（6%）都是华裔较能成功出线的地区，相比之下，在亚裔人口比例较低的地区，要顺利当选十分不易。未来华人在选举政治中的影响力也主要局限于华人或亚裔人口较集中的州、县、市。个别华人精英在华人或亚裔人口较少的州当选并不能说明和代表华人的整体参政水平。

当今美国华人的人口构成日益复杂，从来源地看，有的华人来自中国大陆、台湾和香港，有的是东南亚和世界其他各地的华人再移民；从居住时间上看，有新老移民之分，有第一、二、三、四代之别；从血缘来看，有纯种华人和混血华人之异；从语言上看，有普通话、粤语、闽南话、上海话、温州话、客家话等，五花八门，应有尽有；从居住环境来看，有居住在唐人街“上城”的华人中产阶级，有居住在唐人街“下城”的华人下层劳动人民；从社会经济地位来看，悬殊更大，已经形成鲜明的阶级对立；从政治观点来看，有支持民主党和共和党之分；从与祖籍地的关系来看，有亲大陆与亲台湾之别。当代美国华人人口构成的异质性给华人社会内部的沟通与团结带来极大困难，在政治参与上的利益与主张更是大相径庭，有时甚至形成尖锐对立。在此情况下，要加强华族内部的凝聚力，提高整体参政水平确实不易。

虽然近年来，美国华人在人口规模、社会经济地位（尤其是家庭收入和平均受教育程度）、归化为美国公民的比例等方面都取得显著进展和提高，但华人在美国政治力量结构中所占比例的增长令人十分失望。他们在美国各级立法、行政与司法机构中的人数与他们的人口规模仍然不成比例，有公民权的华人在选举政治中的选民登记率和投票率都仍然非常低，不到其成年人口数量的一半。例如，华人人口占美国总人口的1.3%，按比例在国会众议院中应至少有5个席位，在参议院中应至少有1个席位，但目前华人在国会众议院的代表人数最多时为3人，如果以纯华裔来算只有2人，不到应占比例的一半，在参议院席位为0；在联邦法院的法官人数仅有18人，占总数的0.7%；在行政部门的任职人数比例更低。

第二，公民权和选票作用方面：拥有投票权的美国华人公民数量只有在美华人人口的一半左右，在全国性的选举政治中难以发挥“关键少数”作用，但在各级民意代表和政府官员的分区选举中可以发挥关键或决定性作用。

美国是一个特别难以获得选民资格的国家，由于居住期限和选民登记的限制，选民迁居就难以保持选民登记资格，至少在联邦最高法院做出决定之前还是这样。[①] 这些限制也同样阻碍了美国华人积极参加各级选举政治。

排华期间，美国华人的公民权受到法律的限制，难以获得。“二战”期间，美国政府出于打败日本的考虑，于1943年废除执行长达60余年的排华法案，准许华人加入美国国籍。但加入美国国籍并不是一件容易的事，首先，要申请成为美国永久居民，然后在美居住满5年后才能申请归化为美国公民；其次，申请归化的手续亦非常烦琐，不仅要准备详细的入籍文件，还要参加语言能力测试等。这对第一代华人新移民而言相当困难，很多人因而放弃成为公民，保留永久居民身份。而公民权是华人介入美国选举政治的前提，没有公民权就意味着不能参加选举和投票。当今美国华人人口的迅速增长主要是由于移民的增加，所以公民比例较低，据估计只占华人人口的一半左右。美国华人已认识到这一障碍对华人参与选举政治的影响。1990年，美国华人联合一些亚裔参政团体组织了数次游说活动，要求国会修改移民法，缩短由拿到绿卡至获得申请公民身份的时间，由5年改为3年，以此增加华裔选民的比例。[②] 但至今没有看到美国政府修订。

据统计，1996年美国共有110多万移民归化入籍，是美国移民史上前所未有的事情。而1994年只有44万人入籍，1995年也只有44.5万人入籍。主要原因有如下三个方面：一是美国国会通过《福利改革法案》并获得美国总统的签署，生效实施，按规定只有美国公民才能享受联邦福利待遇，导致大批持绿卡的永久居民纷纷加入美国国籍，华人也不例外；二是为方便家人移民来美、出国旅行，取得选举权等，大批华人加入美国国籍；三是克林顿政府有意放松入籍归化政策也起了较大刺激作用。[③] 另据统计和估算，2007年美国华人总人口中拥有投票权的人数为210万，不到全美2.2亿选民人数的百分之一。[④] 美国华人在选举政治中的影响力自然有限。

近年来，有学者从政治学的视角研究美国华人政治，提出动员美国华人参政以发挥“关键少数”的作用。笔者以为此话题值得商讨，就动员华裔选民参政而言，首先，应该是强调华裔参政的重要性；其次，正如华裔共和党大佬祖炳明

① ［美］加布里埃尔·A. 阿尔蒙德、小G. 宾厄姆·鲍威尔著，曹沛霖等译：《比较政治学：体系、过程和政策》，上海：上海译文出版社1987年版，第137页。

② 郭岱宗：《美国华人政治参与之研究》，（台湾）淡江大学美国研究所博士学位论文，1992年，第135页。

③ ［美］麦子：《美国华人社会的入籍热》，《侨报》（美国），1996年10月24日。

④ ［美］余东晖、李珍玉：《美国华人生存状态大扫描》，《侨报》（美国），2008年9月23日。

所说，少数族裔参与美国政治，先考虑的应该是族裔的利益，而不是政党的利益；再次，关于华裔选民能否起到“关键少数”的作用，应一分为二地看。笔者认为，在总统选举中，华裔选民要发挥“关键少数”的作用相当困难，如在2000年大选时佛罗里达州是关键州（战场州），2004年、2008年和2012年总统大选时俄亥俄州是关键州（战场州），而这两个州华人人口都非常少，起关键少数作用的肯定不是华裔选民。在华人及亚裔人口集中的加利福尼亚州、夏威夷州、纽约州和新泽西州一直都是民主党的天下，华人没有选择。得克萨斯州和亚利桑那州一直是共和党的天下，华人选民也没有选择。但在按选区划分选举各级议员或民选官员时，在华裔或亚裔人口占相当大比例的选区，华裔选民可以发挥关键少数的作用，甚至决定性作用。

第三，英语交际能力方面：严重不足，已成为当代美国华人政治参与的最大障碍之一，亟须克服。

语言能力一直是华人融入美国主流社会的一个重大障碍，就参与美国政治而言更是如此。早期华工由于语言不通，在美工作生活到处碰到困难。正如于仁秋教授在《救国自救——纽约华侨衣馆联合会简史（1993—1950's）》一书中所述，很多洗衣工人无法与顾客交谈。如果碰上法律上的麻烦，许多华人不仅没有法律手段保证自身的利益，甚至没有语言能力将事情说清楚。甚至怎样存钱也成了问题。许多华人都曾起过念头要学英语，但当时洗衣工人既没有时间和机会，也没有条件学习英语。[①] 虽然战后美国华人的社会地位发生了巨大变化，但老一辈移民和新移民的英语能力非常有限，特别是新移民英语能力良莠不齐。由于英语沟通能力差，他们只能在华人圈内找工作，根本无法进入主流社会，更谈不上参与选举政治。

虽然现在华裔总体教育水平较高，但根据1990年美国人口普查，5岁以上的华人中仍旧有34.8%不会说英语，50.5%不能说流利的英语。语言障碍使华裔难以参政，在选举期间这一问题尤为显著。[②] 虽然从1994年起，美国政府开始在少数族裔人口比例超过5%的选区实行双语投票，但在此之前，语言障碍使许多华人归化公民无法参与选举政治。即使移民的英语水平可以通过入籍英语测验，但要理解复杂的选举程序和材料会更加困难，对华人新移民更是如此。据估计，1994年，在纽约华埠工作的美国华人65%英语讲不好或根本不会。[③] 美国亚裔权

---

① ［美］于仁秋：《救国自救——纽约华侨衣馆联合会简史（1933—1950's）》，香港：三联书店（香港）有限公司2003年版，第29～30页。

② 《美国华裔：勤奋但仍不富有》，《侨报》（美国），1999年10月22日。

③ Amy L. Freedman, *Political Participation and Ethnic Minorities: Chinese Overseas in Malaysia, Indonesia and the United States*, New York & London: Routledge, 2000, p. 169.

益团体联盟2011年发布的最新报告显示，全美402万华人中有238万会讲中文，英语程度有限的华人人口占42%，全家基本都不会讲英语的家庭占29%。[①] 英语交际能力是他们参与美国政治的最大障碍。

美国前劳工部部长赵小兰也指出，语言沟通能力是华人进入主流社会的最大障碍。[②] 许多华裔归化为美国公民多年以后，一直因英语沟通能力不足及阅读困难，害怕投票程序过于复杂或阅读选票产生困扰而未曾参加投票，使华裔难以发挥集体政治力量，也难以对美国政治过程产生较大影响，因此如何提高新老移民的英语沟通能力是华人参与政治过程中不可回避的问题。

第四，竞选经费方面：参加竞选需要花钱，但一方面，大量政治捐款未能发挥应有影响，而另一方面，许多华人精英因缺少竞选经费而最终败选或退选。

要成功当选，候选人的主张不仅要符合大众现时的心态，也要拥有竞选的经济实力。正如一位美国学者所说，不管正确与否，“民意是选举的生命”；不管是你自己的还是捐来的，“金钱是政治的母乳”。[③] 这在今天的美国政治社会中，是两者皆需、并行不悖的。在前面的论述中笔者也提到过金钱是政治的母乳，虽然有钱并不说明你一定能当选，但没有钱想当选是绝对不可能的。在前面的章节中笔者也曾提到华人的捐款能力很强，被称为“金牛”，而且捐钱不求回报，因此格外受其他族裔候选人重视。据统计数据显示，美国亚裔社区的政治捐款较多，但由于分散，影响不大；外国出生的华人比美国土生华人捐得多。另外，亚裔政治捐款的法律基础不稳，因为大部分捐款来自社区之外，有的甚至来自亚洲某地，常常遭到某些政客的诟病，给华人参政带来负面影响。

其实，华裔候选人也非常重视捐款，但财源短缺仍然是华人参政的一大缺陷。许多有能力、有才干的华人精英参加竞选，他们的竞选策略和方针都是正确的，但最终都因为没有钱做宣传而导致竞选的最后失败。如1998年来自加州的邝杰灵（余江月桂之子）参选国会参议员，在初选中轻松获胜，在决选中也曾领先对手，但由于对手的竞选经费为邝杰灵的四倍而使局势急转，最后以失败告终，此间华人无不深为惋惜。[④] 近年来参政的华人越来越认识到政治捐款的重要性，如华人精英参政团体80/20促进会试图整合80%的华人政治捐款，使其发挥更大影响力，但政治捐款是个人的事，如何整合仍然是一个难题。

第五，族裔传统政治文化和美国选举文化方面：一方面，第一代华人移民，

---

① ［美］余东晖：《美国华人人口突破400万　全美会讲中文华人238万》，《侨报》（美国），2011年10月26日。

② 《专访美国劳工部长赵小兰》，中央电视台一套《东方时空：高端访问》栏目，2004年7月11日。

③ ［美］汤本：《克里：布什的劲敌?》，《南风窗》2004年第4期。

④ ［美］麦子：《98年美国华人参政回顾》，《文汇报》（中国香港），1998年12月15日。

包括新移民，由于受祖籍地传统政治文化的影响较深，对政治参与有偏见，有的由于工作环境不稳定而对政治参与态度冷漠；另一方面，大多数华人选民对美国的选举制度和选举文化不了解，阻碍了他们对美国选举政治的参与。

1965 年以来的美国华人新移民大多来自中国大陆、香港和台湾以及东南亚国家与地区，这些国家和地区大多是威权主义统治，人们传统上对政治不太关心，因此来到美国，即使成为美国公民后，对政治依然不感兴趣，大多数不参加选举登记和投票，不参加社区的政治活动。很多人为了在中美之间自由往返，甚至不愿意成为美国公民，至今只持有美国绿卡。

来自台湾地区的华人新移民，包括留学生及其父母，受 1950 年代台湾“白色恐怖”政治影响，视政治为畏途。大多数人认为，参与政治就是对某党、某派赞同认可，就是走路线、搞手段、搞党派、出风头之类，只要任何人一提到“政治”，就不由自主地往不正确的方向想。[①] 这种陈旧观念仍存在于许多华人脑海中。这些华人只埋头从事专业工作，不愿意登记为选民，害怕自己与某一党派扯上关系，而在美国不登记为选民就没有资格投票。

另外华人受传统中国文化影响，仍存有“各人自扫门前雪，休管别人瓦上霜”的保守心态。担心登记成为选民后要浪费时间去承担做陪审员、投票等义务，影响自己的工作和休息。这种自私心理导致相当多华人公民不参加选举登记与投票。

老一辈华人移民与新移民，特别是华人新移民，由于他们没有什么工作技能、缺乏语言交际能力，很难在美国主流社会找到合适的工作，只能在唐人街的传统四大行业中打工，整天为生计而奔波。对他们来说，温饱问题还没有解决，如何对与工作、事业、生意没有直接相关的政治参与产生兴趣并投入时间与精力呢！

除了中国传统政治文化对当代美国华人政治参与造成消极影响之外，大多数华人选民对当代美国的选举制度和选举文化不了解，态度冷漠，阻碍了他们积极参与美国选举政治，具体表现为选举登记率和投票率比较低。1996 年美国大选中，华人选民的登记率为 56%，投票率仅为 43%；拉美裔选民的登记率为 59%，投票率为 44%；白人选民的登记率和投票率分别为 73% 和 61%。[②] 可见，美国华人选民的登记率和投票率都明显比白人低，甚至比拉美裔选民也稍低。

2001 年 2 月 13 日，以推进华人选民教育为宗旨的非营利参政团体“世纪展

---

① 林启文：《华裔美人参与政治活动之研究（1965—1993）》，台湾：国立政治大学民族研究所硕士学位论文，1993 年，第 43 页。

② Amy Freedman, *Political Participation and Ethnic Minorities: Chinese Overseas in Malaysia, Indonesia and the United States*, New York & London: Routledge, 2000, p. 130.

望”在蒙特利公园市市政厅举办首场“美国世纪大选”华语论坛，目的是让美国华人更深一层了解美国的选举制度，相关法规及投票过程，增进华人参政的热情。虽然四位主讲嘉宾都是现任民选官员并用中文演讲，但到场的华人寥寥无几，[①] 可见华人选民对美国选举制度和选举文化的不了解而导致的政治冷漠。

在2004年美国总统大选中，华裔选民的登记率和投票率与2000年相比都有显著提高，但从选后的调查来看，还是有相当一部分华裔选民没有投票，究其原因，主要是对美国的选举政治不了解。如有些人平时工作紧张，没有时间关注选举政治方面的情况，或是因为经商奔走于两岸三地，或是由于过去的经历而对政治感到厌倦，以至于从来不参加选举投票。[②] 如何让这些华裔选民得到足够的政治信息，让他们意识到参与选举与他们个人的利益密切相关，应该是华人社团及政治家在引导华裔选民时首要考虑的问题。

在2012年美国大选中，华人选民比以前表现得更加积极，但由于语言限制及日常生活范围的局限，美国华人的总体参与水平仍然比较低。大多数华人普通民众，尤其是新移民，忙于工作和生活，对选举漠不关心，甚至觉得自己的一票无关紧要，去和不去没有什么区别。在华裔居民过半的洛杉矶圣盖博谷等多个城市，华人选民的投票率依然不高，一些地区甚至不到10%。[③] 参加大选投票的华人大多是老人和妇女，而且大多是被动的动员参与，而非主动参与。大多数年轻人对参加投票的重要性认识不足，对选举不感兴趣，不参加投票。主动参与候选人竞选团队并担任志愿者的华裔年轻人更少。据《侨报》在11月5日探访奥巴马竞选总部大厅时发现，从事志愿者服务的大多是白人和黑人，华人志愿者非常少，总共不到10人。[④] 今后应该有更多的华裔志愿者参加到这样的竞选活动中来。

第六，热情与理智方面：许多华人有政治参与的热情，但要参与美国政治，须熟知美国政治中的游戏规则，否则不仅当初参与政治的良好愿望不能实现，还会给自己惹麻烦，同时损害美国华人的整体形象。

这一现象在美国华人社会发生已不止一次，而是多次，非常普遍，而且不是发生在一般的普通华人公民身上，而是大多发生在华人社区的精英人物身上。近年来，一些来自亚洲国家的侨领，他们挟雄厚的资金，在美国华人社区迅速建立

---

① 《美国华人仍对主流政治冷感》，http：//news. sina. com. cn/world/2000 - 2 - 15/61659. html。

② 《大选过后　该思考如何引导华裔选民参政　许多华裔选民没有投票　原因主要是对美国政治情况不了解》，http：//www. chinesetoday. com/Detail. cfm？ c = news&s = n_ america&d = 11 - 5 - 04&n = D3。

③ 蔚宇：《华裔积极参政　选票影响选举结果》，《侨报》（美国），2012年12月28日。

④ 《谁当总统华人看法两极　奥巴马罗姆尼各有粉丝力挺》，http：//www. chinanews. com/hr/2012/11 - 07/4308098. shtml。

名望，但先后因为政治献金或税务问题，遭到调查或起诉，结果不是失望地将事业撤回亚洲，就是从此在社区中沉寂。这些现象令人深思。如在 1990 年代初期和中期，印尼力宝集团（Lippo Group）来美发展，建立金山银行。因事业发展顺利，力宝集团希望融入主流。该集团的负责人李文忠（Mochtar Ri-Ady）被任命为南加州大学校董会董事，他的儿子李白也在当时负责民主党亚裔社区筹款的黄健南引介下，参与政治捐款。该集团在当地亚裔社区建立了相当声望。但后来被查出在 1996 年的总统大选中采用非法政治献金手段，被媒体大加炒作，在亚裔社区造成极坏影响。后来金山银行也因为商业运作问题受到调查，加上 1997 年亚洲金融风暴的影响，力宝集团被迫撤离美国。

1990 年代末，另一位印尼商人熊德龙来美发展。大家都知道，他是印尼后裔，不是华裔，但他受恩重如山的华人养父母的影响而热爱并认同中国。因为与当时中国驻洛杉矶总领事私交甚好，他积极支持华人社区亲中国的活动。如在 1997 年香港回归的洛杉矶社区万人庆祝活动中，他出动直升机，燃放焰火，盛况空前。但在对 1996 年亚裔政治献金调查中，因巨额献金以及在社区的风头，熊德龙遭到一系列包括税务在内的调查，在不胜烦扰中，原准备在亚洲金融风暴后来美国发展的他后来也撤回印尼和亚洲国家发展。

在社区曾经非常活跃并有相当知名度的钟育瀚和夏铃在政治献金案中分别遭到起诉。2003 年在南加州华人社区影响力较大的侨领陈文英涉嫌“双面间谍”后，另一位侨领、中华团体工商联合会会长罗文正又遭到加州税务委员会调查科的大动作调查。[①] 这些人有的是美国公民，有的还不是正式的美国公民。他们不知道只有美国公民才能参加投票选举，不知道政治捐款亦有一定的游戏规则，虽然他们想融入主流并有所建树的想法是好的，但由于不懂美国的政治文化和商业法规而栽了跟头，结果不仅自己名声扫地，对美国整个亚裔社区和华人形象都造成了重大损害，其中的教训是深刻的。

第七，种族歧视和偏见方面：美国社会对有色人种的歧视与偏见根深蒂固，当代美国社会华裔受歧视和偏见的政治环境是华人政治参与的重要障碍。

虽然自“二战”结束以来，经历 20 世纪 60 年代美国民权运动的洗礼，美国社会严重的种族歧视问题有了一定程度的缓解，但由于美国社会根深蒂固的白人种族至上的保守观念时隐时现，尤其在美国经济不景气或政治竞争激烈时，种族歧视的现象又会回潮甚至恶化。种族歧视使美国华人深受其害。1982 年被仇视日裔的美国汽车工人用球棒打死的华裔陈果仁；1996 年美国大选期间被媒体炒得沸沸扬扬的美国亚裔“政治献金案”；1998 年夏季奥运会上，美国著名华裔花

① 《南加侨领连栽政治筋斗　不谙游戏规则》，《世界日报》（美国），2003 年 7 月 28 日。

样滑冰选手关颖珊输给队友，屈居亚军时，美国三大电视台之一的全国广播公司（NBC）与微软公司合办的 MSNBC 新闻网站的报道标题竟然是“美国人击败关夺冠”！关颖珊尽管在美国土生土长，但还是被看作“异类”；1999 年 3 月至 2000 年 9 月发生的所谓“李文和间谍案”；2001 年来自俄勒冈州的美国民主党众议员华裔吴振伟应邀前往美国首都的能源部大楼发表有关种族和谐的演讲，却在能源部大楼门口被能源部警卫无理阻挡；[①] 2003 年的余百康案和 2011 年华裔士兵陈宇晖在阿富汗军中被战友虐待致死案等。这些都是当代美国社会对华人存有种族歧视和偏见的活生生例子，至今让人记忆犹新。正如美国华裔历史学家张纯如在《在美华人：一部叙述史》中尖锐地指出，华人在美国居住已有 150 年的历史，对美国的发展做出了巨大贡献，但至今仍被视为“永久的外国人”。[②]

如果说上面的例子只是美国社会的个别现象，那么请看由美国华裔名流组成的“百人会”于 2001 年 4 月 26 日公布的一项全国调查结果：大约 24% 的美国人对于投票选一个亚裔美国人为总统感到不自在，这比不支持非洲裔美国人（15%）、妇女（14%）、犹太裔美国人（11%）担任美国总统候选人的比率更高。调查也发现，约 46% 的受调查者认为华裔美国人有可能“将国家机密泄漏给中国政府”。调查还显示，大约 32% 的美国人觉得，华裔美国公民对中国的效忠程度更高于对美国的效忠程度。总计约 70% 的美国人歧视华裔，这显然对亚裔美国人要争取平等机会及权利是不利的。[③] 王灵智指出，“百人会”的这次调查是请美国最著名的民意测验公司在中美南海撞机事件发生前进行的，如果在撞机事件发生后再做一次，那么美国社会对华人的歧视和偏见的比例和程度会更高。

在政治上，有色人种仍被视为“二等公民”。华人在美国政坛上如同在其他工作场所一样，努力工作做到中层尚可，但再往上经常会遇到“玻璃天花板”（Glass Ceiling）的障碍。如 1996 年发生的所谓亚裔“政治献金案”、1999 年《考克斯报告》和李文和事件对美国亚裔政治形象和华人参与美国政治的进程都造成极大损害。原加州大学伯克利分校校长田长霖，曾是克林顿第二任内阁能源部部长的两名候选人之一，但由于政治献金案，克林顿最后决定任命另一位拉美裔候选人为能源部部长，田长霖与之失之交臂；1997 年，克林顿提名华裔民权律师李亮畴为司法部主管民权的助理副部长的任命在参议院无故受阻；2001 年 7 月，被布什总统提名为美国陆军部副部长的华裔邝杰灵因为任命等待遥遥无期而

---

① 万晓宏：《当代美国社会对华人和亚裔的歧视》，《世界民族》2004 年第 1 期，第 46～47 页。

② Iris Chang, *The Chinese in America: A Narrative History*, New York: Viking Penguin, 2003, p. 390.

③ 《美国华裔仍受歧视》，《联合早报》（新加坡），2001 年 4 月 27 日。

被迫宣布放弃提名等。[①] 这些都是华人在政治参与过程中遭受歧视的典型表现。这说明，种族歧视和偏见仍然是华人参与美国政治的一个重要障碍，消除种族歧视和偏见仍然是美国华人参政的一项长期任务。

第八，美中关系和美国内政方面：美国华人在美国的社会地位高低和参与美国政治的程度直接受到美中关系和美国国内政治的影响，但美国华人对美中关系和美国内政的能动性却一直有限，如何增强美国华人对美中关系和美国内政的影响力一直是美国华人参政面临的重要课题。

冷战期间时常波动的美中关系和美国内政是华人参与美国政治的一个重大障碍。例如，1940 年代初，中国和美国是反法西斯的盟友，华人在美国的社会地位提高，他们自由发表的政治言论与美国社会的大环境没有冲突。而到 1950 年代冷战时期，美中交恶，加上美国国内麦卡锡主义的反共高潮弥漫于整个华人社会，许多华人左派遭到起诉或驱逐出境，华人社会在政治上一片沉寂，很少有人发出自己的声音。1960 年代美国国内的民权运动也为华人争取到平等投票权。1970 年代初，美中关系实现正常化，1980 年代美中关系进入“蜜月期”，美国华人的社会政治地位显著提升，美国华人开始积极参与选举政治，并取得一系列突破。后冷战时期的美国华人社会亦是如此，例如，1990 年代美中关系交恶，美国华人社会受牵连，参政进程出现倒退，亚裔“政治献金案”、《考克斯报告》到李文和事件都是最好的例证。2001 年“911 事件”以来，美中关系大幅改善，美国华人的社会政治地位显著提升，华人参政取得重大进展，如赵小兰成为小布什内阁第一位华裔内阁部长，奥巴马内阁一下子涌现 5 位华人面孔，还出现了美国历史上第一位华裔美国驻华大使骆家辉等。这些说明美中关系和美国内政对美国华人社会的影响非常巨大，但美国华人对美中关系的能动性却一直非常有限，例如，2010 年美国实施重返亚太战略和亚太再平衡战略以来，美中关系再度紧张，对美国华人社会产生消极影响。由于后冷战时期美中关系存有许多不确定因素，美中交好或交恶的现象时有发生，一旦交恶，华人社会就会遭受直接影响。可以说，美中关系和美国国内政治是美国华人政治地位的“晴雨表”和“风向标”，美国华人如何通过参政增强对美中关系和美国内政的影响一直是华人社会值得思考的重要课题。

有学者认为，美国华人对祖籍地中国大陆和台湾地区的政治以及美中关系关心过度，会导致对美国国内政治的冷漠，是没有真正落地生根的典型表现；也有学者认为，华人移民关心祖籍地政治和美中关系是天经地义的事，因为在祖籍地

---

① 《华裔邝杰灵放弃美陆军部副部长提名》，http：//www. zaobao. com/special/newspapers/2001/07/cns230701. html。

有他们的亲人和朋友，有的还有自己的财产和投资等利益，祖籍地政治的变化和美中关系的变动对他们会产生直接影响；即使没有这些，第一代华人移民大多还保留对祖籍地的情感和认同。在2004年、2008年和2012年台湾地区领导人选举和公投过程中，美国华人，尤其是台湾裔美国人表现得特别关注与热心，说明什么呢？因为谁当选、是统是独对来自台湾的华裔美国人利益的影响最大，变动后的美中关系也会对整个美国华人社会造成重大影响，所以他们关心和参与理所当然，无可非议，在美国社会很正常，并没有引起白人主流社会的鼓噪、反对和指责，就像犹太人关心以色列政治和美以关系一样已成为定式。笔者亦赞同后一种观点，认为美国华人关心祖籍地政治和中美关系可以与关心美国国内政治并行不悖。

第九，政党认同方面：美国华人缺少政党认同或政党认同感不强也是妨碍华人参与选举政治的重要因素。

美国的两党制给美国华人社区的参政活动带来挑战，尤其是在实行党内初选的华人社区。如第二章中所述，华人的政党认同是分裂的，有的认同民主党，有的认同共和党，有的是无党无派，可谓三分天下。如1996年，在纽约近48%的华人登记为民主党，20%登记为共和党，29%登记为无党派；在洛杉矶的比例分别为41%、36%和20%。[①] 根据规定，只有登记为民主党或共和党的人士才能参加初选投票，因此纽约和洛杉矶分别有近30%和20%的华人没有资格在至关重要的初选中投票。同样，由于华人政党认同分裂，各级候选人到这些社区来寻求支持和政治动员的活动也会更少，当选后更不会重视这些社区华人的政治诉求。以当选市长为例：市长在城市的发展安排上有相当的权力；市长有广泛的任命权；市长在推动该市族裔和谐的工作上举足轻重。如果华人不能成为各级候选人选举中不可忽视的一股政治力量，那么他们的观点和诉求在该市整个大的族裔背景下很可能被忽视。

笔者以为，华人根据自身的利益和喜好无论是加入民主党还是加入共和党都没有问题，但绝不能无党无派。近年来，华人和亚裔参政的激情非常之高，但有一个致命的弱点。他们总是把参政的希望寄托在政治赌注上。他们先选定一个有较大希望取胜的政党，然后孤注一掷，下全力拉选票，支持该党，从而在该党取胜后分取一些好处。这样做交换也可以，但风险较大。有学者认为这是亚裔和华裔在选举上屡屡失败或极不稳定的重要原因。反观黑人、犹太人、印第安人、拉美裔则与华人和亚裔不同。他们主要看哪个政党更加符合自己的群体利益而决定

---

① Amy L. Freedman, *Political Participation and Ethnic Minorities: Chinese Overseas in Malaysia, Indonesia and the United States*, New York and London: Routledge, 2000, pp. 170 - 191.

支持谁。这样无论该政党是否当选都非常重视他们的利益与诉求，当选的政党也不敢忽视他们的利益诉求。因此，如何提高华人对两党的认同也是一个值得华人社会思考的问题。

第十，团结合作方面：华人社会的团结合作问题一直是华人参与美国政治进程的一个重大障碍，至今依然无法得到彻底解决。

美国华人社会曾经有过团结的时候，最典型的阶段是在辛亥革命和抗日战争时期，也是海外华人民族主义的高涨时期。但在大部分时间里，华人社会内部斗争一直非常激烈，如孙中山先生所说是“一盘散沙”。在当今美国华人社会，不团结的例子实在太多，如在 1999 年春加州蒙特利公园市议会选举中，有三个席位要改选，有四位华裔参与角逐，但最后一个都没有获胜。得票前三位的是 Frank Venti、Francisco Alonso（西裔）和 Fred Balderrama。四位华裔候选人的得票总和占选票总数的 32%，远远超过仅以 13% 选票获取第一名的 Frank Venti。尽管每个华裔候选人可能有不同的政策理念，吸引不同层次的选民，但人们不禁疑惑，如果华人社区敦促四位华裔候选人彼此合作而不是相互竞争，华裔候选人在这次选举中获胜的可能性会更大一些。[①] 可见华人社区团结合作的重要性和紧迫性。

不团结的最新典型案例是在 2004 年美国总统大选期间，由华裔吴仙标领导的亚裔参政团体 80/20 促进会控告赵小兰领导的劳工部在执行 11246 号行政命令时把亚裔排除在外，对亚裔存在就业歧视。该法案是 40 年前时任美国总统的约翰逊签署的，意在杜绝就业中存在的种族歧视。80/20 促进会认为，历年来劳工部利用这一法律替非洲裔、女性和拉美裔打破他们头顶上的“玻璃天花板”，可惜的是，赵小兰部长既有法律与大量亚裔在工作上受歧视的统计数据做后台，又是华裔，却没有利用这一机会尽责。但该团体控告赵小兰一事，在华人社区引起强烈反弹。多个华人社团，如纽约的中华公所和旧金山中华会馆等先后发表声明，为赵小兰打抱不平，[②] 但的确很难说清楚谁对谁不对。这一事件确实值得思考，华裔参政到底应该以党派利益、族裔利益、还是社区利益为重？如何处理这些利益之间的关系？但无论怎样，美国华人社会不团结是事实。这一事件的发生可能会使本来就不团结的华人社区分裂更加严重。为什么华人不能多向美国的犹太裔和黑人学习，学习他们那种团结合作的政治参与模式？

---

① Amy L. Freedman, *Political Participation and Ethnic Minorities: Chinese Overseas in Malaysia, Indonesia and the United States*, New York and London: Routledge, 2000, p. 149.

② 《赵小兰被控告对亚裔就业歧视　华裔社区打抱不平》，http://xwz.www97.cnidc.cn/news/2004/9-25/131314.html。

二、未来美国华人政治参与的路径

有美国华裔学者尖锐地指出，华人在美参政，本来就有先天不足的问题，体现在以下四个方面：第一，2010 年，华人人口在美国大约只占 1.3%，而参政非常成功的犹太裔，人口比率达3%左右。第二，犹太人非常团结，大家在政治上的分歧，最多也只是在以巴关系问题上温和与激进的区别。而以中国大陆和台港地区为主的华人则因为祖籍地政治的特殊背景，非常分裂，其中有意识形态的不同，也有统独造成的冲突。第三，华人和亚裔在美参政的另外一个障碍，就是“非白人”，犹太人算是边缘白人，白人将他们看成是“我们”，但在白人根深蒂固的意识里，华人和亚裔则是“他们”。第四，学术界华人从事政治学研究者有限。据统计，2000 年，55 岁以下在美国大学的华裔政治学学者，来自大陆的有 80 多位，来自台湾的只有 7 位，而且东西分布不均，东多西少。除了先天不足之外，华人参政后天也出现失调。据 2000 年调查显示，大多数华人不认为参加选举会发挥很大影响力。华人对政治参与不热情，原因有四：一是对政治有冷漠感，认为政治肮脏黑暗；二是认为美国两党没有太大差异；三是美国的选民登记手续比较麻烦，如果在选举前 21 天没有登记，届时就无法投票；四是美国选举在星期二，而不是在大家休息的周末，影响大家投票的意愿。[①] 针对华人参与美国政治中存在的问题和障碍，笔者经过前面五章的深入分析，从少数族裔政治参与的理论视角，对他们未来参与美国政治的路径提出以下建议：

第一，鼓励符合条件的在美华人积极加入美国国籍，成为美国公民，踊跃参加选民登记和各级选举投票，切实履行自己的公民权利和义务。

据调查显示，早在 2007 年，美国华人人口就有 354 万，其中在美国本土出生的有 131 万，在外国出生的为 223 万。外国出生的华人中已有 132 万入籍，还有 91 万没有入籍。这意味着，有美国国籍的华人占 263 万，结合人口年龄构成比例，可推算出有投票权的华人至少有 210 万，是亚裔中最大的选举力量，占全美 2.2 亿选民总数的近 1%。[②] 据 2010 年美国最新人口普查结果显示，美国华人总人口（包括台湾裔美国人）为 402.5 万，是最大的亚裔族群，其中没有入籍的人数更多。希望美国华人人口在未来 10 年继续保持快速增长，同时希望在美华

① 《华人在美参政先天不足，不能再后天失调》，《世界日报》（美国），2002 年 11 月 26 日。
② ［美］余东晖、李珍玉：《美国华人生存状态大扫描》，《侨报》（美国），2008 年 9 月 23 日。

人积极加入美国国籍[1]，参加选举登记，增加美国华人公民和选民的人数，为未来介入选举政治奠定基础。

纽约市第一位华人市议员刘醇逸认为，最大程度扩大华人选民选票的办法只有两个：一是争取更多的选民做选民登记，届时出来投票；二是要以现实的态度团结起来，集中票源。[2] 这样才能选出华人自己的代表。令人高兴的是，大批来自中国大陆、香港和台湾的新移民在生活稳定、事业成功后，开始将更多时间和精力投入到参政议政方面，华人逐步在美国主流社会展露形象，发出声音。这是好现象，说明新一代移民已改变“落叶归根”的传统观念，转而追求“落地生根”，不仅要入籍，还要从政，融入主流社会。从这一点来看，社会经济地位还是影响政治参与的决定性因素，但适当的人口规模和选民人数仍然是参政的基础。近年来，来自中国大陆的新移民数量快速上升，他们不仅个人素质高，经济基础好，而且参政能力强。他们积极参加选举登记和投票，加入参政团体，为候选人筹款拉票。虽然他们支持的对象有不同党派和不同族裔，但这种积极参政的热情无疑将会正确引导他们尽快地融入主流，成为美国社会中真正的一员。

第二，华人社团应鼓励更多华裔青年在美国就读政治、法律和社会工作专业，深入研究美国的政治和法律制度，为未来华人参政累积人才基础；同时深入社区为选民服务，为未来竞选各级政府公职建立广泛的人脉。

在当今世界的不少国家里，不少从事政治活动的人都是“法盲”，主要原因是这些国家是“人治”而不是“法治”。但是在美国这样一个“法治”国家，一个“法盲”、一个对法律一无所知或知之不多的人，要从事政治参与活动是不可能的。即使想参与也不知道怎样参与。如前所述，由于当今美国社会仍然存在一定程度的种族歧视和偏见，相对于政治参与领域而言，华人在科技领域发展的阻力要小一些，因而华人新老移民家庭多希望子女成为专业技术人才。另外，美国的移民政策更倾向于高技术移民，留学美国的中国学生签证也是理工科申请最容易得到批准，而文科学生申请签证可谓“难于上青天”，所以华人在美国大多从事理工科专业的学习和工作，这是因为更容易就业，这些行业中的歧视和偏见也要轻微一些。但他们的一个最大缺点是，专注于理工科的学习和工作，对美国的政治文化不太了解，发生了事也不知道用什么方法来维护自己的权益。正如王灵

① 华人加入美国国籍至少有以下两个好处：第一，华人入籍后，不但能保障自身的福利，尤其是老年福利，使他们解除了晚年生活的后顾之忧，也使一部分人入籍后长期回大陆居住，或者回港台工作的愿望得以实现，尤其是老年人退休后回母国居住生活，可以照常领取退休金和养老金。第二，入籍不但可以减少在美国被排挤的可能性，而且也是一股巨大的政治潜力，入籍后有投票权，对于华人参政有着十分积极的意义。参见［美］麦子：《美国华人社会的入籍热》，《侨报》（美国），1996年10月24日。

② 《21世纪的华埠系列论坛在纽约开幕》，http：//www.china.com.cn/chinese/ChineseCommunity/525914.htm，2004年3月29日。

智所说，李文和事件确实反映了美国社会对华人的种族歧视和偏见，但主要与李文和不懂美国法律有关。如果李文和通晓美国法律，可能就不会发生此事，至少不会这么惨。身在美国，只有了解美国法律，才能更好地维护自己的权利。

目前，美国华人人口中移民占2/3，而大多数华人或中国新移民的专业都是理工科，在美国从政很难，学习人文社会科学类专业是从政的基础，尤其是法律。[①] 据不完全统计，在美国200多年的历史中，只有两个部长是理工科出身；在2004年美国总统大选中，新当选的第109届国会的100名参议员中有58名曾做过大律师、32名曾从事公共服务、30名曾经商。435名众议员中，有163人曾从事公共服务、162名曾从商、160名曾有法律背景。[②] 所以美国华人社团应鼓励更多华裔在美国深入学习政治、法律或社会工作专业，研究美国的政治和法律制度，长期为社区服务，为华人参政累积人才基础。

笔者以为，世界其他国家华人政治参与的成功经验值得美国华人社团借鉴。如在菲律宾，有一个以“鼓励华裔菲人参政，维护华人合法权益”为宗旨的基金会——洪施乌蜂政治学纪念奖学金基金会，按该基金会的要求，有资格申请奖学金的必须是攻读大学政治学课程、具有华人血统、能讲流利华语（闽南语）的菲律宾公民，奖学金范围是整个大学期间的全部学费。[③] 在加拿大也有一些华人社团每年颁发一些奖学金给攻读法律和政治的华人子弟，希望他们将来在政坛上有所作为。[④] 有实力的华人社团应注意对后辈华人参政人才的培养。如将在全美各大学有发展前途的华裔学生登记在案，在他们毕业后推荐他们到美国各级政府机构中实习或担任州长或议员助理，为以后华人参与美国政治储备人才。

第三，通过加大公民教育力度，增进华人对美国政治文化的了解，以加快他们的政治社会化进程，进而提高他们的参政意识，变被动参与为主动参与，同时鼓励他们从参与助选活动开始，把学到的选举政治文化运用到自己的政治参与实践中去，为未来参政奠定基础。

加大选民教育力度实际上是一种政治社会化的过程。政治社会化是一种学习的过程，即政治教育，包括对政治系统资讯的扩散以及公民训练，是引入某种角色或政治文化的过程。政治社会化的机构，除了家庭、学校和社会团体外，还有

---

① 《美新一代中国移民：谁当选都不会得罪中国》，http：//www.southcn.com/news/international/specialreport/mzt/news/200411040116.htm，2004年11月4日。

② New Congress More Diverse：65 Women in the House，14 in the Senate，http：//www.cnn.com/2004/ALLPOLITICS/11/05/diverse.congress.ap/index.html.

③ 《菲华奖学金鼓励华裔参政》，《华人月刊》（中国香港）1987年第1期，第28页。

④ 林梦：《加拿大华人的文化》，《联合早报》（新加坡），1991年4月5日，转引自李明欢：《当代海外华人社团研究》，厦门：厦门大学出版社1995年版，第380页。

大众媒体，如电视、广播、报纸、杂志和网络等。[①] 为了加快美国华人的政治社会化进程，华人家庭应鼓励子女向从政方向发展；华文学校在教授中文的同时开展参政教育；华人参政团体在加强选民教育的过程中应发挥主导作用。此外，还应加强华文媒体或当地英文媒体对华人参政新闻的宣传与报道，增加他们对美国政治文化的了解，提高他们对政治参与的兴趣。

促进美国华人政治社会化进程的最佳方式是加大“公民教育”力度，让他们认识到自己是美国社会的一员，积极参与地方性公共事务。如旧金山湾区的“展望新美国”基金会每年夏天都安排一批华裔高中生到各公职人员办公室实习，以培养他们对公共事务的热忱；其他如华裔公民参与陪审团工作，一方面可以熟悉美国法律，另一方面有助于树立华裔热衷于公共事务的新形象，为未来的参政活动奠定基础。同时，鼓励他们从参与助选活动开始，把学到的选举政治文化运用到政治参与实践中去。例如，美国华人著名政治家陈香梅女士参与美国政治之初也只是做些竞选时的简单工作——打电话，请人们去登记和投票，对少数族裔发表演说等。通过参加助选活动，她开始认识到初选的重要性，如果选区内某人年纪太大，没法出来投票，她就自告奋勇去接送，诸如此类的事，使她在那两年里亲身体会到一般民众在政治中所扮演的重要角色，这实在是很好的教育。同时，助选也使她在候选人之外，认识了许多美国人，为她后来的参政打下基础。[②]

第四，鼓励华人公民摆脱“狭隘观念者”和“顺从者”的角色，成为选民，成为美国政治的“积极参与者”。

所谓“狭隘观念者”通常是指那些对政治体系所知甚少、甚至一无所知的公民；广义上主要是指那些在生活中只关心非政治性事务，并且对自己与国家政治的关系毫无认识的公民。所谓“顺从者”通常是指已成为政治体系的组成部分，并对政治体系施加于他们生活的影响或潜在影响有所认识的公民。但是他们对自己在政治中的地位和作用的看法却仍然是顺从者的看法，即他们受政府决策和行动的影响而不是积极地去影响政府的决策和行动。他们可能对政权和权威人物产生某种合法感或疏远感，但他们对政治参与始终抱被动的态度。[③] 这样的人在美国华人新老移民中还非常多，不只是那些受教育水平低、社会经济地位低的华人，而且在受教育水平高、社会经济地位高的华人中也大有人在。他们不了解

---

① 汪树华：《美国华人政治参与之研究》，（台湾）中国文化大学民族与华侨研究所硕士学位论文，1995 年，第 66 页。

② ［美］陈香梅：《春秋岁月：陈香梅自传》，北京：中国妇女出版社 1997 年版，第 171 页。

③ ［美］加布里埃尔·A. 阿尔蒙德、小 G. 宾厄姆·鲍威尔著，曹沛霖等译：《比较政治学：体系、过程和政策》，上海：上海译文出版社 1987 年版，第 41 ~ 42 页。

美国的政治文化，只忙于自己的生活，认为政治与自己无关。最典型的例子就是李文和，其教训对所有美国华人都十分深刻。

所谓“积极参与者”，通常是指那些对政治过程的介入有一定认识，并形成了鼓励自己利用各种政治参与机会的态度，相信自己只要努力去做就能够影响国家的政治事务。[①] 因此，应鼓励美国华人做政治的积极参与者，通过积极参与美国政府与政治活动，来维护和增进自身的权益，同时也是在为美国的民主政治发展做贡献，其中第一步就是参加选民登记，让自己成为选民。

第五，充分发挥参政团体在引导华人参与美国政治中的作用，针对华人参政失利的主要原因之一是缺乏竞选资金的情况，鼓励华人合法捐献政治资金，以支持在选举中胜算较大的华裔候选人，尽量避免“同室操戈”。

应充分发挥参政团体在引导华人参与美国政治中的作用。近年来，由王灵智创立的“华人权益促进会”（其宗旨是在推动美国多元种族民主的内涵和利益下，维护及促进华裔与亚裔公民的政治权利）、由华裔专业人士组成的“百人会”（其宗旨是维护美国华人权益，促进中美关系）、由华裔精英发起的“80/20促进会”（号召亚裔集中80%的选票投给更关心亚裔利益的总统候选人以显示亚裔的政治影响力）和由华人草根阶层组建的“波士顿华人前进会”等华人参政团体在引导美国华人参政进程中发挥了积极作用。在这些新型华人参政团体影响下，许多传统华人社团也在保持原来的联谊、增进族内福利的功能的基础上开始积极支持华人参政。相信随着新型华人参政团体的增加和传统华人社团的转型，华人社团在引导和团结华人参政的过程中将发挥更大作用。

1990 年，华裔占美国总人口的比例不到 1%，但他们的政治捐款却占了捐款总数的 5%，这足以形成间接的影响力。[②] 由于华人不团结，喜欢用各自的方式捐款给两党候选人，虽然这种做法替某些个人争取到一些特殊利益，却分散了华裔的整体实力，导致华裔候选人常常因为缺乏竞选资金而落败。正如南达科他大学政治学系翟文伯教授就华人的这种捐款方式发表的批评：“这几年来，我们参加政治花的钱的确很多，但结果只是为个人的利益，而非从整体着眼；很多时候捐些钱，政府就给你某某委员会主席的头衔，但这种委员会通常什么用处都没有，要知道美国每位总统可以颁发 7 500 个委员会委员聘书，就是一张大纸，上面写着：阁下对本党捐……元，特给予……任命。或者捐 1 000 美元，就和总统照张相，或捐再多些，总统就会写封信给你……这些信都是假的，信后的签名都

① ［美］加布里埃尔·A. 阿尔蒙德、小 G. 宾厄姆·鲍威尔著，曹沛霖等译：《比较政治学：体系、过程和政策》，上海：上海译文出版社 1987 年版，第 42 页。

② 《华裔政治捐款惊人》，《华人月刊》（中国香港）1992 年第 5 期。

是用机器签的，用这些方式捐款，对我们的政治参与毫无用处！”①

反观美国政坛，以族裔为背景的利益团体以犹太裔和希腊裔社区最为强势。在这两个族裔社区中，有各级大小类似“参政促进会”的团体，平时就筹募基金，遇有合格的候选人或与社区利益相关的政治议题，就投入大量捐款进行支持和宣传。政治捐款由捐款团体直接送到候选人手中，显示出犹太裔和希腊裔谙熟美国政治，能有效集中有限的政治资源，作为与主流政坛人物接触、谈判的筹码。虽然这两个族裔的人口比率都很低，但在美国政坛的影响举足轻重。②

华裔运用政治捐款影响美国政治当以史为鉴，通过临时性或常设性参政团体进行集体筹款，然后用于支持本族裔合格候选人或其他族裔候选人，以便其当选后能尽力维护和增进华人社区的权益。华裔在美国一向被其他族裔视为“多金族”，常遭受非法“政治献金”的困扰，使许多富裕华人不敢轻易捐款，也使不少候选人不敢接受同胞的捐款。其实，在美国商界以大笔政治捐款影响美国政治是非常正常的事。华人捐款帮助自己的同胞参加竞选，只要合法就不必担心。针对近年来多名亚裔候选人“同室操戈”（即在同一选区同时有好几位亚裔参选）的情况多次发生，可采取“集体筹款”方式集中支持一位候选人以避免两败俱伤的结果出现。

第六，大胆尝试组建跨族裔参政团体，或基于共同利益或利益交换加强各族裔参政团体在具体议题上结成联盟或通力合作，尤其要加强与其他亚裔参政团体的联盟与合作，为华人和亚裔在美国社会中争取平等权益。

在大多数具体的选举政治活动中，各族裔都期望有本族裔的候选人出来参选。如果本族裔的候选人在族裔集团内名望不够或与现任者及其他候选人实力悬殊，很难有取胜的机会，那么族裔参政团体应从该族裔整体利益出发，在其他胜算较大的少数族裔或白人候选人中寻找代言人，通过选票和捐款支持该候选人，换取该候选人当选后对本族裔利益的维护与支持。例如，在 1992 年 4 月洛杉矶市长初选的 11 位候选人中，有 5 位少数族裔参选，其中以华裔胡绍基实力最强，黑人与西裔社区也各有 2 位知名人士参选，但实力较弱，为了实现自己的政治诉求，黑人与西裔社区的多位政治领袖和参政团体转而支持华裔胡绍基。初选投票结果显示，黑人选民的 52%、西裔选民的 29% 投票支持胡绍基，使胡以第二名的成绩顺利进入决选。在决选中形成了少数族裔候选人胡绍基与白人候选人雷奥登（Richard J. Riordan）的对决。由于担心洛杉矶市长位置再度落入有色人种手

① ［美］翟文伯、吴仙标、王碚著，邱宏达、杜芝友译：《力争上游：华人在美参与政治的问题》，台北：时报文化出版企业股份有限公司 1986 年版，第 116～117 页。

② 林启文：《华裔美人参与政治活动之研究（1965—1993）》，（台湾）国立政治大学民族研究所硕士学位论文，1993 年，第 151～152 页。

中，这激起白人选民的团结，强力支持雷奥登。结果胡绍基仅以 8 个百分点落后雷奥登而落选。但胡在决选中获得 46% 的选民支持，与对手仅相差 4 万多票。[①] 这说明胡绍基是洛杉矶市首位有能力跨越族裔障碍，尝试在不同族裔间建立“多元族裔联盟”的亚裔政治人物，也说明华人与其他族裔在某一议题上可以结成联盟或通力合作，或许能完成单个族裔难以实现的目标。美国华人在参与选举政治过程中应视情况而定采取该策略。

2000 年美国人口普查显示，美国华人人口已达 243 万，与 1960 年的 23 万相比增长了 10 多倍，但在美国总人口中占的比例尚不到 1%。即使以 2010 年最新统计数据 402.5 万计算，仅占全美总人口的 1.3%。而 2010 年美国亚裔人口达 1 700万，占美国总人口的 5.6%，在选举政治中能发挥重要作用。而华人又占亚裔总人口的 1/4，建立联盟参政完全可行。有美国华人学者认为，华人参政团体应加盟各少数族裔加强团结、共争自身权益的“彩虹联盟”（该组织是美国国内少数族裔社团的联合组织，其骨干是以美国黑人为主的“有色人种全国进步协会”。“彩虹联盟”旨在号召美国各不同肤色的少数民族团结起来，共争政治、经济权益。该联盟成立后，曾为美国黑人和拉美裔争取到不少权益），但也有人认为应当积极组建以华人为主的亚裔参政联盟，并已着手这方面的联络组织工作。[②] 1998 年成立的 80/20 促进会就是一个以华人为主的亚裔参政团体，近年来在推动美国华人及亚裔的参政活动中非常引人注目，也确实发挥了相当大的作用。

但笔者认为，当前美国亚裔参政最重要的是加强内部各族裔参政团体之间的磋商和协调，不应过分强调领导权问题，否则联盟难以维持。美国华人应大胆尝试组建跨族裔参政团体，或基于共同利益或利益交换促成各族裔参政团体在具体议题上结成联盟或通力合作，尤其要加强与其他亚裔参政团体的合作，为华人和亚裔在美国社会中争取平等权益。在各级选举中，应鼓励全体亚裔实行逢选必到，有票必投，并结合亚裔知识分子的智力、工商界的财力、选民的票力，形成强大的压力集团，展示亚裔在美国两党政治中的影响力，使整个亚裔在美国成为不再受歧视的群体，成为美国政治中两党都不敢忽视的一股政治力量，从而达到争取和维护整个亚裔享有平等权利，提升亚裔在美国社会整体地位的目的，进而改写美国亚裔参政的历史。

第七，美国华人在壮大自身经济与政治力量的同时，应积极促进美中关系的

① 林启文：《华裔美人参与政治活动之研究（1965—1993）》，（台湾）国立政治大学民族研究所硕士学位论文，1993 年，第 38 ~ 39 页。

② 李明欢：《当代海外华人社团研究》，厦门：厦门大学出版社 1995 年版，第 168 ~ 169 页。

良性发展，这不仅有助于提升中国的国际地位和影响力，而且能提高华人在美国的社会政治地位，增进他们对美国政治参与的兴趣。

笔者在障碍与问题中曾论及华人参与美国政治受美中关系和美国国内政治因素的影响，在后冷战时期尤其如此。例如，1996 年的亚裔“政治献金案”，1999 年的《考克斯报告》、李文和事件、美国轰炸中国驻南联盟大使馆事件，以及 2001 年美中南海撞机事件对美中关系造成了恶劣影响，也对美国华人参与政治的热情造成重大伤害。从中我们可以发现，美中关系的好恶对美国华人政治地位的影响十分重大，对华人参与美国政治的兴趣和程度有直接影响。虽然美国华人影响美中关系的能动性相对较小，但近年来在不断成长。美国华人精英、参政团体和普通华人民众都是美中关系的使者和桥梁，在美中关系中发挥着特殊的作用。因此，美国华人在壮大自身经济与政治力量的同时，应更积极地参与美国政治，影响美中关系，促进美中关系保持良性发展。这不仅有助于提升中国的国际地位和国际形象，而且有助于提高华人在美国的社会政治地位，增进他们对美国政治参与的兴趣。

第八，华裔候选人的参政理念、竞选政纲和宣传方法都必须与时俱进，以便与选民之间形成良性互动。

华裔候选人在参政理念上，既要宏观看问题，顾及美国整体利益或整个社区或选区的利益，又要具体看问题，对少数族裔和华裔有利；竞选政纲要根据选区的实际情况及时更新，既要重视整个社区的整体利益，以争取各族裔的选票，又要适当照顾华人社会的利益，以充分利用华裔手中的选票，使华人选票成为候选人的“铁票”，即成功的基础；在做法上，不仅要在媒体上加强对竞选政纲的宣传，而且要多做草根阶层的工作，深入基层，与选民沟通，了解他们的困难和需求，并增加对其他少数族裔的亲和力，这样才能巩固票源基础，有所作为。在 2002 年美国中期选举中，获胜的大部分候选人在这几方面都做得非常细致。另一方面，华人选民积极参加投票之前首先应充分了解各候选人的政纲，看哪个候选人的政纲更能代表本阶层的利益和社区的整体利益，然后综合考虑，华人优先。

第九，美国华人应积极加入美国的两大政党，通过参与政党活动来实现自身的政治目标，扩大华人在美国两党政治中的影响力。

美国是政党政治国家，总统、国会议员、州长、州议员、市长、市议员等都由选举产生，要想在政坛上争雄，竞选以上各种职位，首先要获得所属政党的培植与支持，否则，依靠个人的财力和能力很难当选。要在美国参政，第一步一定要加入政党，积极参加政党活动，第二步必须先在党内和社区服务方面树立良好个人形象，表现出良好成绩，获得党员大众的推许，成为党的代表，才会被推举为党的候选人。过去在美西参加竞选的华人精英周大为、司徒子春、陈李琬若，美东的汤鸿业、陈沾登、刘先纬、伍球俊、刘毛淑卿和1990年代初的朱宝玲、陈倩雯，旧金山市谢国翔，休斯敦姚李恕信，都是因为在党内被其他的竞选人所压倒，没法争取到党的候选人而最终落败。[①] 因此，参加竞选的华裔精英人士必须加入政党。虽然现在政党在美国各级选举中的影响力有所下降，但仍然是候选人胜选的基础。

普通华人公民也应主动加入美国的两大政党，积极参与两党的政治活动，以维护和增进华人的合法权益，同时提升华人在美国两大政党中的政治地位与影响力。从第二章中影响华人政治参与的政党认同因素分析可以发现，当代美国华人的政党认同一直比较弱，无论是对民主党还是对共和党。但在两大政党轮流执政的美国政治体系下，要进入政坛，尤其是州以上层级的政府公职，首先要得到政党的提名支持，如果华人不积极参加政党活动，根本无法介入美国政治。因此，普通美国华人公民也应更多参与两党政治活动，如加入并支持民主党或共和党、争取被提名为政党候选人、捐款给政党或候选人、参加政党集会或全国代表大会、指导选民登记、为政党的候选人助选等，如此才能提高华人在两大政党中的地位，扩大华人在两大政党中的影响力，保障华人的合法权益。总之，在美国要想施展个人抱负，团结群众力量，争取族裔福祉，提高政治地位，就必须参加政党。

第十，仅参与选举政治是不够的。未来美国华人不仅要积极参与选举政治活动，而且要积极参与非选举政治活动，应把选举政治参与方式和非选举政治参与方式紧密结合起来，走多元化的政治参与道路，以更好地维护和增进华人权益，改善华人形象，提升华人参政水平。

如前所述，在当代美国，政治参与的最基本和最普遍方式是参加选举登记与投票，还有竞选各级议员和政府官员，争取政治委任，提供政治捐款和从事各种助选活动等选举政治参与方式，这些是当代美国社会和学界评估一个族裔政治参与程度的重要标志，但不是唯一标志。其实，在美国政治参与的方式是多样的，除了积极参与选举政治的方式外，还有许多非选举政治参与方式，如通过给政府官员写信、打电话、发电子邮件等个人接触或游说方式，组建或加入参政团体，利用大众媒体进行政治表达，与其他人士一起解决社区公共问题，在政府的委员会中服务，甚至通过抗议、示威、抵制和诉讼等方式参与政治等。这些非选举政治参与方式在为华人争取有关权益时比选举政治来得更加快捷有效，具体案例在“当代美国华人政治参与方式的多元化”一章中有详细阐述。因此，仅参与选举

① 宋小明：《美国华人参政之路》，《华人月刊》（中国香港）1992年第5期，第10页。

各项职务：

行政部门：助理部长级或更高之职务。

国家科学委员会委员、民权委员会委员及平等就业机会委员会委员。

移民局、小型商业贷款局、少数族裔企业事务局的决策阶层职位及联邦法官。

我们重申决心，这些要求只是让各位候选人有机会表示其诚意，承诺在当选之后，努力匡正过去的缺点。我们希望华裔公民支持我们的主张，在候选人承诺以公平的态度，回报华裔的贡献之前，我们暂不提供助选捐款，我们请求华裔公民珍惜自己政治影响力量，也请求各位候选人尊重民主政治的公正原则。

附录二　80/20促进会2000年总统大选政治宣言

资料来源：http：//www. 80－20initiative. net

美国的立国理想是让每一个公民，有充分发展的公平机会，人人享有同样的权利和义务，不因其阶级、宗教、性别及种族而有歧视。

不幸华裔及亚裔各界，在美遭受忽略、歧视及不公平的待遇。这都违反了美国的立国精神。政府的资料明确显示，亚裔只有其他族裔三分之一的机会晋升到决策阶层。亚裔人口达美国人口的3.5%，但在联邦决策层中却占不到1%。为何在政、商、学、工各界，亚裔只是优秀的幕僚，而不是决策权的主管？

在联邦政府里，法官共有845位，亚裔仅占7位，克林顿总统的内阁里，主、次两级的阁员共有250余人，在1997年至1998年间，亚裔仅占2位，而且是最低的职位。

即使在素有“理想主义大本营”之称的大学里，恶劣的情况相同。大学的行政人员，一贯从已在高等学府工作的教职员中提拔。因此，以族裔分类，计算行政人员对教职员人数的比例，即可显示各族裔向上发展的机会。照国家统计，黑人的比例是0.21，白人是0.16，西语裔是0.15，而亚裔仅有0.06。

企业界的情形更糟，在所谓“500财团大企业”中，只有一个是最高执行者，除此之外，只有亚裔自创的大企业，才能看到亚裔担任最高执行者。

我们华裔及亚裔，深觉忍耐已到极限，现在我们大家决定，要求每一位总统候选人承诺，在当选之后要：

责令阁员联络国会，合作举办听证会，辩明既有的大量统计资料，是否应承认亚裔人被歧视的确是事实。

如属事实，应下令严惩任何继续在就业机会上对亚裔歧视的机构。

如属事实，应尽力拆除亚裔在业务向上发展的阻力，使亚裔升上决策层的比例，在总统第一任期内，即有明显的进步。

提名合格的亚裔，进入联邦政府行政和司法的决策层。提名的频率当与亚裔人口的比率相似。提名的职务包括等级。我们呼吁华裔和亚裔支持我们的主张，支持的办法如下：

（1）在总统初选阶段，在任何一位候选人未作上述承诺以前，我们华裔公民，不分党籍，皆不提供助选及捐款。

（2）在普选阶段，我们不分党籍，不分个人意向，照认可委员会的推荐，集体支持由现在到2000年大选为止，替亚裔争取平权最有成绩的政党的提名人。

我们的目标公正，我们的要求合情、合理、也合法。请记住，票源分则弱，合则强，我们希望华裔和亚裔珍惜自己的政治影响力，携手合作，使我们自己和后代升为“一等公民”，同时使美国成为一个“更完美的联邦”。

参考文献

一、中文著作

（一）政治参与研究方面的著作

1. ［美］塞缪尔·亨廷顿、琼·纳尔逊著，汪晓寿、吴志华、项继权译：《难以抉择：发展中国家的政治参与》，北京：华夏出版社1988年版。

2. ［日］蒲岛郁夫著，解莉莉译：《政治参与》，北京：经济日报出版社1989年版。

3. 曾繁正等编译：《西方政治学》，北京：红旗出版社1998年版。

4. ［美］罗纳德·H. 奇尔科特著，高适、潘世强译：《比较政治学理论：新范式的探索》，北京：社会科学文献出版社1997年版。

5. ［美］加布里埃尔·A. 阿尔蒙德、小G. 宾厄姆·鲍威尔主编，朱曾汶、林铮译：《当代比较政治学：世界展望》，北京：商务印书馆1993年版。

6. ［美］加布里埃尔·A. 阿尔蒙德、小G. 宾厄姆·鲍威尔著，曹沛霖等译：《比较政治学：体系、过程和政策》，上海：上海译文出版社1987年版。

7. ［法］托克维尔著，董果良译：《论美国的民主》（上、下卷），北京：商务印书馆2002年版。

8. 俞可平：《西方政治分析新方法论》，北京：人民出版社1989年版。

9. ［美］理查德·K. 斯克尔著，张荣建译：《现代美国政治竞选活动——美国政治中的诽谤、大话和活力》，重庆：重庆出版社2001年版。

10. ［美］威廉·F. 韦斯特著：《控制官僚：制度制约的理论与实践》，重庆：重庆出版社2001年版。

11. ［美］拉雷·N. 格斯顿著：《公共政策的制定：程序和原理》，重庆：重庆出版社2001年版。

12. ［美］约翰·F. 沃克、哈罗德·G. 瓦特著：《美国大政府的兴起》，重庆：重庆出版社2001年版。

13. ［美］雷蒙德·塔塔洛维奇、拜伦·W. 戴恩斯编：《美国政治中的道德争论：社会调节政策八个侧面》，重庆：重庆出版社 2001 年版。

14. ［美］施密特、谢利、巴迪斯著，梅然译：《美国政府与政治》，北京：北京大学出版社 2005 年版。

15. 王浦劬主编：《政治学基础》，北京：北京大学出版社 1995 年版。

16. 李道揆：《美国政府与美国政治》，北京：商务印书馆 1999 年版。

17. 周平：《民族政治学导论》，北京：中国社会科学出版社 2001 年版。

18. 程同顺编著：《当代比较政治学理论》，天津：南开大学出版社 2001 年版。

19. 张立平：《美国政党与选举政治》，北京：中国社会科学出版社 2002 年版。

20. 施雪华主编：《政治科学原理》，广州：中山大学出版社 2001 年版。

21. ［美］邓鹏、李小兵、刘国力：《剪不断理还乱：美国外交与美中关系》，北京：中国社会科学出版社 2000 年版。

22. ［美］皮特·F. 伯恩斯著，任国忠译：《仅有选举政治是不够的：少数群体利益表达与政治回应》，北京：中央编译出版社 2011 年版。

23. 房宁、王文：《2012 美国大选观摩日记》，北京：中国社会科学出版社 2012 年版。

（二）美国华人研究方面的著作

1. 吴尚鹰编著：《美国华侨百年纪实·加拿大附》，香港：嘉罗印刷有限公司 1954 年版。

2. 刘伯骥：《美国华侨史》，台北：黎明文化事业股份有限公司 1976 年版。

3. 刘伯骥：《美国华侨史续编》，台北：黎明文化事业股份有限公司 1981 年版。

4. 陈翰笙主编：《华工出国史料》（第三、四辑），北京：中华书局 1984 年版。

5. 陈翰笙主编：《华工出国史料》（第七辑），北京：中华书局 1984 年版。

6. 朱士嘉：《美国迫害华工史料》，上海：上海人民出版社 1958 年版。

7. 朱杰勤：《东南亚华侨史》，北京：高等教育出版社 1990 年版。

8. 陈碧笙：《世界华侨华人简史》，厦门：厦门大学出版社 1991 年版。

9. 杨国标等：《美国华侨史》，广州：广东高等教育出版社 1989 年版。

10. ［美］麦礼谦：《从华侨到华人——二十世纪美国华人社会发展史》，香港：三联书店（香港）有限公司 1992 年版。

11. 李定一：《中美早期外交（1784—1894）》，台北：三民书局 1985 年版。

12. 阿英编：《反美华工禁约文学集》，北京：中华书局 1962 年版。

13. ［美］容闳著，沈潜、杨增麒评注：《西学东渐记》，郑州：中州古籍出版社 1998 年版。

14. ［美］朱夏：《美国华侨概史》，纽约：中国时报社 1975 年版。

15. ［美］陈依范：《美国华人史》，北京：世界知识出版社 1987 年版。

16. ［美］宋李瑞芳著，朱永涛译：《美国华人的历史和现状》，北京：商务印书馆 1984 年版。

17. 张庆松：《美国百年排华内幕》，上海：上海人民出版社 1998 年版。

18. 戴超武：《美国移民政策与亚洲移民（1849—1996）》，北京：中国社会科学出版社 1999 年版。

19. ［美］沈己尧：《海外排华百年史》，北京：中国社会科学出版社 1985 年版。

20. ［美］胡垣坤、曾露凌、谭雅伦：《美国早期漫画中的华人》，香港：三联书店（香港）有限公司 1994 年版。

21. ［美］邝治中著，杨万译：《纽约唐人街：劳工和政治（1930—1950 年）》，上海：上海译文出版社 1982 年版。

22. 陈怀东：《美国华人经济现况与展望》，台北：世华经济出版社 1991 年版。

23. ［美］马克任：《美国华人社会评论》（上、下），台北：世界日报社 1985 年版。

24. ［美］邝治中：《新唐人街》，香港：中华书局（香港）有限公司 1989 年版。

25. ［美］邝治中著，王冰、王赍等译：《黑着：在美国的中国非法移民》，北京：世界知识出版社 2001 年版。

26. ［美］邝治中著，杨立信、寿进文等译：《新唐人街：当代美国华人社区》，北京：世界知识出版社 2002 年版。

27. 蒋相泽、吴机鹏主编：《简明中美关系史》，广州：中山大学出版社 1989 年版。

28. 项立岭：《中美关系史全编》，上海：华东师范大学出版社 2002 年版。

29. 关在汉编译：《罗斯福选集》，北京：商务印书馆 1982 年版。

30. 邓蜀生：《美国与移民——历史·现状·未来》，重庆：重庆出版社 1990 年版。

31. 黄正铭：《中国人在英美各国的法律地位》，台北：台湾商务印书馆股份有限公司 1971 年版。

32. 吴凤斌:《契约华工史》,南昌:江西人民出版社 1988 年版。

33. [美] 吴剑雄:《海外移民与华人社会》,台北:允晨文化实业股份有限公司 1993 年版。

34. [美] 麦礼谦:《关于美国华人的中文资料提要》(*A History Reclaimed*: *An Annotated Bibliography of Chinese Language Materials on the Chinese of America*), University of California, Los Angeles, Asian American Studies Center, 1986。

35. [美] 令狐萍:《金山谣:美国华裔妇女史》,北京:中国社会科学出版社 1999 年版。

36. 邓蜀生:《世代悲欢"美国梦":美国的移民历程及种族矛盾(1607—2000)》,北京:中国社会科学出版社 2001 年版。

37. 梁茂信:《美国移民政策研究》,哈尔滨:东北师范大学出版社 1996 年版。

38. 庄国土:《华侨华人与中国的关系》,广州:广东高等教育出版社 2001 年版。

39. 吴前进:《美国华侨华人文化变迁论》,上海:上海社会科学院出版社 1998 年版。

40. 梅伟强、张国雄主编:《五邑华侨华人史》,广州:广东高等教育出版社 2001 年版。

41. 牧人:《拓殖美利坚》,北京:中国对外经济贸易出版社 1997 年版。

42. 陆国俊:《美洲华侨史话》,北京:商务印书馆 1997 年版。

43. (唐) 姚思廉撰:《梁书》,北京:中华书局 1973 年版。

44. 徐松石著:《华人发现美洲概论》,广州:广东人民出版社 1996 年版。

45. 王铁崖编:《中外旧约章汇编》,北京:生活·读书·新知三联书店 1957 年版。

46. 庄严林、伍杰主编:《华侨、华人、侨务大辞典》,济南:山东友谊出版社 1997 年版。

47. [美] 托马斯·索威尔,沈宗美译:《美国种族简史》,南京:南京大学出版社 1992 年版。

48. [美] 埃米莉·哈恩著,龙流编译:《宋美龄传》,北京:农村读物出版社 1988 年版。

49. 刘毅正编著:《宋美龄传》,北京:华文出版社 2000 年版。

50. 司徒美堂:《祖国与华侨》(上册),香港文汇报 1956 年版。

51. [美] 罗伯特·迪万:《美国移民政策:1924—1952 年》,纽约:戴尔出版公司 1972 年版。

52. ［美］翟文伯、吴仙标、王碚著，邱宏达、杜芝友编：《力争上游：华人在美参与政治的问题》，台北：时报文化出版企业股份有限公司 1986 年版。

53. 钱宁：《留学美国：一个时代的故事》，南京：江苏文艺出版社 1996 年版。

54. 廖小健：《战后各国华侨华人政策》，广州：暨南大学出版社 1995 年版。

55. 广东省地方志编纂委员会编：《广东省志华侨志》，广州：广东人民出版社 1996 年版。

56. ［美］周敏著，鲍霭斌译，叶振猷校：《唐人街——深具社会经济潜质的华人社区》，北京：商务印书馆 1995 年版。

57. ［美］吴景超著，筑生译，郁林校：《唐人街：共生与同化》，天津：天津人民出版社 1991 年版。

58. ［美］吴泽霖：《美国人对黑人、犹太人和东方人的态度》，北京：中央民族学院出版社 1992 年版。

59. ［美］麦美玲、迟进之著，崔树芝译，冯仪民校：《金山路漫漫》，北京：新华出版社 1987 年版。

60. 钱皓：《美国西裔移民研究：古巴、墨西哥移民历程及双重认同》，北京：中国社会科学出版社 2002 年版。

61. ［美］蔡文辉：《美国社会与美国华侨》，台北：东大图书股份有限公司 1989 年版。

62. 胡辛：《陈香梅传》，北京：作家出版社 1995 年版。

63. ［美］陈香梅：《春秋岁月：陈香梅自传》，北京：中国妇女出版社 1997 年版。

64. ［美］麦子：《美国华人社会大观》，广州：广州文化出版社 1989 年版。

65. ［美］麦子：《镜头对准美国：驻美记者手札》，广州：南方日报出版社 2003 年版。

66. 徐胜兰、孟东明编著：《杨振宁传》，香港：三联书店（香港）有限公司 1993 年版。

67. 姜克：《博士、议员、歌星、美国第一位华裔市长：黄锦波传》，海口：海南国际新闻出版中心 1998 年版。

68. 楚树龙、姜月秋：《留学美国纪行》，北京：时事出版社 1996 年版。

69. 吴前进：《国家关系中的华侨华人和华族》，北京：新华出版社 2003 年版。

70. 戴铭康主编：《寻梦北美：洋插队交响曲》，北京：中国青年出版社 1999

年版。

71.《华侨华人百科全书·社团政党卷》，北京：中国华侨出版社 1998 年版。

72. ［美］李小兵、孙漪、李晓晓：《美国华人：从历史到现实》，成都：四川人民出版社 2003 年版。

73. ［美］陈致远：《多元文化的现代美国》，成都：四川人民出版社 2003 年版。

74. 文洋：《钱学森在美国（1935—1955）》，北京：人民出版社 1984 年版。

75. 飞翼：《田长霖传奇》，武汉：湖北人民出版社 2003 年版。

76. ［美］李文和著，［美］谢汉兰执笔，祁阿红译：《我的国家控告我：李文和自述》，南京：译林出版社 2003 年版。

77. 朱丽芝：《硅谷英雄：来自美国硅谷 28 位华人精英的报道》，北京：中央民族大学出版社 1999 年版。

78. 黄文湘：《海外杰出华人》（一），香港：南粤出版社 1989 年版。

79. 黄文湘：《海外杰出华人》（二），香港：南粤出版社 1989 年版。

80. ［美］吴琦幸：《淘金路》，上海：上海古籍出版社 2003 年版。

81. 陈鸿瑜主编：《迈向 21 世纪海外华人市民社会之变迁与发展》，台北："中华民国"海外华人研究学会 1999 年版。

82. 陈鸿瑜主编：《中华民国之侨务政策》，台北："中华民国"海外华人研究学会 2000 年版。

83. ［美］令狐萍：《萍飘美国：新移民实录》，太原：北岳文艺出版社 2003 年版。

84. ［美］于仁秋：《救国自救——纽约华侨衣馆联合会简史（1933—1950's）》，香港：三联书店（香港）有限公司 2003 年版。

85. 任东来等：《美国宪政历程：影响美国的 25 个司法大案》，北京：中国法制出版社 2004 年版。

86. 钱钢、胡劲草：《留美幼童：中国最早的官派留学生》，上海：文汇出版社 2004 年版。

87. ［美］张哲瑞联合律师事务所编著：《百年沧桑——移民美国史画》，北京：中央编译出版社 2004 年版。

88. ［美］孔秉德、尹晓煌主编，余宁平等译：《美籍华人与中美关系》，北京：新华出版社 2004 年版。

89. 曹云华、许梅、邓仕超：《东南亚华人的政治参与》，北京：中国华侨出版社 2004 年版。

90. ［美］周敏著，郭南审译：《美国华人社会的变迁》，上海：上海三联书店2006年版。

91. ［美］赵小建：《重建家园：动荡中的美国华人社会（1945—1965）》，上海：复旦大学出版社2006年版。

92. ［美］杨凤岗著，默言译：《皈信·同化·叠合身份认同：北美华人基督徒研究》，北京：民族出版社2008年版。

93. ［美］麦子编：《美国华人群英录》，广州：中山大学出版社2009年版。

二、中文论文

1. ［美］周敏、王小晖：《华裔美国人的精英群体》，《社会学研究》2000年第5期。

2. 李其荣：《向主流社会迈进：近30年美国华人参政分析》，张存武、汤熙勇主编：《海外华族研究论集·妇女、参政与地区研究》，台北：华侨协会总会2002年版。

3. 庄礼伟：《美国华侨华人如何在中美政经关系中发挥作用》，邱苏达主编：《侨务课题研究论文集（2000—2001年度）》（下），北京：国务院侨务办公室政研司2001年版。

4. 庄礼伟：《美国政治环境与美国华裔：冲击反应》，暨南大学华侨华人研究所编：《华侨华人研究》（第五辑），香港：香港荣誉出版有限公司2001年版。

5. 庄礼伟：《美国华裔社群的生存环境与参政路向》，《社会》2001年第9期。

6. 庄礼伟：《百人会在美中关系及华裔权益问题上所起的作用》，《东南亚研究》2003年第5期。

7. 陈奕平：《当代美国亚裔人口的特点及其影响分析》，《世界民族》2003年第2期。

8. 李其荣、傅义朝：《从旁观者到参与者：战后美国华人政治角色的变化》，《中南民族学院学报》（哲学社会科学版）1998年第2期。

9. 沈立新：《美国华人参政的历史与现状》，《社会科学》1994年第11期。

10. 梅伟强：《世纪之交的美国华人：从漠视政治到积极参政》，《华侨华人历史研究》1997年第4期。

11. 孟令明：《90年代美国华人参政剖析》，《八桂侨刊》1997年第3期。

12. 陆宇生：《美国华人参政的回顾与前瞻》，《华侨与华人》1989年第1期。

13. 梅伟强：《美国华人参政史探讨》，郭梁主编：《战后海外华人变化国际学术研讨会论文集》，北京：中国华侨出版公司1990年版。

14. 郭玉聪：《美国华人的参政热潮及存在问题》，《南洋问题研究》1998年第3期。

15. 阮征宇、白庆哲：《论美国华人的参政意识及其实践》，暨南大学华侨华人研究所编：《华侨华人研究》（第五辑），香港：香港荣誉出版有限公司2001年版。

16. 朱华钧：《从华裔移民赵小兰入阁谈华人参政》，《海内与海外》2001年第6期。

17. 万晓宏：《80/20促进会与美国华人参政新策略》，《华侨华人历史研究》2003年第3期。

18. 庄国土：《从移民到选民：1965年以来美国华人社会的发展变化》，《世界历史》2004年第2期。

19. 周南京：《印度尼西亚华人的参政问题》，张存武、汤熙勇主编：《海外华族研究论集·妇女、参政与地区研究》，台北：华侨协会总会2002年版。

20. 庄国土：《东南亚华人参政的特点和前景》，《当代亚太》2003年第9期。

21. 姬虹：《美国黑人的政治参与：以2002年美国中期选举为例》，《国际观察》2003年第5期。

22. 许梅：《制约马来西亚华人政党政治发展的种族因素》，《世界民族》2003年第1期。

23. 万晓宏：《当代美国社会对华人及亚裔的歧视》，《世界民族》2004年第1期。

24. 万晓宏：《试析当代美国华人参与选举政治的方式》，《华侨华人历史研究》2006年第1期。

25. 万晓宏：《当代美国华人精英参政模型分析》，《暨南学报》2006年第6期。

26. 万晓宏：《美国亚裔参政分析：以2007年马州地方选举为例》，《世界民族》2010年第2期。

27. ［美］连培德著，万晓宏译：《美国华人和其他主要亚裔族群的跨国政治活动调查》，《华侨华人历史研究》2009年第1期。

28. 万晓宏：《美国华人基督教会研究：以大波士顿地区为例》，《世界宗教研究》2010年第1期。

29. 万晓宏：《当代美国华人草根型参政团体研究：以波士顿华人前进会为例》，《八桂侨刊》2011年第2期。

三、英文著作

1. Riggs, Fred W., *Pressures on Congress, A Study of the Repeal of Chinese Exclusion*, New York: King's Crown Press, 1950.

2. Sung Betty Lee, *Mountain of Gold: The Story of the Chinese in America*, New York: Macmillan, 1967.

3. Coolidge Mary Roberts, *Chinese Immigration*, New York: Henry Holt Co., 1969.

4. Miller Stuart Creighton, *The Unwelcome Immigrant, The American Image of the Chinese*, 1785 - 1882, Berkeley, Los Angeles and London: University of California Press, 1969.

5. Saxton Alexander, *The Indispensable Enemy: Labor and the Anti-Chinese Movement in California*, Berkeley, Los Angeles and London: University of California Press, 1971.

6. Sidney Verba and Norman H. Niel, *Participation in America: Social Equality and Political Democracy*, New York: Harper & Row Publishers, 1972.

7. H. Mark Lai and Philip P. Choy, *Outlines: History of the Chinese in America*, San Francisco: Chinese-American Studies Planning Group, 1973.

8. Wei Min She Labor Committee (Organization for the People), *Chinese Working People in America: A Pictorial History*, California: United Front Press, 1974.

9. Tung William L., *The Chinese in America*, 1820 - 1973, New York: Viking peguin, 1974.

10. Lester W. Milbrath and M. Goel, *Political Participation*, Chicago: Rand McNally College Publishing Company, 1976

11. Chen Jack, *The Chinese of America*, San Francisco: Harper & Row Publishers, 1980.

12. Tsai S. Henry, *China and the Overseas Chinese in the United States*, 1868 - 1911, Fayetteville, AK: University of Arkansas Press, 1983.

13. Yung Judy, *Chinese Women of America: A Pictorial History*, Seattle & London: University of Washington Press, 1986.

14. William Lasser, *American Politics: Institutions and Interconnections*, Lexington: D. C. Heath Co., 1996.

15. Pei-te Lien, *The Political Participation of Asian Americans: Voting Behavior in Southern California*, New York & London: Garland Publishing, Inc., 1997.

16. Jan Lin, *Reconstructing Chinatown: Ethnic Enclave, Global Change*, Minne-

apolis: University of Minnesota Press, 1998.

17. Amy L. Freedman, *Political Participation and Ethnic Minorities: Chinese Overseas in Malaysia, Indonesia and the United States*, New York & London: Routledge, 2000.

18. Pei-te Lien, *The Making of Asian America through Political Participation*, Philadelphia: Temple University Press, 2001.

19. Iris Chang, *The Chinese in America: A Narrative History*, New York: Viking Penguin, 2003.

20. Don T. Nakanishi, James S. Lai, ed., *Asian American Politics: Law, Participation and Policy*, Lanham: Rowman & Littlefield Publishers, Inc., 2003.

21. Pei-te Lien, M. Margaret Conway and Janelle Wong, *The Politics of Asian Americans: Diversity & Community*, New York: Routledge, 2004.

22. Sucheng Chan and Madeline Y. Hsu, *Chinese Americans and the Politics of Race and Culture*, Philadelphia: Temple University Press, 2008.

23. Christian Collet and Pei-te Lien, ed., *The Transnational Politics of Asian Americans*, Philadelphia: Temple University Press, 2009.

24. Him Mark Lai and Madeline Y. Hsu, *Chinese American Transnational Politics*, University of Illinois Press, 2010.

25. Him Mark Lai, Joe Huang and Don Wong, *The Chinese of America 1785 – 1980: An Illustrated History and Catalog of the Exhibition*, Chinese Culture Foundation, San Francisco, 1980.

四、英文论文

1. L. Ling-chi Wang, "Exclusion and Fragmentation in Ethnic Politics: Chinese Americans in Urban Politics", in Willbur C. Rich, ed., *The Politics of Minority Coalitions: Race, Ethnicity and Shared Uncertainties*, Praeger, 1996.

2. L. Ling-chi Wang, Beyond Identity and Racial Politics: Asian Americans and the Campaign Fund-raising Controversy, *Asian Law Journal*, 1998, Vol. 5, No. 1.

3. L. Ling-chi Wang, Political Mobilization or Donations in American Democracy? The Dilemma of Asian American Political Participation, *UCLA Asian Pacific American Law Journal*, 2002, Vol. 8.

4. L. Ling-chi Wang, "Roots and the Changing Identity of the Chinese in the United States", in Tu Wei-ming, ed., *The Living Tree: The Changing Meaning of Be-*

ing Chinese Today, California: Stanford University Press, 1994.

5. L. Ling-chi Wang, Race, Class, Citizenship and Extraterritoriality: Asian Americans and the 1996 Campaign Finance Scandal, *Amerasia Journal*, 1998, Vol. 24, No. 1.

6. Pei-te Lien, "Ethnicity and Political Adaptation: Comparing Filipinos, Koreans and the Vietnamese in Southern California", in Don T. Nakanishi and Dames S. Lai, eds., *Asian American Politics: Law, Participation and Policy*, New York: Rowman & Littlefield Publishers, Inc..

7. Pei-te Lien, Does the Gender Gap in Political Attitudes and Behavior Vary Across Racial Groups?, *Political Research Quarterly*, 1998, Vol. 51, No. 4.

8. Pei-te Lien, Christian Collet, Janelle Wong and S. Karthick Ramakrishnan, Asian Pacific-American Public Opinion and Political Participation, *PS: Political Science and Politics*, 2001.

9. Tony Affigne and Pei-te Lien, "Race, Politics, and Asian Peoples of the Americas: Lessons and Theoretical Implications", prepared for presentation at the 1998 Annual Meeting of the Western Political Science Association-Los Angeles, California, March 19 – 21, 1998.

10. Pei-te Lien, The Participation of Asian Americans in U. S. Elections: Comparing Elite and Mass Patters in Hawaii and Mainland States, *UCLA Asian Pacific American Law Journal*, 2002, Vol. 8, No. 1.

11. Kim Geron and James S. Lai, "Transforming Ethnic Politics: A Comparative Analysis of Electoral Support for and Policy Priorities of Asian American and Latino Elected Officials", prepared for delivery at the 2001 American Political Science Association Conference, San Francisco, California, August 30 – September 2, 2001.

12. Pei-te Lien, Comparing the Voting Participation of Chinese to Other Asian Americans in Recent U. S. Elections, 张存武、汤熙勇主编：《海外华族研究论集·妇女、参政与地区研究》，台北：华侨协会总会 2002 年版。

13. Kan Liang, Making of History: The 80 – 20 Initiative and the Role of the Chinese Americans, 张存武、汤熙勇主编：《海外华族研究论集·妇女、参政与地区研究》，台北：华侨协会总会 2002 年版。

14. Jun Xu, The Political Behavior of Asian Americans: A Theoretical Approach, *Journal of Political and Military Sociology*, 2002, Vol. 30, No. 1 (Summer).

五、学位论文

1. Ger Yeong-kuang（葛永光），Ethnic Identity and Ethnic Political Development：The Experience of Chinese Americans，Ph. D. dissertation in the Department of Political Science，University of Wisconsin-Madison，1985.

2. 夏诚华：《旅美华人、留学生对中华民国政治态度之研究》，（台湾）中国文化大学民族与华侨研究所硕士学位论文，1985 年。

3. 潘慧敏：《美国移民政治与华人关系之研究》，（台湾）中国文化大学民族与华侨研究所硕士学位论文，1984 年。

4. 郭岱宗：《美国华人政治参与之研究》，（台湾）淡江大学美国研究所博士学位论文，1992 年。

5. 林启文：《华裔美人参与政治活动之研究（1965—1993）》，（台湾）国立政治大学民族研究所硕士学位论文，1993 年。

6. 汪树华：《美国华人政治参与之研究》，（台湾）中国文化大学民族与华侨研究所硕士学位论文，1995 年。

六、国内外报刊与网站

1.《侨报》（美国）；

2.《世界日报》（美国）；

3.《世界日报·世界周刊》（美国）；

4.《星岛日报》（美国）；

5.《华盛顿邮报》（美国）；

6.《纽约时报》（美国）；

7.《华尔街日报》（美国）；

8.《旧金山记事报》（美国）；

9.《洛杉矶时报》（美国）；

10.《波士顿环球报》（美国）；

11.《华人月刊》（中国香港）；

12.《地平线月刊》（中国香港）；

13.《联合早报》（新加坡）；

14. 侨网（美国）；

15. 华社网（新加坡）；

在此，我还要感谢华南师范大学政治与行政学院院长胡泽洪教授、马克思主义学院院长陈金龙教授、政治与行政学院副院长王金红教授、刘卓红教授和王宏维教授，感谢他们八年来对我的关心与爱护，让我能够在华南师范大学这片宽松的环境中工作和生活。

最后，我要感谢我的家人、亲朋、同学和同事，特别感谢妻子姚玉红二十年来的支持和鼓励。也把此书献给我们的女儿万伟君，她已获得加拿大不列颠哥伦比亚大学（UBC）的提前录取通知书，将于今年9月去加拿大读本科，我在这里祝她未来一切顺利。

万晓宏

2013年7月10日

于华南师范大学政治与行政学院